MÉMOIRES

DU DUC

DE SAINT-SIMON

VII

TYPOGRAPHIE DE CH. LAHURE
IMPRIMEUR DU SÉNAT ET DE LA COUR DE CASSATION
RUE DE VAUGIRARD, 9, A PARIS

MÉMOIRES

COMPLETS ET AUTHENTIQUES

DU DUC

DE SAINT-SIMON

SUR LE SIÈCLE DE LOUIS XIV ET LA RÉGENCE

COLLATIONNÉS SUR LE MANUSCRIT ORIGINAL PAR M. CHÉRUEL

ET PRÉCÉDÉS D'UNE NOTICE

PAR M. SAINTE-BEUVE DE L'ACADÉMIE FRANÇAISE

TOME SEPTIÈME

PARIS

LIBRAIRIE DE L. HACHETTE ET Cie

RUE PIERRE-SARRAZIN, N° 14

—

1856

MÉMOIRES
DE
SAINT-SIMON

CHAPITRE PREMIER.

Chamillart renvoyé en Flandre. — Récompenses de la défense de Lille. — Retour de Chamillart à la cour. — Tranchée ouverte devant la citadelle de Lille (29 octobre). — L'Artois désolé et délivré. — Chamillart juge des avis des généraux; sa partialité. — Audace de Vendôme. — Berwick retourne de sa personne sur le Rhin, où l'armée se sépare. — Incroyable hardiesse de Vendôme. — Marlborough passe l'Escaut sans opposition. — Mensonge prodigieux de Vendôme. — Fautes personnelles de Mgr le duc de Bourgogne, dont avantages pris contre lui avec éclat. — Belle mais difficile retraite de plusieurs détachements de l'armée, où Hautefort se distingue sans combat, et Nangis en combattant. — Étrange ignorance du roi, à qui le duc de La Trémoille apprend cette action à son dîner. — Sousternon perdu. — Saint-Guillain perdu et repris par Hautefort et Albergotti. — Position des armées. — État de la citadelle de Lille. — Boufflers reçoit un ordre de la main du roi de capituler. — Ordre aux princes de revenir, et à Vendôme de séparer l'armée, et, malgré ses adroites instances, de revenir aussi.

Lille perdu, question fut d'un parti à prendre. Quoique M. de Vendôme eût assuré que la prise de Leffinghem empêcheroit les convois des ennemis, on n'en crut pas moins la citadelle un peu plus tôt, un peu plus tard perdue, et le roi voulut d'autant plus tôt se fixer à quelque chose, que les ennemis faisoient divers mouvements, et n'avoient que vingt bataillons devant cette citadelle pour en faire le siége. Cette raison de décision, et celle d'éclaircir plusieurs choses qui s'étoient passées depuis que Chamillart étoit revenu de Flandre, firent prendre le parti subit de l'y renvoyer. Il partit donc le mardi 30 octobre, à quatre heures du matin, de Versailles, pour aller coucher à Cambrai ; et Chamlay, si expert dans la connoissance des moindres lieux et des plus petits ruisseaux de la Flandre, partit à midi du même jour pour l'y suivre. Si la cour fut surprise de voir si près à près disparoître Chamillart, l'armée ne le fut pas moins de le voir arriver à Tournai. Il y porta les grâces répandues sur ceux qui venoient de sortir si glorieusement de Lille. Surville, sorti de la citadelle de Lille avec un coup de mousquet fort considérable, eut dix mille livres de pension. Lée, qui étoit aussi à Douai pour être trépané d'un autre coup de mousquet, eut l'expectative, les marques et la pension de grand-croix de Saint-Louis, en attendant la première vacante. Rannes, Ravignan, Coetquen, Permangle furent faits maréchaux de camp ; Maillebois dès avant la fin du siége, Belle-Ile (tous deux maintenant maréchaux de France, et le premier duc héréditaire après bien de diverses et d'étranges fortunes), Martinville, Tourrotte et Sourzy furent faits brigadiers, et quelques autres.

La tranchée fut ouverte devant la citadelle de Lille la nuit du 29 au 30 octobre. Ils attaquèrent l'avant-chemin couvert le 7 novembre, dont ils furent repoussés avec assez de perte, et le 10 Chamillart arriva, et rendit compte le soir même de son voyage au roi chez Mme de Maintenon ; ainsi son voyage fut de douze jours, dont il en passa huit à l'armée, pendant lesquels son fils travailla avec le roi, comme il avoit fait pendant son précédent voyage de Flandre. En attendant, les ennemis désoloient l'Artois, et le prince d'Auvergne fortifioit la Bassée. Cheladet y marcha avec trente escadrons, et à la fin leur fit quitter prise et abandonner la Bassée, mais il en coûta bon au pays.

Le désir de la cour, dont Chamillart fut porteur, étoit la garde de l'Escaut. M. de Vendôme l'en avoit infatuée, séduit par l'avantage de couper la retraite aux ennemis, et comptant pour rien la plus que très-difficile garde de quarante lieues du cours de cette rivière. Berwick, peu ployant sous le poids de Vendôme, et peu soucieux du mépris qu'il faisoit de son sentiment, ne crut pas le devoir taire dans une occasion si importante, où il ne voyoit que de pitoyables raisonnements. L'altercation recommença donc entre eux plus vive que jamais, et Mgr le duc de Bourgogne, autant qu'il l'osoit, étoit pour Berwick. Toutes ces disputes s'écrivoient au roi, qui lui firent prendre le parti d'envoyer Chamillart, devant lequel les généraux plaidèrent chacun leur avis. Il tâcha vainement de les raccommoder; il écouta tout, il discuta toutes les raisons de part et d'autre à diverses reprises. C'étoit à cet homme de robe, de plume et de finance, à décider des mouvements de guerre les plus savants et les plus importants, et à en décider seul; c'étoit pour cela qu'il étoit envoyé, quoiqu'il n'eût jamais vu de guerre que dans son cabinet et dans ses deux voyages de Flandre, si près à près et si courts. Il prit un parti mitoyen, dans la confiance de l'exécution duquel il repartit pour se rendre auprès du roi. Mais à peine étoit-il à trente lieues de la frontière que Vendôme reprit son premier dessein de la garde de l'Escaut, sans en pouvoir être détourné par personne. Chamillart, plus enivré que jamais de Vendôme en ce voyage, y avoit peu ménagé Mgr le duc de Bourgogne, et le ménagea encore moins dans le compte qu'il rendit au roi en arrivant. Ce compte fut rendu chez Mme de Maintenon, en sa présence. Elle entendit tout sans oser souffler, elle rendit tout à Mme la duchesse de Bourgogne. On peut juger ce qu'il en résulta entre elles deux, et quelle fut la colère de la princesse, avec le mécontentement qu'elle avoit déjà précédemment conçu contre le ministre, et l'indignation de Mme de Maintenon, auprès de laquelle il étoit déjà de longue main si mal.

Le premier effet du retour de Chamillart fut un ordre envoyé dès le lendemain à Berwick de s'en aller prendre le commandement des troupes demeurées sur le Rhin, où néanmoins la campagne étoit depuis longtemps finie, et où on n'attendoit plus que l'arrivée des quartiers d'hiver pour se séparer. Berwick sentit tout le coup que Vendôme lui faisoit porter, l'inutilité de ce voyage, et le dégoût de le faire sans le voile d'aucun prétexte, et n'y menant aucunes troupes, sans même avoir la permission de passer à la cour, tant ils eurent peur qu'il n'y parlât au roi et au monde. Il ne dit mot, et obéit. Pour achever cela de suite, il ne fut pas quinze jours sur le Rhin qu'il y reçut les ordres pour les quartiers d'hiver, à quoi du Bourg auroit été tout aussi bon que lui. Mais il pesoit trop à Vendôme par la force et la justesse de ses raisonnements, et il avoit fallu l'en soulager.

Dès qu'il fut parti, Vendôme écrivit au roi que maintenant il étoit au large, et il ajouta en propres termes que désormais il étoit si sûr d'empêcher les ennemis de passer l'Escaut qu'il lui en répondoit sur sa tête. Avec un tel garant, et si fort à la cour, le moyen de n'y pas compter? Aussi y triompha-t-on d'avance; et sans se souvenir de toutes les déplorables fadeurs qui avoient eu tant de cours sur l'impossibilité aux ennemis de prendre Lille et de se retirer de devant, sinon avec un passe-port pour n'y pas périr de faim, les mêmes flatteries recommencèrent sur la malheureuse destinée de ces conquérants qui s'alloient trouver enfermés sans aucune ressource. On ne fut pas longtemps amusé de ce roman. Le duc de Marlborough vint à Harlebeck et à Vive-Saint-Éloy, le prince Eugène à Roosebeck, qui montrèrent ainsi qu'ils en vouloient à l'Escaut. Nous avions des retranchements sur Audenarde, gardés par Hautefort, et l'armée voulut s'en approcher; mais dans ce mouvement, Marlborough passa l'Escaut sur quatre ponts, à Gavre et à Berkem, la nuit du 26 au 27, sans opposition quelconque, et sans trouver aucunes de nos troupes. Le roi l'apprit par un courrier de M. de Vendôme, qui ajoutoit dans sa lettre au roi, en termes formels, qu'il le supplioit de se souvenir qu'il lui avoit toujours mandé la garde de l'Escaut impossible.

Il falloit que ce grand général n'eût aucune sorte de mémoire, ou qu'il comptât le roi, la cour, son armée et tout le public pour bien peu de chose. En moins de quinze jours, répondre au roi, sur sa tête, qu'il empêchera aux ennemis de passer l'Escaut, et, dès qu'ils l'ont passé, écrire au roi qu'il le supplie de se souvenir qu'il lui a toujours mandé qu'il étoit impossible d'empêcher les ennemis de le passer, et cela sans qu'il fût rien arrivé entre-deux qui eût fait changer ni la face des choses ni à lui de langage, ce sont de ces vérités qui ne sont pas vraisemblables, mais vérités toutefois qui ont eu le roi, la cour, l'armée pour témoins, et dont M. de Vendôme, ni cette formidable cabale qui l'appuyoit avec un si incroyable succès, n'ont pas seulement tenu compte de se disculper, mais bien d'en étouffer le bruit à force d'en renouveler d'anciens et de nouveaux propos contre Mgr le duc de Bourgogne. Ce nouveau vacarme ne put empêcher un contradictoire si prompt, si net, si précis, si important, de la même bouche, et de cette bouche prise sans cesse pour le seul oracle de la guerre, malgré les succès. Les réflexions seroient trop au-dessous du fait pour s'y arrêter ici. Voyons le court détail de cette affaire, dont la cabale se battit, comme on dit, avec les pierres du clocher. Elle n'empêcha pas de trouver et de dire que ce trait ne pouvoit être méconnu pour être du même homme qui en avoit fait un tout pareil à M. le duc d'Orléans sur le passage du Pô.

L'armée étoit au Saussoy, près de Tournai, dans une tranquillité profonde, dont l'opium avoit gagné jusqu'à Mgr le duc de Bourgogne, lorsqu'il vint plusieurs avis de la marche des ennemis. M. de Vendôme s'avança là-dessus de ce côté-là avec quelques détachements. Le soir, il manda à Mgr le duc de

Bourgogne que, sur les confirmations qu'il recevoit de toutes parts des mêmes nouvelles, il croyoit qu'il devoit marcher avec toute l'armée le lendemain pour le suivre. Mgr le duc de Bourgogne se déshabilloit pour se coucher lorsqu'il reçut cette lettre, sur laquelle ce qui se trouva auprès de lui alors raisonna différèmment : les uns furent d'avis de marcher à l'heure même, les autres qu'il ne se couchât point, pour être prêt de plus grand matin ; enfin, le troisième sentiment fut qu'il se couchât pour prendre quelque repos, et de marcher le matin, comme M. de Vendôme le lui conseilloit. Après avoir un peu balancé, le jeune prince prit ce dernier parti. Il se coucha, il se leva le lendemain au jour, il déjeuna longtemps. Comme il alloit sortir de table, il apprit que l'armée entière des ennemis avoit passé l'Escaut. A chose faite il n'y a plus de remède. Il en fut outré de déplaisir. La vérité est que quand il aurait suivi le premier et le seul bon des trois avis, avant qu'on eût détendu, chargé, pris les armes, monté à cheval, la nuit auroit été bien avancée, et qu'au chemin qu'il falloit faire, on auroit trouvé les ennemis passés il y auroit eu plus de six ou sept heures. Mais il est des messéances qu'il faut éviter, et c'est le malheur de n'avoir personne auprès de soi qui le sente, ou qui en avertisse, quand soi-même on n'y pense pas. Le premier parti aurait été inutile à empêcher le passage, mais très-utile au jeune prince à marquer de la volonté et de l'ardeur.

A cette faute il en ajouta une autre, qui, sans pouvoir avoir aucun air d'influer à la tranquillité de ce passage si important, en montra une que toutefois Mgr le duc de Bourgogne n'avoit pas, et dont il crut très-mal à propos pouvoir se dissiper innocemment. Il avoit mangé, il étoit fort matin, il n'y avoit plus à marcher. Pour prendre un nouveau parti sur un passage fait auquel on ne s'attendoit pas, au moins si brusquement, il falloit attendre ce qu'il plairoit à M. de Vendôme. On étoit tout auprès de Tournai ; Mgr le duc de Bourgogne y alla jouer à la paume. Cette partie subite scandalisa étrangement l'armée et renouvela tous les mauvais discours. La cabale, qui ne put accuser la lenteur du prince, par la raison que je viens d'expliquer, et parce que M. de Vendôme ne lui avoit pas mandé de marcher à l'heure même, mais le lendemain matin, la cabale, dis-je, se jeta sur la longueur du déjeuner en des circonstances pareilles, et sur une partie de paume faite si peu à propos ; et là-dessus toutes les chamarrures les plus indécentes et les plus audacieuses à l'armée, à la cour, à Paris, pour noyer la réelle importance du fait de M. de Vendôme par ce vacarme excité sur l'indécence de ceux de Mgr le duc de Bourgogne en ces mêmes moments.

Hautefort, se voyant pris par ce passage des ennemis par sa droite et par sa gauche, se retira sans avoir pu être entamé. Sousternon, lieutenant général, voisin du lieu de passage, et averti de quelques mouvements, manda à Nangis, maréchal de camp, de marcher à lui avec le détachement qu'il avoit, qui étoit de neuf bataillons et de quelque cavalerie. Il obéit, et reçut en chemin avis d'un gros corps ennemi qui le séparoit du quartier d'où il sortoit, par conséquent du gros des autres quartiers. Les avis continuèrent ; il arriva au quartier de Sousternon et n'y trouva personne. Il prit donc un grand tour pour retourner d'où il étoit venu dans l'obscurité de la nuit. Le jour venu, il continua sa marche sur les quartiers voisins, de proche en proche, pour essayer de joindre Hautefort. Il fut attaqué et fit une vigoureuse défense, toujours marchant et gagnant du terrain sur une chaussée entre des marais, et ramassant les traîneurs des autres quartiers qui filoient devant et après. Dépêtré enfin de cette rude escarmouche, il rencontra du canon abandonné, qu'il ne voulut pas laisser, et qu'il emmena. Ce retardement donna lieu à une autre attaque plus vive, et qui, plus ou moins vigoureusement poussée et repoussée, selon qu'il pouvoit se retourner dans l'incommodité de ce long défilé, dura, avec une grande valeur et beaucoup de perte, jusqu'à ce qu'il eût joint la queue de quelques autres quartiers qui s'arrêtèrent pour l'attendre Sousternon étoit avec ceux-là. Ils furent encore suivis et toujours attaqués jusqu'à un ruisseau, au delà duquel Hautefort s'étoit posté pour les attendre, et protéger leur passage par le feu qu'il fit de derrière le ruisseau, qu'il avoit bordé d'infanterie à droite et à gauche. Là finit ce combat désavantageux, qui fit perdre beaucoup de monde. Les quartiers épars, ainsi rassemblés là, s'y rafraîchirent un peu, et, à quelques jours de là, rejoignirent l'armée. Hautefort fut fort approuvé, même des ennemis, qui louèrent fort sa retraite. Sousternon, au contraire, perdit la tramontane et fut fort blâmé. Nangis, au contraire, aujourd'hui maréchal de France, s'en tira avec tête et valeur.

Le roi ignora cette action plusieurs jours, et l'auroit ignorée davantage sans le duc de La Trémoille, dont le fils unique y étoit et s'y étoit même distingué. Dépité de ce que le roi ne lui en disoit pas un mot, il prit son temps qu'il servoit le roi à son petit couvert de parler du passage de l'Escaut, où il dit que son fils avoit beaucoup souffert avec son régiment. « Comment, souffert? dit le roi; il n'y a rien eu. — Une grosse action, » répondit le duc, et la raconta tout de suite. Le roi l'écouta avec grande attention, le questionna même, et avoua devant tout le monde qu'il n'en avoit rien su. On peut juger de sa surprise et de celle qu'il causa. Il arriva qu'un moment après être sorti de table, Chamillart, sans être attendu, entra dans son cabinet. Le roi expédia ce qui l'amenoit, qui étoit court, puis lui demanda ce que vouloit dire l'action de l'Escaut, dont il ne lui avoit point parlé. Le ministre, embarrassé, répondit que ce n'étoit rien du tout. Le roi continuant à le presser, à rapporter des détails, à citer le régiment du prince de Tarente, Chamillart avoua que l'aventure du passage étoit si désagréable en elle-même, et ce combat si désagréable aussi, celui-ci peu important, l'autre sans remède, que Mme de Maintenon, à qui il en avoit rendu compte, n'avoit pas jugé à propos qu'il en fût importuné, et qu'ils étoient convenus qu'il ne lui en seroit point rendu compte. Sur cette singulière réponse, le roi s'arrêta tout court et n'en dit plus mot. Cependant on tomba rudement sur Sousternon. Il écrivit de longues justificatives. Le fait est qu'il pouvoit être plus vigilant, et surtout plus entendu en sa retraite, et à donner mieux ordre à celle des autres quartiers. Mais, avec toute la vigilance possible, il n'eût pu empêcher le passage avec le peu de troupes qu'il avoit, et en un endroit de l'Escaut où le mousquet portoit bien plus loin que le travers de la rivière. Néanmoins il en fut la victime. Le maréchal de Villeroy alors étoit perdu; son oncle, le P. de La Chaise, étoit mourant. Ainsi privé de ces deux appuis, et ayant affaire à M. de Vendôme, par conséquent peu soutenu du comte de Toulouse, duquel il étoit capitaine des gardes, il perdit sa fortune, et n'a pas servi depuis.

Un peu avant cet événement, la garnison d'Ath nous avoit surpris Saint-Guillain, d'où un bataillon étoit sorti pour escorter des chariots de fourrages pour notre armée. Cette perte fâchoit d'autant plus que nous y avions de gros magasins. Albergotti alla tâcher de le reprendre, et Hautefort l'y alla renforcer au sortir de cette affaire que je viens de raconter. Ils le reprirent avec six cents hommes qui étoient dedans prisonniers de guerre, et tous nos magasins, qu'ils ne s'avisèrent pas de brûler. L'Escaut passé, le duc de Marlborough alla passer la Dendre et camper à Wetter, près de Gand, notre armée près de Douai, et le prince Engène, qui n'avoit fait que s'approcher tout près de l'Escaut pour en favoriser le passage, et qui ne le passa point, s'en retourna à son siége.

Les ennemis, établis du 9 sur l'avant-chemin couvert, commencèrent à faire jouer leur artillerie et à travailler à des sapes. Ils tentèrent aussi de se rendre maîtres du chemin couvert sans succès. Le maréchal de Boufflers fut encore

légèrement blessé, le 21, d'un éclat de grenade qui lui fit
une contusion à la tête, en visitant le chemin couvert, qui ne
l'arrêta pas un moment sur rien. Mais tout lui manquoit,
et dans les premiers jours de décembre il ne lui restoit que
vingt milliers de poudre, et très-peu d'autres munitions,
encore moins de vivres. Ils avoient mangé huit cents chevaux, tant dans la ville que dans la citadelle; et Boufflers,
qui ne se distinguoit que par son activité et sa prévoyance,
en fit toujours servir à sa table dès que les autres furent
réduits à cette ressource, et en mangea lui-même. Il trouva
toujours des inventions de donner de ses nouvelles et d'en
recevoir. Le roi, voyant l'état des choses, lui envoya un ordre
de sa main de se rendre, qu'il garda secret, sans vouloir y
obéir encore de plusieurs jours, et il différa tant qu'il lui fut
possible.

L'Escaut forcé, la citadelle de Lille sur le point d'être
prise, notre armée, poussée à bout de fatigues et plus encore
de nécessité, demeura peu ensemble, et fut bientôt séparée
faute de pain, au scandale universel, tandis qu'il n'étoit pas
douteux que les ennemis, campés près de Gand, n'en voulussent faire le siége. Les choses en cet état, les princes ne
pouvoient plus demeurer en Flandre avec bienséance. Ils
eurent donc ordre de revenir; ils insistèrent à demeurer à
cause de Gand. Une autre raison arrêtoit encore Mgr le duc
de Bourgogne. M. de Vendôme ne sembloit pas avoir reçu
les mêmes ordres, et faisoit publiquement toutes ses dispositions particulières, comme un homme qui comptoit de
passer l'hiver sur la frontière, et d'y commander en attendant le retour du printemps et de l'ouverture de la campagne.
Mais tandis qu'il en usoit ainsi, il ne se vantoit pas d'avoir
reçu son congé, et qu'il attendoit la réponse aux représentations qu'il avoit faites sur la nécessité qu'il demeurât l'hiver.
Il se sentoit toucher au moment de rendre compte; il commençoit à le craindre, et à redouter de près ce que de loin il
avoit si témérairement méprisé et si audacieusement insulté.

Ses représentations ne réussirent pas. Il s'inquiéta de voir Mgr le duc de Bourgogne différer son départ et observer le sien. Il redoubla donc ses instances jusqu'à s'abaisser à demander comme une grâce ce qu'il avoit d'abord proposé et offert comme une chose nécessaire au service du roi. Pendant cette lutte, les princes reçurent des ordres réitérés et absolus. Ils partirent et se rendirent à la cour. J'y étois revenu une quinzaine auparavant; je m'y étois mis au fait de tout ce qui s'étoit passé pendant ma courte absence; et pendant tout ce que M. le duc d'Orléans m'avoit pu donner de temps dans les trois jours d'intervalle entre son arrivée et celle des princes, je l'avois bien instruit de tout le principal et le plus pressé à savoir de ce que la contrainte des courriers et du chiffre m'avoit empêché de lui pouvoir mander. La jalousie des princes du sang, et un bel air de débauche, l'avoit rendu enclin à Vendôme par éloignement du prince de Conti. J'en craignis pour lui l'écueil sur Mgr le duc de Bourgogne. Je l'avois informé exactement et au long, quoiqu'en chiffre, des principaux événements de la campagne et de la cour. A son retour, je lui expliquai plus de détails, et je lui fis comprendre combien seroit premièrement injuste, puis dangereux pour lui dans les suites, de prendre le change. Il ne fut pas longtemps sans s'applaudir d'avoir suivi mon conseil.

CHAPITRE II.

Retour des princes à la cour. — Mécanique de chez Mme de Maintenon et de son appartement. — Réception du roi et de Monseigneur à Mgr le duc de Bourgogne et à M. le duc de Berry, à qui ensuite Mgr le duc de Bourgogne parle longtemps et bien. — Apophthegmes peu discrets de Gamaches. — Citadelle de Lille rendue. — Honneurs infinis faits au maréchal de Boufflers. — Retour et réception du duc de Vendôme à la cour. — Retour et réception triomphante du maréchal de Boufflers à la cour ; fait pair, etc. — Extrême honneur que je reçois de Mgr le duc de Bourgogne. — Retour du duc de Berwick à la cour. — Beau projet de reprendre Lille. — Boufflers renvoyé en Flandre. — Tranchée ouverte à Gand ; La Mothe dedans. — Soirée du roi singulière.

Mme la duchesse de Bourgogne étoit dans une grande agitation de la réception que recevroit Mgr le duc de Bourgogne, et de pouvoir avoir le temps de l'entretenir et de l'instruire avant qu'il pût voir le roi ni personne. Je lui fis dire de lui mander d'ajuster son voyage de façon qu'il arrivât à une ou deux heures après minuit, parce que de la sorte, arrivant tout droit chez elle, et ne pouvant voir qu'elle, ils auroient tout le temps de la nuit à être ensemble seuls, les premiers [instants] du matin avec le duc de Beauvilliers, et peut-être avec Mme de Maintenon, et l'avantage encore que le prince salueroit le roi et Monseigneur avant que personne fût entré chez eux, et que personne n'y seroit témoin de sa réception, à très-peu de valets près, et même écartés. L'avis ne fut pas donné, ou, s'il le fut, il ne fut pas suivi. Le jeune prince arriva le lundi 11 décembre, un peu après sept heures du soir, comme Monseigneur venoit d'entrer à la comédie, où Mme la duchesse de Bourgogne n'étoit pas allée pour l'attendre. Je ne sais pourquoi il vint descendre dans la cour des Princes, au lieu de la grande. J'étois en ce moment-là chez la comtesse de Roucy, dont les fenêtres donnoient dessus. Je sortis aussitôt, et, arrivant au haut du grand degré du bout de la galerie, j'aperçus le prince qui le montoit entre les ducs de Beauvilliers et de La Rocheguyon, qui s'étoient trouvés à la descente de sa chaise. Il avoit bon visage, gai et riant, et parloit à droite et à gauche. Je lui fis ma révérence au bord des marches. Il me fit l'honneur de m'embrasser, mais de façon à me marquer qu'il étoit encore plus instruit qu'attentif à ce qu'il devoit à la dignité, et il ne parla plus qu'à moi un assez long bout de chemin, pendant lequel il me glissa bas qu'il n'ignoroit pas comment j'avois parlé et comment j'en avois usé à son égard. Il fut rencontré par un groupe de courtisans, à la tête desquels étoit le duc de La Rochefoucauld, au milieu duquel il passa la grande salle des gardes, au lieu d'entrer chez Mme de Maintenon par son antichambre de jour et par les derrières, bien que son plus court, et alla, par le palier du grand degré, entrer par la grande porte de l'appartement de Mme de Maintenon. C'étoit le jour ordinaire du travail de Pontchartrain, qui, depuis quelque temps, avoit changé avec Chamillart du mardi au lundi. Il étoit alors en tiers avec le roi et Mme de Maintenon, et le soir même il me conta cette curieuse réception, qu'il remarqua bien et dont il fut seul témoin. Je dis en tiers, parce que Mme la duchesse de Bourgogne alloit et venoit; mais pour le bien entendre, il faut un moment d'ennui de mécanique.

L'appartement de Mme de Maintenon étoit de plain-pied et faisant face à la salle des gardes du roi. L'antichambre étoit plutôt un passage long en travers, étroit, jusqu'à une autre antichambre toute pareille de forme, dans laquelle les seuls capitaines des gardes entroient, puis une grande chambre très-profonde. Entre la porte par où on y entroit de cette seconde antichambre et la cheminée, étoit le fauteuil du roi adossé à la muraille, une table devant lui, et un ployant autour pour le ministre qui travailloit. De l'autre côté de la cheminée, une niche de damas rouge et un fauteuil où se tenoit Mme de Maintenon, avec une petite table devant elle. Plus loin, son lit dans un enfoncement. Vis-à-vis les pieds du lit, une porte et cinq marches à monter, puis un fort grand cabinet qui donnoit dans la première antichambre de l'appartement de jour de Mgr le duc de Bourgogne, que cette porte enfiloit, et qui est aujourd'hui l'appartement du cardinal Fleury. Cette première antichambre ayant à droite cet appartement, et à gauche ce grand cabinet de Mme de Maintenon, descendoit, comme encore aujourd'hui, par cinq marches dans le salon de marbre contigu au palier du grand degré du bout des deux galeries, haute et basse, dites de Mme la duchesse d'Orléans et des Princes. Tous les soirs Mme la duchesse de Bourgogne jouoit dans le grand cabinet de Mme de Maintenon avec les dames à qui on avoit donné l'entrée, qui ne laissoit pas d'être assez étendue, et de là entroit, tant et si souvent qu'elle vouloit, dans la pièce joignante, qui étoit la chambre de Mme de Maintenon, où elle étoit avec le roi, la cheminée entre-deux. Monseigneur, après la comédie, montoit dans ce grand cabinet, où le roi n'entroit point, et Mme de Maintenon presque jamais.

Avant le souper du roi, les gens de Mme de Maintenon lui apportoient son potage avec son couvert, et quelque autre chose encore. Elle mangeoit, ses femmes et un valet de chambre la servoient, toujours le roi présent, et presque toujours travaillant avec un ministre. Le souper achevé, qui étoit court, on emportoit la table; les femmes de Mme de Maintenon demeuroient, qui tout de suite la déshabilloient en un moment et la mettoient au lit. Lorsque le roi étoit averti qu'il étoit servi, il passoit un moment dans une garde-robe, alloit après dire un mot à Mme de Maintenon, puis sonnoit une sonnette qui répondoit au grand cabinet. Alors Monseigneur, s'il y étoit, Mgr et Mme la duchesse de Bourgogne, M. le duc de Berry, et les dames qui étoient à [Mme la duchesse de Bourgogne], entroient à la file dans la chambre de Mme de Maintenon, ne faisoient presque que la traverser, précédoient le roi, qui alloit se mettre à table suivi de Mme la duchesse de Bourgogne et de ses dames. Celles qui n'étoient point à elle, ou s'en alloient, ou, si elles étoient habillées pour aller au souper (car le privilége de ce cabinet étoit d'y faire sa cour à Mme la duchesse de Bourgogne sans l'être), elles faisoient le tour par la grande salle des gardes, sans entrer dans la chambre de Mme de Maintenon. Nul homme, sans exception que de ces trois princes, n'entroit dans ce grand cabinet. Cela expliqué, venons à la réception et à tout son détail, auquel Pontchartrain fut très-attentif, et qu'il me rendit tête à tête très-exactement une demi-heure après qu'il fut revenu chez lui.

Sitôt que de chez Mme de Maintenon on entendit la rumeur qui précède de quelques instants ces sortes d'arrivée, le roi s'embarrassa jusqu'à changer diverses fois de visage. Mme la duchesse de Bourgogne parut un peu tremblante, et voltigeoit par la chambre pour cacher son trouble, sous prétexte d'incertitude par où le prince arriveroit, du grand cabinet ou de l'antichambre. Mme de Maintenon étoit rêveuse. Tout d'un coup les portes s'ouvrirent : le jeune prince s'avança au roi, qui, maître de soi plus que qui que ce fût, perdit à l'instant tout embarras, fit un pas ou deux vers son petit-fils, l'embrassa avec assez de démonstration de tendresse, lui parla de son voyage, puis, lui montrant la princesse : « Ne lui dites-vous rien ? » ajouta-t-il d'un visage riant. Le prince se tourna un moment vers elle, et répondit respectueusement, comme n'osant se détourner du roi, et sans avoir remué de sa place. Il salua ensuite Mme de Maintenon, qui lui fit fort bien. Ces propos de voyage, de couchées, de chemins, durèrent ainsi, et tous debout, un demi-quart d'heure ; puis le roi lui dit qu'il n'étoit pas juste de lui retarder plus longtemps le plaisir qu'il auroit d'être avec Mme la duchesse de Bourgogne, et le renvoya, ajoutant qu'ils auroient loisir de se revoir. Le prince fit sa révérence au roi, une autre à Mme de Maintenon, passa devant le peu de dames du palais qui s'étoient enhardies de mettre la tête dans la chambre au bas de ces cinq marches, entra dans le grand cabinet, où il embrassa Mme la duchesse de Bourgogne, y salua les dames qui s'y trouvèrent, c'est-à-dire les baisa, demeura quelques moments, et passa dans son appartement, où il s'enferma avec Mme la duchesse de Bourgogne.

Leur tête-à-tête dura deux heures et plus ; tout à la fin

Mme d'O y fut en tiers; presque aussitôt après la maréchale d'Estrées y entra, et peu de moments après Mme la duchesse de Bourgogne sortit avec elles, et revint dans le grand cabinet de Mme de Maintenon. Monseigneur y vint à l'ordinaire au sortir de la comédie. Mme la duchesse de Bourgogne, en peine de ce que Mgr le duc de Bourgogne ne se pressoit point d'y venir saluer Monseigneur, l'alla chercher, et revint disant qu'il se poudroit; mais remarquant que Monseigneur n'étoit pas satisfait de ce peu d'empressement, elle envoya le hâter. Cependant la maréchale d'Estrées, folle et étourdie, et en possession de dire tout ce qui lui passoit par la tête, se mit à attaquer Monseigneur de ce qu'il attendoit si tranquillement son fils, au lieu d'aller lui-même l'embrasser. Ce propos hasardé ne réussit pas : Monseigneur répondit sèchement que ce n'étoit pas à lui à aller chercher le duc de Bourgogne, mais au duc de Bourgogne à le venir trouver. Il vint enfin. La réception fut assez bonne, mais elle n'égala pas celle du roi à beaucoup près. Presque aussitôt le roi sonna, et on passa pour le souper. Vers l'entremets, M. le duc de Berry arriva, et vint saluer le roi à table. A celui-ci, tous les cœurs s'épanouirent. Le roi l'embrassa fort tendrement. Monseigneur le regarda de même, n'osant l'embrasser en présence du roi. Toute l'assistance le courtisa. Il demeura debout auprès du roi le reste du souper, où il ne fut question que de chevaux de poste, de chemins et de semblables bagatelles. Le roi parla assez à table à Mgr le duc de Bourgogne; mais ce fut d'un tout autre air à M. le duc de Berry. Au sortir de table, ils allèrent tous dans le cabinet du roi à l'ordinaire, au sortir duquel M. le duc de Berry trouva un souper servi dans la chambre de Mme la duchesse de Bourgogne, qu'elle lui avoit fait tenir prêt de chez elle, et que l'empressement conjugal de Mgr le duc de Bourgogne abrégea un peu trop. Le lendemain se passa en respects de toute la cour. Ce lendemain mardi 11, le roi d'Angleterre arriva à Saint-Germain, et vint voir le roi le mercredi avec la reine sa mère.

Je témoignai au duc de Beauvilliers, avec ma liberté accoutumée, que j'avois trouvé Mgr le duc de Bourgogne bien gai au retour d'une si triste campagne. Il n'en put disconvenir avec moi, jusque-là que je le laissai en dessein de l'en avertir. Tout le monde en effet blâma également une gaieté si peu à propos. Le mardi et le mercredi, occupés les soirs par le travail des ministres, se passèrent sans conversation; mais le jeudi, qui souvent étoit libre, Mgr le duc de Bourgogne fut trois heures avec le roi chez Mme de Maintenon. J'avois peur que la piété ne le retînt sur M. de Vendôme, mais j'appris qu'il avoit parlé à cet égard sans ménagement, fortifié par le conseil de Mme la duchesse de Bourgogne, et rassuré sur sa conscience par le duc de Beauvilliers, avec qui il avoit été longtemps enfermé le mercredi. Le compte de la campagne, des affaires, des choses, des avis, des procédés, fut rendu tout entier. Un autre peut-être, moins vertueux, eût plus appesanti les termes; mais enfin tout fut dit, et dit au delà des espérances, par rapport à celui qui parloit et à celui qui écoutoit. La conclusion fut une vive instance pour commander une armée la campagne suivante, et la parole du roi de lui en donner une. Il fut ensuite question d'entretenir Monseigneur : cela vint plus tard de deux jours ; mais enfin il eut une assez longue conversation avec lui à Meudon, et avec Mlle Choin, à laquelle il parla encore davantage tête à tête. Elle en avoit bien usé pour lui auprès de Monseigneur. Mme la duchesse de Bourgogne la lui avoit ménagée. La liaison entre cette fille et Mme de Maintenon commençoit à se serrer étroitement. La Choin n'ignoroit pas la vivacité que l'autre avoit témoignée pour le jeune prince; son intérêt n'étoit pas de se les aliéner tous, dont Mgr le duc de Bourgogne recueillit quelque fruit en cette importante occasion.

Gamaches et d'O avoient suivi les princes. Ce dernier, entièrement disculpé par eux, rapproché déjà par les manéges de sa femme et par la constante protection du duc de

Beauvilliers, fut reçu comme toutes choses non avenues. L'autre, bavard et franc Picard, eut le bon sens de s'en aller aussitôt chez lui, pour éviter les questions importunes. Peu capable de conseiller Mgr le duc de Bourgogne, il n'avoit pu se contraindre de reprendre en face et en public les enfantillages qui échappoient à Mgr le duc de Bourgogne, et, sur son exemple, à M. le duc de Berry. Il leur disoit quelquefois qu'en ce genre ils auroient bientôt un plus grand maître qu'eux, qui seroit Mgr le duc de Bretagne.

Revenant une fois de la messe à la suite de Mgr le duc de Bourgogne, dans des moments vifs où il l'auroit mieux aimé à cheval : « Vous aurez, lui dit-il tout haut, le royaume du ciel, mais pour celui de la terre, le prince Eugène et Marlborough s'y prennent mieux que vous. »

Ce qu'il dit, et tout publiquement encore, aux deux princes sur le roi d'Angleterre, fut admirable. Ce pauvre prince vivoit sous son incognito dans le même respect avec les deux princes que s'il n'eût été qu'un médiocre particulier. Eux aussi en abusoient avec la dernière indécence, sans la moindre des attentions que ce qu'il étoit exigé d'eux, à travers tous les voiles, jusqu'à le laisser très-ordinairement attendre parmi la foule dans les antichambres, et ne lui parloient presque point. Le scandale en fut d'autant plus grand qu'il dura toute la campagne, et que le chevalier de Saint-Georges s'y étoit concilié l'estime et l'affection de toute l'armée par ses manières et par toute sa conduite. Vers les derniers temps de la campagne, Gamaches, poussé à bout d'un procédé si constant, s'adressant aux deux princes devant tout le monde : « Est-ce une gageure ? leur demanda-t-il tout à coup ; parlez franchement ; si c'en est une, vous l'avez gagnée, il n'y a rien à dire ; mais au moins, après cela, parlez un peu à M. le chevalier de Saint-Georges, et le traitez un peu plus honnêtement. » Toutes ces saillies eussent été bonnes tête à tête, et fort à propos, mais en public, ce zèle et ces vérités n'en pouvoient couvrir l'indiscrétion. On étoit accoutumé aux siennes, elles ne furent pas mal prises, mais elles ne servirent de rien.

Boufflers, à bout de tout, comme je l'ai dit, ne put différer que de peu de jours à obéir à l'ordre du roi qu'il avoit reçu de capituler. Il fit donc battre la chamade, et il obtint tout ce qu'il voulut par sa capitulation, qui, sans dispute, fut signée le 9, de la meilleure grâce du monde. Le prince Eugène étoit comblé d'honneur et de joie d'être venu à bout d'une si difficile conquête, malgré une armée plus forte que la leur, et commandée par l'héritier nécessaire de la couronne, et par Vendôme, qui en discours l'avoit si peu ménagé en Italie et en Flandre, quoique enfants des deux sœurs.

Un jour avant que la garnison sortît, le prince Eugène envoya demander au maréchal de Boufflers s'il voudroit bien recevoir sa visite, et dès qu'il y eut consenti, Eugène la lui rendit. Elle se passa en forces louanges et civilités de part et d'autre; il pria le maréchal à dîner chez lui pour le lendemain, après que la garnison seroit sortie, et il fit rendre à Boufflers toutes sortes de respects et tous les mêmes honneurs qu'à soi-même. Lorsque la garnison sortit, le maréchal ne marcha point à sa tête, mais vint se mettre à côté du prince Eugène, que le chevalier de Luxembourg et tous les officiers saluèrent. Après que toute la garnison eut défilé, le prince Eugène fit monter le maréchal et le chevalier de Luxembourg dans son carrosse, se mit sur le devant, et voulut absolument que le chevalier de Luxembourg, qu'il avoit fait monter devant lui, se mît sur le derrière auprès du maréchal de Boufflers, et donna toujours la main à la porte à tous les officiers françois que Boufflers mena dîner chez lui. Après dîner, il leur donna son carrosse et beaucoup d'autres carrosses pour les mener coucher à Douai, eux et les officiers principaux. Le prince d'Auvergne, et je pense que ce ne fut pas sans affectation, à la tête d'un gros détachement, lui toujours à cheval, les conduisit à Douai. Il eut ordre du prince Eugène d'obéir en tout au maréchal, à qui il le dit, comme à sa propre personne. Le maréchal fit coucher le prince d'Auvergne à Douai cette nuit-là.

Le roi fut un peu choqué de ce que, parmi les trois otages que le prince Eugène voulut retenir dans Lille, à son choix, pour le payement des dettes faites par les François dans la ville, il exigea que Maillebois en seroit un, et ne se cacha pas qu'il le vouloit comme étant le fils aîné de Desmarets. Il lui permit de venir à la cour voir son père et d'y passer quelques jours.

Dans l'intervalle de la capitulation et de la sortie de la garnison, et lors de sa sortie, les ennemis ne se cachèrent point du siége de Gand qu'ils alloient faire. Le duc de Marlborough s'étoit déjà campé tout auprès, et c'est ce qui rendit la séparation de notre armée si surprenante. Mais il n'y avoit plus ni pain ni farines : il fallut céder honteusement et périlleusement à la nécessité. Ils tinrent parole ; Gand fut investi le 11 décembre, par Marlborough, entre le grand et le petit Escaut, et par le prince Eugène, entre la Lys et l'Escaut, après avoir pourvu à Lille, où il laissa une grosse garnison. Le comte de La Mothe commandoit dans Gand, où il avoit vingt-neuf bataillons, plusieurs régiments de dragons, abondance de vivres, d'artillerie, de munitions de guerre, et devant les yeux le grand exemple du maréchal de Boufflers.

M. de Vendôme arriva à Versailles le matin du samedi 15 décembre, et salua le roi comme il sortit de son cabinet pour venir se mettre à table pour dîner à son petit couvert. Le roi l'embrassa avec une sorte d'épanouissement qui fit triompher sa cabale. Il tint le dé pendant tout le dîner, où il ne fut question que de bagatelles. Le roi lui dit qu'il l'entretiendroit le lendemain chez Mme de Maintenon. Ce délai, qui lui étoit nouveau, ne lui fut pas de bon augure. Il alla faire la révérence à Mgr le duc de Bourgogne, qui l'accueillit bien, malgré tout ce qui s'étoit passé. Vendôme fut faire sa cour à Monseigneur chez Mme la princesse de Conti, à son retour de la chasse : c'étoit là surtout qu'il se tenoit dans son fort. Il fut reçu au mieux et fort entretenu de riens; il voulut en profiter et engager un voyage d'Anet. Sa surprise fut grande et celle des assistants, à la réponse incertaine de Monseigneur, qui fit pourtant entendre, et sèchement, qu'il n'iroit point. Vendôme parut embarrassé, et il abrégea sa visite. Je le rencontrai dans le bout de la galerie de l'aile neuve, comme je sortois de chez M. de Beauvilliers, qui tournoit au degré du milieu de la galerie. Il étoit seul, sans flambeaux ni valets, avec Albéroni, suivi d'un homme que je ne connus point; je le vis à la lueur des miens; nous nous saluâmes poliment de part et d'autre ; je n'avois aucune habitude avec lui. Il me parut l'air chagrin et en chemin de chez M. du Maine, son conseil et son principal appui.

Le lendemain, il ne fut pas une heure avec le roi chez Mme de Maintenon. Il demeura huit ou dix jours à Versailles ou à Meudon, et ne mit pas le pied chez Mme la duchesse de Bourgogne : ce n'étoit pas pour lui une chose nouvelle. Le mélange de grandeur et d'irrégularité qu'il avoit dès longtemps affecté l'avoit, ce lui sembloit, affranchi des devoirs dont on se dispense le moins. Son abbé Albéroni se montroit à la messe du roi, en courtisan, avec une effronterie sans pareille. Enfin ils s'en allèrent à Anet. Dès avant que d'y aller, il s'étoit aperçu de quelque décadence, puisqu'il s'abaissa jusqu'à convier le monde de l'y venir voir, lui qui, les autres années, faisoit grâce d'y recevoir, y regorgeoit de tout ce qu'il y avoit de plus grand et de plus distingué, et ne s'y daignoit apercevoir du médiocre. Dès ce premier voyage, il sentit sa diminution par celle de sa compagnie. Les uns s'en excusèrent, d'autres manquèrent à l'engagement qu'ils avoient pris d'y aller. Chacun se mit à tâter le pavé sur un voyage de quinze lieues, qui se mettoit, les années précédentes, pour le moins à côté de ceux de Marly. Vendôme se tint à Anet jusqu'au premier Marly, où il vint le jour même. Il en usa de la sorte, toujours à Marly et à Meudon, jamais à Versailles, jusqu'au changement dont j'aurai bientôt lieu de parler.

Le roi avoit dépêché au maréchal de Boufflers, à Douai, pour le presser de revenir. Il arriva le dimanche 15 décembre, le lendemain du duc de Vendôme, héros factice de faveur et de cabale, sans que pas un des siens même le crût tel; l'autre, héros malgré soi-même, par l'aveu public des François et de leurs ennemis. Jamais homme ne mérita mieux le triomphe, et n'évita avec une modestie plus attentive, mais la plus simple, tout ce qui pouvoit le sentir. Sa femme fut au-devant de lui dès le matin, à quelques lieues de Paris, l'y amena dîner chez lui à huis clos, et sans qu'on sût son arrivée, et de là à Versailles à la nuit, droit à leur appartement et sous clef.

Aussitôt il manda au duc d'Harcourt, en quartier de capitaine des gardes, qu'il le prioit de faire dire au roi qu'il étoit arrivé, et qu'il attendoit le moment de lui aller faire sa révérence. Le roi, qui venoit de finir l'audience de M. de Vendôme, lui fit dire sur-le-champ de venir le voir chez Mme de Maintenon. En voyant ouvrir la porte, le roi fut au-devant de lui, et dans la porte même l'embrassa étroitement à deux et trois reprises, lui fit des remercîments flatteurs et le combla de louanges. Pendant ces moments, ils s'étoient avancés dans la chambre, la porte s'étoit fermée, et Mme de Maintenon étoit venue féliciter le maréchal, qui suivoit le roi, lequel aussitôt, se tournant à lui, lui dit : « Qu'ayant aussi grandement mérité de lui et de l'État qu'il venoit de faire, c'étoit à son choix qu'il en mettoit la récompense. » Boufflers s'abîma en respects, et répondit que de si grandes marques de satisfaction le récompensoient au-dessus de ce qu'il pouvoit non-seulement mériter, mais désirer. Le roi le pressa de lui demander tout ce qu'il voudroit, et d'être sûr de l'obtenir à l'heure même ; et le maréchal toujours retranché dans la même modestie. Le roi insista encore pour qu'il lui demandât, pour lui et pour sa famille, tout ce qu'il pouvoit désirer, et le maréchal persista à se trouver trop magnifiquement payé de ses bontés et de son estime. « Oh bien ! monsieur le maréchal, lui dit enfin le roi, puisque vous ne voulez rien demander, je vais vous dire ce que j'ai pensé, afin que j'y ajoute encore quelque chose, si je n'ai pas assez pensé à tout ce qui peut vous satisfaire : je vous fais pair, je vous donne la survivance du gouvernement de Flandre pour votre fils, et je vous donne les entrées des premiers gentilshommes de la chambre. » Son fils n'avoit que dix ou onze ans. Le maréchal se jeta aux genoux du roi, comblé de ses grâces pardessus toutes espérances ; il eut aussi en ce même moment la survivance pour son fils des appointements du gouvernement particulier de Lille. Le tout ensemble passe cent mille livres de rente.

Ces trois grâces, si bien méritées, étoient uniques alors, chacune dans leur genre. Celle à laquelle le maréchal fut le plus sensible, quoique touché de toutes au point où il devoit l'être, fut la première.

La porte en étoit fermée depuis longtemps ; le roi s'étoit repenti de ces quatorze pairs qu'il avoit faits en 1663[1], tous ensemble, qui l'engagèrent aux quatre qu'il ajouta en 1665. Il s'étoit déclaré qu'il n'en feroit plus. De là les ducs vérifiés ou héréditaires qu'il fit depuis, que les ignorants ont crus de son invention, et qui sont de toute ancienneté, mais dont il n'y avoit plus[2]. Bar n'a jamais été autre, les trois Nemours, Longueville, Angoulême, Étampes et je ne sais combien d'autres. L'archevêque de Paris, par sa faveur et par sa parole, et le duc de Béthune, par le billet qu'il avoit de sa

---

1. Voy., sur cette création de pairs, t. Ier, p. 449.
2. Voy., sur les ducs vérifiés, t. Ier, p. 129, note.

main, comme je l'ai dit ailleurs, la lui forcèrent encore, et avec nouvelle protestation qu'il n'en feroit plus. Dégoûté aussi des survivances, par le peu de satisfaction qu'il avoit éprouvée de jeunes gens comblés avant l'âge, et qui, n'ayant plus rien de solide à prétendre, ne se soucioient plus de rien mériter, il s'étoit si nettement expliqué sur cela depuis bien des années que personne n'osoit plus y songer. C'étoit une grâce réservée aux seuls secrétaires d'État, parce qu'il n'en put jamais refuser à ses ministres, et qu'il se complaisoit à se servir de jeunes gens dans ces places si importantes, pour montrer qu'il gouvernoit seul et qu'il les formoit, bien loin d'être gouverné par eux, quoique jamais prince ne le fût tant que lui.

Les grandes entrées, depuis la mort du père de La Feuillade, M. de Lauzun étoit le seul homme qui les eût sans charge qui les donnât. Outre la distinction et la commodité, cette grâce étoit regardée comme principale, par la facilité qu'elle donnoit de parler au roi sans témoins et sans audiences, rares et difficiles à obtenir, et qui toujours faisoient nouvelles, et de lui parler tous les jours et en différentes heures avec toute liberté.

Boufflers eut la satisfaction qu'il ne se trouva qui que ce soit, parmi une cour si envieuse et dans toute la France, qui n'applaudît à ce que le roi fit pour lui, et qui ne trouvât également juste et séant qu'il fût récompensé par une dignité la première du royaume, dont l'éclat passoit à sa postérité, par une privance également flatteuse par sa familiarité et sa singularité, enfin par la conservation dans sa famille, même sur la tête d'un enfant, d'un gouvernement qu'il avoit si dignement défendu, presque malgré le roi, et sans aucun besoin de le faire, ni par son devoir d'y aller, ni pour sa réputation tout acquise, ni pour sa fortune si grandement dès lors achevée.

On remarqua à sa gloire la différence de la défense de Namur, avec une excellente garnison, mais sous la tutelle de l'ingénieur Mesgrigny, quoique cette défense eût été fort belle, d'avec celle de Lille, qui avoit roulé sur lui seul, presque sans garnison, que de milices et de troupes nouvelles qui ne valoient pas mieux, des munitions de guerre et de bouche très-médiocres, encore moins d'argent, et de l'avoir fait durer plus de six semaines au delà de ce que le célèbre Vauban, qui avoit construit la place à plaisir, avoit dit qu'il la pourroit défendre, munie de tout ce qu'il auroit désiré.

Mais ce qui mit le comble à la gloire de Boufflers, et tout le monde à ses pieds, fut cette rare et vraie modestie de laquelle rien ne le put ébranler, et qui lui fit constamment rapporter à sa garnison toute la réputation qui l'environnoit, et à la pure bonté du roi l'éclat nouveau dont il brilloit par des grâces si distinguées et si complètes. A le voir, on eût dit qu'il en étoit honteux; et, à travers la joie qu'il ne cachoit pas, on étoit saisi d'une vérité et d'une simplicité si naturelles qui sortoient de lui et qui relevoient jusqu'à ses moindres discours. Il le détournoit toujours de ses louanges par celles de sa garnison, et il avoit toujours quelque action de quelqu'un à raconter toute prête pour fermer la bouche sur les siennes.

Ce contraste avec Vendôme, arrivé de la veille, se fit bien remarquer : l'un, élevé à force de machines et entassant les montagnes comme les géants, appuyé du vice, du mensonge, de l'audace, d'une cabale ennemie de l'État et de ses héritiers, un héros factice, érigé tel par volonté, en dépit du vrai; l'autre, sans cabale, sans appui que de sa vertu, de sa modestie, du soin de relever les autres et de s'éclipser derrière eux, vit les grâces couler sur lui de source jusqu'à l'inonder, et les applaudissements des ennemis suivis des acclamations publiques jusqu'à changer la nature des courtisans, qui s'estimèrent comblés eux-mêmes de ses récompenses.

N'oublions pas qu'il fit donner six mille livres d'augmentation de pension au chevalier de Luxembourg, qui en avoit déjà autant, et qui avoit été fait lieutenant général, comme je l'ai dit, pour être entré dans Lille avec le secours et les poudres qu'il y jeta.

Peu de jours après le retour de Mgr le duc de Bourgogne, Cheverny, sortant d'avec lui tête à tête, et qui étoit homme très-véritable, me fit un récit que je ne puis me refuser de mettre ici, et que toutefois je n'y puis écrire sans confusion. Il me dit que, lui parlant avec liberté des propos tenus sur lui pendant la campagne, le prince lui dit qu'il savoit comment et avec quelle vivacité j'en avois parlé, et qu'il étoit instruit aussi de la manière dont M. le prince de Conti s'en étoit expliqué, et ajouta que, lorsqu'on avoit la voix de deux hommes semblables, on avoit lieu de se consoler des autres. Cheverny, qui en étoit plein, me le vint raconter à l'instant. Je le fus de confusion d'être mis à côté d'un homme plus supérieur encore à moi en ce genre qu'il ne l'étoit en rang et en naissance; mais je sentis avec complaisance combien M. de Beauvilliers m'avoit effectivement tenu parole lorsque je voulus aller à la Ferté.

Le duc de Berwick arriva à la cour le dimanche 23 décembre. Il ne se contraignit ni en particulier ni en public sur M. de Vendôme, ni sur tout ce qui s'étoit passé en Flandre. A son exemple, presque tout ce qui en étoit revenu commença à parler. Les manéges sur le secours de Lille, les mensonges de Pont-à-Marck et de Mons-en-Puelle, celui sur les retranchements de Marlborough, le passage de l'Escaut, furent dévoilés et mis au clair; l'ignorance où la retenue d'écrire en avoit laissé le gros du monde y causa un étonnement étrange, puis une indignation à quoi la cabale de Vendôme ne put opposer que des verbiages entortillés et des menaces secrètes, qui démontrèrent encore plus manifestement les vérités si longuement suffoquées. Cette cabale commençoit à être embarrassée du succès si différent de l'arrivée de son héros, du peu de gens qui alloient à Anet, et du bruit fort répandu que Mgr le duc de Bourgogne serviroit la campagne suivante, et n'auroit que des maréchaux de France sous lui. L'air de disgrâce commençoit à se faire sentir; elle ne tarda pas à se déclarer tout entière.

Chamillart, pénétré de l'importance de la perte de Lille, amoureux du bien de l'État et de la gloire personnelle du roi, avoit conçu le dessein de le reprendre incontinent après la séparation de l'armée des ennemis, et le départ du prince Eugène et du duc de Marlborough de Hollande. Son projet étoit fait, beau, bien conçu, bien digéré; il y avoit mis la dernière main à son dernier voyage en Flandre, et tous ses arrangements faits, jusqu'à des troupes de l'armée qui avoit servi en Dauphiné et en Savoie, qu'il faisoit venir en Flandre. Il vouloit faire marcher le roi pour donner vigueur aux troupes, et à lui seul l'honneur de la conquête; mais comme l'argent étoit difficile, et que ce siége seroit cher, il avoit résolu que les équipages seroient courts, et surtout que les dames ne seroient pas du voyage, qui ne causent que beaucoup de dépense et d'embarras à mener sur la frontière.

Pour s'en mieux assurer, il falloit cacher ce projet en entier à Mme de Maintenon, et obtenir du roi d'y consentir et de lui en garder le secret jusqu'au bout. Chamlay, à qui Chamillart le confia, et avec qui il acheva de prendre les plus justes mesures, approuva fort cet excellent projet, mais en ami il avertit Chamillart qu'il jouoit à se perdre; que Mme de Maintenon ne le lui pardonneroit point; qu'un semblable dessein pour Mons, où Louvois ne vouloit point mener les dames, l'avoit perdu sans ressource, quoique plus ancré et plus établi que lui; que tout cela avoit passé sous ses yeux; qu'il se fît sage par un si funeste exemple, et qui avoit suivi la conquête de Mons de si près, puisque lui-même ne pouvoit avoir oublié qu'il savoit par le roi même que si Louvois ne fût pas mort le jour qu'il mourut si subitement, il étoit arrêté le lendemain même; et il est vrai que Chamillart me l'a conté et m'a dit qu'il l'avoit appris du roi.

Chamillart sentit tout le danger, mais il étoit courageux, il aimoit l'État, et je puis dire le roi comme on aime une maîtresse. Il le compta pour tout, soi pour rien, et passa outre. Tout bien mâché et bien préparé, il communiqua son projet au roi, qui fut charmé de l'ordre, de la facilité, de la beauté.

Là-dessus le maréchal de Boufflers, destiné à faire ce siége sous le roi, eut communication de tout, et fut renvoyé en Flandre sous prétexte d'y donner divers ordres pendant une partie de l'hiver, en effet pour disposer tout sur les lieux et y attendre le roi. Mais pour ne donner point d'ombrage, on se contenta pour lors de laisser en Flandre les officiers généraux nommés dès avant la fin de la campagne, pour y servir l'hiver, sans leur rien communiquer du secret ; on ne voulut pas même renvoyer aucun colonel, ni aucun des officiers particuliers qui étoient revenus.

Le roi, engoué de ce projet, et qui n'avoit pas accoutumé de rien cacher à Mme de Maintenon, importuné sans doute de ne travailler à cela que chez lui avec Chamillart, à des heures rompues, ne put tenir plus longtemps à se mettre au large, se promettant bien qu'il rendroit Mme de Maintenon capable des solides et pressantes raisons qui devoient la faire demeurer à Versailles avec Mme la duchesse de Bourgogne et toutes les dames. Il lui confia donc cet admirable projet. Mme de Maintenon eut l'adresse de cacher sa surprise et la force de dissimuler parfaitement son dépit ; elle loua le projet, elle en parut charmée, elle entra dans les détails, elle en parla à Chamillart, admira son zèle, son travail, sa diligence, et surtout d'avoir conçu un si beau et si grand exploit, et de l'avoir rendu possible.

Boufflers partit le 26 décembre, et le même jour Berwick eut une longue audience du roi chez Mme de Maintenon, où il parla en toute liberté, malgré toute sa timide politique.

Mais il étoit à bout des procédures et des procédés. Les régiments des gardes françoises et suisses eurent ordre le même jour de se tenir prêts à marcher le 1ᵉʳ février. On verra dans les commencements de l'année prochaine, le succès de ces grands préparatifs.

La tranchée fut ouverte à Gand la nuit du 24 au 25 décembre où le comte de La Mothe avoit pour deux mois de vivres, tant pour la garnison que pour les habitants, qui étoient quatre-vingt mille; beaucoup de canon et de mortiers, et quatre cent milliers de poudre. Mme de Ventadour, qui s'obstinoit à le vouloir voir maréchal de France, lui procura encore cette défense, pour effacer le funeste succès de ce grand convoi des ennemis qu'il vouloit enlever, et qui le battit si vilainement, par où s'acheva la perte de Lille.

La dernière soirée de cette année fut fort remarquable, parce qu'elle n'avoit point eu d'exemple. Le roi étant entré, au sortir de son souper, dans son cabinet avec sa famille, à l'ordinaire, Chamillart y vint sans être mandé. Il dit au roi, à l'oreille, qu'il lui apportoit une grande dépêche du maréchal de Boufflers. Aussitôt le roi donna le bonsoir à Monseigneur et aux princesses, qui sortirent avec tout ce qui étoit dans les cabinets, et le roi travailla une heure avec son ministre avant de se coucher, tant il étoit épris du grand projet de la reprise de Lille.

CHAPITRE III.

1709. — La Mothe rend Gand et est exilé. — La Boulaye, gouverneur d'Exilles, à la Bastille, pour l'avoir rendu. — La Junquière dégradé et prisonnier pour avoir rendu le Port-Mahon. — Mort de Mme de Villetaneuse. — Mort des deux neveux du maréchal de Boufflers.

— Mort du président Molé. — Mort, fortune et caractère de la maréchale de La Mothe et de son mari. — Mort de la duchesse d'Holstein ; sa postérité et ses prétentions. — Mort du prince Georges de Danemark. — Voyage oublié du prince royal de Danemark en France, qui pensa perdre Broglio, qui lors commandoit en Languedoc, et est mort maréchal de France. — Projet de la reprise de Lille avorté. — Froid extrême et ruineux. — Vendôme exclu de servir. — Deux cent mille livres de brevet de retenue au duc d'Harcourt sur sa charge de Normandie. — Pensions de la duchesse de Ventadour. — Grâces pécuniaires à Mlle de Mailly. — Accidents de La Châtre ; son caractère. — Prié plénipotentiaire, puis ambassadeur de l'empereur à Rome ; sa fortune, son caractère. — Embarras et conduite de Tessé à Rome. — Mort de Quiros ; sa fortune ; sa défection.

Dès en arrivant à Douai, Boufflers se mit à rassembler une armée. Il y fut tôt après suivi des officiers généraux qu'on y envoya, et de tous les colonels qui, à leur retour, avoient salué le roi et en avoient été bien reçus. Boufflers, quoique tout occupé de l'exécution du grand projet de reprendre incontinent Lille, ne laissoit pas de songer à délivrer Gand, en tombant sur les quartiers des ennemis séparés les uns des autres par les rivières ; mais c'est bien dit qu'il y songea, car il n'eut pas même le temps d'y travailler. La tête tourna à La Mothe ; car il étoit entièrement incapable de lâcheté et d'infidélité, et il n'avoit qu'à mériter le bâton par une telle défense, sûr de l'obtenir. Il se laissa empaumer par un capitaine suisse qui eut peur pour sa compagnie et peut-être aussi pour sa peau, qui lui persuada si bien de se rendre au bout de trois jours de tranchée ouverte qu'il capitula, et sa garnison de vingt-neuf bataillons et de plusieurs régiments de dragons sortit tout entière le 29 décembre, et fut conduite à Gand. Elle y laissa quatre-vingt milliers de poudre, quatre mille mousquets de rechange et beaucoup de canon. Il n'y eut ni sédition, ni murmure des bourgeois, ni aucun coup de main depuis l'investiture jusqu'à la capitulation. La Mothe surprit extrêmement les chefs des corps qu'il assembla, non pour les consulter, mais pour leur déclarer la résolution qu'il avoit prise, et sans prendre leur avis. Capres, lieutenant général des troupes espagnoles et qui avoit le titre de gouverneur de Gand, ne put jamais être persuadé de signer la capitulation, et cet exemple fut suivi de beaucoup d'autres.

Gavaudan, aide de camp du comte de La Mothe, et fort attaché à M. du Maine, à qui il fut depuis, apporta cette belle nouvelle au roi qui ne voulut pas le voir, et qui pour réponse envoya au comte de La Mothe une lettre de cachet qui le reléguoit chez lui près de Compiègne, en un lieu qui s'appelle Fayet. Ni la duchesse de Ventadour ni Chamillart ne purent enfin parer ce coup après tant d'autres sottises qu'ils lui avoient sauvées, et il y demeura plus d'un an sans être plaint de personne.

Les ennemis s'en moquèrent fort, et se trouvèrent bien heureux qu'il n'eût pas tenu deux jours davantage. Il plut si abondamment et si continuellement qu'ils auroient été forcés de lever le siége pour ne pas y être noyés, et la saison devint tout de suite si rigoureuse qu'ils n'auroient pu y revenir. La Mothe n'eut jamais d'autre excuse que celle que la place étoit mauvaise, et qu'il avoit voulu conserver une si belle et nombreuse garnison; mais elle n'étoit pas meilleure quand il y entra avec elle; pour tenir trois jours ce n'étoit pas la peine de s'en charger. Jamais homme si inepte; et l'esprit de vertige et d'aveuglement étoit tellement répandu sur nous depuis très-longtemps que l'ineptie étoit un titre de choix et de préférence en tout genre, sans que les continuelles expériences en pussent désabuser.

De cette affaire-là nous évacuâmes Bruges et le fort de Plassendal qui ne se pouvoient plus soutenir; ce qu'il y avoit de troupes se retira à Saint-Omer. Ces faciles conquêtes couronnèrent la belle campagne du prince Eugène et du duc de Marlborough. Ils séparèrent leurs armées, et ils s'en allèrent triompher à la Haye, et y donner leurs soins aux préparatifs de la campagne prochaine; ils y furent assez longtemps tous deux. Le prince Eugène s'en alla après à Vienne. Marlborough demeura à la Haye avec parole au prince Eugène, qu'il lui tint, de ne point passer la mer qu'il ne fût de retour à la Haye, pour ne point laisser leur ami Heinsius ni les États généraux sans l'un des deux.

La Boulaye, qui s'étoit rendu prisonnier de guerre avec sa garnison à Exilles, dont il étoit gouverneur, fut échangé en ce temps-ci. Il étoit chargé de choses fort fâcheuses; il vint demander d'être mis à la Bastille pour y être condamné ou justifié. Il y a apparence qu'il ne fit que prévenir ce qui étoit résolu. Il y fut interrogé plusieurs fois.

La Junquière, qui s'étoit laissé prendre si vilainement au Port-Mahon, fut mis à Toulon au conseil de guerre, où présida Langeron, lieutenant général des armées navales. Il fut jugé à être cassé et à garder prison; ensuite le roi lui ôta ses pensions et la croix de Saint-Louis, le fit casser et dégrader des armes, l'envoya dans un château de Franche-Comté, et fit mettre en diverses prisons les officiers qui étoient avec lui à Exilles[1].

Mme de Villetaneuse, vieille bourgeoise fort riche et sans enfants, mourut les premiers jours de cette année, et enrichit par ses legs les enfants du duc de Brancas, fils de sa sœur, la duchesse de Luxembourg, fille de sa cousine germaine, et la comtesse de Boufflers, fille de Guénégaud, son cousin germain. Cette comtesse de Boufflers étoit veuve du frère aîné du maréchal, avec qui elle vivoit en grande intelligence. Elle avoit eu deux fils dont il prit soin. L'aîné mourut en sortant de l'Académie[2]; l'autre, fort peu après, se

---

1. Nous reproduisons textuellement le manuscrit qui porte le nom d'Exilles, dont il a été question dans le paragraphe précédent. Il faut lire probablement Port-Mahon.

2. Ce mot désignait, aux XVIIe et XVIIIe siècles, une école d'équitation pour les jeunes nobles. Mme de Motteville, parlant de l'entrée des ambassadeurs de Pologne à Paris en 1645, appelle ces jeunes gens *académistes;* « après eux (les ambassadeurs) venoient nos *académistes.* »

battit en duel si imprudemment, que ce combat ne se put pallier, et qu'il lui fallut aller chercher fortune hors du royaume, où il est mort assez tôt après.

Molé, président à mortier, mourut aussi fort mal dans ses affaires ; il avoit obtenu sa survivance pour son fils fort jeune. Le roi n'avoit jamais oublié les services que lui avoit rendus pendant les troubles de sa minorité le premier président Molé, à qui il donna les sceaux.

La maréchale de La Mothe mourut le 6 janvier, dont la généalogie et la fortune méritent d'être expliquées pour la singularité. Elle étoit seconde fille de Louis de Prie, marquis de Toucy, et de Françoise, fille de Guy de Saint-Gelais, seigneur de Lansac, et de la fille du maréchal de Souvré, qui fut gouverneur de Louis XIII. Mme de Lansac fut gouvernante de Louis XIV. Elle étoit ainsi grand'mère de la maréchale de La Mothe, qui fut gouvernante des enfants de Louis XIV, de ses petits-fils et de ses arrière-petits-fils. Elle eut en survivance pour les derniers la duchesse de Ventadour, sa fille, qui ensuite a eu en survivance la princesse de Soubise, femme de son petit-fils, après la mort de laquelle elle a eu la duchesse de Tallard, sa petite-fille, qui par la démission longtemps depuis de Mme de Ventadour, est maintenant gouvernante en titre. Ainsi le maréchal de Souvré, Mme de Lansac, la maréchale de La Mothe, la duchesse de Ventadour, et les deux belles-sœurs petites-filles de celles-ci, font cinq générations de gouverneurs et gouvernantes des enfants de France, dont trois rois et plusieurs dauphins.

Le maréchal de La Mothe fut fait maréchal de France avant trente-huit ans, en 1642, à force de grandes et de belles actions, à quantité desquelles il avoit commandé en chef. Il continua avec le même bonheur encore deux ans, avec la vice-royauté de Catalogne. Il obtint en ce pays-là le duché de Cardone, confisqué sur le propriétaire demeuré fidèle à l'Espagne, et à ce titre il eut un brevet de duc, c'est-à-dire des lettres non vérifiées. En 1644, il perdit la bataille de Lerida contre les Espagnols, et leva le siége de Tarragone. Il fut calomnié, et les intrigues de la cour s'en mêlèrent. C'étoit un homme qui n'avoit d'appui que ses actions et son mérite; il fut arrêté et demeura quatre ans à Pierre-Encise. Son innocence fut prouvée au parlement de Grenoble; il épousa ensuite la maréchale de La Mothe, qui étoit fort belle et qui a toujours été fort vertueuse. En 1651, il fut une seconde fois vice-roi de Catalogne. Il y força les lignes de Barcelone, et défendit cette place cinq mois durant. Il mourut à son retour à Paris en 1657, à cinquante-deux ans, et laissa trois filles qui ont été duchesses d'Aumont, de Ventadour et de La Ferté, et la maréchale de La Mothe, pauvre, à trente-quatre ans.

Elle vécut la plupart du temps à la campagne. Elle y étoit lorsque Mme de Montausier, ne pouvant suffire à ses deux charges de gouvernante de Monseigneur et de dame d'honneur de la reine, obtint enfin d'être soulagée de la première. M. Le Tellier, et M. de Louvois son fils, étoient lors en grand crédit, et fort attentifs à procurer, tant qu'ils pouvoient, les principales places à des personnes sur qui ils pussent compter, au moins à en écarter celles qu'ils craignoient. M. de Louvois avoit épousé l'héritière de Souvré, que le maréchal de Villeroy son tuteur lui sacrifia, ou plutôt à sa faveur. La maréchale de La Mothe étoit cousine germaine du père de Mme de Louvois; elle étoit belle et d'un âge convenable, d'une conduite qui l'étoit aussi. Ils furent avertis à temps que Mme de Montausier obtenoit enfin de quitter Monseigneur. Ils bombardèrent la maréchale de La Mothe en sa place, que personne ne connoissoit à la cour, avant que qui que ce soit sût qu'elle étoit enfin vacante. C'étoit la meilleure femme du monde, qui avoit le plus de soin des enfants de France, qui les élevoit avec le plus de dignité et de politesse, qui elle-même en avoit le plus, avec une taille majestueuse et un visage imposant, et qui avec tout cela n'eut jamais le sens commun et ne sut de sa vie ce qu'elle disoit; mais la routine, le grand usage du monde la soutint. Elle passa sa vie à la cour dans la plus grande considération, et dans une place où malgré une vie splendide, et beaucoup de noblesse d'ailleurs, elle s'enrichit extrêmement, et laissa encore de grands biens après avoir marié grandement ses trois filles. Sa santé dura autant que sa vie. Elle coucha encore dans la chambre de Mgr le duc de Bretagne la nuit du vendredi au samedi. Elle s'affoiblit tellement le samedi, qu'elle reçut les sacrements, et mourut le dimanche, à quatre-vingt-cinq ans.

La duchesse d'Holstein, sœur du roi de Suède, mourut de la petite vérole à Stockholm, où elle étoit demeurée auprès de la reine sa grand'mère, depuis la mort de son mari, tué en une bataille que le roi de Suède gagna, comme je l'ai dit en son lieu. L'un et l'autre étoient fort aimés du roi de Suède. Elle étoit l'aînée de la reine de Suède, qui vient de mourir épouse du roi de Suède, landgrave de Hesse-Cassel, qui est le même que nous avons vu prince héréditaire de Hesse-Cassel, battu par Médavy en Lombardie dans le temps de la bataille de Turin, et battu par le maréchal de Tallard à la bataille de Spire. Cette duchesse d'Holstein laissa un fils bossu et médiocre sujet, qui fut gendre du czar Pierre Ier. Il mourut jeune après sa femme, et ne laissa qu'un fils tout à fait enfant sous la tutelle de l'évêque d'Eutin, [son] oncle paternel. Il a maintenant quatorze ans, et depuis la dernière révolution de Russie y est allé, appelé par la czarine Élisabeth, sœur cadette de sa mère, qui lui a fait une maison et le traite en héritier présomptif de la Russie. Il prétend que le roi de Suède l'est à son préjudice, et [qu'il doit] au moins lui succéder au titre de sa mère. Le roi de Suède n'a point d'enfants et voudroit bien que son neveu, fils de son frère, lui succédât en Suède, qui est gendre du roi d'Angleterre. La Suède s'est déclarée élective, et il y a deux partis dans les états. Ce duc d'Holstein prétend encore le duché d'Holstein et le comté d'Oldenbourg, que le roi de Danemark lui retient et à ses pères, quoique de même maison tous deux, et ces États et tout l'apanage de ses cadets. Voilà bien des prétentions qui, si elles avoient toutes lieu, feroient dans le Nord un trop formidable monarque.

Cette matière étrangère me rappelle la mort du prince Georges de Danemark, sans enfants de la reine Anne d'Angleterre, son épouse, arrivée dans les derniers temps de l'année qui vient de finir. Le peu de figure qu'il a faite toute sa vie, même en Angleterre où il l'a toute passée, m'y a fait faire moins d'attention. C'étoit un très-bon homme, fils de Frédéric III, roi de Danemark, et frère de Christiern V, grand-père du roi de Danemark d'aujourd'hui. Il avoit épousé en 1685 la seconde fille du duc d'York mort à Saint-Germain roi d'Angleterre, Jacques II. Ce prince Georges s'établit en Angleterre sans songer plus à son pays, y vit tranquillement la révolution qu'y fit le prince d'Orange en 1688, vécut paisible à sa cour, et ne se mêla jamais de rien, non pas même depuis que sa femme fut reine, qui avoit toujours fort bien vécu avec lui avant et depuis. Il eut le titre de duc de Cumberland, la Jarretière, et depuis le couronnement de sa femme le vain titre d'amiral d'Angleterre, de généralissime de toutes les forces de la Grande-Bretagne, et le gouvernement des Cinq-Ports, sans s'être jamais mêlé de rien. Il avoit eu plusieurs enfants, tous morts jeunes avant lui.

Il me fait souvenir de dire que le roi de Danemark son neveu, mal avec sa femme et sa mère, s'étoit mis à voyager sur la fin de l'année précédente, et qu'il étoit en ce temps-ci à Venise pour y voir le carnaval. Il étoit venu en France étant prince royal, et promettoit fort peu, et je m'aperçois que j'ai oublié ce voyage : quoique incognito, il fut reçu partout en France avec une grande distinction ; il s'arrêta assez longtemps à Montpellier venant d'Italie, et y fit l'amoureux d'une dame que Broglio aimoit aussi. Il commandoit en Languedoc par le crédit de Bâville, frère de sa femme. Il s'avisa de trouver mauvais que le prince royal tournât autour d'elle et qu'elle le reçût bien. Sa jalousie l'emporta à manquer de respect au prince jusqu'à le menacer. Son gouverneur à son tour le menaça de le faire jeter par les fenêtres. Sur cela courriers à la cour. Le roi suspendit Broglio de tout commandement, et ordonna à Bâville de le mener demander pardon en propres termes au prince. Bâville l'exécuta et s'entremit si bien, que le prince demanda au roi le rétablissement de Broglio, auquel il ne laissa pas, et son gouverneur aussi, de faire essuyer force rudes mortifications. Le roi se fit prier et n'accorda le rétablissement de Broglio que lorsque le prince fut sur le point de partir de Montpellier.

Il ne vit le roi et Monseigneur qu'en particulier dans leur cabinet. Le roi le fit couvrir et demeura debout; Monseigneur lui donna la main et un fauteuil, mais sans sortir de son cabinet et seuls. Il y eut un grand bal paré, fort magnifique, dans le grand appartement du roi à Versailles, où il fut sans rang, incognito; mais le roi lui vint parler plus d'une fois, et [il eut] au rang près tous les honneurs et les distinctions les plus marquées. M. de La Trémoille, qui par sa mère étoit son cousin germain, en fit les honneurs. Il logea à Paris dans une maison garnie. Monsieur et Madame, aussi sa cousine germaine, eurent pour lui les plus grandes attentions. Il fut assez peu à Paris, et s'en retourna en Danemark en voyageant.

Tandis que Boufflers achevoit d'user sa santé pour les préparatifs secrets de la reprise de Lille, Mme de Maintenon n'oublioit rien pour en faire avorter le projet. La première vue l'avoit fait frémir, la réflexion combla la mesure de son dépit, de ses craintes, et de sa résolution de rompre ce coup. Être séparée du roi pendant un long siége, le laisser livré à un ministre à qui il sauroit gré de tout le succès, et pour qui son goût ne s'étoit pu démentir jusqu'alors, un ministre sa créature à elle, qui avoit osé mettre son fils dans la famille de ceux qu'elle regardoit comme ses ennemis, qui, sans elle, et par cette même famille, avoit eu le crédit de ramener Desmarets sur l'eau, de vaincre la répugnance extrême du roi à son égard, de le faire contrôleur général des finances, enfin ministre, c'étoient déjà des démérites qui alloient jusqu'à la disgrâce. Mais sa conduite sur Mgr le duc de Bourgogne et M. de Vendôme, et le projet fait et résolu à son insu au siége de Lille, et sans l'y mener, lui montra un danger si pressant qu'elle crut ne devoir rien épargner pour le rompre et pour se défaire après d'un ministre assez hardi pour oser se passer d'elle, assez accrédité auprès du roi pour y réussir, et assez puissant par ses autres liaisons pour avoir soutenu Vendôme, malgré elle, contre Mgr et Mme la duchesse de Bourgogne. Elle alla d'abord au plus pressé, et profita de tous les moments avec tant d'art, que le projet de Lille ne parut plus au roi si aisé, bientôt après difficile, ensuite trop hasardeux et ruineux; en sorte qu'il fut abandonné, et que Boufflers eut ordre de tout cesser et de renvoyer tous les officiers qu'on avoit fait retourner en Flandre.

Mme de Maintenon fut heureuse d'avoir à s'avantager de l'excès du froid. Il prit subitement la veille des Rois, et fut près de deux mois au delà de tout souvenir. En quatre jours la Seine et toutes les autres rivières furent prises, et, ce qu'on n'avoit jamais vu, la mer gela à porter le long des côtes. Les curieux observateurs prétendirent qu'il alla au degré où il se fait sentir au delà de la Suède et du Danemark. Les tribunaux en furent fermés assez longtemps. Ce qui perdit tout et qui fit une année de famine en tout genre de productions de la terre, c'est qu'il dégela parfaitement sept ou huit jours, et que la gelée reprit subitement et aussi rudement qu'elle avoit été. Elle dura moins, mais jusqu'aux arbres fruitiers et plusieurs autres fort durs, tout demeura gelé. Mme de Maintenon sut tirer parti de cette rigueur de temps si extraordinaire, qui, en effet, auroit causé d'étranges contre-temps pour un siége. Elle y joignoit toutes les autres raisons dont elle se put aviser, et vint ainsi à bout de ce qu'elle crut la plus importante affaire de sa vie, avec le mérite d'avoir approuvé d'abord ce qu'elle ne parut détruire que par les plus fortes raisons. Chamillart en fut très-touché mais peu surpris. Dès qu'il vit le secret échappé et Mme de Maintenon instruite, il n'espéra plus que foiblement. Ce prélude put dès lors lui faire craindre l'accomplissement personnel de ce que Chamlay lui avoit prédit.

Cependant M. de Vendôme continuoit à être payé comme un général d'armée qui sert l'hiver, et d'avoir cent places de fourrage, quoique dans Anet, et des voyages de Marly et de Meudon. Cela avoit tout à fait l'air de servir la campagne suivante; personne n'osoit en douter, et la cabale en prenoit de nouvelles forces. Ce petit triomphe ne fut pas long. M. de Vendôme vint à Versailles pour la cérémonie ordinaire de l'ordre, à la Chandeleur. Il y apprit qu'il ne serviroit point, et qu'il ne seroit plus payé de général d'armée. Le camouflet fut violent, il le sentit en entier; mais, en homme alors aussi mesuré qu'il l'avoit été peu dans la confiance en ses appuis, il avala la pilule de bonne grâce parce qu'il en craignit de plus amères qu'il sentoit n'avoir que trop méritées, et auxquelles celle-ci le pouvoit si naturellement conduire. C'est ce qui le rendit pour la première fois de sa vie si endurant. Il n'en fit pas mystère, sans néanmoins s'expliquer si c'étoit de son gré ou non, s'il en étoit aise ou fâché, mais comme d'une nouvelle qui auroit regardé un indifférent, et sans changer de conduite sur rien, sinon en discours dont l'audace fut rabattue comme n'étant plus de saison. Il fit vendre ses équipages.

Le duc d'Harcourt avoit voulu vendre sa charge de lieutenant général de Normandie. Marché fait à trois cent mille livres avec Le Bailleul, capitaine aux gardes, le roi refusa l'agrément. Harcourt se plaignit fort de l'embarras où cela le mettoit, et obtint par là deux cent mille livres de brevet de retenue sur cette charge qu'il garda.

En même temps le roi conserva à la duchesse de Ventadour douze mille livres de pension qu'elle avoit comme survivancière de sa mère, une autre de dix mille livres qu'elle avoit antérieurement, tellement que, avec quarante-huit mille livres d'appointements de gouvernante en titre par la mort de sa mère, elle eut du roi soixante-dix mille livres de rente.

Mlle de Mailly, fille de la dame d'atours, eut aussi six mille livres de pension et vingt-cinq mille écus sur l'hôtel de ville, en récompense d'un avis que sa mère donna à Desmarets dont le roi tira quelque chose. Cela s'appelle faire des affaires, et Desmarets n'étoit pas homme, tout rébarbatif qu'il fût, à ne se pas prêter là-dessus aux dames, surtout à celles qui tenoient à Mme de Maintenon de si près.

Il arriva, le jeudi 17 janvier, un accident à La Châtre, à la comédie à Versailles, qui en apprit de précédents. C'étoit un homme de qualité, fort bien fait, qui ne le laissoit point ignorer, fils du frère de la maréchale d'Humières, fort honnête homme, fort brave, extrêmement glorieux, fort dans le monde et toute sa vie amoureux et galant. On l'appeloit le *beau berger*, et volontiers on se moquoit de lui. Il étoit lieutenant général, mais homme sans nul esprit et de nul talent à la guerre, ni pour aucune autre chose. Ses manières étoient naturellement impétueuses, qui redoublèrent peu à peu, et qui le menèrent à des accès fâcheux. Ce soir-là, au milieu de la comédie, le voilà tout d'un coup à s'imaginer voir les ennemis, à crier, à commander, à mettre l'épée à la main, et à vouloir faire le moulinet sur les comédiens et sur la compagnie. La Vallière, qui se trouva assez près de lui, le prit à bras-le-corps, lui fit croire que lui-même se trouvoit mal, et le pria de l'emmener. Par cette adresse, il le fit sortir par le théâtre, mais toujours voulant se ruer sur les ennemis. Cela fit grand bruit en présence de Monseigneur et de toute la cour.

On en sut après bien d'autres. Un de ses premiers accès lui arriva chez M. le prince de Conti, qui avoit la goutte, à Paris, et qui étoit auprès de son feu sur une chaise longue, mais assez reculée de la cheminée, et sans pouvoir mettre les pieds à terre. Le hasard fit qu'après quelque temps La Châtre demeura seul avec M. le prince de Conti. L'accès lui prit, et c'étoit toujours les ennemis qu'il voyoit et qu'il vouloit charger. Le voilà tout à coup qui s'écrie, qui met l'épée à la main et qui attaque les chaises et le paravent. M. le prince de Conti, qui ne se doutoit de rien moins, surpris à l'excès, voulut lui parler. Lui toujours à crier : « Les voilà ! à moi ! marche ici ! » et choses pareilles, et toujours à estocader et à ferrailler. M. le prince de Conti à mourir de peur, qui étoit trop loin pour pouvoir ni sonner ni pouvoir s'armer de pelle ou de pincettes, et qui s'attendoit à tout instant à être pris pour un ennemi et à le voir fondre sur lui. De son aveu jamais homme ne passa un si mauvais quart d'heure; enfin quelqu'un entra qui surprit La Châtre et le fit revenir. Il rengaina et gagna la porte. M. le prince de Conti exigea le secret et le garda fidèlement; mais il chargea le domestique qui étoit entré de ne le laisser jamais seul avec La Châtre. Il envoya prier le lendemain le duc d'Humières qu'il lui pût dire un mot de pressé, et qu'il savoit bien qu'il avoit la goutte, et ne pouvoit sortir. Il lui confia son aventure, comme au plus proche parent, pour en avertir Mme de La Châtre, l'assurer qu'elle demeureroit secrète et voir entre eux ce qu'il y avoit à faire. Il en eut depuis quantité d'autres avec un air toujours égaré, empressé, turbulent, qui le faisoit éviter, mais qu'il soutint, et qui ne le séquestra point du monde ni même de la cour. On verra en son temps ce qu'il devint.

Nous avons laissé Rome dans un cruel embarras. La ligue d'Italie n'avoit aucune exécution, et sa conclusion et sa publicité précoce ne fit qu'ouvrir les yeux à la grande alliance sur le danger qu'elle couroit de perdre l'Italie, et irriter extrêmement l'empereur contre le pape, qui, dans l'espérance d'entraîner par son exemple, avoit pris le premier les armes contre ses troupes, comme je l'ai raconté, et avec succès tant qu'elles n'eurent affaire qu'à ce peu qui étoient demeurées éparses en Italie et dont le gros formoit toute la force de l'armée du duc de Savoie. Mais sitôt que ce gros eut quitté cette armée, qui fit finir la campagne de ce côté-là de meilleure heure, et qu'il eut paru en Italie, les troupes du pape n'osèrent plus tenir la campagne, ni tenir nulle part contre elles. Les Impériaux se mirent à ravager l'État ecclésiastique et à y vivre à la tartare. Ils tirèrent des contributions immenses et chassèrent de partout les troupes du pape. L'empereur, content de sa vengeance et des insultes qu'il faisoit faire au pape par le cardinal Grimani, de Naples, où il étoit vice-roi par intérim, ne vouloit que le forcer à reconnoître l'archiduc comme roi d'Espagne. Le pape étoit aux hauts cris, alléguoit le respect dû à sa dignité, sentoit où on vouloit l'amener, et ne savoit que devenir. On n'étoit plus au temps des excommunications, et l'empereur savoit très-bien séparer le spirituel du temporel du pape.

Il avoit envoyé le marquis de Prié en Italie avec le caractère de son plénipotentiaire à Rome, où on ne vouloit point le recevoir. Tessé, qui prévit aisément quel seroit le succès de ce ministre impérial s'il étoit une fois admis, fit tout ce qu'il put pour l'empêcher; mais il n'avoit que des paroles, et point de secours à prêter d'aucune espèce. Les cris de tout l'État du pape, et de Rome même qui se sentoit cruellement de la ruine des campagnes, devinrent si grands, que le pape commença à en craindre presque autant que des Impériaux, et consentit enfin à recevoir le plénipotentiaire impérial dans Rome et à entrer en affaires avec lui.

Prié étoit peut-être l'homme de l'Europe le plus propre à

cette commission : c'étoit un Piémontois de fort peu de naissance, de beaucoup d'esprit et fort orné, de beaucoup d'ambition et de talents qui l'avoient assez rapidement élevé dans les armées et dans la cour de Savoie, où pour la première fois l'ordre de l'Annonciade, qui constitue seul les grands de cette cour, fut avili pour lui. Parvenu dans son pays à tous les honneurs où il n'auroit osé prétendre, il le trouva désormais trop étroit pour la fortune qu'il se proposoit, et se servit de ce qu'il y avoit acquis pour passer au service de l'empereur avec plus de considération. Il y parvint aux premiers grades. Son génie avantageux, audacieux, plut à une cour aussi superbe et aussi entreprenante que fut toujours celle de Vienne, et lui parut propre à la bien servir. Il en obtint cet emploi de plénipotentiaire, et ne trompa point les espérances qu'elle en avoit conçues.

Arrivé à Rome, il demeura froid et tranquille en attendant qu'on vînt à lui. Le pape attendoit de son côté quelles propositions il voudroit faire puisqu'il n'étoit venu que pour négocier; mais à la fin, lassé d'une présence muette, qui n'apportoit aucun soulagement au pillage qui l'avoit fait recevoir, [il] envoya savoir de lui ce qu'il étoit chargé de faire. Sa réponse fut désolante. Il répondit qu'il n'étoit point venu pour parler, mais seulement pour écouter ce qu'on lui voudroit dire; et sur les représentations de la nécessité urgente d'arrêter les excès des Impériaux qui continuoient toujours, il s'en défendit modestement sur ce qu'il n'avoit aucun pouvoir de leur imposer. On entendit de reste une réponse si dure et en même temps si méprisante. Le pape sentit qu'il n'y avoit point de paix ni de trêve à espérer de ces cruels saccagements que par terminer tous différends avec l'empereur. L'humiliation étoit extrême, mais le couteau étoit dans la gorge; il fallut ployer.

Dans ces circonstances, Tessé se trouva dans une situation violente. Il n'avoit pu parer l'admission de Prié; il avoit senti combien sa présence lui seroit pesante et même personnellement embarrassante, du génie hardi dont il étoit, poussé par Grimani, et soutenu de l'armée impériale qui ravageoit l'État ecclésiastique. Il prit donc le parti d'éviter au moins les inconvénients personnels, et d'être malade avant l'arrivée de Prié à Rome. Il se plaignit d'une fistule et s'enferma chez lui. De son cabinet, il se débattit comme il put ; et j'ajouterai, pour n'avoir pas à revenir à une affaire dont la suite fut longue, qu'il écrivit trois lettres au pape. Elles sont si propres à caractériser ce maréchal, qu'on a vu depuis 1696 surtout, dans les principaux emplois de guerre et de paix et qu'on venoit de choisir pour la plus importante de ce règne, que j'ai cru les devoir mettre parmi les Pièces avec les réflexions qu'elles m'ont paru mériter. Ces trois pièces serviront à faire juger de ce qui a réussi avec tant d'avantage et de continuité à la cour de Louis XIV, et de ce qui aussi a été si utilement employé en ses affaires, surtout depuis la révolution d'Espagne. Tessé se complut tellement en ces trois productions de son esprit qu'il les envoya à la cour et à Paris, où il les fit répandre.

Don François-Bernard de Quiros mourut vieux aux [eaux] d'Aix-la-Chapelle qu'il étoit allé prendre dans la rigueur du mois de janvier. Il avoit été toute sa vie dans les négociations, et il s'y étoit rendu habile, toujours dans les cours étrangères ou dans les assemblées pour la paix. A la révolution d'Espagne, il se donna à Philippe V qui l'employa de même ; la bataille de Ramillies et ses rapides suites le retournèrent vers la maison d'Autriche. Il fut ambassadeur de l'archiduc comme roi d'Espagne, à la Haye où il avoit passé beaucoup d'années avec le même caractère que lui avoit donné Charles II. Cette défection ne lui fit pas honneur, et les intérêts de Philippe V ne laissèrent pas d'en souffrir. Mais la passion des alliés étoit telle contre les deux couronnes, et surtout en Hollande où le pensionnaire[1] Heinsius

---

1. On appelait *pensionnaire* ou *grand pensionnaire de Hollande* le député

gouvernoit tout, que la considération de Quiros n'en fut point altérée. Pour la naissance, elle étoit fort commune et bien au-dessous des emplois et de la capacité.

CHAPITRE VI.

Mort et caractère du P. de La Chaise. — Surprenant aveu du roi. — Énorme avis donné au roi par le P. de La Chaise. — P. Tellier confesseur; manière dont ce choix fut fait. — Caractère du P. Tellier. — Pronostic de Fagon sur le P. Tellier. — Avances du P. Tellier vers moi. — Mort de Mme d'Heudicourt; son caractère, et de son mari, et de son fils. — Mort du chevalier d'Elbœuf; d'où dit le Trembleur. — M. d'Elbœuf ne passe point la qualité de prince aux Bouillon, en son contrat de mariage avec Mlle de Bouillon, en 1656. — Mort du comte de Benavente. — Sa charge de sommelier du corps donnée au duc d'Albe. — Fin et mort de Mme de Soubise. — Entreprise de M. de Soubise rendue vaine.

La cour vit en ce temps-ci renouveler un ministère qui par sa longue durée s'étoit usé jusque dans sa racine, et n'en étoit par là que plus agréable au roi. Le P. de La Chaise mourut le 20 janvier, aux Grands-Jésuites de la rue Saint-Antoine. Il étoit petit-neveu du fameux P. Cotton, et neveu paternel du P. d'Aix qui le fit jésuite où il se distingua dans les emplois de professeur, et après dans ceux de recteur de Grenoble et de Lyon, puis de provincial de cette province; il étoit gentilhomme, et son père, qui s'étoit bien allié et avoit bien servi, auroit été riche pour son pays de Forez s'il n'avoit pas eu une douzaine d'enfants. Un de ceux-là, qui se connoissoit parfaitement en chiens, en chasses, et

---

de cette province aux États généraux des Provinces-Unies; il avait la présidence de l'assemblée.

en chevaux qu'il montoit très-bien, fut longtemps écuyer de l'archevêque de Lyon, frère et oncle des maréchaux de Villeroy, et commanda son équipage de chasse pour laquelle ce prélat étoit passionné. C'est le même que nous avons vu capitaine de la porte, et son fils après lui.

Les deux frères étoient à Lyon dans les emplois que je viens de dire, lorsque le P. de La Chaise succéda en 1675 au P. Ferrier, confesseur du roi; ainsi le P. de La Chaise le fut plus de trente-deux ans. La fête de Pâques lui causa plus d'une fois des maladies de politique pendant l'attachement du roi pour Mme de Montespan. Une entre autres, il lui envoya le P. Dechamps en sa place, qui bravement refusa l'absolution. Ce jésuite a été fort connu provincial de Paris, et par la confiance de M. le Prince le héros, dans les dernières années de sa vie.

Le P. de La Chaise étoit d'un esprit médiocre, mais d'un bon caractère, juste, droit, sensé, sage, doux et modéré, fort ennemi de la délation, de la violence et des éclats. Il avoit de l'honneur, de la probité, de l'humanité, de la bonté; affable, poli, modeste, même respectueux. Lui et son frère ont toujours publiquement conservé une reconnoissance marquée jusqu'à une sorte de dépendance pour les Villeroy; il étoit désintéressé en tout genre quoique fort attaché à sa famille; il se piquoit de noblesse, et il la favorisa en tout ce qu'il put. Il étoit soigneux de bons choix pour l'épiscopat, surtout pour les grandes places, et il y fut heureux tant qu'il y eut l'entier crédit. Facile à revenir quand il avoit été trompé, et ardent à réparer le mal que la tromperie lui avoit fait faire. On en a vu en son lieu un exemple sur l'abbé de Caudelet; d'ailleurs judicieux et précautionné, bon homme et bon religieux, fort jésuite, mais sans rage et sans servitude, et les connoissant mieux qu'il ne le montroit, mais parmi eux comme l'un d'entre eux. Il ne voulut jamais pousser le Port-Royal des Champs jusqu'à la destruction, ni entrer en rien contre le cardinal de

Noailles, quoique parvenu à tout sans sa participation. Le cas de conscience et tout ce qui se fit contre lui de son temps, se fit sans la sienne. Il ne voulut point non plus entrer trop avant dans les affaires de la Chine, mais il favorisa toujours tant qu'il put l'archevêque de Cambrai, et fut toujours fidèlement ami du cardinal de Bouillon, pour lequel, en toutes sortes de temps, il rompit bien des glaces.

Il eut toujours sur sa table le *Nouveau Testament* du P. Quesnel qui a fait tant de bruit depuis, et de si terribles fracas; et quand on s'étonnoit de lui voir ce livre si familier à cause de l'auteur, il répondoit qu'il aimoit le bon et le bien partout où il le rencontroit; qu'il ne connoissoit point de plus excellent livre, ni d'une instruction plus abondante; qu'il y trouvoit tout; et que, comme il avoit peu de temps à donner par jour à des lectures de piété, il préféroit celle-là à toute autre.

Il eut tout le crédit de la distribution des bénéfices pendant les quinze ou vingt dernières années de l'archevêque de Paris, Harlay. Son indépendance de Mme de Maintenon fut toujours entière et sans commerce avec elle; aussi le haïssoit-elle, tant pour cette raison, que pour son opposition à la déclaration de son mariage, mais sans oser jamais lui montrer les dents, parce qu'elle connoissoit de la disposition du roi à son égard. Elle se servit de Godet, évêque de Chartres, qu'elle introduisit peu à peu dans la confiance du roi, puis du cardinal de Noailles, après le mariage de sa nièce et à l'occasion de l'affaire de M. de Cambrai, pour balancer la distribution des bénéfices, et y entrer elle-même de derrière ses deux rideaux, ce qui commença à déshonorer le clergé de France, par les ignorants et les gens de néant que M. de Chartres et Saint-Sulpice introduisirent dans l'épiscopat, à l'exclusion tant qu'ils purent de tous autres.

Vers quatre-vingts ans, le P. de La Chaise, dont la tête et la santé étoient encore fermes, voulut se retirer : il en fit plusieurs tentatives inutiles. La décadence de son corps et de son esprit, qu'il sentit bientôt après, l'engagea à redoubler ses instances. Les jésuites, qui s'en apercevoient plus que lui, et qui sentoient la diminution de son crédit, l'exhortèrent à faire place à un autre qui eût la grâce et le zèle de la nouveauté. Il désiroit sincèrement le repos, et il pressa le roi de le lui accorder tout aussi inutilement. Il fallut continuer à porter le faix jusqu'au bout. Les infirmités et la décrépitude qui l'accueillirent[1] bientôt après ne purent le délivrer. Les jambes ouvertes, la mémoire éteinte, le jugement affaissé, les connoissances brouillées, inconvénients étranges pour un confesseur, rien ne rebuta le roi, et jusqu'à la fin il se fit apporter le cadavre et dépêcha avec lui les affaires accoutumées. Enfin, deux jours après un retour de Versailles, il s'affoiblit considérablement, reçut les sacrements, et eut pourtant le courage, plus encore que la force, d'écrire au roi une longue lettre de sa main, à laquelle il reçut réponse du roi de la sienne tendre et prompte; après quoi il ne s'appliqua plus qu'à Dieu.

Le P. Tellier, provincial, et le P. Daniel, supérieur de la maison professe, lui demandèrent s'il avoit accompli ce que sa conscience pouvoit lui demander et s'il avoit pensé au bien et à l'honneur de la compagnie. Sur le premier point, il répondit qu'il étoit en repos; sur le second, qu'ils s'apercevroient bientôt par les effets qu'il n'avoit rien à se reprocher. Fort peu après, il mourut fort paisiblement à cinq heures du matin.

Les deux supérieurs vinrent apporter au roi, à l'issue de son lever, les clefs du cabinet du P. de La Chaise, qui y avoit beaucoup de mémoires et de papiers. Le roi les reçut devant tout le monde, en prince accoutumé aux pertes, loua le P. de La Chaise surtout de sa bonté, puis souriant aux

---

1. Le manuscrit de Saint-Simon porte le mot *accueillirent* qui ne paraît pas très-exact et que les précédents éditeurs ont remplacé par le mot *assaillirent*.

pères : « Il étoit si bon, ajouta-t-il tout haut devant tous les courtisans, que je le lui reprochois quelquefois, et il me répondoit : « Ce n'est pas moi qui suis bon, mais vous qui êtes « dur. » Véritablement les pères et tous les auditeurs furent surpris du récit jusqu'à baisser la vue. Ce propos se répandit promptement, et personne n'en put blâmer le P. de La Chaise.

Il para bien des coups en sa vie, supprima bien des friponneries et des avis anonymes contre beaucoup de gens, en servit quantité, et ne fit jamais de mal qu'à son corps défendant. Aussi fut-il généralement regretté. On avoit toujours compris que ce seroit une perte; mais on n'imagina jamais que sa mort seroit une plaie universelle et profonde comme elle la devint, et comme elle ne tarda pas à se faire sentir par le terrible successeur du P. de La Chaise, à qui les ennemis mêmes des jésuites furent forcés de rendre justice après, et d'avouer que c'étoit un homme bien et honnêtement né, et tout fait pour remplir une telle place.

Maréchal, premier chirurgien du roi, qui avoit sa confiance, homme droit et parfaitement vrai, que j'ai cité plus d'une fois, nous a conté, à Mme de Saint-Simon et à moi, une anecdote bien considérable et qui mérite de n'être pas oubliée. Il nous dit que le roi dans l'intérieur de ses cabinets, regrettant le P. de La Chaise et le louant de son attachement à sa personne, lui avoit raconté une grande marque qu'il lui en avoit donnée : que peu d'années avant sa mort, il lui avoit dit qu'il se sentoit vieillir, qu'il arriveroit peut-être plus tôt qu'il ne pensoit, qu'il faudroit choisir un autre confesseur, que l'attachement qu'il avoit pour sa personne le déterminoit uniquement à lui demander en grâce de le prendre dans sa compagnie, qu'il la connoissoit, qu'elle étoit bien éloignée de mériter tout ce qui s'est dit et écrit contre elle, mais qu'enfin il lui répétoit qu'il la connoissoit, que son attachement à sa personne et à sa conservation l'engageoit à le conjurer de lui accorder ce qu'il lui demandoit, que c'étoit une compagnie très-étendue composée de bien des sortes de gens et d'esprit dont on ne pouvoit répondre, qu'il ne falloit point mettre au désespoir, et se mettre ainsi dans un hasard dont lui-même ne lui pouvoit répondre, et qu'un mauvais coup étoit bientôt fait et n'étoit pas sans exemple. Maréchal pâlit à ce récit que lui fit le roi, et cacha le mieux qu'il put le désordre où il en tomba.

Cette considération unique fit rappeler les jésuites par Henri IV, et les fit combler de biens. La pyramide de Jean Châtel[1] les mettoit au désespoir ; ils trouvèrent, sous Louis XIV, Fourcy, prévôt des marchands, capable de les écouter, et en état de l'oser par le crédit de Boucherat, chancelier de France, son beau-père, qui, appuyé du roi, contint le parlement. Fourcy fit abattre la pyramide sans en laisser la moindre trace ; son fils, sortant du collége, en eut l'abbaye de Saint-Vandrille de plus de trente-six mille livres à l'étonnement public, et en jouit encore. C'est même un fort honnête homme et considéré, qui ne s'est pas soucié d'être évêque.

Le roi n'étoit pas supérieur à Henri IV ; il n'eut garde d'oublier le document du P. de La Chaise, et de se hasarder à la vengeance de sa compagnie en choisissant hors d'elle un confesseur. Il vouloit vivre et vivre en sûreté. Il chargea les ducs de Chevreuse et de Beauvilliers d'aller à Paris, de s'informer, avec toutes précautions qu'ils pourroient y apporter, de qui d'entre les jésuites il pourroit prendre pour confesseur.

M. de Chartres et le curé de Saint-Sulpice ne regardoient pas ce choix avec indifférence ; ils voulurent y influer. Tou-

---

1. Cette pyramide avait été élevée sur l'emplacement de la maison du père de Jean Châtel, qu'on avait rasée après l'attentat commis par son fils contre Henri IV le 27 décembre 1594. Voy. de Thou, *Hist. universelle*, liv. CXI, chap. XVIII, et *Mémoires de Condé*, t. VI, supplément, part. III, p. 132 et suiv.

tefois ils n'en avoient nulle commission, elle n'étoit donnée qu'aux deux ducs dont ils n'étoient pas à portée. L'affaire de M. de Cambrai avoit élevé un puissant mur de séparation entre eux. Le malheur voulut que la mort du P. de La Chaise arrivât dans la conjoncture où les affaires de Flandre entre Mgr le duc de Bourgogne et M. de Vendôme avoient rapproché Mme de Maintenon et M. de Beauvilliers jusqu'à l'entière confidence là-dessus, et aux mesures communes, comme je l'ai raconté. Ces affaires prenoient un cours qui répondoit à leurs soins; mais elles n'étoient pas finies. Le commerce, la confiance, les mesures continuoient encore là-dessus. Mme de Maintenon profita de la conjoncture, et, malgré tout ce qui s'étoit passé, elle obtint que l'évêque de Chartres et le curé de Saint-Sulpice, qui n'étoit qu'un, seroient admis par les deux ducs à conférer sur le choix. L'un et l'autre étoient prévenus d'estime et d'affection pour Saint-Sulpice, comme l'étoit M. de Cambrai. La Chétardie en étoit curé, il n'existoit pas lors de l'affaire de M. de Cambrai, et dans la vérité c'étoit un homme de bien, mais une espèce d'imbécile. J'aurai lieu d'en parler ailleurs. Mené par M. de Chartres, il appuya sur le P. Tellier. Les jésuites avoient dressé pour lui toutes leurs batteries, les deux ducs en furent les dupes, et bientôt après l'Église et l'État les victimes.

Le P. Tellier, lors provincial de Paris, eut l'approbation décisive des deux ducs; sur leur rapport le roi le choisit, et ce choix fut incompréhensible de ce même prince qui, pour beaucoup moins en même genre, avoit ôté le P. Le Comte à Mme la duchesse de Bourgogne, dont il étoit confesseur depuis plusieurs années, et fort goûté d'elle et de toute la cour, et le fit aller à Rome sans que les jésuites avec tout leur art et leur crédit pussent parer le coup. La délibération du choix d'un confesseur dura un mois, depuis le 20 janvier que mourut le P. de La Chaise, jusqu'au 21 février que le P. Tellier fut nommé. Il fut comme son prédécesseur confesseur aussi de Monseigneur, contrainte bien dure à l'âge de ce prince. J'anticipe ici ce mois pour ne pas couper une matière si curieuse.

Le P. Tellier étoit entièrement inconnu au roi; il n'en avoit su le nom que parce qu'il se trouva sur une liste de cinq ou six jésuites que le P. de La Chaise avoit faite de sujets propres à lui succéder. Il avoit passé par tous les degrés de la compagnie, professeur, théologien, recteur, provincial, écrivain. Il avoit été chargé de la défense du culte de Confucius et des cérémonies chinoises, il en avoit épousé la querelle, il en avoit fait un livre qui pensa attirer d'étranges affaires à lui et aux siens, et qui à force d'intrigues et de crédit à Rome, ne fut mis qu'à l'index; c'est en quoi j'ai dit qu'il avoit fait pire que le P. Le Comte, et qu'il est surprenant que malgré cette tare il ait été confesseur du roi.

Il n'étoit pas moins ardent sur le molinisme, sur le renversement de toute autre école, sur l'établissement en dogmes nouveaux de tous ceux de sa compagnie sur les ruines de tous ceux qui y étoient contraires et qui étoient reçus et enseignés de tout temps dans l'Église. Nourri dans ces principes, admis dans tous les secrets de sa société par le génie qu'elle lui avoit reconnu, il n'avoit vécu depuis qu'il y étoit entré que de ces questions et de l'histoire intérieure de leur avancement, que du désir d'y parvenir, de l'opinion que pour arriver à ce but il n'y avoit rien qui ne fût permis et qui ne se dût entreprendre. Son esprit dur, entêté, appliqué sans relâche, dépourvu de tout autre goût, ennemi de toute dissipation, de toute société, de tout amusement, incapable d'en prendre avec ses propres confrères, et ne faisant cas d'aucun que suivant la mesure de la conformité de leur passion avec celle qui l'occupoit tout entier. Cette cause dans toutes ces branches lui étoit devenue la plus personnelle, et tellement son unique affaire, qu'il n'avoit jamais eu d'application ni travail que par rapport à celle-là, infatigable dans l'un et dans l'autre. Tout ménagement, tout tempérament là-dessus lui étoit odieux, il n'en souffroit que par force ou par des raisons d'en aller plus sûrement à ses fins. Tout ce qui en ce genre n'avoit pas cet objet étoit un crime à ses yeux et une foiblesse indigne.

Sa vie étoit dure par goût et par habitude, il ne connoissoit qu'un travail assidu et sans interruption; il l'exigeoit pareil des autres sans aucun égard, et ne comprenoit pas qu'on en dût avoir. Sa tête et sa santé étoient de fer, sa conduite en étoit aussi, son naturel cruel et farouche. Confit dans les maximes et dans la politique de la société, autant que la dureté de son caractère s'y pouvoit ployer, il étoit profondément faux, trompeur, caché sous mille plis et replis, et quand il put se montrer et se faire craindre exigeant tout, ne donnant rien, se moquant des paroles les plus expressément données lorsqu'il ne lui importoit plus de les tenir, et poursuivant avec fureur ceux qui les avoient reçues. C'étoit un homme terrible qui n'alloit à rien moins qu'à destruction, à couvert et à découvert, et qui, parvenu à l'autorité, ne s'en cacha plus.

Dans cet état, inaccessible même aux jésuites, excepté à quatre ou cinq de même trempe que lui, il devint la terreur des autres; et ces quatre ou cinq même n'en approchoient qu'en tremblant, et n'osoient le contredire qu'avec de grandes mesures, et en lui montrant que, par ce qu'il se proposoit, il s'éloignoit de son objet, qui étoit le règne despotique de sa société, de ses dogmes, de ses maximes, et la destruction radicale de tout ce qui y étoit non-seulement contraire, mais de tout ce qui n'y seroit pas soumis jusqu'à l'abandon aveugle.

Le prodigieux de cette fureur jamais interrompue d'un seul instant par rien, c'est qu'il ne se proposa jamais rien pour lui-même, qu'il n'avoit ni parents ni amis, qu'il étoit né malfaisant, sans être touché d'aucun plaisir d'obliger, et qu'il étoit de la lie du peuple et ne s'en cachoit pas; violent jusqu'à faire peur aux jésuites les plus sages, et même les plus nombreux et les plus ardents jésuites, dans la frayeur qu'il ne les culbutât jusqu'à les faire chasser une autre fois.

Son extérieur ne promettoit rien moins, et tint exactement parole; il eût fait peur au coin d'un bois. Sa physionomie étoit ténébreuse, fausse, terrible; les yeux ardents, méchants, extrêmement de travers : on étoit frappé en le voyant.

A ce portrait exact et fidèle d'un homme qui avoit consacré corps et âme à sa compagnie, qui n'eut d'autre nourriture que ses plus profonds mystères, qui ne connut d'autre Dieu qu'elle, et qui avoit passé sa vie enfoncé dans cette étude, du génie et de l'extraction qu'il étoit, on ne peut être surpris qu'il fût sur tout le reste grossier et ignorant à surprendre, insolent, impudent, impétueux, ne connoissant ni monde, ni mesure, ni degrés, ni ménagements, ni qui que ce fût, et à qui tous moyens étoient bons pour arriver à ses fins. Il avoit achevé de se perfectionner à Rome dans les maximes et la politique de sa société, qui pour l'ardeur de son naturel et son roide avoit été obligée de le renvoyer promptement en France, lors de l'éclat que fit à Rome son livre mis à l'index.

La première fois qu'il vit le roi dans son cabinet, après lui avoir été présenté, il n'y avoit que Bloin et Fagon dans un coin. Fagon, tout voûté et appuyé sur son bâton, examinoit l'entrevue et la physionomie du personnage, ses courbettes et ses propos. Le roi lui demanda s'il étoit parent de MM. Le Tellier. Le père s'anéantit : « Moi, sire, répondit-il, parent de MM. Le Tellier! je suis bien loin de cela; je suis un pauvre paysan de basse Normandie, où mon père étoit un fermier. » Fagon qui l'observoit jusqu'à n'en rien perdre, se tourna en dessous à Bloin, et faisant effort pour le regarder : « Monsieur, lui dit-il en lui montrant le jésuite, quel sacré...! » et haussant les épaules se remit sur son bâton. Il se trouva qu'il ne s'étoit pas trompé dans un jugement si étrange d'un confesseur. Celui-ci avoit fait toutes les mines, pour ne pas dire les singeries hypocrites d'un homme qui redoutoit cette place, et qui ne s'y laissa forcer que par obéissance à sa compagnie.

Je me suis étendu sur ce nouveau confesseur parce que de lui sont sorties les incroyables tempêtes sous lesquelles l'Église, l'État, le savoir, la doctrine et tant de gens de bien de toutes les sortes, gémissent encore aujourd'hui, et parce que j'ai eu une connoissance plus immédiate et plus particulière de ce terrible personnage qu'aucun homme de la cour.

Mon père et ma mère me mirent entre les mains des jésuites pour me former à la religion, et y choisirent fort heureusement; car, quelque chose qu'il se publie d'eux, il ne faut pas croire qu'il ne s'y trouve par-ci par-là des gens fort saints et fort éclairés. Je demeurai donc où on m'avoit mis, mais sans commerce avec d'autres qu'avec celui à qui je m'adressois; celui-là avoit le soin en premier des retraites qu'ils donnoient à leur noviciat à des séculiers plusieurs fois l'année. Il s'appeloit le P. Sanadon, et son emploi le mettoit en relations nécessaires avec les supérieurs, par conséquent avec le P. Tellier, provincial, lorsqu'il fut choisi pour être confesseur. Ce P. Tellier, de son goût et de son habitude farouche, ne voulut voir que ce qui lui fut impossible d'éviter. A son goût se joignit aussi la politique, pour se montrer au roi plus isolé, en effet pour être plus indépendant et se dérober mieux aux égards et aux sollicitations.

Je fus fort surpris que quinze jours ou trois semaines après qu'il fut dans ce ministère, car c'en étoit un très-réel, fort séparé des autres, le P. Sanadon me vint dire qu'il vouloit m'être présenté, ce furent ses termes et ceux du P. Tellier lorsqu'il me l'amena le lendemain. Je ne l'avois jamais vu, et je n'avois été, ni [n'avois] envoyé lui faire compliment; il m'en accabla, et conclut par me demander la permission de me venir voir quelquefois, et la grâce de vouloir bien le recevoir avec bonté. En deux mots, c'étoit qu'il vouloit lier avec moi ; et moi qui m'en défiois, et qui n'en avois que faire par la situation de ma famille où personne n'étoit dans l'Église, j'eus beau m'écarter poliment, je fus violé. Il redoubla ses visites, me parla d'affaires, me consulta, et pour le dire, me désola par le danger de le rebuter d'une manière grossière, et celui d'entrer en affaires avec lui. Cette liaison forcée, à laquelle je ne répondis que passivement, dura jusqu'à la mort du roi ; elle m'apprit bien des choses qui se trouveront chacune en leur temps.

Il falloit qu'il se fût informé de moi au P. Sanadon qui apparemment lui apprit mes intimes liaisons avec les ducs de Chevreuse et de Beauvilliers, peut-être celle que j'avois avec Mgr le duc de Bourgogne qui étoit alors profondément cachée, et avec M. le duc d'Orléans. Il étoit vrai que dès lors je pointois fort, mais c'étoit sous cloche, et quoique j'entrasse depuis longtemps en beaucoup de choses importantes, le gros du monde ne s'en apercevoit pas encore parfaitement.

La cour fut délivrée d'une manière de démon domestique en la personne de Mme d'Heudicourt, qui mourut sur les huit heures du matin, à Versailles, le jeudi 24 janvier. J'ai parlé suffisamment d'elle (t. Ier, p. 367), de sa fortune, de son mariage par l'hôtel d'Albret, et de l'intime liaison qu'elle y fit avec Mme de Maintenon qui dura toute leur vie, et de tout ce qui s'en est suivi. Elle étoit devenue vieille et hideuse ; on ne pouvoit avoir plus d'esprit ni plus agréable, ni savoir plus de choses, ni être plus plaisante, plus amusante, plus divertissante, sans vouloir l'être. On ne pouvoit aussi être plus gratuitement, plus continuellement, plus désespérément méchante, par conséquent, plus dangereuse, dans la privance la plus familière dans laquelle elle passoit sa vie avec Mme de Maintenon, avec le roi ; tout aussi, faveur, grandeur, places, ministres, enfants du roi, même bâtards, tout fléchissoit le genou devant cette mauvaise fée, qui ne savoit que nuire et jamais servir. Mme la Duchesse étoit fort bien avec elle et sut toujours s'en servir. Son appartement étoit un sanctuaire où n'étoit pas admis qui vouloit. Mme de Maintenon, qui ne la quitta point durant sa maladie, et qui la vit mourir, en fut extrêmement affligée; elle et le roi y perdirent beaucoup de plaisir, et le monde, aux dépens de qui elle le donnoit, y gagna beaucoup, car c'étoit une créature sans âme.

Son mari en tiroit parti le bâton haut, sans presque vivre avec elle, mais il s'en étoit fait craindre. C'étoit un vieux vilain, fort débauché et horrible, qui étoit souffert à cause d'elle, et [ils] ne laissoient pas de se tourmenter l'un l'autre. Il étoit gros joueur, le plus fâcheux et le plus emporté, et toujours piqué et furieux. C'étoit un plaisir de le voir couper à Marly, au lansquenet, et faire de brusques reculades de son tabouret à renverser ce qui l'importunoit derrière, et leur casser les jambes; d'autres fois cracher derrière lui au nez de qui l'attrapoit.

Sa femme, avec tout son esprit, craignoit les esprits jusqu'à avoir des femmes à gages pour la veiller toutes les nuits. Cette folie alla au point de mourir de peur d'un vieux perroquet qu'elle perdit après l'avoir gardé vingt ans. Elle en redoubla d'*occupées*, c'étoit le nom qu'elle donnoit à ses veilleuses. Son fils, qui n'étoit point poltron, avoit la même manie, jusqu'à ne pouvoir être jamais seul le soir ni la nuit dans sa chambre.

C'étoit une manière de chèvre-pied[1] aussi méchant et plus laid encore que [son] père; très-commode aux dames, et par là dans toutes les histoires de la cour, ivrogne à l'excès, il y a de lui mille contes plaisants de ses frayeurs des esprits et de ses ivrogneries. Il faisoit les plus jolies chansons du monde, où il excelloit à peindre les gens avec naïveté, et leurs ridicules avec le sel le plus fin. Le grand prévôt et

---

1. Espèce de satyre que l'on représente avec des pieds de chèvre.

sa famille, honnêtes gens d'ailleurs, en étoient farcis et n'étoient mêlés à la cour avec personne. Heudicourt s'avisa de faire une chanson sur eux, si naturelle et si ridiculement plaisante, qu'on en rioit aux larmes. Le maréchal de Boufflers, en quartier de capitaine des gardes, étant derrière le roi à la messe, où le silence et la décence étoient extrêmes, vit parler et rire autour de lui. Il voulut imposer. Quelqu'un lui dit la chanson à l'oreille. A l'instant voilà cet homme si sage, si grave, si sérieux, si courtisan, qui s'épouffe de rire, et qui, à force de vouloir se retenir, éclate. Le roi se tourne une fois, puis une seconde, le tout pour néant. Les rires continuèrent aux larmes. Le roi, dans la plus grande surprise de voir le maréchal de Boufflers en cet état, et derrière lui, et à la messe, lui demanda, en sortant de la chapelle, et assez sévèrement à qui il en avoit eu. Le maréchal à rire de nouveau qui lui répondit comme il put, que cela ne pouvoit lui être conté que dans son cabinet. Dès qu'il y fut entré, le roi reprit la question. Le maréchal la satisfit par la chanson, et voilà le roi aux éclats à l'entendre de sa chambre. Il fut plusieurs jours sans pouvoir regarder aucun de ces Montsoreau sans éclater, toute la cour de même. Ils furent réduits à disparoître pour quelque temps [1].

A force de boire, Heudicourt s'abrutit tout à fait, mais fort longtemps depuis la mort du roi, et s'est enfin cassé la tête sur un escalier de Versailles, dont il mourut le lendemain. Sa mère, qui mettoit les gens en pièces, en sérieux ou en ridicule, et qui avoit toujours quelques *mais* accablants quand elle entendoit dire du bien de quelqu'un devant le roi ou Mme de Maintenon, ne fut regrettée que d'elle. Je disois d'elle et de Mme de Dangeau qui, dans les mêmes privances, en étoit la contre-partie parfaite qu'elles

---

1. Cette anecdote se trouve déjà dans le t. V, p. 120; mais le récit présente beaucoup de variantes, qui ont déterminé à le conserver.

étoient le mauvais ange et le bon ange de Mme de Maintenon.

La mort du chevalier d'Elbœuf, arrivée sept ou huit jours après, fit moins de bruit dans le monde. Il étoit fils aîné du duc d'Elbœuf et de sa première femme, qui n'eut que lui et Mme de Vaudemont. Elle étoit fille unique du comte de Lannoy, chevalier de l'ordre en 1633, premier maître d'hôtel du roi, et gouverneur de Montreuil, mort en 1649. Elle épousa en 1643 le comte de La Rocheguyon, premier gentilhomme de la chambre du roi en survivance de son père. Il étoit fils unique des célèbres M. et Mme de Liancourt, et fut tué au siége de Mardick en 1646, ne laissant qu'une fille unique, qui épousa M. de La Rochefoucauld, le grand maître de la garde-robe, le grand veneur, et si bien toute sa vie avec le roi. Sa veuve épousa M. d'Elbœuf, avec qui elle ne fut pas heureuse. Ce fut en 1648; il en eut le gouvernement de Montreuil, qu'il joignit à celui de Picardie qu'il avoit eu de son père. Il s'emporta si étrangement contre sa femme qui étoit grosse, qu'il la prit entre ses bras pour la jeter par la fenêtre. La frayeur qu'elle en eut la saisit à tel point, que le fils dont elle accoucha naquit tremblant de tout son corps, et ne cessa de trembler toute sa vie. Elle mourut à Amiens en 1654, à 28 ans.

Deux ans après, M. d'Elbœuf se remaria à Mlle de Bouillon, à qui non plus qu'à ses parents, il ne voulut jamais passer la qualité de prince dans le contrat de mariage, parmi tout le lustre dont brilloit alors M. de Turenne. Il en eut le duc d'Elbœuf d'aujourd'hui et le prince Emmanuel son frère. L'état de l'aîné leur fit prendre le parti de l'engager aux vœux de Malte, à se contenter de ce qu'il en put tirer, et à lui faire tout céder à son cadet du second lit. Il choisit on ne sait pourquoi le Mans pour sa demeure, où il vit toujours la meilleure compagnie du pays. Il n'étoit pas ignorant, avoit de l'esprit et de la politesse, même de la dignité, et ne laissoit pas d'être considéré dans sa famille.

Il n'étoit point mal fait et avoit cinquante-neuf ans. Lui et Mme de Vaudemont étoient frère et sœur de mère, de la mère du duc de La Rocheguyon et de M. de Liancourt qui furent leurs héritiers. Ils en eurent la terre de Brunoy, et fort peu de choses d'ailleurs, et je crois rien de Mme de Vaudemont lorsqu'elle mourut.

Le comte de Benavente, de la maison de Pimentel, grand d'Espagne de la première classe, chevalier du Saint-Esprit, et sommelier du corps, mourut à Madrid dans une grande considération. Il a été ci-devant assez parlé de lui, à propos du testament de Charles II et de l'avénement de Philippe V à la couronne d'Espagne, pour n'avoir rien à y ajouter. Il laissa un fils, savant, obscur, toujours hors de Madrid et fort des jésuites. Le roi d'Espagne manda au duc d'Albe, son ambassadeur en France, par un courrier exprès, qu'il lui donnoit la charge de sommelier du corps, qui est une des trois grandes et de laquelle je parlerai en son lieu : c'est notre grand chambellan, mais tel qu'il étoit autrefois.

Mme de Soubise touchoit enfin au bout de sa brillante et solide carrière. Sa beauté lui coûta la vie. Soutenue de son ambition et de l'usage qu'elle avoit fait de l'une et de l'autre, je ne sais si elle fut fort occupée d'autres pensées prête à voir des choses bien différentes. Elle avoit passé sa vie dans le régime le plus austère pour conserver l'éclat et la fraîcheur de son teint. Du veau et des poulets ou des poulardes rôties ou bouillies, des salades, des fruits, quelque laitage, furent sa nourriture constante, qu'elle n'abandonna jamais, sans aucun autre mélange, avec de l'eau quelquefois rougie; et jamais elle ne fut troussée comme les autres femmes, de peur de s'échauffer les reins et de se rougir le nez. Elle avoit eu beaucoup d'enfants dont quelques-uns étoient morts des écrouelles, malgré le miracle qu'on prétend attaché à l'attouchement de nos rois. La vérité est que, quand ils touchent les malades, c'est au sortir de la communion. Mme de Soubise, qui ne demandoit pas la même préparation, s'en trouva enfin attaquée elle-même quand l'âge commença à ne se plus accommoder d'une nourriture si rafraîchissante. Elle s'en cacha et alla tant qu'elle put; mais il fallut demeurer chez elle les deux dernières années de sa vie, à pourrir sur les meubles les plus précieux, au fond de ce vaste et superbe hôtel de Guise qui, d'achat ou d'embellissements et d'augmentations, leur revient à plusieurs millions.

De là, plus que jamais occupée de faveur et d'ambition, elle entretenoit son commerce de lettres avec le roi et Mme de Maintenon, et se soutint dans sa même considération à la cour et dans son même crédit. On a vu avec quelle attention elle suivit la promotion de son fils, à propos de ce que j'ai raconté du chapeau demandé par l'empereur pour le prince de Lorraine, évêque d'Olmutz. Elle avoit souvent dit que, quelque rang que les maisons eussent acquis, il n'y avoit de solide que la dignité de duc et pair, et c'étoit aussi à quoi elle avoit toujours tendu. Je ne sais par quelle fatalité son crédit, qui emporta tant de choses si étranges, ne put obtenir celle-là. Elle se trouvoit à la portée d'autres gens considérables dont le roi craignit peut-être les cris et l'entraînement contre son goût, à l'occasion de cette grâce accordée à Mme de Soubise. Quoi qu'il en soit, elle n'y put parvenir; ce devoit être un des miracles de la constitution *Unigenitus*, comme on le verra dans la suite.

Cependant Mme de Soubise, hors d'espérance d'y arriver de plein saut, cherchoit à s'y échafauder. La mort de Mme de Nemours lui parut ouvrir une porte, non pas telle qu'elle la vouloit, mais pour bien marier une fille du prince de Rohan pour rien. Matignon, parvenu par son ami Chamillart au comble des richesses, cherchoit partout un mariage pour son fils qui pût le faire duc. Il comptoit d'avoir le duché d'Estouteville de la succession de Mme de Nemours; il espéra du crédit de Mme de Soubise, joint à celui de Chamillart, y réussir. Il convint de prendre pour rien une fille du prince de Rohan, et d'en reconnoître trois cent mille livres de dot, moyennant cette grâce. Mme de Soubise y mit les derniers efforts de son crédit; mais elle étoit mourante; la grâce d'ailleurs impossible au point qu'il eût été plus aisé d'obtenir franchement une érection, comme on le verra parmi les Pièces, et l'affaire avorta. Mme de Soubise n'eut donc pas le plaisir de voir son fils duc, ni sa petite-fille en faire un. Elle ne vécut pas assez pour avoir la joie de voir la calotte rouge sur la tête de son second fils, par les délais de la promotion des couronnes.

Elle mourut à soixante et un ans, le dimanche matin, 3 février, laissant la maison de la cour la plus riche et la plus grandement établie, ouvrage dû tout entier à sa beauté et à l'usage qu'elle en avoit su tirer. Malgré de tels succès, elle fut peu regrettée dans sa famille. Son mari ne perdit pas le jugement; la douleur ne l'empêcha pas de chercher à tirer parti de la mort de sa femme et du local de sa maison pour faire un acte de prince, non même étranger, mais du sang.

La Merci est vis-à-vis l'hôtel de Guise, et le portail de l'église vis-à-vis la porte de cette maison, le travers étroit de la rue entre-deux. Il s'y étoit fait accommoder une chapelle. De longue main il prévoyoit la mort de sa femme, et il résolut de l'y faire enterrer. La fin de ce projet étoit, sous prétexte d'un si proche voisinage, de l'y faire porter tout droit sans la faire mener à la paroisse, distinction qui n'est que pour les princes et les princesses du sang, qu'on ne porte point aux leurs, mais tout droit au lieu de leur sépulture. Sa femme morte, il brusqua un superbe enterrement, embabouina le curé, qui ne se douta jamais de la cause réelle, et qui se rendit en dupe à la commodité de la proximité, tellement que Mme de Soubise fut portée droit de chez elle à la Merci, et plus tôt enterrée qu'on ne se fût aperçu de l'entreprise. La chose faite, le cardinal de Noailles la trouva mauvaise, gronda le curé, et ce fut tout. Il étoit des amis de Mme de Soubise. Mais le monde, réveillé par

ce peu de bruit, mit incontinent le doigt sur la lettre. On en
parla beaucoup et tant et si bien que les mesures furent
prises contre les récidives. En effet, M. de Soubise étant
mort en 1712, il fut porté à sa paroisse et de là à la Merci.
J'ai voulu ne pas omettre cette bagatelle qui montre de plus
en plus ces entreprises en toutes occasions, et par quels
artifices les rangs et les distinctions de ce qu'on appelle
princes étrangers, de naissance ou de grâce, se sont peu à
peu formés.

CHAPITRE V.

Étrange histoire du duc de Mortemart avec moi. — Mort, maison,
famille et caractère de Mme de Maubuisson. — Mort, emplois et
caractère de d'Avaux. — Étrange et singulier motif de Louvois, qui
causa la guerre de 1688. — Mort et caractère de Mme de Vivonne.
— Mort et caractère de Boisseuil. — Retraite sainte de Janson.

Peu de jours avant la mort de Mme de Soubise, il m'arriva une de ces aventures auxquelles ma vie a été sujette,
qui sont de ces bombes qui tombent sur la tête sans qu'on
puisse les prévoir ni même les imaginer. Je finissois d'ordinaire mes journées par aller, entre onze heures et minuit,
causer chez les filles de Chamillart, où j'apprenois souvent
quelques choses, et à ces heures-là il n'y avoit plus personne. Causant un soir avec elles trois sur leur mère, les
ducs de Mortemart et de La Feuillade s'y trouvèrent, et
Mme de Cani depuis le mariage de laquelle son frère étoit
admis à toutes heures. C'étoit une manière de fou sauvage,
xtrêmem ent ivrogne, que son mariage rapprivoisoit au
monde sans que le monde se rapprivoisât à lui, et il n'avoit

ouï parler chez lui que de l'esprit des Mortemart. Voulant se mettre dans le monde, il crut qu'au nom qu'il portoit il en falloit avoir comme eux. Ne s'en donne pas qui veut, ni tel qu'on le désire. Ses efforts n'aboutirent qu'à une maussade copie de Roquelaure, assez mauvais original lui-même. Je ne le connoissois comme point; je ne le rencontrois que chez MM. de Chevreuse et de Beauvilliers, et encore fort rarement aux heures familières où j'y allois; il y étoit sérieux, silencieux, emprunté, et y demeuroit le moins qu'il lui étoit possible. La solitude, la mauvaise compagnie, le vin surnageoient toujours au reste de sa conduite, et M. et Mme de Beauvilliers, quelquefois aussi M. et Mme de Chevreuse, malgré leurs extrêmes mesures pour tout ce qui regardoit leur famille, m'en contoient leur peine et leur douleur.

Ce soir-là, n'y ayant qui que ce soit que cette compagnie et aucuns domestiques, la conversation se tourna sur le bruit répandu d'une promotion de l'ordre à la Chandeleur et qui ne se fit point. Ces messieurs là-dessus me firent quelques questions sur le rang que les princes étrangers y ont obtenu aux diverses promotions, excepté à la première, et sur ce que MM. de Rohan et de Bouillon ne sont point chevaliers de l'ordre. J'expliquai simplement et froidement les faits qui m'étoient demandés, sentant bien à qui j'avois affaire; et en effet M. de Mortemart se mit à faire des plaisanteries là-dessus fort déplacées. Il s'en engoua, croyant dire merveilles; elles me jetèrent dans un silence profond. La Feuillade et les dames, qui vouloient savoir, tâchèrent inutilement de m'en tirer, et M. de Mortemart à pousser de plus belle. Quoique ses plaisanteries ne me regardassent point et ne tombassent que sur les rangs, auxquels pourtant il n'avoit pas moins d'intérêt que moi et tous les autres, je sentis assez d'impatience pour faire une sage retraite. Je voulus m'en aller, on me retint malgré moi, et je ne voulus pas forcer les barricades de leurs bras. M. de Mortemart cependant disoit toujours et ne tarissoit pas. A la fin je lui dis je ne sais quoi de très-mesuré, en deux mots, sur des plaisanteries si déplacées dans sa bouche, et pour cette fois je m'en allai. Je fus quelques jours sans y retourner. La famille s'en inquiéta. Ils craignirent avec amitié que je ne fusse fâché; ils en parlèrent à Mme de Saint-Simon. J'y retournai; ils m'en parlèrent aussi. Je glissai là-dessus, mais résolu à laisser désormais le champ libre au duc de Mortemart quand je l'y trouverois.

Cette année, il n'y eut point de bals à la cour, et de l'hiver il n'y eut, contre la coutume du roi, qu'un seul voyage de Marly. On y alla quatre jours après ce que je viens de rapporter. Depuis quatre ans Mme de Saint-Simon et moi n'en manquions aucun voyage. Nous fûmes éconduits de celui-ci. Le voyage fini et moi encore à Paris, la comtesse de Roucy, qui en avoit été, vint à Paris où elle m'avertit que Mme de Lislebonne et Mme d'Espinoy avoient fait des plaintes amères à Mme d'Urfé et à Pontchartrain, comme à mes amis et pour me le dire, de ce que j'avois dit que je voudrois qu'elles fussent mortes et toute leur maison éteinte, bien aise au reste d'être défait de Mme de Soubise qui n'avoit que trop vécu.

Si Mme de Roucy m'eût appris que j'étois accusé d'avoir tramé contre l'État, elle ne m'eût pas surpris davantage, ni mis dans une plus ardente colère. Bien que mon cœur ni mon esprit ne me reprochassent point des sentiments si misérables, je repassai tout ce qui pouvoit m'être échappé depuis quelque temps, j'eus beau m'y épuiser, mes réflexions et mes recherches furent inutiles. Je m'en allai à Versailles débarquer chez Pontchartrain, qui me confirma ce que sa belle-sœur m'avoit appris, et qui ajouta que Mlle de Lislebonne et Mme d'Espinoy lui avoient dit qu'elles le tenoient du duc de Mortemart, qui le leur avoit dit à Marly. Alors je contai à Pontchartrain la soirée dont je viens de parler, à quel point mon silence et ma retenue avoient été poussés, combien de si honteuses échappées et si éloignées de moi l'avoient été de mes propos tenus, avec combien de réserve je m'étois borné aux réponses les plus courtes et les plus simples ; et je le priai et le chargeai de le dire de ma part aux deux sœurs. Au partir de là je m'en allai trouver Mme d'Urfé, qui m'ayant confirmé les mêmes choses et sur le duc de Mortemart, je la priai et chargeai de dire le soir même à ces mêmes cinq sœurs que je réputerois à injure extrême d'être accusé de penser si indignement ; que j'avois cette confiance que personne ne me reconnoîtroit à de tels sentiments, de la lâcheté desquels j'étois trop incapable pour croire avoir besoin de m'en justifier ; que néanmoins, outre les deux dames et le duc de La Feuillade, témoins uniques de ce qui s'étoit passé, qu'elles en pouvoient interroger, je m'offrois de donner en leur présence, et en celle de quiconque elles voudroient nommer, le démenti au duc de Mortemart en face, et le démenti net et entier sur elles, sur leur maison, sur Mme de Soubise, et sur tout ce qui directement ou indirectement pouvoit avoir trait ou faire entendre rien de semblable. J'ajoutai, et toujours avec charge de le leur dire, que je ne désavouois pas l'impatience avec laquelle je supportois beaucoup de choses sur leur rang contre le nôtre, mais que dans mes désirs, ni si j'étois homme à faire des châteaux en Espagne, je ne serois pas content de revoir l'ordre et la règle rétablis sur les rangs, tels qu'ils le devoient être dans un royaume conduit par les lois de la sagesse et de la justice, si elles et leur maison n'existoient plus.

Ma commission, et tout entière, fut faite le soir même. Mlle de Lislebonne y répondit à merveille et avec cet air de franchise qu'elle avoit assez souvent ; sa sœur aussi, mais avec moins d'esprit, en quoi elle étoit aussi fort inférieure à son aînée. Toutes deux chargèrent Mme d'Urfé de m'assurer qu'elles avoient été si étonnées qu'elles n'avoient point de peine à se persuader que je n'avois rien de semblable dans le cœur ni dans la bouche, ce qu'elles accompagnèrent de toutes sortes de marques d'estime, de discours obligeants et de compliments pour moi. Elles tinrent le même langage à Pontchartrain lorsqu'il leur parla.

Mme la duchesse de Ventadour, le prince de Rohan son gendre, et M. de Strasbourg n'avoient appris cela que par Mlle de Lislebonne et Mme d'Espinoy. Je ne leur fis rien dire, non plus qu'eux ne m'avoient point fait parler comme avoient fait les deux sœurs. Mme de Ventadour en fut apparemment piquée. Elle continua ses plaintes, et moi, content de ce que j'avois fait, je les laissai tomber.

Cette noirceur ne prit pas, mais ne laissa pas de faire quelque bruit. J'étois outré contre le duc de Mortemart; et tout gendre qu'il fût de M. de Beauvilliers, qui étoit pour moi toutes choses et en tout genre, je crus pousser toute considération à bout de ne pas l'aller chercher, mais bien résolu à l'insulter la première fois que je le rencontrerois. Il étoit à Paris depuis Marly, et je l'attendois au retour avec impatience. Mme de Saint-Simon, à qui, ni à personne, je m'étois bien gardé d'en laisser rien entendre, ne laissoit pas d'être inquiète. Elle la fut encore plus de ce qu'elle remarqua que, pressé par le duc de Charost, intimement de nos amis, je n'avois pas voulu lui conter cette histoire qui n'avoit pas été tout entière jusqu'à lui. Elle se hâta de la lui conter en mon absence, et lui de l'aller dire à M. de Beauvilliers qui accourut aussitôt chez moi. Il n'est pas possible d'exprimer tout ce qu'il sentit et dit en cette occasion, jusqu'à déclarer qu'entre son gendre et moi il abandonneroit son gendre. Il l'envoya chercher à Paris, qui ne trouvant ni M. ni Mme de Beauvilliers chez eux, monta chez M. de Chevreuse, où il crut les rencontrer. Il ne trouva que Mme de Chevreuse qui renvoya sa compagnie, et ne retint que Mme de Lévi sa fille, devant qui, sans rien apprendre au duc de Mortemart, elle lui demanda seulement ce qui s'étoit passé entre lui et moi chez Mme Chamillart. Il lui en fit le récit tel que je l'ai rapporté. Mme de Chevreuse le questionna fort, et, voyant qu'elle n'en tiroit rien de plus, elle lui conta tout le fait. Le duc de Mortemart, à son tour, entra dans une grande surprise et parut fort en colère, nia nettement et absolument qu'il eût rien dit d'approchant de ce qu'il apprenoit là qu'on lui imputoit d'avoir dit, se récria sur la noirceur d'une chose qu'il faudroit qu'il eût inventée, puisqu'il ne m'avoit jamais entendu rien dire qui en pût approcher. Il en dit autant après à M. de Beauvilliers, et s'offrit de le soutenir à Mlle de Lislebonne, à Mme d'Espinoy, à Mme d'Urfé et à Pontchartrain. MM. de Chevreuse et de Beauvilliers me le dirent de sa part, et me prièrent de trouver bon qu'ils me l'amenassent pour me le dire lui-même. Je ne tardai pas à instruire Pontchartrain et Mme d'Urfé de cette négative entière, et de la faire porter par eux à Mlle de Lislebonne et à Mme d'Espinoy.

Cependant nulle exécution de sa part, et les deux sœurs fermes à maintenir son rapport. Personne ne devoit être plus pressé que lui de se tirer par ce démenti éclatant du personnage de délateur infâme (quand il auroit été vrai que j'eusse dit ce qu'on m'imputoit), ou d'imposteur exécrable, et dans toutes les circonstances qui accompagnoient une telle imposture. De cette façon je demeurai dans l'incertitude si le duc de Mortemart, leur parlant de ce qui s'étoit passé, chose en soi inexcusable, ne s'étoit point échauffé de discours en discours assez pour leur laisser croire ce qu'elles me firent dire, et, en bons rejetons des Guise, me commettre contre le gendre de M. de Beauvilliers.

Quoi qu'il en soit, les choses en demeurèrent là, sans que le duc de Mortemart m'en ait jamais parlé, d'où je jugeai son cas fort sale. Sa famille répandit son désaveu partout, et de mon côté je ne m'y épargnai pas, et à publier le démenti que j'avois offert, dont les témoins n'étoient pas récusables, et qui fut avoué partout de Mlle de Lislebonne et de Mme d'Espinoy. Je ne sais comment le duc de Mortemart s'en tira avec elles. L'affaire demeura nette à mon égard, très-sale au sien. Je demeurai froid et fort dédaigneux avec lui lorsque je le rencontrois, lui fort embarrassé avec moi. M. de Beauvilliers, sans que je lui en parlasse, peiné de nous voir de la sorte, et blessé de ce que son gendre n'étoit point venu chez moi, comme lui et le duc de Chevreuse l'y avoient voulu mener, et que même il ne m'avoit pas dit un mot sur cette affaire, quelque temps après lui défendit de se trouver chez lui quand j'y serois; M. et Mme de Chevreuse de même; tellement qu'il n'y entra plus lorsque j'y étois, et qu'il en sortoit à l'instant que j'y arrivois. Cela dura ainsi plusieurs années sans que j'en aie été moins intimement avec sa propre mère et tout le reste de sa famille. Ce n'est pas la dernière fois que j'aurai à parler du duc de Mortemart; mais je dois le témoignage à La Feuillade qu'il rendit, sans que je lui en parlasse, justice à la vérité, et partout et hautement, quoique nous ne fussions en aucune mesure d'amitié ni de commerce.

Mme de Maubuisson mourut, à quatre-vingt-six ans, dans son abbaye près Pontoise, plus considérée encore pour son rare savoir, pour son esprit et pour son éminente piété, que parce qu'elle étoit née et environnée. Elle étoit fille de Frédéric V, électeur palatin, élu roi de Bohême en 1619, défait, dépouillé et proscrit en 1621, et ses États avec sa dignité électorale donnés au duc de Bavière, mort en Hollande en ce triste état, en 1632, à trente-huit ans, laissant de la fille du roi Jacques Ier, roi de la Grande-Bretagne, un grand nombre d'enfants sans patrimoine. L'aîné, Charles-Louis, fut rétabli dans ses États du Rhin par la paix de Munster, en 1648, avec un nouvel et dernier électorat créé en sa faveur, le haut Palatinat et la dignité de premier électeur étant conservés à l'électeur de Bavière. Ce Charles-Louis n'eût qu'un fils et une fille, qui fut seconde femme de Monsieur et mère de M. le duc d'Orléans et de la duchesse de Lorraine. Le fils fut le dernier électeur de cette branche, et mourut sans enfants en 1706. Son électorat et ses États passèrent au duc de Neubourg, beau-père de l'empereur Léopold, etc. Mme de Maubuisson eut trois autres frères qui parurent dans le monde : le prince Robert, qui s'établit en Angleterre, et qui y parut avec réputation dans le parti du malheureux roi Charles Ier pendant les guerres civiles qui conduisirent ce monarque sur l'échafaud, à la honte éternelle des Anglois; le prince Maurice, qui, comme Robert, ne se maria point, et qui périt en mer à trente-trois ans, en 1654, allant tenter un établissement en Amérique; Édouard, qu'on appeloit le prince palatin, se fit catholique, passa longtemps en France, y épousa Anne Gonzague, sœur de la reine de Pologne, et fille de Charles, duc de Mantoue et de Nevers, qui dut son État à Louis XIII en tant de façons, à la valeur personnelle de ce grand roi au pas de Suse si célèbre, dont j'ai parlé ailleurs, et au mépris qu'il fit de la peste qui infectoit alors les Alpes et les lieux où il passa.

Cette Anne Gonzague, belle-sœur de Mme de Maubuisson, est la même qui, sous le nom de princesse palatine, figura si habilement dans la minorité de Louis XIV, opéra la sortie des princes du Havre, et se lia d'une si grande amitié avec M. le Prince que, à son retour après la paix des Pyrénées, ils marièrent leurs enfants en 1663, quelques mois après la mort d'Édouard, qui mourut catholique à Paris. Elle eut deux autres filles : la princesse de Salm, dont le mari fut gouverneur de l'empereur Joseph; et la duchesse d'Hanovre, de qui j'ai parlé plus d'une fois, qui n'eut que deux filles : l'une mère du duc de Modène d'aujourd'hui, l'autre que son oncle le prince de Salm persuada à l'empereur Léopold de faire épouser à Joseph, son fils, empereur après lui, qui n'en a laissé que la reine de Pologne, électrice de Saxe, et l'électrice de Bavière, aujourd'hui impératrice.

Ce prince Édouard et la princesse palatine sa femme avoient avec eux Louise Hollandine, sœur d'Édouard, née en 1622, qui se fit catholique à Port-Royal, où elle fut élevée, et dont elle prit parfaitement l'esprit. Elle suivit un détachement qui se fit de ce célèbre monastère, qui alla réformer celui de Maubuisson; elle s'y fit religieuse et en fut nommée abbesse en 1644. Elle étoit sœur aînée de Sophie, née en 1630, mariée, en 1658, à Ernest-Auguste, duc d'Hanovre, créé neuvième électeur par l'empereur Léopold le 19 décembre 1692. C'est cette Sophie que Madame aimoit tant, à qui elle écrivoit sans cesse et beaucoup trop, comme on l'a vu à la mort de Monsieur. Ce fut elle que le parlement d'Angleterre déclara, le 23 mars 1701, la première à succéder à la couronne d'Angleterre, après le roi Guillaume, prince d'Orange, et Anne, sa belle-sœur, princesse de Danemark, et leur postérité, au préjudice de cinquante-deux héritiers plus proches, mais tous catholiques. Sophie, entre plusieurs enfants, laissa, en mourant veuve en 1714, son fils aîné Georges-Louis, duc et électeur d'Hanovre, qui succéda à la reine Anne d'Angleterre, père du roi d'Angleterre d'aujourd'hui.

Ainsi Mme de Maubuisson étoit sœur du père de Madame et du père de Mme la Princesse et de ses sœurs; de la mère de l'électeur d'Hanovre, roi d'Angleterre; fille de la sœur du roi d'Angleterre Charles Ier; tante des deux rois d'Angleterre, ses fils; et grand'tante de l'impératrice Amélie, femme de l'empereur Joseph. Tant d'éclat fut absorbé sous son voile. Elle ne fut principalement que religieuse et seulement abbesse pour éclairer et conduire sa communauté, dont elle ne souffrit jamais d'être distinguée en rien. Elle ne connut que sa cellule, le réfectoire, la portion commune. Elle ne manqua à aucun office ni à aucun exercice de la communauté, écarta les visites, la première à tout et la plus régulière, ardente à servir ses religieuses avec un esprit en tout supérieur et un grand talent de gouvernement, dont la charité, la douceur, la prévenance, la tendresse pour ses filles étoit l'âme, et desquelles aussi elle fut continuellement adorée : aussi n'étoit-elle contente qu'avec elles, et ne sortit jamais de sa maison. Les autres se souvenoient d'autant plus de ce qu'elle étoit qu'elle sembloit l'avoir entièrement oublié, avec une simplicité parfaite et naturelle. Son humilité avoit banni toutes les différences que les moindres abbesses affectent dans leurs maisons, et tout air de savoir les moindres choses, encore qu'elle égalât beaucoup de vrais savants. Elle avoit infiniment d'esprit, aisé, naturel, sans songer jamais qu'elle en eût, non plus que de science.

Madame, Mme la Princesse, le roi et la reine d'Angleterre, l'alloient voir toujours plus souvent qu'elle ne vouloit. Madame et Mme la Princesse lui étoient extrêmement attachées. La feue reine, Mme la dauphine de Bavière, l'avoient été voir plusieurs fois; la maison de Condé souvent, Monsieur aussi, et sa belle-sœur la princesse palatine, très-souvent tant qu'elle vécut. Pour peu qu'elle n'eût pas été attentive à rompre et à éviter les commerces, les visites les plus considérables et les lettres n'auroient pas cessé; mais elle ne vouloit pas retrouver le monde dans le lieu qu'elle avoit pris pour asile contre lui.

Elle conserva sa tête, sa santé, sa régularité entières jusqu'à la mort, et laissa sa maison inconsolable. Quoique peu au goût de la cour, par celui de terroir qu'elle avoit apporté de Port-Royal, et qu'elle conserva chèrement dans sa maison et dans elle-même, sans s'en cacher, elle ne laissa pas d'avoir une grande considération toute sa vie, qui fut sans cesse le modèle des plus excellentes religieuses et des plus parfaites abbesses, auquel très-peu ou point ont pu atteindre. Mme la duchesse de Bourgogne étoit sa petite-nièce. Toute la famille royale, excepté le roi, en prit le deuil pour sept ou huit jours. Celui de Madame et de Mme la Princesse dura le temps ordinaire aux nièces.

En même temps mourut M. d'Avaux. Son grand-père, son père, son frère aîné et le fils de ce frère, furent tous quatre successivement présidents à mortier, et le dernier est mort premier président. M. de Mesmes, frère de d'Avaux, avoit eu de La Basinière, son beau-père, la charge de prévôt et grand maître des cérémonies de l'ordre, dont d'Avaux eut la survivance pendant sa première ambassade en Hollande, que son neveu eut ensuite. D'Avaux et son frère étoient neveux paternels du président de Mesmes, et de M. d'Avaux, surintendant des finances, célèbre par sa captivité et le nombre de ses importantes ambassades. Tous deux étoient aînés du père du président de Mesmes et de d'Avaux duquel je parle ici. D'Avaux l'oncle mourut sans alliance en 1650; et son frère aîné, mort la même année, ne laissa que Mme de Vivonne et une religieuse naine à la Visitation de Chaillot, sœur de mère de la duchesse de Créqui, qui a été dame d'honneur de la reine.

D'Avaux le neveu avoit été conseiller au parlement, maître des requêtes, enfin conseiller d'État. C'étoit un fort bel homme et bien fait, galant aussi, et qui avoit de l'honneur, fort l'esprit du grand monde, de la grâce, de la noblesse, et beaucoup de politesse. Il alla d'abord ambassadeur à Venise, ensuite plénipotentiaire à Nimègue, où, en grand courtisan qu'il étoit, il s'attacha à Croissy, qui l'étoit avec lui, et frère de Colbert, lequel le fit secrétaire d'État des affaires étrangères à la disgrâce de Pomponne. D'Avaux, quelque temps après la paix de Nimègue, fut ambassadeur en Hollande. Le nom qu'il portoit lui servit fort pour tous ces emplois, et le persuada qu'il en étoit aussi capable que son oncle. Il faut pourtant avouer qu'il en avoit des talents, de l'adresse, de l'insinuation, de la douceur, et qu'il fut toujours partout parfaitement averti. Il s'acquit en Hollande une amitié et une considération si générale et jusque des peuples, et sut si bien se ménager avec le prince d'Orange, parmi les ordres positifs et réitérés qu'il avoit de chercher à lui faire de la peine en tout jusque dans les choses inutiles, qu'il auroit fait tout ce qu'il auroit voulu pour le roi, sans cette aversion que le prince d'Orange ne put jamais vaincre, et dont j'ai expliqué en son lieu la funeste origine, qui le jeta dans le parti opposé à la France, de laquelle il devint enfin le plus grand ennemi.

D'Avaux fut informé, dès les premiers temps, et longtemps encore les plus secrets, du projet de la révolution d'Angleterre, et en avertit le roi. On se moqua de lui, et on aima mieux croire Barillon, ambassadeur du roi en Angleterre, qui, trompé par Sunderland et les autres ministres confidents du roi Jacques, mais perfides et qui trempoient eux-mêmes dans la conjuration, abusé par le roi d'Angleterre même dupe de ses ministres, rassura toujours notre cour, et lui persuada que les soupçons qu'on y donnoit n'étoient que des chimères.

Ils devinrent pourtant si forts, et d'Avaux marquoit tant de circonstances et de personnes, qu'il ne tint qu'à nous de n'être pas les dupes, en faisant le siége de Maestricht qui déconcertoit toutes les mesures, au lieu de celui de Philippsbourg qui n'en rompit aucunes. Mais Louvois vouloit la guerre, et se garda bien de l'arrêter tout court. Outre sa raison générale d'être plus maître de tout par son département de la guerre, il en eut une particulière très-pressante, que j'ai sue longtemps depuis bien certainement, et qui est trop curieuse pour l'omettre, puisque l'occasion s'en présente si naturellement ici.

Le roi, qui aimoit à bâtir, et qui n'avoit plus de maîtresses, avoit abattu le petit Trianon de porcelaine qu'il avoit pour Mme de Montespan, et le rebâtissoit pour le mettre en l'état où on le voit encore. Louvois étoit surintendant des bâtiments. Le roi, qui avoit le coup d'œil de la plus fine justesse, s'aperçut d'une fenêtre de quelque peu plus étroite que les autres, les trémeaux ne faisoient encore que de s'élever, et n'étoient pas joints par le haut. Il la montra à Louvois pour la réformer, ce qui étoit alors très-aisé. Louvois soutint que la fenêtre étoit bien. Le roi insista, et le lendemain encore, sans que Louvois, qui étoit entier, brutal et enflé de son autorité, voulût céder.

Le lendemain le roi vit Le Nôtre dans la galerie. Quoique son métier ne fût guère que les jardins, où il excelloit, le roi ne laissoit pas de le consulter sur ses bâtiments. Il lui demanda s'il avoit été à Trianon. Le Nôtre répondit que non. Le roi lui ordonna d'y aller. Le lendemain il le vit encore; même question, même réponse. Le roi comprit à quoi il tenoit, tellement qu'un peu fâché, il lui commanda de s'y trouver l'après-dînée même, à l'heure qu'il y seroit avec Louvois. Pour cette fois Le Nôtre n'osa y manquer. Le roi arrivé et Louvois présent, il fut question de la fenêtre que Louvois opiniâtra toujours de largeur égale aux autres. Le roi voulut que Le Nôtre l'allât mesurer, parce qu'il étoit droit et vrai, et qu'il diroit librement ce qu'il auroit trouvé. Louvois piqué s'emporta. Le roi qui ne le fut pas moins le laissoit dire, et cependant Le Nôtre, qui auroit bien voulu n'être pas là, ne bougeoit. Enfin le roi le fit aller, et cependant Louvois toujours à gronder, et à maintenir l'égalité de la fenêtre, avec audace et peu de mesure. Le Nôtre trouva et dit que le roi avoit raison de quelques pouces. Louvois voulut imposer, mais le roi à la fin trop impatienté le fit taire, lui commanda de faire défaire la fenêtre à l'heure même, et, contre sa modération ordinaire, le malmena fort durement.

Ce qui outra le plus Louvois, c'est que la scène se passa non-seulement devant les gens des bâtiments, mais en présence de tout ce qui suivoit le roi en ses promenades, seigneurs, courtisans, officiers des gardes et autres, et même de tous les valets, parce qu'on ne faisoit presque que sortir le bâtiment de terre, qu'on étoit de plain-pied à la cour, à quelques marches près, que tout étoit ouvert, et que tout suivoit partout. La vesperie fut forte et dura assez longtemps, avec les réflexions des conséquences de la faute de cette fenêtre, qui, remarquée plus tard, auroit gâté toute cette façade et auroit engagé à l'abattre.

Louvois, qui n'avoit pas accoutumé d'être traité de la sorte, revint chez lui en furie et comme un homme au désespoir. Saint-Pouange, les Tilladet et ce peu de familiers de toutes ses heures, en furent effrayés, et, dans leur inquiétude, tournèrent pour tâcher de savoir ce qui étoit arrivé. A la fin, il le leur conta, dit qu'il étoit perdu, et que, pour quelques pouces, le roi oublioit tous ses services qui lui avoient valu tant de conquêtes ; mais qu'il y mettroit ordre, et qu'il lui susciteroit une guerre, telle qu'il lui feroit avoir besoin de lui, et laisser là la truelle, et de là s'emporta en reproches et en fureurs.

Il ne mit guère à tenir parole. Il enfourna la guerre par l'affaire de la double élection de Cologne, du prince de Bavière et du cardinal de Fürstemberg; il la confirma en portant des flammes dans le Palatinat, et en laissant toute liberté au projet d'Angleterre; il y mit le dernier sceau pour la rendre générale, et s'il eût pu éternelle, en désespérant le duc de Savoie, qui ne vouloit que la paix, et qu'à l'insu du roi il traita si indignement qu'il le força à se jeter entre les bras de ses ennemis, et à devenir après, par la position de son pays, notre partie la plus difficile et la plus ruineuse. Tout cela a été mis bien au net depuis.

Pour en revenir à d'Avaux, de retour de Hollande par la rupture, il passa en Irlande avec le roi d'Angleterre, en qualité d'ambassadeur du roi auprès de lui, avec entrée dans son conseil. Il n'avoit garde de réussir auprès d'un prince avec lequel il ne fut jamais d'accord, qui fut trompé sans cesse, qui s'opiniâtra, malgré les expériences et tout ce que d'Avaux lui put représenter, à donner dans tous les piéges qui lui étoient tendus. Les événements montrèrent sans cesse combien d'Avaux avoit raison; mais une lourde méprise le perdit pour un temps, et ce fut par un bonheur qu'il ne pouvoit guère espérer que ce ne fut pas perdu pour toujours. Il rendoit compte des affaires aux deux ministres de la guerre et des affaires étrangères : des troupes, des munitions, des mouvements et des projets de guerre à Louvois; des négociations du cabinet et de la conduite du roi d'Angleterre, de l'intérieur de l'Irlande et des intelligences d'Angleterre à Croissy, son ancien camarade de Nimègue, et depuis cette époque son ami. Il s'étoit de plus en plus attaché à lui par son ambassade de Hollande. Le fond de son emploi dépendoit de lui, le reste, qui alloit à Louvois, n'étoit que par accident; ainsi l'intérêt et le cœur étoient d'accord en faveur de Croissy. Celui-ci étoit ennemi de Louvois qui le malmenoit fort, et d'Avaux lui écrivoit conformément à sa passion contre Louvois. Malheureusement le secrétaire de d'Avaux se méprit aux enveloppes. Il adressa la lettre pour Louvois à Croissy, et celle pour Croissy à Louvois, qui, à sa lecture, entra dans une si furieuse colère que Croissy lui-même s'en trouva fort embarrassé. D'Avaux en fut perdu. Il n'eut d'autre parti à prendre que de demander à revenir. Il l'obtint. Son bonheur voulut que Louvois, perdu lui-même auprès de Mme de Maintenon (ce qui n'est pas de mon sujet, mais qui se retrouvera peut-être ailleurs), ne fît plus que déchoir et alloit être arrêté, comme je l'ai déjà dit plus haut à propos du projet de reprendre Lille, lorsqu'il mourut. Ce fut pour d'Avaux une belle délivrance.

On l'envoya ambassadeur en Suède. Le comte d'Avaux, orné du cordon bleu, plut infiniment en ce pays-là. Il y renouvela les traités et y servit fort bien. Il arriva dans ce même temps que quelque indiscret ou malin se moqua de la crédulité de la cour de Stockholm, et y révéla que ce seigneur n'étoit qu'un homme de robe, nullement chevalier du Saint-Esprit, mais revêtu d'un cordon bleu vénal, dont aucun homme, non-seulement de qualité mais d'épée, ne voudroit depuis MM. de Rhodes, dont l'histoire fut éclaircie. Les Suédois sont fiers, ils se crurent dédaignés. D'Avaux, dont les manières leur avoient jusque-là beaucoup plu, ne leur fut plus agréable. Il essuya des dégoûts qui le pressèrent de hâter son retour.

En 1701, sur le point de la rupture des Hollandois qu'on désiroit avec passion d'éviter, il fut renvoyé à la Haye comme un homme qui leur étoit personnellement agréable et qui y avoit beaucoup d'amis. En effet il y fut parfaitement bien reçu et retenu même à diverses reprises; mais tout fut personnel pour lui, et pour amuser en attendant leurs dernières mesures bien prises. Leur parti étoit décidé. Le roi Guillaume régnoit chez eux, et tous les charmes de d'Avaux ne purent empêcher la rupture. Il se fit tailler peu après son retour. Les incommodités qui lui en demeurèrent ne l'empêchèrent pas de vouloir encore être employé, quoiqu'en effet elles l'en rendissent incapable.

C'étoit un homme d'un très-aimable commerce, mais qui par goût, par opinion de soi, par habitude, vouloit être, se mêler et surtout être compté. Parmi tant de bonnes choses, une misère le rendit ridicule. Il étoit, comme on l'a dit, de robe, avoit passé par les différentes magistratures jusqu'à être conseiller d'État de robe aussi. Mais accoutumé à porter l'épée et à être le comte d'Avaux en pays étranger, où ses ambassades l'avoient tenu bien des années à reprises, il ne put se résoudre à se défaire, en ses retours ici, ni de son épée, ni de sa qualité de comte, ni à reprendre l'habit de son état. Il étoit donc à son regret vêtu de noir, n'osant hasarder l'or ni le gris, mais avec la cravate et le petit canif à garde d'argent au côté; et le cordon bleu qu'il portoit par-dessus en écharpe lui contentoit l'imagination, en le faisant passer pour un chevalier de l'ordre en deuil au peuple et à ceux qui ne le connoissoient pas. Il n'alloit jamais à aucun des bureaux du conseil, non plus que les conseillers d'État d'épée. La douleur étoit qu'il falloit pourtant aller au conseil, y être en robe de conseiller d'État comme les autres, et porter l'ordre au cou, y voir cependant les conseillers d'État en justaucorps gris ou d'autre couleur, en un mot, en épée et avec leurs habits ordinaires.

Cela faisoit un fâcheux contraste avec Courtin et Amelot, conseillers d'État de robe, et longtemps ambassadeurs comme lui, et qui toujours à leur retour avoient repris tout aussitôt leur habit, et toutes leurs fonctions du conseil sans en manquer aucune. Le chancelier de Pontchartrain ne pouvoit digérer cela de d'Avaux; il mouroit d'envie de lui en parler, mais le roi le voyoit, en rioit tout bas, et avoit la bonté de le laisser faire. Cela arrêtoit le chancelier et les conseillers d'État, qui en douceur le trouvoient très-mauvais. La pierre lui revint, et il mourut de la seconde taille, assez pauvre, sans avoir été marié. Il avoit vendu au président de Mesmes, son neveu, sa charge de l'ordre, avec permission de continuer de le porter. Avec tout cela il eut toujours des amis et de la considération.

Un mois après il fut suivi par sa cousine germaine, veuve du maréchal-duc de Vivonne. C'étoit une femme de beaucoup d'esprit, dont la singularité étoit digne de s'allier aux Mortemart. Elle étoit extrêmement riche, et ces messieurs-là, qui régulièrement se ruinoient de père en fils, trouvoient aussi à se remplumer par de riches mariages. Pour ces deux-ci ils n'eurent rien à se reprocher, et se ruinèrent à qui mieux mieux chacun de leur côté. C'étoient des farces, à ce que j'ai ouï dire aux contemporains, que de les voir ensemble; mais ils n'y étoient pas souvent, et ne s'en devoient guère à faire peu de cas l'un de l'autre.

M. de Vivonne étoit brouillé avec le duc de Mortemart, son fils, que j'ai vu regretter comme un grand sujet et un fort honnête homme aux ducs de Chevreuse et de Beauvilliers, ses beaux-frères, et à qui le roi donna des millions avec la troisième fille de Colbert, dont Mme de Montespan fit le mariage. A l'extrémité du duc de Mortemart, M. de Seignelay fit tant qu'il lui amena M. de Vivonne. Il le trouva mourant, et sans en approcher se mit tranquillement à le considérer, le cul appuyé contre une table. Toute la famille étoit là désolée. M. de Vivonne, après un long silence, se prit tout d'un coup à dire : « Ce pauvre homme-là n'en reviendra pas, j'ai vu mourir tout comme cela son pauvre père. » On peut juger quel scandale cela fit (ce prétendu père étoit un écuyer de M. de Vivonne). Il ne s'en embarrassa pas le moins du monde, et après un peu de silence il s'en alla. C'étoit l'homme le plus naturellement plaisant, et avec le plus d'esprit et de sel et le plus continuellement, dont j'ai ouï faire au feu roi cent contes meilleurs les uns que les autres qu'il se plaisoit à raconter.

Mme de Vivonne avoit été de tous les particuliers du roi qui ne pouvoit s'en passer; mais il s'en falloit bien qu'il l'eût tant ni quand il vouloit. Elle étoit haute, libre et capricieuse, ne se soucioit de faveur ni de privance et ne vouloit que son amusement. Mme de Montespan et Mme de Thianges la ménageoient, et elle les ménageoit fort peu. C'étoit souvent entre elles des disputes et des scènes excellentes. Elle aimoit fort le jeu et y étoit furieuse même les dernières années de sa vie qu'elle fut dévote tant qu'elle put, et réduite, après avoir tout fricassé elle et son mari, mort dès 1688, à n'avoir presque rien qu'une grosse pension du roi, et à loger chez son intendant avec un train fort court, où elle jouoit peu et aux riens, et conserva toujours de la considération, mais laissa peu de regrets.

Boisseuil mourut en peu de temps. C'étoit un gentilhomme grand et gros, fort bien fait en son temps, excellent homme de cheval, grand connoisseur, qui dressoit tous ceux du roi, et qui commandoit la grande écurie, parce que Lyonne[1], qui en étoit premier écuyer, ne fit jamais sa charge. Boisseuil s'étoit mis par là fort au goût du roi, qui le traita toujours avec distinction. C'étoit un honnête homme et fort brave, qui vouloit être à sa place et respectueux, mais qui étoit gâté de la confiance entière de M. le Grand et de Mme d'Armagnac qu'il conserva toute sa vie. Il étoit parvenu à les subjuguer et à être tellement maître de tout à la grande écurie, excepté du pécuniaire, que Mme d'Armagnac s'étoit réservé et qu'elle fit étrangement valoir, qu'il y étoit compté pour tout, et le comte de Brionne pour rien.

---

1. Le manuscrit porte Lyonne: mais il faut probablement lire Brionne comme on le voit par la fin du paragraphe.

Boisseuil étoit fort brutal, gros joueur et fort emporté, qui traitoit souvent M. le Grand et Mme d'Armagnac, tout hauts qu'ils étoient, à faire honte à la compagnie, qui faisoit des sorties, et qui juroit dans le salon de Marly comme il eût pu faire dans un tripot. On le craignoit, et il disoit aux femmes tout ce qu'il lui venoit en fantaisie quand la fureur d'un coupe-gorge le saisissoit.

A un voyage du roi, où la cour séjourna quelque temps à Nancy, il se mit un soir à jouer je ne sais plus chez qui de la cour. Un joueur s'y trouva qui jouoit le plus gros jeu du monde. Boisseuil perdoit gros et étoit fort fâché. Il crut s'apercevoir que ce joueur trompoit, qui n'étoit connu et souffert que par son jeu. Il le suivit et s'assura par ses yeux si bien, que tout à coup il s'élança sur la table, et lui saisit la main qu'il tenoit sur la table avec les cartes dont il alloit donner. Le joueur, fort étonné, voulut tirer sa main et se fâcher. Boisseuil, plus fort que lui, lui dit qu'il étoit un fripon, et à la compagnie qu'elle alloit le voir; et tout de suite, lui secouant la main de furie, mit en évidence la tromperie. Le joueur, confondu, se leva et s'en alla. Le jeu dura encore du temps et assez avant dans la nuit. Lorsqu'il finit Boisseuil s'en alla. Comme il sortoit la porte pour se retirer à pied, il trouva un homme collé contre la muraille, qui lui proposa de lui faire raison de l'affront qu'il lui avoit fait : c'étoit le même joueur qui l'avoit attendu là. Boisseuil lui répondit qu'il n'avoit point de raison à lui faire et qu'il étoit un fripon. « Cela peut être, lui répliqua le joueur; mais je n'aime pas qu'on me le dise. » Ils s'allèrent battre sur-le-champ. Boisseuil y remboursa deux coups d'épée, de l'un desquels il pensa mourir. Le joueur s'évada sans blessure et se battit fort bien, à ce que dit Boisseuil. Personne n'ignora cette aventure, que le roi qui la sut des premiers, et qui, par bonté pour Boisseuil, la voulut toujours ignorer, prit sa blessure pour une maladie ordinaire.

Il n'étoit ni marié ni riche, mais à son aise. Sa physionomie, toujours furibonde en son temps, faisoit peur, avec de gros yeux rouges qui lui sortoient de la tête.

Janson se retira en ce temps-ci. Il étoit fils du frère du cardinal de Janson, et frère de l'archevêque d'Arles. C'étoit un homme fort bien fait, qui avoit servi avec réputation, et qui étoit maréchal de camp, sous-lieutenant de la première compagnie des mousquetaires, gouverneur d'Antibes, estimé, bien traité, et fort à son aise. Il étoit veuf depuis cinq ou six ans, et avoit des enfants. Il étoit depuis longtemps dans une grande piété. Vers quarante-trois ou quarante-quatre ans, il se retira en Provence, bâtit au bout de son parc un couvent de minimes, se retira parmi eux, vivant en tout comme eux. Il éprouva leur ingratitude sans en vouloir sortir, pour ajouter cette dure sorte de pénitence à ses autres austérités. Il vécut dans une grande solitude tout occupé de prières et de bonnes œuvres, après avoir donné ordre à sa famille, vécut saintement près de vingt ans de la sorte, et mourut fort saintement aussi.

CHAPITRE VI.

Mort et caractère de M. le prince de Conti. — Pensions à la princesse et au prince de Conti. — Deuil du roi et ses visites. — Eau bénite du prince de Conti. — Friponnerie débitée sur moi, bien démentie. — Adresse trop orgueilleuse de M. le Duc, découverte et vaine. — Entreprises inutiles de M. le Duc, forcé d'avouer et de donner des fauteuils aux ducs pareils au sien, au service du prince de Conti, où les évêques n'en purent obtenir.

M. le prince de Conti mourut, le jeudi 21 février, sur les neuf heures du matin, après une longue maladie qui finit par l'hydropisie. La goutte l'avoit réduit au lait pour toute nourriture, qui lui avoit réussi longtemps. Son estomac s'en lassa; son médecin s'y opiniâtra et le tua. Quand il n'en fut plus temps, il demanda et obtint de faire venir de Suisse un excellent médecin françois réfugié, nommé Trouillon, qui le condamna dès en arrivant. Il n'avoit pas encore quarante-cinq ans.

Sa figure avoit été charmante. Jusqu'aux défauts de son corps et de son esprit avoient des grâces infinies. Des épaules trop hautes, la tête un peu penchée de côté, un rire qui eût tenu du braire dans un autre, enfin une distraction étrange. Galant avec toutes les femmes, amoureux de plusieurs, bien traité de beaucoup, il étoit encore coquet avec tous les hommes. Il prenoit à tâche de plaire au cordonnier, au laquais, au porteur de chaise, comme au ministre d'État, au grand seigneur, au général d'armée, et si naturellement, que le succès en étoit certain. Il fut aussi les constantes délices du monde, de la cour, des armées, la divinité du peuple, l'idole des soldats, le héros des officiers, l'espérance de ce qu'il y avoit de plus distingué, l'amour du parlement, l'ami avec discernement des savants, et souvent l'admiration de la Sorbonne, des jurisconsultes, des astronomes et des mathématiciens les plus profonds. C'étoit un très-bel esprit, lumineux, juste, exact, vaste, étendu, d'une lecture infinie, qui n'oublioit rien, qui possédoit les histoires générales et particulières, qui connoissoit les généalogies, leurs chimères et leurs réalités, qui savoit où il avoit appris chaque chose et chaque fait, qui en discernoit les sources, et qui retenoit et jugeoit de même tout ce [que] la conversation lui avoit appris, sans confusion, sans mélange, sans méprise, avec une singulière netteté.

M. de Montausier et M. de Meaux, qui l'avoient vu élever auprès de Monseigneur, l'avoient toujours aimé avec tendresse, et lui eux avec confiance. Il étoit de même avec les ducs de Chevreuse et de Beauvilliers, et avec l'archevêque de Cambrai, et les cardinaux d'Estrées et de Janson. M. le Prince le héros ne se cachoit pas d'une prédilection pour lui au-dessus de ses enfants; il fut la consolation de ses dernières années. Il s'instruisit dans son exil et sa retraite auprès de lui; il écrivit sous lui beaucoup de choses curieuses. Il fut le cœur et le confident de M. de Luxembourg dans ses dernières années.

Chez lui, l'utile et le futile, l'agréable et le savant, tout étoit distinct et en sa place. Il avoit des amis; il savoit les choisir, les cultiver, les visiter, vivre avec eux, se mettre à leur niveau sans hauteur et sans bassesse. Il avoit aussi des amies indépendamment d'amour. Il en fut accusé de plus d'une sorte, et c'étoit un de ses prétendus rapports avec César.

Doux jusqu'à être complaisant dans le commerce, extrêmement poli, mais d'une politesse distinguée selon le rang, l'âge, le mérite, et mesuré avec tous. Il ne déroboit rien à personne. Il rendoit tout ce que les princes du sang doivent, et qu'ils ne rendent plus; il s'en expliquoit même et sur leurs usurpations et sur l'histoire des usages et de leurs altérations. L'histoire des livres et des conversations lui fournissoit de quoi placer, avec un art imperceptible, ce qu'il pouvoit de plus obligeant sur la naissance, les emplois, les actions. Son esprit étoit naturel, brillant, vif; ses reparties, promptes, plaisantes, jamais blessantes; le gracieux répandu partout sans affectation; avec toute la futilité du monde, de la cour, des femmes, et leur langage avec elles, l'esprit solide et infiniment sensé; il en donnoit à tout le monde; il se mettoit sans cesse et merveilleusement à la portée et au niveau de tous, et parloit le langage de chacun avec une facilité nonpareille. Tout en lui prenoit un air aisé. Il avoit la valeur des héros, leur maintien à la guerre, leur simplicité partout, qui toutefois cachoit beaucoup d'art. Les marques de leur talent pourroient passer pour le dernier coup de pinceau de son portrait, mais comme tous les hommes il avoit sa contre-partie.

Cet homme si aimable, si charmant, si délicieux, n'aimoit rien. Il avoit et vouloit des amis, comme on veut et comme on a des meubles. Encore qu'il se respectât, il étoit bas courtisan, il ménageoit tout et montroit trop combien il sentoit ses besoins en tout genre de choses et d'hommes; avare, avide de biens, ardent, injuste. Le contraste de ses voyages de Pologne et de Neuchâtel ne lui fit pas d'honneur. Ses procès contre Mme de Nemours, et ses manières de les suivre, ne lui en firent pas davantage, bien moins encore sa basse complaisance pour la personne et le rang des bâtards qu'il ne pouvoit souffrir, et pour tous ceux dont il pouvoit avoir besoin, toutefois avec plus de réserve, sans comparaison, que M. le Prince.

Le roi étoit vraiment peiné de la considération qu'il ne pouvoit lui refuser, et qu'il étoit exact à n'outre-passer pas d'une ligne. Il ne lui avoit jamais pardonné son voyage de Hongrie. Les lettres interceptées qui lui avoient été écrites et qui avoient perdu les écrivains, quoique fils de favoris, avoient allumé une haine dans Mme de Maintenon, et une indignation dans le roi, que rien n'avoit pu effacer. Les vertus, les talents, les agréments, la grande réputation que ce prince s'étoit acquise, l'amour général qu'il s'étoit concilié, lui étoient tournés en crimes. Le contraste de M. du Maine excitoit un dépit journalier dans sa gouvernante et dans son tendre père, qui leur échappoit malgré eux. Enfin la pureté de son sang, le seul qui ne fût point mêlé avec la bâtardise, étoit un autre démérite qui se faisoit sentir à tous moments. Jusqu'à ses amis étoient odieux; et le sentoient.

Toutefois, malgré la crainte servile, les courtisans même aimoient à s'approcher de ce prince. On étoit flatté d'un accès familier auprès de lui; le monde le plus important, le plus choisi, le couroit. Jusque dans le salon de Marly il étoit environné du plus exquis. Il y tenoit des conversations charmantes sur tout ce qui se présentoit indifféremment; jeunes et vieux y trouvoient leur instruction et leur plaisir, par l'agrément avec lequel il s'énonçoit sur toutes matières, par la netteté de sa mémoire, par son abondance sans être parleur. Ce n'est point une figure, c'est une vérité cent fois éprouvée, qu'on y oublioit l'heure des repas. Le roi le savoit, il en étoit piqué, quelquefois même il n'étoit pas fâché qu'on pût s'en apercevoir. Avec tout cela on ne pouvoit s'en déprendre; la servitude si régnante jusque sur les moindres choses y échoua toujours.

Jamais homme n'eut tant d'art caché sous une simplicité si naïve, sans quoi que ce soit d'affecté en rien. Tout en lui couloit de source; jamais rien de tiré, de recherché; rien ne lui coûtoit. On n'ignoroit pas qu'il n'aimoit rien ni ses autres défauts. On les lui passoit tous, et on l'aimoit véritablement, quelquefois jusqu'à se le reprocher, toujours sans s'en corriger.

Monseigneur, auprès duquel il avoit été élevé, conservoit pour lui autant de distinction qu'il en étoit capable, mais il n'en avoit pas moins pour M. de Vendôme, et l'intérieur de sa cour étoit partagé entre eux. Le roi porta toujours en tout M. de Vendôme. La rivalité étoit donc grande entre eux. On a vu quelques éclats de l'insolence du grand prieur. Son aîné, plus sage, travailloit mieux en dessous. Son élévation rapide, à l'aide de sa bâtardise et de M. du Maine, surtout la préférence au commandement des armées, mit le comble entre eux, sans toutefois rompre les bienséances.

Mgr le duc de Bourgogne, élevé de mains favorables au prince de Conti, étoit au dehors fort mesuré avec lui; mais la liaison intérieure d'estime et d'amitié étoit intime et solidement établie. Ils avoient l'un et l'autre mêmes amis, mêmes jaloux, mêmes ennemis, et sans un extérieur très-uni l'union étoit parfaite.

M. le duc d'Orléans et M. le prince de Conti n'avoient

jamais pu compatir ensemble; l'extrême supériorité de rang avoit blessé par trop les princes du sang. M. le prince de Conti s'étoit laissé entraîner par les deux autres. Lui et M. le Duc l'avoient traité un peu trop en petit garçon à sa première campagne, et à la seconde, avec trop peu de déférence et de ménagement. La jalousie d'esprit, de savoir, de valeur les écarta encore davantage. M. le duc d'Orléans, qui ne sut jamais se rassembler le monde, ne se put défaire du dépit de le voir bourdonner sans cesse autour du prince de Conti. Un amour domestique acheva de l'outrer. Conti charma [une personne] qui, sans être cruelle, ne fut jamais prise que pour lui. C'est ce qui le tenoit sur la Pologne, et cet amour ne finit qu'avec lui. Il dura même longtemps après dans l'objet qui l'avoit fait naître, et peut-être y dure-t-il encore après tant d'années, au fond d'un cœur qui n'a pas laissé de s'abandonner ailleurs. M. le Prince ne pouvoit s'empêcher d'aimer son gendre, qui lui rendoit de grands devoirs. Malgré de grandes raisons domestiques, son goût et son penchant l'entraînoient vers lui. Ce n'étoit pas sans nuages. L'estime venoit au secours du goût, et presque toujours ils triomphoient du dépit. Ce gendre étoit le cœur et toute la consolation de Mme la Princesse.

Il vivoit avec une considération infinie pour sa femme, même avec amitié, non sans être souvent importuné de ses humeurs, de ses caprices, de ses jalousies. Il glissoit sur tout cela et n'étoit guère avec elle. Pour son fils, tout jeune qu'il étoit, il ne pouvoit le souffrir, et le marquoit trop dans son domestique. Son discernement le lui présentoit par avance tel qu'il devoit paroître un jour. Il eût mieux aimé n'en avoir point, et le temps fit voir qu'il n'avoit pas tort, sinon pour continuer la branche. Sa fille, morte duchesse de Bourbon, étoit toute sa tendresse; l'autre, il se contentoit de la bien traiter.

Pour M. le Duc et lui, ils furent toujours le fléau l'un de l'autre, et d'autant plus fléau réciproque que la parité de l'âge et du rang, la proximité la plus étroite redoublée, tout avoit contribué à les faire vivre ensemble à l'armée, à la cour, presque toujours dans les mêmes lieux, quelquefois encore à Paris. Outre les causes les plus intimes, jamais deux hommes ne furent plus opposés. La jalousie dont M. le Duc fut transporté toute sa vie étoit une sorte de rage qu'il ne pouvoit cacher, de tous les genres d'applaudissements qui environnoient son beau-frère. Il en étoit d'autant plus piqué que le prince de Conti couloit tout avec lui, et l'accabloit de devoirs et de prévenances. Il y avoit vingt ans qu'il n'avoit mis le pied chez Mme la Duchesse, lorsqu'il mourut. Elle-même n'osa jamais envoyer savoir de ses nouvelles ni en demander devant le monde pendant sa longue maladie. Elle n'en apprit qu'en cachette, le plus souvent par Mme la princesse de Conti sa sœur. Sa grossesse et sa couche de M. le comte de Clermont lui vinrent fort à propos pour cacher ce qu'elle auroit eu trop de peine à retenir. Cette princesse de Conti et son beau-frère vécurent toujours avec union, amitié et confiance. Elle entendit raison sur la Choin, que le prince de Conti courtisa comme les autres, et qu'il n'y avoit pas moyen de négliger.

Avec M. du Maine, il n'y avoit que la plus indispensable bienséance ; pareillement avec la duchesse du Maine, peu de crainte d'ailleurs. M. le prince de Conti en savoit et en sentoit trop là-dessus pour ne pas s'accorder quelque liberté, qui lui étoit d'autant plus douce qu'elle étoit applaudie.

Quelque courtisan qu'il fût, il lui étoit difficile de se refuser toujours de toucher par l'endroit sensible, et qu'on n'osoit guère relever, le roi, qu'il n'avoit jamais pu se réconcilier, quelque soin, quelque humiliation, quelque art, quelque persévérance qu'il y eût si constamment employés, et c'est de cette haine si implacable qu'il mourut à la fin, désespéré de ne pouvoir atteindre à quoi que ce fût, moins encore au commandement des armées, et [d'être] le seul prince sans charge, sans gouvernement, même sans régiment, tandis que les autres, et plus encore les bâtards, en étoient accablés.

A bout de tout, il chercha à noyer ses déplaisirs dans le vin et dans d'autres amusements qui n'étoient plus de son âge et pour lesquels son corps étoit trop foible, et que les plaisirs de sa jeunesse avoient déjà altéré. La goutte l'accabla. Ainsi, privé des plaisirs et livré aux douleurs du corps et de l'esprit, il se mina, et, pour comble d'amertume, il ne vit un retour glorieux et certain que pour le regretter.

On a vu qu'il fut choisi pour commander en chef toutes les diverses troupes de la ligue d'Italie. Ce projet, qui ne fut jamais bien cimenté ici, n'y subsista pas même longtemps en idée. Chamillart, qui, trop gouverné, trop entêté avec des lumières trop courtes, avoit le cœur droit et françois, alloit toujours au bien autant qu'il le voyoit, sentoit le désordre des affaires, les besoins pressants de la Flandre, et se servit de ce premier retour forcé vers le prince de Conti sur l'Italie, pour porter Mme de Maintenon et le roi par elle à sentir la nécessité de relever l'état si fâcheux de cette frontière et de l'armée qui la défendoit, par ce même prince dont la naissance même cédoit à la réputation. Il l'emporta enfin, et il eut la permission de l'avertir qu'il étoit choisi pour commander l'armée de Flandre.

Conti en tressaillit de joie; il n'avoit jamais trop compté sur l'exécution de la ligue d'Italie, il en avoit vu le projet s'évanouir peu à peu. Il ne comptoit plus d'être de rien, il se laissa donc aller aux plus agréables espérances. Mais il n'étoit plus temps : sa santé étoit désespérée; il le sentit bientôt, et ce tardif retour vers lui ne servit qu'à lui faire regretter la vie davantage. Il périt lentement dans les regrets d'avoir été conduit à la mort par la disgrâce, et de ne pouvoir être ramené à la vie par ce retour inespéré du roi et par l'ouverture d'une brillante carrière.

Il avoit été, contre l'ordinaire de ceux de son rang, extrêmement bien élevé, il étoit fort instruit. Les désordres de sa vie n'avoient fait qu'offusquer ses connoissances sans les éteindre; il n'avoit pas laissé même de lire souvent de quoi les réveiller.

Il choisit le P. de La Tour, général de l'Oratoire, pour le préparer et lui aider à bien mourir. Il tenoit tant à la vie et venoit encore d'y être si fortement rattaché, qu'il eut besoin du plus grand courage; trois mois durant, la foule remplit toute sa maison, et celle du peuple la place qui est devant. Les églises retentissoient des vœux de tous, des plus obscurs comme des plus connus, et il est arrivé plusieurs fois aux gens des princesses sa femme et ses filles d'aller d'église en église de leur part, pour faire dire des messes, et de les trouver toutes retenues pour lui. Rien de si flatteur n'est arrivé à personne : à la cour, à la ville, on s'informoit sans cesse de sa santé. Les passants s'en demandoient dans les rues. Ils étoient arrêtés aux portes et aux boutiques, où on en demandoit à tous venants.

Un mieux fit plutôt respirer que rendre l'espérance; tandis qu'il dura, on l'amusa de toutes les curiosités qu'on put; il laissoit faire, mais il ne cessoit pas de voir le P. de La Tour et de penser à lui. Mgr le duc de Bourgogne l'alla voir et le vit seul longtemps. Il y fut fort sensible. Cependant le mal redoubla et devint pressant. Il reçut plus d'une fois les sacrements avec les plus grands sentiments.

Il arriva que Monseigneur, allant à l'Opéra, passa d'un côté de la rivière le long du Louvre, en même temps que le saint sacrement étoit porté, vis-à-vis, sur l'autre quai, au prince de Conti. Mme la duchesse de Bourgogne sentit le contraste : elle en fut outrée, et, en entrant dans la loge, le dit à la duchesse du Lude. Paris et la cour en furent indignés. Mlle de Melun, que Mme la princesse de Conti d'abord, puis Mme la Duchesse avoient mise dans la familiarité de Monseigneur, aidée de Mme d'Espinoy, sa belle-sœur, fut la seule qui osa lui rendre le service de lui apprendre le mauvais effet d'un Opéra si déplacé, et de lui conseiller d'en réparer le scandale par une visite à ce prince, chez qui il n'avoit pas encore imaginé d'aller. Il la crut, sa visite fut courte.

Elle fut suivie d'une autre de Mgrs ses fils. Mme la Princesse y passoit les nuits depuis longtemps. M. le Prince n'étoit pas en état de le voir; M. le Duc garda quelque sorte de bienséance, surtout les derniers jours; M. du Maine fort peu; M. le prince de Conti avoit toujours vu quelques amis, et les soirs, touché de l'affection publique, se faisoit rendre compte de tout ce qui étoit venu.

Sur la fin, il ne voulut plus voir personne, même les princesses, et ne souffrit que le plus étroit nécessaire pour son service, le P. de La Tour, M. Fleury, qui avoit été son précepteur, depuis sous-précepteur des enfants de France, qui s'est immortalisé par son admirable *Histoire ecclésiastique*, et deux ou trois autres gens de bien. Il conserva toute sa présence d'esprit jusqu'au dernier moment, et en profita. Il mourut au milieu d'eux, dans son fauteuil, dans les plus grands sentiments de piété, dont j'ai ouï raconter au P. de La Tour des choses admirables.

Les regrets en furent amers et universels. Sa mémoire est encore chère. Mais disons tout : peut-être gagna-t-il par sa disgrâce. La fermeté de l'esprit cédoit en lui à celle du cœur; il fut très-grand par l'espérance; peut-être eût-il été timide à la tête d'une armée, plus apparemment encore dans le conseil du roi, s'il y fût entré.

Le roi se sentit fort soulagé, Mme de Maintenon aussi, M. le Duc infiniment davantage; pour M. du Maine, ce fut une délivrance, et pour M. de Vendôme, un soulagement à l'état où il commençoit à s'apercevoir que sa chute étoit possible; Monseigneur apprit sa mort à Meudon, partant pour la chasse. Il ne parut pas en lui la moindre altération.

Son fils, qui avoit déjà une pension du roi de quarante mille livres, en eut une augmentation de trente mille livres, et Mme la princesse de Conti en eut une de soixante mille livres. Le testament parut fort sage; le domestique médiocrement récompensé. Ces pensions furent données le lendemain de la mort.

Le surlendemain le roi alla chez Mme la princesse de Conti et chez Mme du Maine, toutes deux belles-sœurs, et Mme la duchesse de Bourgogne ensuite, et prit le deuil en noir le jour suivant pour quinze jours. Il envoya Seignelay, maître de sa garde-robe, faire les compliments de sa part à l'hôtel de Conti, et à M. le Prince et à Mme la Princesse. M. le Prince, depuis longtemps malade et renfermé dans sa chambre, reçut le message; il chargea Seignelay de son très-humble remercîment, et surtout de dire au roi de sa part qu'en tout temps il auroit fait une grande perte, que lui-même en tout temps en auroit été fort touché, mais qu'en ce temps-ci il l'étoit doublement, où ce prince eût été d'une si grande ressource s'il eût plu à Sa Majesté de se servir de lui; liberté fort nouvelle pour M. le Prince, si mesuré courtisan. Il ne l'eût pas apparemment prise, s'il n'avoit pas été instruit de ce qui s'étoit passé là-dessus.

M. le prince de Conti avoit choisi sa sépulture à Saint-André des Arcs, auprès de sa vertueuse mère, pour laquelle il avoit toujours conservé beaucoup de respect et de tendresse. Il avoit aussi défendu toute la pompe dont il seroit possible de se passer. Je me doutai que l'orgueil de M. le Duc ne se renfermeroit pas dans des bornes si étroites; je priai donc Desgranges, maître des cérémonies, Dreux, grand maître, étant absent, de faire en sorte que je ne fusse de rien de tout ce qui se feroit en cette occasion : je ne me trompai pas.

M. le Duc obtint l'eau bénite en la forme réservée au seul premier prince du sang, qui l'est aussi pour ce qui est au-dessus et non pour aucun autre prince du sang : ainsi le mercredi 27 février, M. le duc d'Enghien, vêtu en pointe avec le bonnet carré nommé pour représenter la personne du roi, et le duc de La Trémoille, nommé par le roi comme duc, et averti de sa part par Desgranges pour accompagner le représentant, se rendirent, chacun de leur côté, dans la grande cour des Tuileries, où ils trouvèrent un carrosse du roi, de ses pages et de ses valets de pied, douze gardes du corps et quelques-uns des Cent-Suisses avec quelques-uns de leurs officiers. M. de La Trémoille, en long manteau, se mit sur le derrière du carrosse du roi, à côté du prince représentant; Desgranges sur le devant, servant en l'absence du grand maître des cérémonies, les pages du roi montés devant et derrière le carrosse, qui n'étoit point drapé et seulement à deux chevaux, environné des Suisses à pied avec leurs hallebardes, et des valets de pied du roi, aussi à pied aux portières, suivi du carrosse du duc d'Enghien, son gouverneur et ses gentilshommes dedans, et de celui du duc de La Trémoille avec les siens. Le marquis d'Hautefort, en manteau long, nommé par le roi pour porter la queue du prince représentant, étoit aussi dans le carrosse du roi sur le devant; les gardes du corps à cheval marchoient immédiatement devant et derrière. Ils arrivèrent ainsi à l'hôtel de Conti, tout tendu de deuil. M. le Duc et le nouveau prince de Conti, accompagnés des ducs de Luxembourg et de Duras, qu'ils avoient invités comme parents, tous quatre en manteaux longs, tous quatre de front, tous quatre leur queue portée chacun par un gentilhomme en long manteau, reçurent le prince représentant à sa portière, lequel reçut les mêmes honneurs qu'on eût faits à la personne même du roi; la queue du manteau du duc de La Trémoille toujours portée par un gentilhomme en manteau long. L'abbé de Mauleyrier, aumônier du roi, en rochet, et lors en quartier, présenta le goupillon au prince représentant; un autre, mais le même, le présenta à M. le Duc, à M. le prince de Conti, et aux ducs de La Trémoille, de Luxembourg et de Duras. Les prières achevées, la conduite se fit comme la réception, le retour comme on étoit venu. M. de La Trémoille et M. d'Hautefort prirent congé de M. le duc d'Enghien dans la cour des Tuileries, d'où chacun reprit son carrosse et s'en alla chez soi. J'oublie de dire que, pendant cette eau bénite, d'autres gardes du corps et Cent-Suisses avec leurs officiers gardèrent et garnirent l'hôtel de Conti, comme il se pratique dans les maisons où le roi va.

Le même jour huit archevêques ou évêques en rochet et camail, députés par tous les prélats qui se trouvèrent à Paris, allèrent donner de l'eau bénite après que tous les gardes furent retirés. Le lendemain M. le Duc, M. le duc d'Enghien, M. le duc du Maine et M. le comte de Toulouse allèrent donner l'eau bénite, reçus par M. le prince de Conti, tous en long manteau, et quelques heures après le parlement y fut aussi et les autres cours supérieures. M. le duc d'Orléans et les fils de France n'y furent point, comme n'étant pas de même rang ; mais le cardinal de Noailles y fut à la tête du chapitre de Notre-Dame.

Deux jours après cette eau bénite, je sus qu'il s'étoit débité que j'avois trouvé mauvais de n'avoir pas été nommé au lieu du duc de La Trémoille, et dit qu'il y feroit quelque sottise faute de savoir ; que ce propos avoit été tenu chez M. de Bouillon, à Versailles, en présence de M. de La Trémoille, qui sourit et s'en moqua, et qui, sur ce qu'on le lui soutint, tira quatre pistoles de sa poche, et fit taire en offrant le pari que personne ne voulut accepter ; il leur demanda si eux-mêmes me l'avoient ouï dire et les confondit : cette justice et cette marque d'amitié me fut très-sensible. J'étois en effet très-éloigné de soupçonner M. de La Trémoille de se mal conduire, plus encore de le dire, et hors de portée de trouver mauvais que mon ancien m'eût été préféré, quand même j'aurois eu envie de faire cette fonction, et je me sus bon gré de ma précaution avec Desgranges, que je répandis et fis répandre par lui. Je ne pus savoir qui l'avoit dit, mais en général je m'expliquai durement sur quiconque ; personne n'osa s'en fâcher.

Le corps de M. le prince de Conti demeura quelques jours

exposé chez lui, en attendant que tout fût prêt à Saint-André des Arcs. M. le Duc, ardent à empiéter d'adresse où il ne pouvoit de vive force, fit cependant insinuer par ses principaux domestiques et par ceux de l'hôtel de Conti, aux amis du feu prince et aux siens qui étoient ducs, que bien des gens alloient donner de l'eau bénite et prier Dieu quelque temps près du corps ; que cette piété étoit une marque d'amitié qu'on s'étonnoit qu'ils n'eussent pas encore rendue et que le manteau long étoit l'habit le plus décent pour ce devoir funèbre. Rien de si aisé à attraper que les ducs, ni de si hors de garde en tout et pour tout, malgré les expériences. Le duc de Sully et le duc de Villeroy donnèrent dans ce panneau, le maréchal de Choiseul aussi et d'autres. Saintrailles, premier écuyer de M. le Duc, homme fort du grand monde et ami du duc de Villeroy, l'avoit tonnelé, et allégué l'exemple du duc de Sully. Il me le conta, et que son père, piqué au vif, ne verroit jamais Saintrailles. La juste confiance en la facilité des ducs avoit fait commencer par eux, pour venir après aux princes étrangers sur cet exemple ; mais le bruit que fit le maréchal de Villeroy éventa la mèche et arrêta tout tout court. M. le Duc n'osa se fâcher, parce qu'au murmure se joignit le ridicule d'avoir tenté par là de vouloir faire garder le corps de M. le prince de Conti.

Il y avoit un temps infini qu'il n'étoit mort de prince du sang. Le dernier prince de Conti étoit mort à Fontainebleau, de la petite vérole qu'il avoit gagnée de Mme sa femme en 1685, 9 novembre, à vingt-cinq ans, sans postérité ; M. son père, à Pézenas, en 1666, 11 février, à trente-sept ans ; M. le Prince, 11 décembre 1686, à soixante-cinq ans, à Fontainebleau, où il étoit allé de Chantilly sur la petite vérole de Mme la duchesse de Bourbon. Cette garde en effet avoit été l'objet de M. le Duc. Il se souvenoit que la reine, les filles et les petites-filles de France étoient gardées par des duchesses et des princesses étrangères alternativement, et par des dames de qualité avec les unes et les autres ou toutes se relevoient ; il se souvenoit aussi qu'à la mort de Mlle de Condé sa sœur, en 1700, ils avoient essayé de la faire garder par des dames non titrées dont presque aucunes n'avoient voulu tâter, et qu'ils n'avoient osé le proposer aux titrées ; mais il ignoroit ou il avoit oublié que cette garde n'est que pour les princesses, et non pour les princes, pas même pour les rois, près du corps desquels il ne reste que leurs principaux officiers. On se moqua donc du peu de dupes qui s'étoient laissé persuader, qui crièrent fort haut, et la chose en demeura là.

Mais M. le Duc n'en fut pas moins ardent à tenter des entreprises. Il imagina de faire porter le corps en carrosse : là-dessus force discussions. Il n'y eut pas moyen d'y réussir ; il s'en tira par la défense que le prince défunt avoit faite de toutes les cérémonies qui se pouvoient supprimer. C'étoit à quoi il auroit dû penser plus tôt.

Lorsqu'il vit qu'il falloit se réduire à l'usage ordinaire, il proposa nettement aux ducs qui seroient invités au convoi d'y être en manteau long. MM. de Luxembourg et de La Rocheguyon, amis intimes de feu M. le prince de Conti, et fort bien avec les princes du sang, le refusèrent encore plus net, dont M. le Duc s'aigrit jusqu'à s'emporter avec menaces. Dépité de la sorte, et déjà un peu brouillé avec Mme sa sœur, il prit prétexte de se dispenser du convoi sur ce qu'un rhume empêchoit M. le prince de Conti de s'y trouver, et il envoya M. le duc d'Enghien en long manteau. Personne ne fut invité. Qui voulut, ducs et autres, se trouvèrent à l'arrivée du corps à Saint-André, mais en deuil, sans manteau. Achevons tout de suite cette triste matière pour n'avoir pas à y revenir.

On fit dans la même église un superbe service, où les évêques et les parents seuls furent invités par la famille, mais où tout abonda. Un prélat officia, le P. Massillon de l'Oratoire, depuis évêque de Clermont, fit une admirable oraison funèbre. M. le Duc, M. le duc d'Enghien et M. le prince de Conti firent le deuil. Les évêques se formalisèrent de n'avoir point de fauteuils. Ils se fondoient sur ce qu'ils étoient dans l'église, ils ne se vouloient point souvenir des exemples de la même prétention dans les derniers temps qui n'a pas été admise, si ce n'est pour les évêques-pairs, mais hors de rang d'avec le clergé et à part. Néanmoins après quelques mouvements les évêques demeurèrent sur leurs formes[1]. La règle est constante que personne en ces cérémonies n'a que le même traitement qu'il auroit chez le prince dont on fait les obsèques s'il étoit vivant.

Par cela même les ducs y devoient avoir des fauteuils, en tout pareils à ceux des princes du sang. M. le Duc, toujours entreprenant, les avoit tous supprimés. Il ne s'en trouva que trois pour les trois princes du deuil, et une forme joignant le dernier fauteuil et plusieurs autres formes de suite. Les premiers arrivés s'en aperçurent et s'en plaignirent tout haut. M. le Duc fit la sourde oreille. Bientôt après MM. de Luxembourg, La Meilleraye et La Rocheguyon arrivèrent, ils lui en parlèrent; il s'excusa sur ce qu'il n'y avoit point de fauteuils et qu'il ne savoit où en prendre. Sur quoi ces trois ducs lui déclarèrent qu'ils alloient donc sortir avec tous les autres. Cette prompte résolution étonna M. le Duc. Il ne s'y étoit pas attendu. Il vouloit faire un exemple par adresse, mais de refuser les fauteuils, il le sentit insoutenable; il protesta qu'il n'avoit jamais imaginé de ne leur pas donner des fauteuils, qu'il ne savoit comment faire; puis voyant que ces messieurs lui faisoient déjà la révérence pour se retirer, il les arrêta, et dit qu'il falloit pourtant trouver moyen de les satisfaire. Alors la ruse parut tout entière. Sur-le-champ il vint des fauteuils par derrière. M. le Duc fit excuse de ce qu'il ne s'en trouvoit pas assez pour tous les ducs, et par composition on en mit un joignant

---

1. Stalles de chœur.

celui de M. le prince de Conti, tout pareil au sien, et sur même ligne, et quatre ou cinq autres de suite, puis tant qu'il y en eut d'espace en espace, et un pour le dernier duc, afin que tout ce qui étoit entre-deux fût réputé fauteuil et tous les ducs y être assis. On vit ainsi qu'il y en avoit en réserve pour une dernière nécessité, dont outre l'entreprise manquée M. le Duc fut outré.

Qui que ce soit n'eut là de manteaux longs que les princes du deuil et leur maison; aussi n'osèrent-ils le proposer à personne après ce qui s'étoit passé là-dessus lors du convoi. Les princes étrangers se tinrent adroitement à l'écart pour ne rien perdre et ne se point commettre. Je me suis étendu sur ces obsèques pour faire voir que quelque grand, solide et juste que soit le rang des princes du sang, ils en veulent encore davantage, et n'épargnent ni ruses ni violences pour usurper, en quoi ils ont réussi, et depuis sans cesse à se faire des droits de leurs usurpations.

CHAPITRE VII.

Rencontre en même pensée fort singulière entre le duc de Chevreuse et moi; origine des conseils mal imités à la mort de Louis XIV. — Péril secret du duc de Beauvilliers. — Harcourt manque à coup près d'entrer au conseil. — Mort et deuil d'un enfant de l'électeur de Bavière. — Mariage du marquis de Nesle avec la fille du duc Mazarin. — Mariage du marquis d'Ancenis avec la fille de Georges d'Entragues. — Retour de Flandre du maréchal de Boufflers, hors d'état de servir. — Villars, sous Monseigneur, général en Flandre. — Harcourt, sous Mgr le duc de Bourgogne, général sur le Rhin. — Berwick en Dauphiné; le duc de Noailles en Roussillon; M. le duc d'Orléans en Espagne. — Les princes ne sortent point de la cour. — Comte d'Évreux ne sert plus, que Mme la duchesse de Bourgogne empêche de se rapprocher de Mgr le duc de Bourgogne. —

Roucy admis, La Feuillade refusé de suivre Monseigneur, [comme] volontaires. — Rouillé en Hollande. — Caractère de Rouillé. — Conduite de Chamillart à l'égard des autres ministres, dont il embloit le ministère. — Il s'en désiste à l'égard de Torcy, et en signe un écrit. — Affaire fort poussée entre Chamillart et Desmarets, dont le dernier eut l'avantage.

Cependant tout périssoit peu à peu ou plutôt à vue d'œil ; le royaume entièrement épuisé, les troupes point payées, et rebutées d'être toujours mal conduites, et par conséquent toujours malheureuses ; les finances sans ressource, nulle dans la capacité des généraux ni des ministres ; aucun choix que par goût et par intrigue ; rien de puni, rien d'examiné ni de pesé ; impuissance égale de soutenir la guerre et de parvenir à la paix ; tout en silence, en souffrance ; qui que ce soit qui osât porter la main à cette arche chancelante et prête à tomber.

Je m'étais souvent échappé sur tous ces désordres entre les ducs de Chevreuse et de Beauvilliers, et encore plus sur leurs causes. Leur prudence, leur piété rabattoit mes plaintes sans pourtant les détruire. Accoutumés au genre de gouvernement qu'ils avoient toujours vu, et auquel ils avoient part, je mettois des bornes à ma confiance sur les remèdes que je pensois depuis longtemps. J'en étois si rempli qu'il y avoit des années que je les avois jetés sur le papier, plutôt pour mon soulagement et pour me prouver à moi-même leur utilité et leur possibilité, que dans l'espérance qu'il en pût jamais rien réussir. Ils n'avoient jamais vu le jour, et je ne m'en étois laissé entendre à personne, lorsqu'une après-dînée, le duc de Chevreuse vint chez moi dans l'appartement du feu M. le maréchal de Lorges que j'occupois, et monta tout de suite dans un petit entre-sol à cheminée dont je faisois mon cabinet, et qu'il connoissoit fort. Il étoit plein de la situation présente, il m'en parla avec amertume, il me proposa de chercher des remèdes.

A mon tour je l'en pressai, je lui demandai s'il en croyoit

de possibles, non que je tinsse les choses désespérées, mais bien les obstacles invincibles. C'étoit un homme qui espéroit toujours et qui vouloit toujours marcher en conséquence, je dis marcher, mais à part soi. Cette manière satisfaisoit son amour du raisonnement, et ne faisoit pas violence à sa prudence si à sa politique : c'étoit cela même qui me dégoûtoit. Je haïssois les châteaux en Espagne, et les raisonnements qui ne pouvoient aboutir à rien. Je voyois manifestement l'impossibilité d'un gouvernement sage et heureux tant que le système présent dureroit ; je sentois toute celle d'aucun changement là-dessus, par l'habitude du roi et l'opinion qu'il avoit prise que la puissance des secrétaires d'État étoit la sienne, ainsi que du contrôleur général, par conséquent impossibilité de la borner, ni de la partager, ni de lui persuader qu'il pût sûrement admettre dans son conseil personne qui ne fît preuves complètes de roture[1], et de nouveauté même, excepté le seul chef du conseil des finances, parce que rien ne dépendoit de lui. Ce que j'avois donc fait là-dessus autrefois, pour ma satisfaction seule, je l'avois condamné aux ténèbres, et regardé comme la république de Platon.

Ma surprise fut donc grande, lorsque M. de Chevreuse, s'ouvrant de plus en plus avec moi, se mit à déployer les mêmes idées que j'avois eues. Il aimoit à parler et il parloit bien, avec justesse, précision et choix. On aimoit aussi fort à l'entendre. Je l'écoutois donc avec toute l'attention de voir en lui mes pensées, mon dessein, mon projet, dont je l'avois toujours cru lui et M. de Beauvilliers si éloignés, que je m'étois bien gardé de m'en expliquer avec eux quelle que

1. Louis XIV dit-lui-même dans ses Mémoires (t. Ier, p. 32, 33) : « Il n'étoit pas de mon intérêt de prendre [pour ministres] des hommes d'une qualité éminente. Il falloit, avant toutes choses, faire connoître au public, par le rang même où je les prenois, que mon dessein n'étoit pas de partager mon autorité avec eux. Il m'importoit qu'ils ne conçussent pas eux-mêmes de plus hautes espérances que celles qu'il me plairoit de leur donner. Ce qui est difficile aux gens d'une grande naissance. »

fût ma confiance en eux sans réserve, et la leur en moi, parce que je comptois sur l'inutilité de heurter de front leur habitude tournée en persuasion, et de plus avec l'impossibilité de s'en jamais pouvoir promettre quoi que ce fût avec le roi. M. de Chevreuse parla longtemps, développa son projet, et me récita tout le mien à si peu de choses près, et si peu considérables que j'en demeurai stupéfait.

A la fin, il s'aperçut de mon extrême surprise; il voulut me faire parler à mon tour sur ce qu'il proposoit; et je ne répondois que monosyllabes, absorbé que j'étois dans la singularité que j'éprouvois. A son tour la surprise le saisit; il étoit accoutumé à ma franchise, à m'entendre répandre avec lui, et se voir, si je l'ose dire avec tant de différences entre nous, louer, approuver ou disputer et reprendre, car les deux beaux-frères me souffroient tout cela. Il me voyoit morne, silencieux, concentré. « Mais parlez-moi donc, me dit-il enfin; à qui en avez-vous donc aujourd'hui? franchement, est-ce que je dis des sottises? » Alors je n'y pus plus tenir, et sans répondre une parole je tire une clef de ma poche, je me lève, j'ouvre une armoire qui étoit derrière moi, j'en tire trois fort petits cahiers écrits de ma main, et en les lui présentant : « Tenez, monsieur, lui dis-je, voyez d'où vient ma surprise et mon silence; » il lut, puis parcourut et trouva tout son plan; jamais je ne vis homme si étonné, ou plutôt jamais deux hommes ne le furent l'un après l'autre davantage.

Il vit toute la substance de la forme de gouvernement qu'il venoit de me proposer; il vit les places des conseils remplies de noms dont quelques-uns étoient morts depuis; il vit toute l'harmonie de leurs différents ressorts, et celle des ministres de chacun des conseils; il vit jusqu'au détail des appointements avec la comparaison de ceux des ministres effectifs du roi. J'avois formé les conseils de ceux que j'y avois cru les plus propres, pour me répondre à moi-même à l'objection des sujets, et j'avois mis les appointements pour me répondre à celle de la dépense, et la comparer à celle du roi pour le sien. Ces précautions ravirent M. de Chevreuse. Les choix lui plurent presque tous, et la balance aussi des appointements.

Lui et moi fûmes longtemps à nous remettre de notre surprise réciproque ; après nous raisonnâmes, et plus nous raisonnâmes, plus nous nous trouvâmes parfaitement d'accord, si ce n'est que j'avois plus approfondi et dressé plus exactement toutes les parties du même plan. Il me conjura de le lui prêter pour quelques jours, il vouloit l'examiner à son loisir. Huit ou dix jours après, il me le rendit. Lui et M. de Beauvilliers en avoient fort raisonné ensemble ; ils n'y trouvèrent presque rien à changer, et encore des bagatelles, mais la difficulté étoit l'exécution. Ils la jugèrent impossible avec le roi, ainsi que j'avois toujours cru. Ils me prièrent instamment de le conserver avec soin, pour des temps auxquels on pourroit s'en servir, qui étoient ceux de Mgr le duc de Bourgogne.

On verra dans la suite que ce projet fut la source d'où sortirent les conseils, mais très-informes et mal digérés, lors de la mort du roi, comme ayant été trouvés dans la cassette de Mgr le duc de Bourgogne à sa mort. Toutes ces choses s'expliqueront en leur temps. On trouvera parmi les Pièces ces mêmes conseils tels que je les montrai à M. de Chevreuse, que M. de Beauvilliers vit avec lui, car parler à l'un c'étoit parler à l'autre, et qui avec le temps allèrent jusqu'à Mgr le duc de Bourgogne. S'il eût été question de les exécuter j'y aurois changé différentes choses, mais rien pour le fond et l'essentiel, et cette exécution auroit eu lieu, si ce prince avoit régné, ainsi que plusieurs autres.

Tandis que nous raisonnions de la sorte, le duc de Beauvilliers couroit un grand et imminent danger. Il n'en avoit pas le plus léger soupçon. Ce fut merveille comme je l'appris et comment il fut paré si à propos qu'il n'y avoit pas une heure à perdre.

Mme de Maintenon s'étoit enfin vengée d'avoir vu son crédit obscurci, et le duc de Vendôme triompher d'elle, en triomphant de Mgr le duc de Bourgogne, qu'elle avoit entrepris vainement alors de soutenir. Peu à peu elle avoit repris le dessus ; elle avoit fait reprendre Mme la duchesse de Bourgogne, et par conséquent Mgr le duc de Bourgogne. Elle avoit éreinté Vendôme ; elle avoit fait qu'il ne serviroit plus, et l'avoit fait déclarer. Dès lors tous ses particuliers avec le duc de Beauvilliers avoient cessé. La matière étoit tarie : il n'y avoit plus à se consulter et à prendre des mesures de concert.

J'ai remarqué que ce rapprochement n'avoit jamais été que sur ce seul point et par la seule nécessité ; que la rancune subsistoit dans le cœur de la fée, qui ne pouvoit pardonner au duc de s'être maintenu malgré elle, et qu'elle voulut toujours depuis regarder en ennemi, toujours attentive aux moyens de le perdre. J'ai aussi remarqué que, dans ces mêmes temps, Harcourt, un peu refroidi avec elle, étoit revenu de Normandie à Fontainebleau, et avoit trouvé les moyens que j'ai expliqués de se raccrocher avec elle plus confidemment que jamais : il sut en profiter.

Mme de Maintenon reprit ses anciennes idées : elle travailla de nouveau à faire entrer Harcourt dans le conseil. C'étoit y mettre sa créature, et elle n'y en avoit plus depuis qu'elle regardoit Chamillart comme un homme qui lui avoit manqué en tout par le mariage de son fils, par le retour de Desmarets, par sa partialité pour Vendôme, enfin par ce projet si avancé de la reprise de Lille par le roi en personne et sans elle. Elle le vouloit perdre, et Harcourt dans le conseil seroit bien plus fort à l'y servir. Elle vouloit se défaire du duc de Beauvilliers, et Harcourt dans le conseil n'avoit qu'à lui succéder de plain-pied, et avoit double intérêt à le détruire. Mme de Maintenon n'attendit pas ce secours : elle travailla en même temps à chasser Beauvilliers et à placer Harcourt. Son labeur fut heureux. Je n'ai pas su si la chute de l'un fut promise, et je ne veux donner pour certain que ce qui l'est, quoique ce qui arriva me l'ait fait croire ; mais l'entrée du conseil pour Harcourt, le roi en donna sa parole : ce ne fut pas sans peine. La même raison de l'exemple et des concurrents qui l'avoit déjà empêché une fois s'y opposoit encore celle-ci, quoique avec la considération de M. de La Rochefoucauld de moins, de la situation duquel je parlerai bientôt.

La parole donnée, ou plutôt arrachée, le comment embarrassa le roi, qui, par la même raison des concurrents, ne voulut pas faire Harcourt ministre en le déclarant, et aima mieux le contour et le masque du hasard. Pour cela, il fut convenu que, pendant le premier conseil d'État, Harcourt, averti par Mme de Maintenon, se trouveroit comme fortuitement dans les antichambres du roi ; qu'à propos des choses d'Espagne, le roi proposeroit de consulter Harcourt, et tout de suite feroit regarder si par hasard il n'étoit point quelque part dans les pièces voisines ; que, s'y trouvant, il le feroit appeler ; qu'il lui diroit tout haut un mot sur ce qui le faisoit mander, et tout de suite lui commanderoit de s'asseoir, ce qui étoit le faire ministre d'État, le retenir en ce conseil et l'y faire toujours entrer après.

On a vu, à l'occasion de la disgrâce du maréchal de Villeroy, en quelle intime liaison j'étois avec son fils et sa belle-fille. On a vu ailleurs sur quel tour d'intimité le duc de Villeroy étoit avec Mme de Caylus, de l'exil de laquelle il avoit été cause, son retour, l'affection tendre pour elle de Mme de Maintenon, et la liaison intime d'Harcourt avec Mme de Caylus, sa cousine germaine, et qui entra et servit en tant de choses Harcourt auprès de Mme de Maintenon. Le secret de l'entrée d'Harcourt au conseil étoit extrême, et infiniment recommandé par le roi. Soit imprudence, confiance, jalousie pour son père, quoiqu'en disgrâce, quoi que ce fût, je le sus sur le point de l'exécution, et la manière dont elle se devoit faire. J'ouïs en même temps quelques mots louches sur le duc de Beauvilliers, dont le duc de Villeroy n'ignoroit pas avec toute la cour que je ne fusse comme le fils.

Je ne perdis par un instant, les moments étoient chers. Je quittai le duc et la duchesse de Villeroy le plus tôt qu'il me fut possible, sans leur rien montrer. Je gagnai ma chambre, et sur-le-champ j'envoyai un ancien valet de chambre, que tout le monde me connoissoit et qui étoit entendu, chercher M. de Beauvilliers partout où il pourroit être (et il n'alloit guère), le prier de venir sur-le-champ chez moi, et que je lui dirois ce qui m'empêchoit d'aller chez lui : c'est que je ne voulois pas y aller au sortir de chez ceux d'avec qui je sortois, et que, sans grande précaution, tout se sait dans les cours.

En moins de demi-heure M. de Beauvilliers arriva, assez inquiet de mon message. Je lui demandai s'il ne savoit rien, je le tournai, moins pour le pomper, car je n'en avois pas besoin avec lui, que pour lui faire honte de son ignorance, qui si souvent l'avoit jeté dans des panneaux et des périls, et pour le persuader mieux après de ce que je voulois qu'il fît. Quand je l'eus bien promené sur son ignorance, je lui appris ce que je venois de savoir.

Mon homme fut interdit. Il ne s'attendoit à rien moins ; je n'eus pas peine à lui faire entendre que, quand bien même son expulsion ne seroit pas résolue, l'intrusion d'Harcourt en étoit le cousin germain, et le préparatif certain, qui, appuyé de Mme de Maintenon, sans mesure et mal avec Torcy, lié au chancelier, domineroit sur les choses de la guerre, sur celles d'Espagne, et de là sur les autres affaires étrangères, et sur celles des finances avec la grâce de la nouveauté, l'audace qui lui étoit naturelle ; et le poids que lui donnoient sa naissance, ses établissements, et les emplois par lesquels il avoit passé.

Après force raisonnements il fallut venir au remède, et le temps pressoit, à vingt-quatre heures près au moins. Il n'en trouvoit qu'à attendre, à se résigner, à se tenir en la main de Dieu, à se conduire au jour le jour, puisqu'il n'y avoit pas de temps assez pour parer cette entrée, qu'il conçut pourtant fort bien être sa sortie, ou en être au moins le signal. Il m'avoua que depuis quelques jours il trouvoit le roi froid et embarrassé avec lui, à quoi jusqu'alors il m'avoua aussi qu'il avoit donné peu d'attention, mais dont alors la cause lui fut claire.

Je pris la liberté de le gronder de sa profonde ignorance de tout ce qui se passoit à la cour, et de cette charité malentendue qui tenoit ses yeux et ses oreilles de si court, et lui si renfermé dans une bouteille. Je lui rappelai ce que je lui avois dit et pronostiqué, dans les bas des jardins de Marly, sur la campagne de Mgr le duc de Bourgogne, la colère où il s'en étoit mis, et les événements si conformes à mes pronostics. Enfin, j'osai lui dire qu'il s'étoit mis en tel état avec le roi, par ne vouloir s'avantager de rien, qu'il ne tenoit plus à lui que par l'habitude de ses entrées comme un garçon bleu, mais que, puisqu'il y tenoit encore par là, il falloit du moins qu'il en tirât les avantages dans la situation pressante où il se trouvoit. Il me laissa tout dire, ne se fâcha point, rêva un peu quand j'eus fini, puis sourit et me dit avec confiance : « Eh bien ! que pensez-vous donc qu'il y eût à faire ? » C'étoit où je le voulois. Alors je lui répondis que je ne voyois qu'une chose unique à faire, laquelle étoit entre ses mains, et du succès de laquelle je répondrois bien, au moins pour lui, s'il vouloit prendre sur lui de la bien faire, si même elle n'empêchoit Harcourt d'entrer au conseil.

Alors je lui proposai d'user de la commodité de ses entrées, de prendre le roi, le lendemain matin, seul dans son cabinet, et là de lui dire qu'il étoit informé que M. d'Harcourt devoit entrer au conseil, et la façon dont il y devoit être appelé ; qu'il n'entroit point dans les raisons du roi là-dessus ; qu'il n'en craignoit que son importunité par le mépris public que M. d'Harcourt faisoit de ses ministres, qui n'étoit pas ignoré de Sa Majesté, l'ascendant qu'il voudroit prendre sur tous et qu'aucun n'aimeroit à endurer, et l'embarras sur les affaires étrangères par sa rupture particulière avec Torcy; qu'il croyoit être obligé de dire cela à Sa Majesté, mais pour son regard à soi avec une entière indifférence; qu'en même temps il n'en pouvoit avoir sur une chose qu'il remarquoit depuis quelques jours, et dont il ne pouvoit s'empêcher d'ouvrir son cœur avec toute la soumission, le respect et l'attachement qu'il avoit pour sa personne; et là lui dire ce qu'il remarquoit de lui à son égard; de lui parler un peu pathétiquement et dignement, mais avec un air d'affection; puis d'ajouter qu'il ne tenoit qu'à son estime et à ses bonnes grâces, point à aucunes places; lui parler encore avec la même affection et reconnoissance de ce qu'il les lui avoit toutes données sans qu'il eût jamais songé à pas une; qu'il étoit également prêt à les lui remettre pour peu qu'il le désirât; et sur cela triompher de respect, de soumission, de désintéressement, d'affection et de reconnoissance.

M. de Beauvilliers prit plaisir à m'entendre, il n'eut pas de peine à se rendre à cet avis. Il m'embrassa étroitement. Il me promit de le suivre et de me rendre comment cela se seroit passé.

J'allai chez lui sur la fin de la matinée du lendemain, où j'appris de lui qu'il étoit parfaitement rassuré sur ses pieds. Il avoit parlé de point en point comme je lui avois dit que je croyois qu'il le devoit faire. Le roi parut étonné, et, à ce qui lui échappa muettement, piqué du secret de l'entrée d'Harcourt au conseil découvert, et si entièrement, et c'étoit aussi ce que je m'étois proposé. Il parut fort attentif à la courte réflexion sur l'effet de cette entrée par rapport aux ministres, et à l'embarras qui en naîtroit. Il parut embarrassé de ce que M. de Beauvilliers lui dit sur lui-même; puis ouvert l'interrompant, pour l'assurer de son estime, de sa confiance et de son amitié. A la proposition de retraite, il s'y opposa, fit beaucoup d'amitiés à M. de Beauvilliers, lui dit beaucoup de choses obligeantes, et parut renouer avec lui plus que jamais. Je sus de lui que la suite y avoit depuis toujours répondu. En un mot ce fut un coup de partie. M. de Beauvilliers m'embrassa encore bien tendrement, à plus d'une reprise. De savoir si sans cela il étoit chassé ou non, c'est ce que je n'ai pu découvrir; mais par le peu qui me fut dit, et par le froid et l'embarras du roi lorsque M. de Beauvilliers l'aborda, et qui dura pendant les premiers temps de son discours, et qui de son aveu avoit précédé et qui fut son thème, j'en suis presque persuadé.

Harcourt, sûr de son fait et contenant à peine sa joie sur le point immédiat du succès, arriva au rendez-vous. Le temps se prolongea. Pendant le conseil, il n'y a que des plus subalternes dans ces appartements du roi, et quelques courtisans qui passent par là, pour aller d'une aile à l'autre. Chacun de ces subalternes s'empressoit de lui demander ce qu'il vouloit, s'il désiroit quelque chose, et l'importunoient étrangement. Il falloit demeurer là, il n'en avoit point de prétexte. Il alloit et venoit boitant sur son bâton, et ne savoit que répondre, ni aux demeurants, ni aux passants, dont il étoit remarqué. A la fin, après une longue attente, fort mal à son aise, il s'en alla comme il étoit venu; fort inquiet de n'avoir point été appelé. Il le manda à Mme de Maintenon, qui à son tour en fut d'autant plus en peine que le soir le roi ne lui en dit pas un mot, et qu'elle aussi n'osa lui en parler. Elle consola Harcourt; elle voulut espérer que l'occasion ne s'étoit pas trouvée à ce conseil de lui faire de question sur les affaires d'Espagne, et voulut qu'il se trouvât encore au même rendez-vous au premier conseil d'État. Harcourt y fit le même manége, et avec aussi peu de succès. Il s'en alla fort chagrin, et comprit son affaire rompue.

Mme de Maintenon voulut enfin en avoir le cœur net. Elle avoit assez attendu pour ne pas marquer d'impatience; elle en parla au roi, supposant oubli ou faute de matière, et que la chose étoit toujours sur le même pied. Le roi, embarrassé, lui répondit qu'il avoit fait des réflexions, qu'Harcourt étoit mal avec presque tous ses ministres, qu'il montroit un mépris pour eux qui feroit des querelles dans le conseil, que ces disputes l'embarrasseroient; que, tout bien considéré, il aimoit mieux s'en tenir où il en étoit, n'avoir point la bouderie de gens qu'il considéroit, et qui seroient piqués de cette préférence, dès qu'il admettroit quelqu'un de nouveau et de leur sorte dans le conseil ; qu'il estimoit fort la capacité d'Harcourt, et qu'il le consulteroit en particulier sur les choses dont il voudroit avoir son avis. Cela fut dit de façon qu'elle ne crut pas avoir à répliquer ; elle se tint pour battue, et Harcourt fut au désespoir. Ce coup manqué pour la deuxième fois, il n'espéra plus y revenir que par des changements également incertains et éloignés.

J'avois été cependant comme à l'affût de ce qui arriveroit de cette entrée, sans dire mot à personne, et je fus fort aise quand le délai si long me fit comprendre qu'elle étoit échouée. Le roi n'en dit pas un mot à M. de Beauvilliers, mais il étoit redevenu libre avec lui et à son ordinaire. Je demandai après doucement au duc de Villeroy à quoi tenoit donc cette entrée, et je sus ce que je viens de raconter, et qu'il n'en étoit plus question. Je ne parus y prendre nulle part. J'étois en mesure avec Harcourt, qui même m'avoit fait des avances à reprises. J'étois content au dernier point que les choses se fussent aussi heureusement conduites, mais je ne m'en gaudis qu'entre les ducs de Chevreuse et de Beauvilliers, qui l'avoient échappé belle.

Monastrol, sans être en grand deuil, donna part au roi de la mort d'un fils de l'électeur de Bavière, parce qu'en Allemagne on n'en porte aucun des enfants au-dessous de sept ans comme étoit ce dernier cadet. Néanmoins le roi le prit pour quinze jours. Voilà où conduisit le deuil d'un maillot de M. du Maine : à porter le deuil d'un enfant que sa propre cour ne porte pas, après n'en avoir point porté ici d'aucuns des enfants de la reine morts avant sept ans.

Le marquis de Nesle épousa la fille unique du duc de Mazarin, qui n'avoit qu'un frère. La comtesse de Mailly avoit fort espéré ce mariage pour sa dernière fille, et y avoit fait de son mieux, un peu aidée des cajoleries de Mme de Maintenon; mais la vieille Mailly, qui savoit par expérience combien elles étoient vaines, et qui avoit, à force de travaux, fait une très-puissante maison, voulut pour son petit-fils de grandes espérances. Les biens étoient immenses si le frère venoit à manquer, et de plus l'espérance de la dignité de duc et pair, parce que celle de Mazarin étoit femelle. La beauté de cette mariée fit grand bruit dans les suites, et celle des filles qu'elle laissa encore plus dans le règne suivant, jusqu'à devoir y tenir quelque place dans l'histoire.

Le duc de Charost fut attrapé par une Mme Martel, vieille bourgeoise de Paris, qui étoit un esprit, et qui voyoit assez bonne compagnie. Avec un empire fort ridicule à considérer, elle lui fit accroire des trésors pour son deuxième fils qui n'avoit rien alors, et qui par l'événement a succédé aux dignités et aux charges de son père. Je ne dirai pas aux biens pour le peu qu'ils valoient. Bref, Charost se laissa embarquer, et maria le marquis d'Ancenis à la fille d'Entragues, qui avoit été petit commis, et bien pis auparavant, chez M. de Frémont, beau-père de M. le maréchal de Lorges, et grand-père de Mme de Saint-Simon, qui lui avoit commencé une fortune qu'il poussa fort loin, et qui lui fit épouser pour rien la fille de Valencey et d'une sœur du maréchal de Luxembourg et de la duchesse de Meckelbourg. Charost avoit eu le gouvernement de Dourlens de Baule-Lamet, père de sa seconde femme, dont il ne lui restoit point d'enfants, que le roi voulut bien sur sa démission donner à son fils en faveur de ce mariage. Il fut récompensé autant qu'il pouvoit l'être par le mérite de la personne, sa vertu et sa conduite, qui plut fort dans sa famille, et qui réussit fort à la cour et dans le monde.

Le maréchal de Boufflers ayant reçu en Flandre, où il étoit allé tout préparer pour la reprise de Lille par le roi en personne, et qui en avoit reçu les contre-ordres, s'étoit mis ensuite à faire la tournée de toutes les places de son gouvernement, accompagné de quelques officiers généraux, pour y donner les meilleurs ordres que l'extrême défaut d'argent et de toutes choses pourroit permettre. Dans ce voyage, mal rétabli des fatigues incroyables qu'il avoit souffertes à Lille, il tomba malade à l'extrémité. Il guérit et se rétablit à grand'peine, mais non assez pour oser entreprendre une campagne. Il revint à Paris le 1er mars, et eut le lendemain deux audiences du roi, avant et après sa messe, dans lesquelles il lui rendit compte de son gouvernement, et lui déclara son impuissance de servir pour cette année.

Le roi, qui s'en étoit bien douté, fit appeler le maréchal de Villars ensuite, après quoi il fut public qu'il commanderoit l'armée de Flandre sous Monseigneur, dans laquelle le roi d'Angleterre sous l'incognito de l'année précédente, et M. le duc de Berry, serviroient volontaires; le maréchal d'Harcourt sur le Rhin, sous Mgr le duc de Bourgogne; M. le duc d'Orléans en Espagne; le maréchal de Berwick en Dauphiné; et le duc de Noailles en Roussillon, à l'ordinaire. On verra bientôt que ces généraux d'armée allèrent à leur destination, mais qu'aucun des princes ne sortit de la cour.

M. le comte de Toulouse eut charge du roi de dire au comte d'Évreux qu'il ne serviroit point, lequel n'a pas servi depuis. Ce coup de foudre lui fut adouci de la sorte, moins par égard pour son père que parce qu'il porta sur M. de Vendôme pour le moins autant que sur lui. Ce n'est pas que depuis son retour il n'eût essayé à se faire un protecteur du prince qu'il avoit si fort offensé, et qu'il n'y eût presque réussi; mais Mme la duchesse en fit tant de honte à son époux, et se montra si irritée, que le comte d'Évreux ne put réussir. Toute la cabale en fut étrangement étourdie, et cruellement mortifiée de cette nouvelle atteinte, qui montroit que ses attentats n'étoient point pardonnés, nonobstant le châtiment de Vendôme, qu'on ne voyoit plus qu'à Marly et à Meudon, sur un ton fort différent de ce qu'il avoit été, et qui ne servoit plus.

Le comte de Roucy, qui n'avoit pas servi depuis la bataille d'Hochstedt, et La Feuillade, noyé depuis celle de Turin, étoient fort de la cour de Monseigneur. Ils virent bientôt après cette déclaration nommer les officiers généraux pour chaque armée. Ils n'avoient pas lieu d'espérer d'être de leur nombre; ils crurent se raccrocher en suivant Monseigneur, et toucher le roi par cette conduite. Ils en demandèrent donc la permission au roi, qui l'accorda au comte de Roucy et la refusa à La Feuillade. Ce fut un dégoût très-marqué pour lui; mais, dans le fond, la fortune des deux fut pareille. Monseigneur n'alla point, par conséquent le comte de Roucy, qui n'a jamais servi depuis non plus que La Feuillade, mais qui n'a pas eu le temps de se faire faire maréchal de France aussi scandaleusement et aussi inutilement que lui vingt-cinq ans après.

Harcourt, qui, en Normand habile, savoit tirer sur le temps, et que le commandement d'une armée ne consoloit point du ministère, obtint du roi quatre-vingt mille livres comptant pour faire son équipage, et, dans un temps aussi pressé que celui où on étoit, bouda encore de n'en obtenir pas davantage. L'électeur de Bavière demeura oisif.

Rouillé partit les premiers jours de mars pour aller traiter secrètement la paix en Hollande; à force de besoins on s'en flattoit. Bergheyck étoit venu quelque temps auparavant passer deux jours chez Chamillart; il avoit vu le roi, il croyoit les Hollandois portés à la paix. On leur demanda des passe-ports, qu'ils accordèrent en grand secret et de fort mauvaise grâce. Je ne m'étendrai pas davantage là-dessus, non plus que sur le voyage de Torcy, qu'il y alla furtivement faire quelque temps après. J'en userai de même sur le voyage que firent l'année suivante le maréchal d'Huxelles et l'abbé de Polignac, tôt après cardinal, à Gertruydemberg; et pareillement sur tout ce qui amena et fit la paix d'Utrecht. Torcy, dont la plume et la mémoire ne sont pas moins justes, bonnes, exactes, que les lumières et la capacité, a écrit toutes ces trois négociations. Il a bien voulu me communiquer son manuscrit lui-même; je le trouvai si curieux et si important que je le copiai moi-même; il feroit en trois morceaux mis ici en leur temps de trop longues parenthèses[1]. Ils sont plus agréables et plus instructifs à voir tous trois de suite, et c'est ainsi qu'ils se trouveront dans les Pièces[2].

Il suffira donc ici de faire connoître Rouillé. Il étoit président en la cour des aides, et frère de Rouillé qui, de procureur général de la chambre des comptes, devint directeur des finances, puis conseiller d'État, dont la brutalité et les débauches, à travers beaucoup d'érudition et de quelque esprit, firent tant parler de lui, surtout dans la régence de M. le duc d'Orléans. Celui-ci, qui étoit le cadet, avoit un esprit délicat et poli, aussi sobre et mesuré que son aîné l'étoit peu, et il avoit passé une partie de sa vie en diverses négociations, et en dernier lieu ambassadeur en Portugal. On avoit toujours été content de lui, on verra qu'on ne le fut pas moins malgré le triste succès de son voyage en Hollande.

Je ne puis mieux placer une double anecdote que fort peu de gens ont sue, et qui ne précéda que de fort peu les dernières choses que je viens d'écrire, mais que j'ai réservée

1. Voy. la seconde, la troisième et la quatrième partie des Mémoires de Torcy. Elles contiennent probablement les trois morceaux dont parle Saint-Simon.

2. Voir aux Pièces toute la négociation de Rouillé à Bodgrave, de Torcy et de lui à la Haye, et du maréchal d'Huxelles et de l'abbé de Polignac à Gertruydemberg, et sur la paix d'Utrecht. (*Note de Saint-Simon.*)

pour mieux accompagner Rouillé en Hollande. Chamillart avoit ouï dire et vu, depuis que le billard l'avoit introduit à la cour, et qu'une charge d'intendant des finances l'en avoit approché, que M. de Louvois faisoit les charges de tout le monde et surtout de ses confrères tant qu'il pouvoit, et souvent de haute lutte. Successeur de sa charge et de celle de Colbert, et plus avant que ni l'un ni l'autre ne furent jamais dans le goût et l'affection du roi, il s'imagina que l'imitation de Louvois en ces entreprises étoit un droit de sa place ou de sa faveur, et il n'omit rien pour en user de même. Ç'avoit été une des causes principales et des plus continuelles qui l'avoient tenu toujours si brouillé avec Pontchartrain. Il essaya plus d'une fois d'embler aussi la besogne du chancelier, qui, lui étant plus étrangère qu'aucune et appartenant à un homme plus affermi et plus relevé, l'avoit forcé autant de fois à lâcher prise. Je ne me suis pas amusé à rendre tous ces détails trop longs et trop fréquents; il suffit de les marquer en gros.

A l'égard de Torcy, il s'étoit mis dans la tête de lui ôter les négociations de la paix, dont toutefois Torcy étoit le seul ministre, et privativement à tout autre par son département. Chamillart, du su du roi, tenoit des gens en Hollande, et partout ailleurs, qui faisoient des ouvertures et des propositions, et qui surtout décrioient ceux que Torcy y employoit à même fin, le disoient un homme de paille par qui rien ne réussiroit. Ceux de Torcy, et lui-même ne s'épargnoient pas à lui rendre la pareille et à ses employés, tellement qu'on eût dit que ces gens servoient dans les pays étrangers des ministres de différents maîtres dont les intérêts étoient tout opposés. Ces manières de se croiser donnoient dans ce pays-là un spectacle tout à fait ridicule, et encore plus nuisible aux affaires; une opinion sinistre de la cour et de notre gouvernement : enfin aux personnages à qui ces gens-là étoient adressés, ou auprès de qui ils s'insinuoient, un grand embarras à traiter pour ceux qui l'auroient voulu sincèrement;

et pour les autres, un prétexte très-plausible de n'entrer en rien avec des gens si peu d'accord entre eux. Tout en étoit donc non-seulement suspendu, mais dangereusement éventé, et tout se rompoit avant même d'avancer.

Chamillart tomba dans un grand ridicule public par deux voyages qu'il fit faire à Helvétius en Hollande, sous prétexte d'aller voir son père, mais en effet pour négocier, dont personne ni là ni ici ne fut la dupe. Helvétius étoit Hollandois et médecin fort habile pour plusieurs sortes de maladies, mais qui, pour n'être pas savant à la manière des médecins ni de leurs Facultés, en étoit traité d'empirique. C'est à lui qu'on doit l'usage de l'ipécacuanha, si spécifique pour la guérison des dyssenteries, qui lui donna une grande réputation et lui attira la plus cruelle envie des médecins, qui ne consultoient point avec lui. Il ne laissoit pas de l'être de quantité de personnes et même considérables; d'ailleurs un bon et honnête homme, charitable, patient, aumônier, droit, et qui ne manquoit ni d'esprit ni de sens, et dont le fils [est] maintenant premier médecin de la reine, avec la plus juste et la plus grande réputation, et qui avec infiniment d'esprit et de génie de cour, auroit son tour dans ces Mémoires s'ils s'étendoient jusqu'au temps où il s'est fait considérer à la cour. Son père, occupé comme il l'étoit dans Paris, n'en pouvoit disparoître sans bruit, ni le temps de son absence être obscur, beaucoup moins répétée après un intervalle de quelques mois. Il n'étoit rien moins qu'intrigant, il n'étoit pas même intéressé. Il ne parloit même jamais de nouvelles, à la différence de tous les médecins. Il n'étoit occupé que de son métier, et tous les jours, à la fin de sa matinée, voyoit chez lui tous les pauvres qui vouloient y venir, les écoutoit, leur donnoit des remèdes, à manger, souvent de l'argent, et ne refusoit jamais d'aller chez aucun. Ainsi grands et petits surent et souffrirent de son absence et ne s'en turent pas. Il étoit le médecin de Chamillart de tout temps. Personne ne l'accusa d'avoir brigué ces voyages; ils portèrent tous sur le ministre. On peut juger de toutes les plaisanteries amères qui se débitèrent partout, dedans et dehors le royaume, sur une négociation d'un médecin, et d'un empirique, et de toutes les piquantes gentillesses qui coururent là-dessus, et toutefois le roi, à qui Torcy et Chamillart rendoient compte chacun en particulier, les laissoit faire. Ainsi chacun alloit son train à part, et faisoit sûrement échouer son confrère.

Torcy qui sentoit le tort que cette conduite apportoit aux affaires, et qui n'étoit rien moins qu'insensible à celui que lui-même en souffroit, se sentoit foible contre la faveur si déclarée de Chamillart, et se bornoit aux plaintes et aux représentations qu'il lui en faisoit faire par le duc de Beauvilliers, mais rarement reçues et toujours éludées. Sur le déclin de l'administration des finances par Chamillart, ce ministre, accablé d'affaires et alors de langueur, avoit promis de ne plus traverser Torcy, ensuite de le laisser faire; mais tôt après, les mains lui démangeant, il besogna tout de nouveau, et tout de nouveau remit Torcy aux champs. Celui-ci, le voyant défait des finances, entre les mains de son cousin germain et de son ami de tout temps, et son fils marié, à la fille de la duchesse de Mortemart, son autre cousine germaine, espéra tout de ces nouvelles considérations. Il attendit donc encore. Il fit redoubler les représentations, et il eut encore fort longtemps une patience inutile. A la fin elle lui échappa.

Convaincu qu'il n'obtiendroit rien par douceur, il déclara au duc de Beauvilliers, qui comme lui voyoit le préjudice que ce procédé apportoit aux affaires, que las enfin d'éprouver les continuelles entreprises de Chamillart, quoi qu'il eût pu faire et employer pour les faire cesser, il étoit résolu de faire décider par le roi qui des deux devoit se mêler des affaires étrangères. Beauvilliers parla fort sérieusement à Chamillart qui, sentant son autorité affoiblie et combien peu il avoit fait de progrès dans ses négociations au dehors, comprit enfin qu'une pareille décision portée devant le roi ne pourroit lui être favorable, et protesta au duc de Beauvilliers qu'il ne se mêleroit plus d'aucune affaire étrangère.

Torcy y avoit été attrapé trop souvent pour tâter encore de pareilles assurances. Il voulut un traité préliminaire, nécessaire selon lui pour parvenir à celui de la paix. Il se fit donc un écrit, par lequel Chamillart s'engagea à n'entretenir plus personne pour s'ingérer de la paix, ni d'aucune affaire étrangère, et promit de plus de renvoyer de bonne foi à Torcy ceux qui en ce genre pourroient s'adresser à lui désormais. Il signa cet écrit en présence de M. de Beauvilliers, qui le remit à Torcy. Celui-ci, content enfin et libre, se raccommoda avec Chamillart. Il n'eut plus d'inquiétude, et Chamillart depuis ne lui en donna plus la moindre occasion. M. de Beauvilliers, si lié à ces deux hommes, acheva cette bonne œuvre. J'étois trop intimement uni à lui et à Chamillart pour l'ignorer; pour Torcy, notre liaison ne se fit que depuis la mort du roi. Venons à l'autre anecdote.

Chamillart, tel qu'on vient de le voir à l'égard des autres départements, démis des finances, en discouroit plus que lorsqu'elles étoient entre ses mains, et, libre de ce fardeau, en oublia bientôt le poids. Il ne pensoit qu'à soutenir celui dont il étoit demeuré chargé, et demandoit sans cesse de l'argent à son successeur, en homme qui ne s'inquiétoit plus des moyens d'en trouver. Desmarets, toujours embarrassé, fit ce qu'il put. A la fin, piqué de n'y pouvoir suffire, il répondit quelquefois vivement, et comme surpris de trouver si peu de ménagement dans un homme qui ne pouvoit avoir oublié l'épuisement où il avoit laissé les finances et le crédit. Enflé par ses places de contrôleur général, et encore plus de ministre, de se sentir égal à celui auquel il devoit un si grand retour de fortune, et moins sensible au bienfait qu'à l'importunité continuelle de lui fournir ce qu'il ne pouvoit trouver, il se lâcha quelquefois en reproches sur le mauvais état auquel il avoit trouvé les finances, dont le délabrement ne lui pouvoit être imputé, et dont le temps et la guerre générale, si malheureuse depuis longtemps, ne lui avoient pu mettre la réparation.

Il m'en fit souvent des plaintes; je lui remis souvent la cause de son retour devant les yeux; souvent je l'y trouvai docile, souvent aussi je ne pouvois m'empêcher de sentir qu'il avoit raison. Peu à peu je commençai à craindre que ces deux hommes ne pussent demeurer longtemps amis. Les ducs de Chevreuse et de Beauvilliers encore plus, étançonnoient leur amitié fugitive, et se portoient continuellement pour modérateurs entre eux.

L'un, pressé des besoins de la guerre, affermi par sa confiance en l'amitié du roi, grossissant son autorité sur l'autre par ce qu'il avoit fait pour lui, ne pouvoit se défaire d'en exiger durement. Desmarets devenu son égal, impatient du joug, à bout d'industrie à suppléer aux manquements, s'échappoit aux considérations, et rétorquoit les arguments par accuser l'autre d'avoir ruiné les finances, tellement que tous deux se trouvant aigris, et à bout de moyens, Chamillart porta ses plaintes au roi de se trouver court de fonds. Le roi, qui ne vouloit ni accoutumer ses ministres ni s'accoutumer lui-même à ce langage, quoiqu'il commençât à devenir fréquent, parla fortement à Desmarets, qui, forcé à la justificative, ne put être retenu par les deux ducs modérateurs, et saisit, sous des apparences en effet honnêtes puisqu'elles paroissoient nécessaires, l'occasion d'éclater. Il rapporta au roi l'état des sommes qu'il avoit fournies à Chamillart, expliqua quelles en argent, quelles en billets, et comment payées, en déduisit les fonds et les destinations, tout cela par pièces justificatives, et montra que Chamillart étoit plus que rempli. Le roi le dit à Chamillart, qui, bien étonné, soutint toujours son dire, et avec sa confiance accoutumée offrit d'en faire convenir Desmarets.

Il fut chez lui où, vérification faite, il se trouva court et rempli. La chose fut rejetée sur ses commis; mais Desmarets, résolu de n'avoir pas le démenti, voulut que les commis fussent appelés, et, bien que Chamillart se radoucît, il ne put sortir de chez le contrôleur général que le commis des payements du bureau de la guerre, qui s'appeloit de Soye, ne fût mandé par Chamillart et ne fût venu avec ses registres. La somme en débat s'y trouva reçue au temps et en la manière que Desmarets l'avoit soutenu. Alors le [débat] fut entre Chamillart et son commis, mais il ne dura guère, parce que, Chamillart ayant voulu se fâcher, de Soye, à l'instant même et en présence de Desmarets, lui en montra l'emploi, qui étoit différent de celui auquel le roi l'avoit destinée, quoiqu'en chose effectivement du bien du service, mais entièrement différente. Alors Chamillart, honteux de son oubli et du mécompte, et Desmarets, radouci par l'issue d'une si forte dispute, se séparèrent honnêtement, et de concert étouffèrent la chose tant qu'ils purent; mais elle demeura d'autant moins secrète qu'il fallut bien que le dénoûment en fût porté au roi. Il l'apprit et le reçut avec une extrême bonté pour Chamillart, sauvé par la multiplicité de ses affaires, que sa mauvaise santé et ses voyages en Flandre avoient arriérées et brouillées dans sa tête. Le public n'en jugea pas si favorablement.

 Chamillart, peu après être entré dans l'administration entière des finances, avoit pris en affection un financier appelé La Cour des Chiens, auquel il avoit donné les meilleures affaires. Ce La Cour s'y étoit prodigieusement enrichi; il étoit habile, intelligent, plein de ressources, et avoit utilement servi en ce genre; d'ailleurs bon homme, obligeant, éloigné de l'insolence si ordinaire à ces sortes de gens. Mais son opulence et sa prodigalité en toutes sortes de délices avoit irrité le public. Il avoit fait un bijou d'un vilain lieu et d'une méchante maison que Chamillart lui avoit donnée dans son parc de l'Étang, et qu'avec sa permission il vendit à Desmarets lorsqu'il eut les finances. Il venait de bâtir un hôtel superbe joignant l'hôtel de Lorges, depuis [celui de la princesse] de Conti, fille du roi, et Chamillart ne se cachoit pas que c'étoit pour lui; mais sa fortune ne dura pas jusque-là, et d'Antin l'acheta, qui en fit une demeure somptueuse. La jalousie des gens d'affaires contre La Cour se joignit à l'aversion que le public avoit prise contre ses richesses, qui ramassa mille mauvais discours que ces financiers semèrent de Chamillart et de lui.

Dans les nécessités pressantes d'argent pour les vivres, il étoit échappé au zèle de Chamillart de répondre en son nom de diverses grosses fournitures. Sûr de sa probité et de la confiance du roi, il n'avoit rien appréhendé; et La Cour, assuré aussi de toute la protection du tout-puissant ministre, étoit entré en des engagements prodigieux. Ils étoient donc tels, qu'il n'y pouvoit suffire que très-difficilement, surtout ne s'en contraignant pas davantage sur les dépenses prodigues que lui coûtoient ses plaisirs et ses parents. Tout cela ensemble, sous un autre ministère, donna prise sur la conduite de Chamillart et sur la bourse de La Cour, et bien qu'on ne reprochât rien de honteux à Chamillart, on l'accusa d'avoir employé ces sommes contestées, avec plusieurs autres, à payer les parties auxquelles il s'étoit imprudemment engagé en son nom, et à se tirer ainsi d'affaires, préférablement à des choses plus pressées pour le service de la guerre, et plus présentes.

Je ne suis pas éloigné de croire qu'il en étoit bien quelque chose, et que ce ministre, désormais hors du maniement des finances, craignant de ne pas trouver toujours les moyens de sortir de ses engagements indiscrets, y employa des sommes dont la destination étoit tout à fait différente. De crime ni de faute, il n'y en avoit pas l'ombre, puisqu'il n'en détourna jamais une pistole à ses usages particuliers, et il eut cet avantage que le soupçon n'en entra jamais dans la tête de personne. Mais cet exemple doit faire sages et ministres et autres de ne s'engager jamais si avant qu'on n'ait entre les mains de quoi en bien sortir.

Depuis cette explication, il n'y eut plus entre ces deux ministres que des dehors et de grandes mesures d'honnêteté. Je l'avois prévu dès les commencements ainsi que je l'ai rapporté. Tous deux m'étoient chers encore, et j'en fus aussi touché que MM. de Chevreuse et de Beauvilliers.

CHAPITRE VIII.

Hiver terrible; effroyable misère. — Cruel manége sur les blés. — Courage de Maréchal à parler au roi, inutile. — Grande mortification au parlement de Paris sur les blés, et pareillement au parlement de Bourgogne. — Étranges inventions perpétuées. — Manége des blés imité plus d'une fois depuis. — Refonte et rehaussement de la monnoie. — Banqueroute de Samuel Bernard. — Ma liaison intime avec le maréchal de Boufflers. — Sa réception au parlement. — Belsunce évêque de Marseille.

L'hiver, comme je l'ai déjà remarqué, avoit été terrible, et tel, que de mémoire d'homme on ne se souvenoit d'aucun qui en eût approché. Une gelée, qui dura près de deux mois de la même force, avoit dès ses premiers jours rendu les rivières solides jusqu'à leur embouchure, et les bords de la mer capables de porter des charrettes qui y voituraient les plus grands fardeaux. Un faux dégel fondit les neiges qui avoient couvert la terre pendant ce temps-là; il fut suivi d'un subit renouvellement de gelée aussi forte que la précédente, trois autres semaines durant. La violence de toutes les deux fut telle que l'eau de la reine de Hongrie, les élixirs les plus forts, et les liqueurs les plus spiritueuses cassèrent leurs bouteilles dans les armoires de chambres à feu, et environnées de tuyaux de cheminée, dans plusieurs appartements du château de Versailles, où j'en vis plusieurs, et soupant chez le duc de Villeroy, dans sa petite chambre à coucher, les bouteilles sur le manteau de la cheminée, sortant de sa très-petite cuisine où il y avoit grand feu et qui étoit de plain-pied à sa chambre, une très-petite antichambre entre-deux, les glaçons tomboient dans nos verres. C'est le même appartement qu'a aujourd'hui son fils.

Cette seconde gelée perdit tout. Les arbres fruitiers périrent, il ne resta plus ni noyers, ni oliviers, ni pommiers, ni vignes, à si peu près que ce n'est pas la peine d'en parler. Les autres arbres moururent en très-grand nombre, les jardins périrent et tous les grains dans la terre. On ne peut comprendre la désolation de cette ruine générale. Chacun resserra son vieux grain. Le pain enchérit à proportion du désespoir de la récolte. Les plus avisés ressemèrent des orges dans les terres où il y avoit eu du blé, et furent imités de la plupart. Ils furent les plus heureux, et ce fut le salut, mais la police s'avisa de le défendre, et s'en repentit trop tard. Il se publia divers édits sur les blés; on fit des recherches, des amas; on envoya des commissaires par les provinces trois mois après les avoir annoncés, et toute cette conduite acheva de porter au comble l'indigence et la cherté, dans le temps qu'il étoit évident par les supputations qu'il y avoit pour deux années entières de blés en France, pour la nourrir tout entière, indépendamment d'aucune moisson.

Beaucoup de gens crurent donc que messieurs des finances avoient saisi cette occasion de s'emparer des blés par des émissaires répandus dans tous les marchés du royaume, pour le vendre ensuite au prix qu'ils y voudroient mettre, au profit du roi, sans oublier le leur. Une quantité fort considérable de bateaux de blés se gâtèrent sur la Loire, qu'on fut obligé de jeter à l'eau, et que le roi avoit achetés, ne diminuèrent pas cette opinion, parce qu'on ne put cacher l'accident. Il est certain que le prix du blé étoit égal dans tous les marchés du royaume; qu'à Paris des commissaires y mettoient le prix à main-forte, et obligeoient souvent les vendeurs à le hausser malgré eux ; que sur les cris du peuple combien cette cherté dureroit, il échappa à quelques-uns des commissaires, et dans un marché à deux pas de chez moi, près Saint-Germain des Prés, cette réponse assez claire, *Tant qu'il vous plaira*, comme faisant entendre, poussés de compassion et d'indignation tout ensemble, tant que le peuple souffriroit qu'il n'entrât de blé dans Paris que sur les billets de d'Argenson, et il n'y en entroit pas autrement. D'Argenson, que la régence a vu tenir les sceaux, étoit alors lieutenant de police, et fut fait en ce même temps conseiller d'État, sans quitter la police. La rigueur de la contrainte fut poussée à bout sur les boulangers, et ce que je raconte fut uniforme par toute la France. Les intendants faisoient dans leurs généralités [1] ce que d'Argenson faisoit à Paris ; et par tous les marchés, le blé qui ne se trouvoit pas vendu au prix fixé, à l'heure marquée pour finir le marché, se remportoit forcément, et ceux à qui la pitié le faisoit donner à un moindre prix étoient punis avec cruauté.

Maréchal, premier chirurgien du roi, de qui j'ai parlé plus d'une fois, eut le courage et la probité de dire tout cela au roi, et d'y ajouter l'opinion sinistre qu'en concevoit le public, les gens hors du commun, et même les meilleures têtes. Le roi parut touché, n'en sut pas mauvais gré à Maréchal ; mais il n'en fut autre chose.

Il se fit en plusieurs endroits des amas prodigieux, et avec le plus grand secret qu'il fut possible. Rien n'étoit plus sévèrement défendu par les édits aux particuliers, et les délations également prescrites. Un pauvre homme s'étant avisé d'en faire une à Desmarets en fut rudement châtié. Le parlement s'assembla par chambres à ces désordres, ensuite

---

1. On appelait généralités des circonscriptions financières de l'ancienne France ; leur nom venait de ce qu'il y avait primitivement dans chacune de ces circonscriptions un ou plusieurs *généraux des finances;* c'était ainsi qu'on appelait alors les receveurs généraux et les trésoriers de France. Voy., sur les intendants, t. III, p. 442.

dans la grand'chambre, par députés des autres chambres. La résolution y fut prise d'envoyer offrir au roi que des conseillers allassent par l'étendue du ressort, et à leurs dépens, faire la visite des blés, y mettre la police, punir les contrevenants aux édits; et de joindre une liste de ceux des conseillers qui s'offroient à ces tournées, par départements séparés. Le roi, informé de la chose par le premier président, s'irrita d'une façon étrange, voulut envoyer une dure réprimande au parlement et lui commander de ne se mêler que de juger des procès. Le chancelier n'osa représenter au roi combien ce que le parlement vouloit faire étoit convenable, et combien cette matière étoit de son district, mais il appuya sur l'affection et le respect avec lequel le parlement s'y présentoit, et il lui fit voir combien il étoit maître d'accepter ou de refuser ses offres. Ce ne fut pas sans débat qu'il parvint à calmer le roi, assez pour sauver la réprimande; mais il voulut absolument que le parlement fût au moins averti de sa part qu'il lui défendoit de se mêler des blés. La scène se passa en plein conseil, où le chancelier parla seul, tous les autres ministres gardant un profond silence; ils savoient apparemment bien qu'en penser, et se gardèrent bien de rien dire sur une affaire qui regardoit le ministère particulier du chancelier. Quelque accoutumé que fût le parlement ainsi que tous les autres corps aux humiliations, celle-ci lui fut très-sensible. Il y obéit en gémissant.

Le public n'en fut pas moins touché, il n'y eut personne qui ne sentît que si les finances avoient été nettes de tous ces cruels manéges, la démarche du parlement ne pouvoit qu'être agréable au roi et utile, en mettant cette compagnie entre lui et son peuple, et montrant ainsi qu'on n'y entendoit point finesse, et cela sans qu'il en eût rien coûté de solide, ni même d'apparent à cette autorité absolue et sans bornes dont il étoit si vilement jaloux.

Le parlement de Bourgogne, voyant la province dans la plus extrême nécessité, écrivit à l'intendant, qui ne s'en émut pas le moins du monde. Dans ce danger si pressant d'une faim meurtrière, la compagnie s'assembla pour y pourvoir. Le premier président n'osa assister à la délibération, il en devinoit apparemment plus que les autres ; l'ancien des présidents à mortier y présida. Il n'y fut rien traité que de nécessaire à la chose, et encore avec des ménagements infinis ; cependant le roi n'en fut pas plutôt informé qu'il s'irrita extrêmement. Il envoya à ce parlement une réprimande sévère, défense de se plus mêler de cette police, quoique si naturellement de son ressort, et ordre au président à mortier qui avoit présidé à la délibération de venir, à la suite de la cour, rendre compte de sa conduite. Il partit aussitôt. Il ne s'agissoit de rien moins que de le priver de sa charge. Néanmoins M. le Duc, gouverneur de la province, en survivance de M. le Prince fort malade, s'unit au chancelier pour protéger ce magistrat, dont la conduite étoit irréprochable ; ils le sauvèrent moyennant une forte vesperie de la part du roi, qui permit après qu'il lui fît la révérence. Ainsi au bout de quelques semaines il retourna à Dijon, où on avoit résolu de lui faire une entrée et de le recevoir en triomphe. En homme sage et trop expérimenté, il en redouta les suites. Il craignit même de n'obtenir pas d'être dispensé de recevoir cet honneur ; mais il l'évita en mesurant son voyage de façon qu'il arriva à Dijon à cinq heures du matin, prit aussitôt sa robe, et s'en alla au parlement rendre compte de son voyage, et remercier de ce qu'on avoit résolu de faire pour lui.

Les autres parlements, sur ces deux exemples, se laissèrent en tremblant sous la tutelle des intendants et dans la main de leurs émissaires. Ce fut pour lors qu'on choisit ces commissaires dont j'ai parlé, tirés tous de siéges subalternes, qui, chargés de la visite chacun d'un certain canton, devoient juger des délits avec les présidiaux voisins, sous les yeux de l'intendant, et sans dépendance aucune des parlements.

Mais pour donner une amulette plutôt qu'une vaine consolation à celui de Paris, il fut composé un tribunal tiré de toutes ses chambres, à la tête duquel Maisons, président à mortier, fut mis, auquel devoient ressortir les appellations des sentences de ces commissaires dans les provinces. Ils ne partirent que trois mois après leur établissement. Ils firent des courses vaines, et pas un d'eux n'eut jamais aucune connoissance de cette police. Ainsi ils ne trouvèrent rien parce qu'on s'étoit mis en état qu'ils ne pussent rien rencontrer, par conséquent ni jugement ni appel, faute de matière. Cette ténébreuse besogne demeura ainsi entre les mains d'Argenson et des seuls intendants, dont on se garda bien de la laisser sortir ni éclairer, et elle continua d'être administrée avec la même dureté.

Sans porter de jugement plus précis sur qui l'inventa et en profita, il se peut dire qu'il n'y a guère de siècle qui ait produit un ouvrage plus obscur, plus hardi, mieux tissu, d'une oppression plus constante, plus sûre, plus cruelle. Les sommes qu'il produisit sont innombrables, et innombrable le peuple qui en mourut de faim réelle et à la lettre, et de ce qu'il en périt après des maladies causées par l'extrémité de la misère, le nombre infini de familles ruinées, et les cascades de maux de toute espèce qui en dérivèrent.

Avec cela néanmoins les payements les plus inviolables commencèrent à s'altérer. Ceux de la douane, ceux des diverses caisses d'emprunts, les rentes de l'hôtel de ville, en tous temps si sacrées, tout fut suspendu, ces dernières seulement continuées, mais avec des délais, puis des retranchements, qui désolèrent presque toutes les familles de Paris et bien d'autres. En même temps les impôts haussés, multipliés, exigés avec les plus extrêmes rigueurs, achevèrent de dévaster la France. Tout renchérit au delà du croyable, tandis qu'il ne restoit plus de quoi acheter au meilleur marché; et quoique la plupart des bestiaux eussent péri faute de nourriture, et par la misère de ceux qui en avoient dans les campagnes, on mit dessus un nouveau monopole. Grand nombre de gens qui les années précédentes soulageoient les pauvres se trouvèrent réduits à subsister à grand'peine, et beaucoup de ceux-là à recevoir l'aumône en secret. Il ne se peut dire combien d'autres briguèrent les hôpitaux, naguère la honte et le supplice des pauvres, combien d'hôpitaux ruinés revomissant leurs pauvres à la charge publique, c'est-à-dire alors à mourir effectivement de faim, et combien d'honnêtes familles expirantes dans les greniers.

Il ne se peut dire aussi combien tant de misère échauffa le zèle et la charité, ni combien immenses furent les aumônes. Mais les besoins croissant à chaque instant, une charité indiscrète et tyrannique imagina des taxes et un impôt pour les pauvres. Elles s'étendirent avec si peu de mesure, en sus de tant d'autres, que ce surcroît mit une infinité de gens plus qu'à l'étroit au delà de ce qu'ils y étoient déjà, en dépitèrent un grand nombre, dont elles tarirent les aumônes volontaires, en sorte qu'outre l'emploi de ces taxes peut-être mal gérées, les pauvres en furent beaucoup moins soulagés. Ce qui a été depuis de plus étrange, pour en parler sagement, c'est que ces taxes en faveur des pauvres, un peu modérées, mais perpétuées, le roi se les est appropriées, en sorte que les gens des finances les touchent publiquement jusqu'à aujourd'hui, comme une branche des revenus du roi, jusqu'avec la franchise de ne lui avoir pas fait changer de nom.

Il en est de même de l'imposition qui se fait tous les ans dans chaque généralité pour les grands chemins, les finances se la sont appropriée encore avec la même franchise, sans lui faire changer de nom. La plupart des ponts sont rompus partout le royaume, et les plus grands chemins étoient devenus impraticables. Le commerce, qui en souffre infiniment, a réveillé. Lescalopier, intendant de Champagne, imagina de les faire accommoder par corvées, sans même donner du pain. On l'a imité partout, et il en a été fait conseiller d'État. Le monopole des employés à ces ouvrages les a enrichis, le peuple en est mort de faim et de misère à tas, à la fin la chose n'a plus été soutenable et a été abandonnée et les chemins aussi. Mais l'imposition pour les faire et les entretenir n'en a pas moins subsisté pendant ces corvées et depuis, et pas moins touchée comme une branche des revenus du roi.

Ce manége des blés a paru une si bonne ressource, et si conforme à l'humanité et aux lumières de M. le Duc et des Pâris, maîtres du royaume sous son ministère, et maintenant que j'écris, au contrôleur général Orry, le plus ignorant et le plus barbare qui administra jamais les finances, que l'un et l'autre ont saisi la même ressource, mais plus grossièrement, comme eux-mêmes, et avec le même succès de famine factice qui a dévasté le royaume.

Mais pour revenir à l'année 1709, où nous en sommes, on ne cessoit de s'étonner de ce que pouvoit devenir tout l'argent du royaume. Personne ne pouvoit plus payer, parce que personne ne l'étoit soi-même; les gens de la campagne, à bout d'exactions et de non-valeurs, étoient devenus insolvables. Le commerce tari ne rendoit plus rien, la bonne foi et la confiance abolies. Ainsi le roi n'avoit plus de ressource que la terreur et l'usage de sa puissance sans bornes, qui, tout illimitée qu'elle fût, manquoit aussi, faute d'avoir sur quoi prendre et s'exercer. Plus de circulation, plus de voies de la rétablir. Le roi ne payoit plus même ses troupes, sans qu'on pût imaginer ce que devenoient tant de millions qui entroient dans ses coffres.

C'est l'état affreux où tout se trouvoit réduit lorsque Rouillé, et tôt après lui Torcy, furent envoyés en Hollande. Ce tableau est exact; fidèle et point chargé. Il étoit nécessaire de le présenter au naturel, pour faire comprendre l'extrémité dernière où on étoit réduit, l'énormité des relâchements où le roi se laissa porter pour obtenir la paix, et le miracle visible de celui qui met des bornes à la mer, et qui appelle ce qui n'est pas comme ce qui est, par lequel il tira la France des mains de toute l'Europe résolue et prête à la faire périr, et l'en tira avec les plus grands avantages vu l'état où elle se trouvoit réduite, et le succès le moins possible à espérer.

En attendant, la refonte de la monnoie et son rehaussement d'un tiers plus que sa valeur intrinsèque apporta du profit au roi, mais une ruine aux particuliers et un désordre dans le commerce qui acheva de l'anéantir.

Samuel Bernard culbuta Lyon par sa prodigieuse banqueroute dont la cascade fit de terribles effets. Desmarets le secourut autant qu'il lui fut possible. Les billets de monnoie et leur discrédit en furent cause. Ce célèbre banquier en fit voir pour vingt millions. Il en devoit presque autant à Lyon. On lui en donna quatorze en bonnes assignations[1], pour tâcher de le tirer d'affaires avec ce qu'il pourroit faire de ses billets de monnoie. On a prétendu depuis qu'il avoit trouvé moyen de gagner beaucoup à cette banqueroute; mais il est vrai que, encore qu'aucun particulier de cette espèce n'eût jamais tant dépensé ni laissé, et n'ait jamais eu, à beaucoup près, un si grand crédit par toute l'Europe, jusqu'à sa mort arrivée trente-cinq ans depuis, il en faut excepter Lyon et la partie de l'Italie qui en est voisine, où il n'a jamais pu se rétablir.

Le pape enfin, poussé à bout par les exécutions militaires qui désoloient l'État ecclésiastique, le blocus de Ferrare et du fort Urbin, céda à toutes les volontés de l'empereur, et reconnut l'archiduc roi d'Espagne, sur quoi Philippe V fit défendre au nonce, qui étoit à Madrid, de se présenter de-

---

1. On appelait assignations dans l'ancienne organisation financière de la France les mandements ou ordonnances aux trésoriers pour payer une dette sur un fonds déterminé, comme les gabelles, les tailles, etc. Les bonnes assignations étaient celles dont les fonds étaient disponibles et qui pouvaient être payées sur-le-champ.

vant lui, fit fermer la nonciature et rompit tout commerce avec Rome, ce qui y tarit une grande source d'argent. Son ambassadeur sortit de Rome et des États du pape, et cependant les Impériaux ravageoient toujours les terres de l'Église, sans que le marquis de Prié daignât les arrêter. Il donna une comédie et un bal dans son palais, contre les plus expresses défenses du pape, qui, dans cette calamité, avoit interdit tous les spectacles et les plaisirs dans Rome. Il envoya faire des remontrances à Prié sur la fête qu'il vouloit donner. Il n'en eut d'autre réponse, sinon qu'il s'y étoit engagé aux dames, à qui il ne pouvoit manquer de parole. Le rare est qu'après ce mépris si public, les neveux du pape y allèrent, et qu'il eut la foiblesse de le souffrir.

Tessé, voyant venir cet orage qu'il ne pouvoit détourner, même par ces belles lettres qui se trouveront dans les Pièces, crut ne pouvoir pas mieux prendre son temps pour se faire une opération au derrière, pour vérifier la raison qui, politiquement, l'avoit tenu depuis très-longtemps chez lui pour ne se point commettre, et pour y demeurer tant qu'il le jugeroit à propos sans être obligé de voir qui il ne voudroit pas, ni de sortir de chez lui. Le pape, éperdu, avoit fait tout ce qu'il avoit pu pour retenir l'ambassadeur d'Espagne, et n'oublioit rien pour empêcher Tessé de partir. Toutefois la partie n'étant plus tenable, et ne faisant plus qu'un personnage inutile et honteux, il partit et s'en revint fort lentement.

En débarquant en Provence, il apprit la mort de sa femme dans sa province, dont elle n'étoit jamais sortie, et qui s'appeloit Auber, fille unique du baron d'Aunay, près de Caen, et dont il paroissoit qu'il ne tenoit pas grand compte. A son retour il ne laissa pas d'avoir une longue audience du roi, quoique sur un voyage dont le succès avoit été fort désagréable et les affaires étoient vieillies. Telle fut celui de cette ligue d'Italie si bien pensée, mais qui échoua avant d'être formée, comme je l'ai raconté.

Malgré tant de différence d'âge et d'emplois, et de liaisons encore qui n'étoient pas les mêmes, j'étois ami intime du maréchal de Boufflers. Je fus donc ravi de sa gloire et de ses récompenses. Il n'ignoroit pas combien j'étois blessé de la multiplication des ducs et pairs, et j'oserai dire qu'il se trouva flatté de ma joie de le voir revêtu de la pairie. Il crut aussi, par ce qu'il s'étoit passé en diverses choses de cette dignité, que j'y entendois quelque chose, tellement qu'en retournant en Flandre pour ce projet de reprendre Lille, qui n'eut pas lieu, il me pria en son absence de voir ses lettres d'érection, qu'il avoit chargé le président Lamoignon de projeter, et me demanda avec confiance, et comme un vrai service, de vouloir bien travailler à les dresser avec La Vrillière, secrétaire d'État en mois [1], qui les devoit expédier, qui étoit mon ami particulier, et qui voudroit bien m'en croire.

Nous les dressâmes donc La Vrillière et moi le plus avantageusement et fortement qu'il fut possible, sans outre-passer en rien dans les clauses ce que le roi avoit bien voulu accorder, mais que nous exprimâmes avec toute la netteté et la clarté qui s'y put répandre.

Dès que le maréchal fut de retour, je lui conseillai de faire un effort sur sa santé pour se faire recevoir au parlement le jour même que ses lettres y seroient enregistrées, parce qu'il s'épargneroit une double fatigue de visites, et que, après le péril où il avoit été dans sa maladie en Flandre, il n'étoit pas sage de différer un enregistrement dont dépendoit la réalité de sa dignité, ni sa réception qui fixoit son rang et des siens pour toujours. Il me crut et me pria de le conduire sur l'une et sur l'autre, et d'être aussi le premier de ses quatre témoins.

Je fus très-sensible à cet honneur; ainsi je ne voulus pas

---

1. Les quatre secrétaires d'État étaient chargés par mois, à tour de rôle, de tenir la plume au conseil et d'en expédier les ordonnances.

me contenter de l'usage ordinaire qui est que le greffier vous apporte chez vous un témoignage tout dressé et qu'on signe, ce qui est une manière de formule un peu diversifiée pour varier les quatre témoignages que le rapporteur lit tout haut en rapportant. J'en pris occasion de rendre public ce que je pensois d'un si vertueux personnage que sa dernière action venoit de combler d'honneur. Je le dictai donc au greffier lorsqu'il vint chez moi, je le signai et j'en envoyai un double signé aussi au maréchal de Boufflers, dont il fut fort touché. Les trois autres témoins furent le duc d'Aumont, parce qu'il faut deux pairs, et deux autres qui furent M. de Choiseul, doyen des maréchaux de France alors, et Beringhen, premier écuyer, tous deux chevaliers de l'ordre.

La vérification ou enregistrement des lettres d'érection et la réception du maréchal se fit tout de suite le mardi matin 19 mars. Comme il s'agissoit de l'une et de l'autre à la fois, tout le parlement fut assemblé, en sorte qu'avec les pairs, les conseillers d'honneur et honoraires, et les quatre maîtres des requêtes qui s'y peuvent trouver ensemble, nous étions près de trois cents sur les fleurs de lis. Tout ce qui put s'y trouver de pairs y assista, et jamais tant de seigneurs, de gens de toutes sortes de qualités ni une telle affluence d'officiers, surtout de ceux qui sortoient de Lille.

M. le Duc prit cette occasion de mener pour la première fois M. le duc d'Enghien son fils au parlement, comme font toujours les princes du sang à l'occasion d'une réception de pair, auxquelles toutes tous se trouvent toujours. Pelletier, premier président, en fit un petit mot de compliment à M. le Duc, et y mêla fort à propos quelque chose sur M. le prince de Conti, qui venoit de mourir. M. le Duc répondit si bas que personne ne put l'entendre.

Comme on s'assembloit et qu'on prenoit place, arriva le nouveau pair fort accompagné, qui, outre tout ce que j'ai dit, qui vint là l'honorer, trouva par les rues et dans le palais, sur tout son passage, une si grande foule de peuple criant et applaudissant en manière de triomphes que je ne vis jamais spectacle si beau, ni si satisfaisant, ni homme si modeste que celui qui le reçut au milieu de toute cette pompe.

Tous étant en place, Le Nain, lors sous-doyen du parlement, et magistrat très-vénérable (le doyen étant hors de combat), fit lecture des lettres, puis commença le rapport. Aussitôt je me levai et sortis, comme fit aussi le duc d'Aumont, et avec nous le duc de Guiche et les autres pairs, parents au degré de l'ordonnance. Les deux présidents de Lamoignon, père et fils, l'un honoraire, l'autre titulaire, sortirent après nous et aussitôt, par la petite vanité de montrer qu'ils avoient travaillé aux lettres, car ils n'avoient aucune parenté. La foule étoit si grande que les huissiers eurent peine à nous faire faire place. Les deux présidents se retirèrent à la cheminée, et nous vers les fenêtres, autour de notre nouveau confrère qui y étoit assis, et s'étoit un peu trouvé mal. Sitôt que l'arrêt de réception fut prononcé, les huissiers nous vinrent avertir. Les présidents de Lamoignon rentrèrent en place un moment après nous. Après que nous y fûmes tous remis, les huissiers vinrent chercher le maréchal, qui prêta son serment à la manière accoutumée et prit après sa place.

La séance se trouva de manière que son serment se fit derrière moi. Un moment après qu'il fut en place, le premier président lui fit un compliment auquel le maréchal répondit fort modestement, mais fort intelligiblement. Mon témoignage et ces deux pièces ne sont pas assez longues pour ne tenir pas place ici; j'ai cru ne devoir rien omettre de la brillante réception d'un homme si illustre. Voici le témoignage que je rendis, et que Le Nain lut tout haut le premier des quatre :

« Messire Louis, duc de Saint-Simon, pair de France, etc.,

a dit que M. le duc de Boufflers, dont la très-ancienne maison est alliée aux plus grandes du royaume, paroît encore plus illustre par le trophée de dignités et de charges les plus éclatantes que sa vertu a ramassées sur sa tête, sans qu'il en ait jamais recherché aucune, et pour ainsi dire malgré son rare désintéressement et sa modestie singulière : c'est ce qu'a toujours montré sa conduite si uniforme dans les divers commandements des provinces et des armées qu'il a si dignement exercés, et dans lesquels il est si exactement vrai de dire qu'il a bien mérité du roi, de l'État et de chaque particulier, ainsi que dans les emplois de la cour les plus distingués par leur élévation et par leur confiance. Il s'est aussi rendu considérable dans les négociations les plus importantes ; et partout il a fait également voir une probité, un attachement au roi, un amour pour l'État, qui l'ont continuellement emporté chez lui sur les considérations les plus chères aux hommes. Mais son dernier exploit est tel dans toutes ses circonstances que, s'il a mérité l'admiration effective de toute l'Europe, l'étonnement, les éloges et les honneurs inouïs des ennemis mêmes, les cœurs de tout ce qui a été plus particulièrement témoin de tous ses travaux et de sa gloire, il est bien juste que, puisqu'il se peut dire qu'il fait honneur à sa nation, il reçoive de l'équité du roi le comble des honneurs de cette même nation, et que ceux qui en sont revêtus le reçoivent parmi eux avec joie et reconnoissance. C'est donc avec une grande vérité et un plaisir sensible que je le reconnois parfaitement digne de la pairie dont il a plu au roi de l'honorer. »

Le premier président lui dit :

« Monsieur, la cour m'a chargé de vous marquer la joie sensible qu'elle a de voir récompenser en votre personne, par la dignité éminente de duc et pair de France, les grands services que vous avez rendus depuis si longtemps au roi et à l'État, et notamment celui que vous venez de lui rendre par la longue, brave et vigoureuse défense que vous avez faite dans la ville et dans la citadelle de Lille. Vous avez fait paroître par votre prudence, votre activité inconcevable et votre intrépidité, tout ce qu'on pouvoit attendre d'un général aussi consommé, d'un sujet aussi reconnoissant, d'un citoyen aussi affectionné que vous l'êtes. »

Le maréchal lui répondit :

« Monsieur, je n'ai point de termes assez forts pour exprimer la vive et sensible reconnoissance de l'honneur que la cour me fait. Je voudrois être digne des grâces que le roi vient de répandre sur moi, des éloges que vous me donnez, et des marques de bonté que la cour me donne en cette occasion. Si quelque chose povvoit me les faire mériter, ce ne pourroit être que mon extrême zèle et dévouement pour le service du roi et de l'État, et la parfaite vénération que j'ai pour cette auguste compagnie, et en particulier pour votre personne. »

Je ne sais comment il m'étoit échappé de n'avertir pas le maréchal du compliment qu'il recevroit, et de celui qu'il auroit à faire; mais il ne le fut que le matin même. En arrivant dans la grand'chambre, il nous montra et nous consulta sa réponse à M. de Chevreuse et à moi, dont il eut à peine le temps, et que nous louâmes comme elle le méritoit. Aussitôt qu'il l'eut achevée, la cour se leva sans appeler de cause selon la coutume, parce que la longueur de la vérification avoit emporté tout le temps. Tous les princes du sang et presque nous tous demeurâmes à la grande audience.

En sortant, le maréchal, s'adressant à ce grand nombre de gens de guerre qui se trouvèrent là, ou qui l'y avoient accompagné, surtout à ceux qui avoient été dans Lille, leur dit de fort bonne grâce : « Messieurs, tous les honneurs qu'on me fait ici, et toutes les grâces que je reçois du roi, c'est à vous que je crois les devoir, c'est votre mérite, c'est votre valeur qui me les ont attirés. Je ne dois me louer que d'avoir été à la tête de tant de braves gens qui ont fait valoir mes bonnes intentions. »

Il ne donna point de repas comme plusieurs font en cette occasion ; sa santé ne lui permit pas de joindre cette fatigue à toute celle qu'il venoit d'essuyer.

Il dut être bien content des applaudissements universels, et encore plus de lui-même, surtout de la modestie et de la simplicité qu'il y montra d'une façon si naturelle, et qui achevèrent de le faire estimer digne de l'éclat qu'il savoit si bien supporter.

Il fut remarquable que le propre jour du triomphe du défenseur de Lille fut celui même de l'éclair qui précéda la foudre lancée contre celui qui n'avoit pas voulu le secourir ; car ce fut le soir du jour de la réception au parlement du maréchal de Boufflers, que le comte de Toulouse dit, par ordre du roi, au comte d'Évreux qu'il ne serviroit plus.

Le roi, après avoir fait ses pâques le samedi saint, à son ordinaire, se trouva surpris d'une forte colique, en travaillant l'après-dînée avec le P. Tellier à la distribution des bénéfices. Il ne put entendre qu'une messe basse le jour de Pâques, et fut cinq ou six jours à ne voir presque personne, au bout desquels il n'y parut plus.

Marseille vaquoit, dont le frère du comte de Luc avoit été évêque longtemps, qui avoit passé à Aix, d'où il est enfin venu à Paris où il a succédé immédiatement au cardinal de Noailles, sans en rien retracer, aussi étoit-ce pour tout le contraire qu'il y fut mis. A Marseille le roi nomma l'abbé de Belsunce, fils d'une sœur de M. de Lauzun. C'étoit un saint prêtre, nourrisson favori du P. Tellier, qui avoit été longtemps jésuite, et que les jésuites mirent hors de chez eux dans l'espérance de s'en servir plus utilement, en quoi ils ne se trompèrent pas. Il étoit trop saint et trop borné, trop ignorant et trop incapable d'apprendre pour leur faire le moindre honneur, ni le plus léger profit. Évêque, il imposa avec raison par la pureté de ses mœurs, par son zèle, par sa résidence et son application à son diocèse, et y devint illustre par les prodiges qu'il y fit dans le temps de la peste, et après par le refus de l'évêché de Laon, pour ne pas quitter sa première épouse.

Son aveuglement pour les jésuites, et son ignorance qui parut profonde à surprendre, le livra avec fureur à la constitution[1] dont il pensa être cardinal. Mais au fait et au prendre, il falloit aux Romains et aux jésuites un homme dans cette dignité dont ils pussent faire un autre usage que de dire ce qu'ils lui auroient soufflé à mesure, et de signer avec abandon tout ce qu'ils lui auroient présenté. Si un homme aussi pur d'intention et aussi distingué par tout ce que je viens de dire, avoit pu se déshonorer, il l'auroit été par son fanatisme sur la constitution, par les écrits étranges en tout sens qu'il adopta et signa comme siens, et surtout par le personnage indigne en lui, infâme en tout autre, qu'il fit en ce brigandage d'Embrun[2].

M. de Lauzun fut aussi aise de l'épiscopat de son neveu que l'auroit pu être le plus petit bourgeois, tant les plus petites choses qui avoient l'air de grâces lui étoient sensibles.

1. Le mot *constitution* signifie, dans ce passage, une décision des papes. Il s'agit de la constitution *Unigenitus*, sur laquelle Saint-Simon revient souvent et avec de longs détails.
2. Le concile d'Embrun, présidé par l'archevêque d'Embrun, Guérin de Tencin, condamna Soanen, évêque de Sénez, le 29 septembre 1727. On peut consulter sur cette question l'*Histoire du concile d'Embrun*, publiée en 1728 et composée par un défenseur de Soanen; et le *Journal du même concile*, publié en 1727 par un partisan de Tencin.

CHAPITRE IX.

Mort de M. le Prince; son caractère. — Mlle de Tours chassée de chez Mme la princesse de Conti, fille de M. le Prince, par ordre du roi, obtenu par le P. Tellier. — Ducs et princes et leurs femmes font leurs visites sur la mort de M. le Prince en manteaux et en mantes; par ordre du roi, et l'exécutent d'une manière ridicule. — Eau bénite de M. le Prince. — Époque de l'entrée des domestiques des princes du sang dans le carrosse du roi. — Suites de cette usurpation. — Autre entreprise. — Autre nouveauté. — Grand dégoût au duc de Bouillon. — Le corps de M. le Prince conduit à Valery par M. de Fréjus, depuis cardinal de Fleury, et reçu par l'archevêque de Sens, en présence de M. le Duc et de ses seuls domestiques. — Service à Notre-Dame en présence des cours supérieures. — Ducs parents invités. — Cardinal de Noailles, officiant, se retire à la sacristie après l'évangile, parce que la parole fut adressée à M. le Duc à l'oraison funèbre. — Méchanceté atroce de M. le Duc sur moi absent. — Le roi ni les fils de France ne visitent Mme la princesse de Conti ni Mme la Princesse qu'à Versailles. — Progression des biens de la maison de Condé. — M. le Duc ne change point de nom.

M. le Prince, qui depuis plus de deux ans ne paroissoit plus à la cour, mourut à Paris un peu après minuit, la nuit du dimanche de Pâques au lundi, dernier mars et 1ᵉʳ avril, en sa soixante-sixième année.

C'étoit un petit homme très-mince et très-maigre, dont le visage d'assez petite mine ne laissoit pas d'imposer par le feu et l'audace de ses yeux, en un composé des plus rares qui se soit guère rencontré. Personne n'a eu plus d'esprit et de toutes sortes d'esprit, ni rarement tant de savoir en presque tous les genres, et pour la plupart à fond, jusqu'aux arts et aux mécaniques, avec un goût exquis et universel. Jamais encore une valeur plus franche et plus naturelle, ni une plus grande envie de faire; et quand il vouloit plaire, jamais tant de discernement, de grâces, de gentillesse, de politesse, de noblesse, tant d'art caché coulant comme de source. Personne aussi n'a jamais porté si loin l'invention, l'exécution, l'industrie, les agréments ni la magnificence des fêtes, dont il savoit surprendre et enchanter, et dans toutes les espèces imaginables.

Jamais aussi tant de talents inutiles, tant de génie sans usage, tant et si continuelle et si vive imagination, uniquement propre à être son bourreau et le fléau des autres; jamais tant d'épines et de danger dans le commerce, tant et de si sordide avarice, et de manéges bas et honteux, d'injustices, de rapines, de violences; jamais encore tant de hauteur, de prétentions sourdes, nouvelles, adroitement conduites, de subtilités d'usages, d'artifices à les introduire imperceptiblement, puis de s'en avantager, d'entreprises hardies et inouïes, de conquêtes à force ouverte; jamais en même temps une si vile bassesse, bassesse sans mesure aux plus petits besoins, ou possibilité d'en avoir; de là cette cour rampante aux gens de robe et des finances, aux commis et aux valets principaux, cette attention servile aux ministres, ce raffinement abject de courtisan auprès du roi, de là encore ses hauts et bas continuels avec tout le reste. Fils dénaturé, cruel père, mari terrible, maître détestable, pernicieux voisin, sans amitié, sans amis, incapable d'en avoir, jaloux, soupçonneux, inquiet sans aucun relâche, plein de manéges et d'artifices à découvrir et à scruter tout, à quoi il étoit occupé sans cesse aidé d'une vivacité extrême et d'une pénétration surprenante, colère et d'un emportement à se porter aux derniers excès même sur des bagatelles, difficile en tout à l'excès, jamais d'accord avec lui-même, et tenant tout chez lui dans le tremblement; à tout prendre, la fougue et l'avarice étoient ses maîtres qui le gourmandoient toujours. Avec cela un homme dont on avoit peine à se défendre quand il avoit entrepris d'obtenir par les grâces, le tour, la délicatesse de l'insinuation et de la flatterie, l'éloquence naturelle qu'il employoit, mais parfaitement ingrat des plus grands services, si la reconnoissance ne lui étoit utile à mieux.

On a vu (t. III, p. 60), sur Rose, ce qu'il savoit faire à ses voisins dont il vouloit les terres, et la gentillesse du tour des renards. L'étendue qu'il sut donner à Chantilly et à ses autres terres, par de semblables voies, est incroyable, aux dépens de gens qui n'avoient ni l'audace de Rose ni sa familiarité avec le roi; et la tyrannie qu'il y exerçoit étoit affreuse. Il déroba pour rien, à force de caresses et de souplesses, la capitainerie de Senlis et de la forêt d'Hallastre, dans laquelle Chantilly est compris, à mon oncle et à la marquise de Saint-Simon, alors fort vieux, qui, en premières noces, étoit, comme je l'ai dit ailleurs, veuve de son grand-oncle, frère de la connétable de Montmorency, sa grand'mère. Il leur fit accroire que le roi alloit supprimer ces capitaineries éloignées des maisons royales; qu'ils perdroient celles-là qui, entre ses mains, seroit conservée. Ils donnèrent dans le panneau et la lui cédèrent. Le roi n'avoit pas pensé à en supprimer pas une. M. le Prince leur fit une galanterie de deux cents pistoles et se moqua de leur crédulité; mais à la vérité, tant qu'ils vécurent, il les laissa, et même leurs gens, maîtres de la chasse, comme ils l'étoient auparavant. Dès qu'elle fut entre ses mains il ne cessa de l'étendre de ruse et de force, et de réduire au dernier esclavage tout ce qui y étoit compris, et ce fut un pays immense[1].

Il n'eut les entrées chez le roi, et encore non les plus grandes, qu'avec les survivances de sa charge et de son gouvernement pour son fils, en le mariant à la bâtarde du

---

1. Passage supprimé dans les précédentes éditions depuis *Il leur fit accroire*.

roi; et tandis que, à ce titre de gendre et de belle-fille, son fils et sa fille étoient, entre le souper du roi et son coucher, dans son cabinet avec lui, les autres légitimités et la famille royale, il dormoit le plus souvent sur un tabouret au coin de la porte, où je l'ai maintes fois vu ainsi attendant avec tous les courtisans que le roi vînt se déshabiller.

La duchesse du Maine le tenoit en respect; il courtisoit M. du Maine qui lui rendoit peu de devoirs, et qui le méprisoit. Mme la Duchesse le mettoit au désespoir, entre le courtisan et le père, sur lequel le courtisan l'emportoit presque toujours.

Sa fille mariée avoit doucement secoué le joug. Celles qui ne l'étoient pas le portoient dans toute sa pesanteur; elles regrettoient la condition des esclaves. Mlle de Condé en mourut, de l'esprit, de la vertu et du mérite de laquelle on disoit merveilles.

Mlle d'Enghien, laide jusqu'au dégoût, et qui n'avoit rien du mérite de Mlle de Condé, lorgna longtemps, faute de mieux, le mariage de M. de Vendôme, aux risques de sa santé et de bien d'autres considérations. M. et Mme du Maine, de pitié, et aussi par intérêt de bâtardise, se mirent en tête de le faire réussir. M. le Prince le regardoit avec indignation. Il sentoit la honte du double mariage de ses enfants avec ceux du roi, mais il en avoit tiré les avantages. Celui-ci ne l'approchoit point du roi, et ne pouvoit lui rien produire d'agréable. Il n'osoit aussi le dédaigner à titre de bâtardise, beaucoup moins résister au roi, si, poussé par M. du Maine, il se le mettoit en gré, tellement qu'il prit le parti de la fuite, et de faire le malade près de quinze mois avant qu'il le devînt de la maladie dont il mourut, et ne remit jamais depuis les pieds à la cour, faisant toujours semblant d'y vouloir aller, pour s'y faire attendre, et cependant gagner du temps, et n'être pas pressé.

M. le prince de Conti, qui lui rendoit bien plus de devoirs que M. le Duc, et dont l'esprit étoit si aimable, réussissoit auprès de lui mieux que nul autre, mais il n'y réussissoit pas toujours. Pour M. le Duc ce n'étoit que bienséance. Ils se craignoient tous deux : le fils, un père fort difficile et plein d'humeur et de caprices; le père, un gendre du roi; mais souvent le pied ne laissoit pas de glisser au père, et ses sorties sur son fils étoient furieuses.

Mme la Princesse étoit sa continuelle victime. Elle étoit également laide, vertueuse et sotte; elle étoit un peu bossue, et avec cela un gousset fin qui se faisoit suivre à la piste, même de loin. Toutes ces choses n'empêchèrent pas M. le prince d'en être jaloux jusqu'à la fureur, et jusqu'à sa mort. La pieté, l'attention infatigable de Mme la Princesse, sa douceur, sa soumission de novice, ne la purent garantir ni des injures fréquentes ni des coups de pied et de poing qui n'étoient pas rares. Elle n'étoit pas maîtresse des plus petites choses; elle n'en osoit demander ni proposer aucune. Il la faisoit partir à l'instant que la fantaisie lui en prenoit pour aller d'un lieu à un autre. Souvent montée en carrosse, il l'en faisoit descendre, ou revenir du bout de la rue, puis recommençoit l'après-dînée ou le lendemain. Cela dura une fois quinze jours de suite pour un voyage de Fontainebleau. D'autres fois, il l'envoyoit chercher à l'église, lui faisoit quitter la grand'messe, et quelquefois la mandoit au moment qu'elle alloit communier; et il falloit revenir à l'instant, et remettre sa communion à une autre fois. Ce n'étoit pas qu'il eût besoin d'elle, ni qu'elle osât faire la moindre démarche, ni celle-là même sans sa permission; mais les fantaisies étoient continuelles.

Lui-même étoit toujours incertain. Il avoit tous les jours quatre dîners prêts : un à Paris, un à Écouen, un à Chantilly, un où la cour étoit. Mais la dépense n'en étoit pas forte : c'étoit un potage, et la moitié d'une poule rôtie sur une croûte de pain, dont l'autre moitié servoit pour le lendemain.

Il travailloit tout le jour à ses affaires, et couroit Paris pour la plus petite. Sa maxime étoit de prêter et d'emprunter tant qu'il pouvoit aux gens du parlement pour les intéresser eux-mêmes dans ses affaires, et avoir occasion de se les dévouer par ses procédés avec eux; aussi étoit-il bien rare qu'il ne réussît dans toutes celles qu'il entreprenoit, pour lesquelles il n'oublioit ni soins ni sollicitations.

Toujours enfermé chez lui, et presque point visible à la cour comme ailleurs, hors les temps de voir le roi ou les ministres, s'il avoit à parler à ceux-ci, qu'il désespéroit alors par ses visites allongées et redoublées. Il ne donnoit presque jamais à manger et ne recevoit personne à Chantilly, où son domestique et quelques jésuites savants lui tenoient compagnie, très-rarement d'autres gens; mais quand il faisoit tant que d'y en convier, il étoit charmant. Personne au monde n'a jamais si parfaitement fait les honneurs de chez soi; jusqu'au moindre particulier ne pouvoit être si attentif. Aussi cette contrainte, qui pourtant ne paroissoit point, car toute sa politesse et ses soins avoient un air d'aisance et de liberté merveilleuse, faisoit qu'il n'y vouloit personne.

Chantilly étoit ses délices. Il s'y promenoit toujours suivi de plusieurs secrétaires avec leur écritoire et du papier, qui écrivoient à mesure ce qui lui passoit par l'esprit pour raccommoder et embellir. Il y dépensa des sommes prodigieuses, mais qui ont été des bagatelles en comparaison des trésors que son petit-fils y a enterrés et [des] merveilles qu'il y a faites.

Il s'amusoit assez aux ouvrages d'esprit et de science, il en lisoit volontiers et en savoit juger avec beaucoup de goût, de profondeur et de discernement. Il se divertissoit aussi quelquefois à des choses d'arts et de mécaniques auxquelles il se connoissoit très-bien.

Autrefois il avoit été amoureux de plusieurs dames de la cour, alors rien ne lui coûtoit. C'étoit les grâces, la magnificence, la galanterie même, un Jupiter transformé en pluie d'or. Tantôt il se travestissoit en laquais, une autre fois en revendeuse à la toilette, tantôt d'une autre façon. C'étoit l'homme du monde le plus ingénieux. Il donna une fois une fête au roi, qu'il cabala pour se la faire demander, uniquement pour retarder un voyage en Italie d'une grande dame qu'il aimoit et avec laquelle il étoit bien, et dont il amusa le mari à faire les vers. Il perça tout un côté d'une rue près de Saint-Sulpice par les maisons, l'une dans l'autre, qu'il loua toutes et les meubla pour cacher ses rendez-vous.

Jaloux aussi et cruellement de ses maîtresses, il eut entre autres la marquise de Richelieu, que je nomme parce qu'elle ne vaut pas la peine d'être tue. Il en étoit éperdument amoureux, et dépensoit des millions pour elle et pour être instruit de ses déportements. Il sut que le comte de Roucy partageoit ses faveurs (et c'est elle à qui ce spirituel comte proposoit bien sérieusement de faire mettre du fumier à sa porte pour la garantir du bruit des cloches dont elle se plaignoit). M. le Prince reprocha le comte de Roucy à la marquise de Richelieu qui s'en défendit fort. Cela dura quelque temps. Enfin, M. le Prince, outré d'amour, d'avis certains et de dépit, redoubla ses reproches, et les prouva si bien qu'elle se trouva prise. La frayeur de perdre un amant si riche et si prodigue lui fournit sur-le-champ un excellent moyen de lui mettre l'esprit en repos. Elle lui proposa de donner, de concert avec lui, un rendez-vous chez elle au comte de Roucy, où M. le Prince auroit des gens apostés pour s'en défaire. Au lieu du succès qu'elle se promettoit d'une proposition si humaine et si ingénieuse, M. le Prince en fut tellement saisi d'horreur qu'il en avertit le comte de Roucy, et ne la revit de sa vie.

Ce qui ne se peut comprendre, c'est qu'avec tant d'esprit, d'activité, de pénétration, de valeur et d'envie de faire et d'être, un aussi grand homme à la guerre que l'étoit M. son père n'ait jamais pu lui faire comprendre les premiers éléments de ce grand art. Il en fit longtemps son étude et son application principale; le fils y répondit par la sienne, sans que jamais il ait pu acquérir la moindre aptitude à aucune des parties de la guerre, sur laquelle M. son père ne lui cachoit rien, et lui expliquoit tout à la tête des armées. Il l'y eut toujours avec lui, voulut essayer de le mettre en chef, y demeurant néanmoins pour lui servir de conseil, quelquefois dans les places voisines, et à portée, avec la permission du roi, sous prétexte de ses infirmités. Cette manière de l'instruire ne lui réussit pas mieux que les autres. Il désespéra d'un fils doué pourtant de si grands talents, et il cessa enfin d'y travailler, avec toute la douleur qu'il est aisé d'imaginer. Il le connoissoit et le connut de plus en plus; mais la sagesse contint le père, et le fils étoit en respect devant cet éclat de gloire qui environnoit le grand Condé.

Les quinze ou vingt dernières années de la vie de celui dont on parle ici furent accusées de quelque chose de plus que d'emportement et de vivacité. On crut y remarquer des égarements, qui ne demeurèrent pas tous renfermés dans sa maison. Entrant un matin chez la maréchale de Noailles, dans son appartement de quartier, qui me l'a conté, comme on faisoit son lit et qu'il n'y avoit plus que la courte-pointe à y mettre, il s'arrêta un moment à la porte, où s'écriant avec transport : « Ah! le bon lit, le bon lit! » prit sa course, sauta dessus, se roula dessus sept ou huit tours en tous les sens, puis descendit et fit excuse à la maréchale, et lui dit que son lit étoit si propre et si bien fait, qu'il n'y avoit pas moyen de s'en empêcher, et cela sans qu'il y eût jamais rien eu entre eux, et dans un âge où la maréchale, qui avoit toute sa vie été hors de soupçon, n'en pouvoit laisser naître aucun. Ses gens demeurèrent stupéfaits, et elle bien autant qu'eux. Elle en sortit adroitement par un grand éclat de rire et par plaisanter.

On disoit tout bas qu'il y avoit des temps où tantôt il se croyoit chien, tantôt quelque autre bête dont alors il imitoit les façons; et j'ai vu des gens très-dignes de foi qui m'ont assuré l'avoir vu au coucher du roi pendant le prier-Dieu, et lui cependant près du fauteuil, jeter la tête en l'air subitement plusieurs fois de suite, et ouvrir la bouche toute grande comme un chien qui aboie, mais sans faire de bruit. Il est certain qu'on étoit des temps considérables sans le voir, même ses plus familiers domestiques, hors un seul vieux valet de chambre qui avoit pris empire sur lui, et qui ne s'en contraignoit pas.

Dans les derniers temps de sa vie, et même la dernière année, il n'entra et ne sortit rien de son corps qu'il ne le vît peser lui-même, et qu'il n'en écrivît la balance, d'où il résultoit des dissertations qui désoloient ses médecins.

La fièvre et la goutte l'attaquèrent à reprises. Il augmenta son mal par son régime trop austère, par une solitude où il ne vouloit voir personne, même le plus souvent de sa plus intime famille, par une inquiétude et des précisions qui le jetèrent dans des transpors de fureur.

Finot, son médecin, et le nôtre de tout temps et de plus notre ami, ne savoit que devenir avec lui. Ce qui l'embarrassa le plus, à ce qu'il nous a confié plus d'une fois, fut que M. le Prince ne voulut plus rien prendre, dit qu'il étoit mort, et pour toute raison que les morts ne mangeoient point. Si falloit-il pourtant qu'il prît quelque nourriture ou qu'il mourût véritablement. Jamais on ne put lui persuader qu'il vivoit, et que, par conséquent, il falloit qu'il mangeât. Enfin, Finot et un autre médecin qui le voyoit le plus ordinairement avec lui, s'avisèrent de convenir qu'il étoit mort, mais de lui soutenir qu'il y avoit des morts qui mangeoient. Ils offrirent de lui en produire, et en effet ils lui amenèrent quelques gens sûrs et bien recordés qu'il ne connoissoit point et qui firent les morts tout comme lui, mais qui mangeoient. Cette adresse le détermina, mais il ne vouloit manger qu'avec eux et avec Finot. Moyennant cela, il mangea très-bien, et cette fantaisie dura assez longtemps, dont l'assiduité désespéroit Finot, qui toutefois mouroit de rire en nous racontant ce qui se passoit, et les propos de l'autre monde qui se tenoient à ces repas. Il vécut encore longtemps après.

Sa maladie augmentant, Mme la Princesse se hasarda de lui demander s'il ne vouloit point penser à sa conscience et voir quelqu'un; il se divertit assez longtemps à la rebuter. Il y avoit déjà quelques mois qu'il voyoit le P. de La Tour en cachette, le même général de l'Oratoire qui avoit assisté Mlle de Condé et M. le prince de Conti. Il avoit envoyé proposer à ce père de le venir voir en bonne fortune, la nuit et travesti. Le messager fut un sous-secrétaire, confident unique de ce secret. Le P. de La Tour, surpris au dernier point d'une proposition si sauvage, répondit que le respect qu'il devoit à M. le Prince l'engageroit à le voir avec toutes les précautions qu'il voudroit lui imposer, mais que, quelque justice qu'il eût droit d'attendre de sa maison, il ne pouvoit dans son état et dans sa place consentir à se travestir, ni à quitter le frère qui l'accompagnoit toujours, mais qu'avec son habit et ce frère tout lui seroit bon, pourvu encore qu'il rentrât à l'Oratoire avant qu'on y fût retiré. M. le Prince passa ces conditions. Quand il le vouloit voir, ce sous-secrétaire alloit à l'Oratoire, s'y mettoit dans un carrosse de remise avec le général et son compagnon, les menoit à une petite porte ronde d'une maison qui répondoit à l'hôtel de Condé, et par de longs et d'obscurs détours, souvent la lanterne à la main et une clef dans une autre, qui ouvroit et fermoit sur eux un grand nombre de portes, le conduisoit jusque dans la chambre de M. le Prince. Là, tête à tête avec lui, [le P. de La Tour] quelquefois le confessoit, le plus souvent l'entretenoit. Quand M. le Prince en avoit pris sa suffisance ou que l'heure pressoit, car il le retenoit souvent longtemps, le même homme rentroit dans la chambre, et le remenoit par les mêmes détours jusqu'au carrosse où le frère les attendoit, et de là à l'Oratoire de Saint-Honoré.

C'est le P. de La Tour qui me l'a conté depuis, et la surprise et la joie de Mme la Princesse, quand M. le Prince lui apprit enfin qu'il le voyoit ainsi depuis quelques mois. Alors il n'y eut plus de mystère; le P. de La Tour fut mandé à découvert, et se rendit assidu pendant le peu de semaines que M. le Prince vécut depuis.

Les jésuites y furent cruellement trompés. Ils se croyoient en possession bien assurée d'un prince élevé chez eux, qui leur avoit donné son fils unique dans leur collége, qui n'avoit qu'eux à Chantilly et toujours pour compagnie, qui vivoit avec eux en entière familiarité. Leur P. Lucas, homme dur, rude, grossier, quoique souvent supérieur dans leurs maisons, étoit son confesseur en titre, qui véritablement ne l'occupoit guère, mais qu'il envoya chercher dans une chaise de poste, jusqu'à Rouen, tous les ans, à Pâques, où il étoit recteur. Ce père y apprit son extrémité, arriva là-dessus par les voitures publiques, et ne put ni le voir ni se faire payer son voyage. L'affront leur parut sanglant. M. le Prince pratiqua ainsi ce que j'ai rapporté que le premier président Harlay dit un jour aux jésuites et aux pères de l'Oratoire en face, qui étoient ensemble chez lui pour une affaire, en les reconduisant devant tout le monde : « Qu'il est bon, » se tournant aux jésuites, « de vivre avec vous, mes pères! » et tout de suite se tournant aux pères de l'Oratoire : « et de mourir avec vous, mes pères! »

Cependant la maladie augmenta rapidement et devint extrême. Les médecins le trouvèrent si mal la nuit de Pâques qu'ils lui proposèrent les sacrements pour le lendemain. Il disputa contre eux, puis leur dit qu'il les vouloit donc recevoir tout à l'heure, que ce seroit chose faite, et qui le délivreroit du spectacle qu'il craignoit. A leur tour, les médecins disputèrent sur l'heure indue, et que rien ne pressoit si fort. A la fin, de peur de l'aigrir, ils consentirent. On envoya à l'Oratoire et à la paroisse, et il reçut ainsi brusquement les derniers sacrements. Fort peu après, il appela M. le Duc qui pleuroit, régla tout avec lui et avec Mme la Princesse, la congédia avec des marques d'estime et d'amitié, et lui dit où étoit son testament. Il retint M. le Duc, avec qui il ne s'entretint plus que des honneurs qu'il vouloit à ses obsèques, des choses omises à celles de M. son père qu'il ne falloit pas oublier aux siennes, et même y prendre bien garde; répéta plusieurs fois qu'il ne craignoit point la mort, parce qu'il avoit pratiqué la maxime de M. son père : que pour n'appréhender point les périls de près, il falloit s'y accoutumer de loin; consola son fils, ensuite l'entretint des beautés de Chantilly, des augmentations qu'il y avoit projetées, des bâtiments qu'il y avoit commencés exprès pour obliger à les achever après lui, d'une grande somme d'argent comptant destinée à ces dépenses et du lieu où elle étoit; et persévéra dans ces sortes d'entretiens jusqu'à ce que la tête vînt à se brouiller. Le P. de La Tour et Finot étoient cependant retirés à un coin de la chambre, de qui j'ai appris ce détail. Ce prince laissa une grande idée de sa fermeté, et une bien triste de l'emploi de ses dernières heures.

Finissons par un trait de Verrillon, que tout le monde a tant connu, et qui étoit demeuré avec lui après avoir été à M. son père sur un pied d'estime et de considération. Pressé un jour à Chantilly d'acheter une maison qui en étoit fort proche : « Tant que j'aurai l'honneur de vos bonnes grâces, dit-il à M. le Prince, je ne saurois être trop près de vous : ainsi je préfère ma chambre ici à un petit château au voisinage; et si j'avois le malheur de les perdre, je ne saurois être trop loin de vous : ainsi la terre d'ici près m'est fort inutile. »

Qui que ce soit, ni domestiques, ni parents, ni autres ne regretta M. le Prince, que M. le Duc que le spectacle toucha un moment, et qui se trouva bien affranchi, et Mme la Princesse, qui eut honte de ses larmes jusqu'à en faire excuse dans son particulier. Quoique ses obsèques aient duré longtemps, achevons-les tout de suite pour n'avoir plus à y revenir : l'extrême singularité d'un homme si marqué m'a paru digne d'être rapportée ; mais n'oublions pas la vengeance des jésuites qui fut le coup d'essai du P. Tellier.

Ils venoient de manquer Mme de Condé, tout nouvellement M. le prince de Conti; et M. le Prince, après avoir toujours été à eux lorsqu'il s'étoit confessé, leur échappoit à la mort. Ne pouvant se prendre aux princes ni aux princesses du sang, et toutefois voulant un éclat qui intimidât les familles, ils se ruèrent sur Mlle de Tours ; c'étoit une demoiselle d'Auvergne sans aucun bien, qui avoit beaucoup de mérite, d'esprit et de piété. Elle avoit vécu chez Mme de Montgon jusqu'à sa mort, parce qu'elle étoit parente de son mari; elle s'y étoit fait connoître et considérer de beaucoup de dames de la cour ; elle espéroit même obtenir de quoi vivre par Mme de Maintenon lorsqu'elle perdit Mme de Montgon. Elle fit alors pitié à tout le monde, on en parla à Mme la princesse de Conti, fille de M. le Prince qui la retira auprès d'elle. Sa vertu la rendit suspecte aux jésuites, à qui l'hôtel de Conti l'étoit déjà de tout temps, à cause de l'ancien chrême du vieux hôtel de Conti, qui en effet s'étoit un peu communiqué à celui-ci, même à celui de la fille du roi. Mlle de Tours fut donc accusée d'avoir introduit le P. de La Tour auprès du prince de Conti, et ensuite par Mme la Princesse et Mme la princesse sa fille auprès de M. le Prince. Bien que justifiée avec chaleur par Mme la princesse de Conti sur ces deux points, rien ne la put garantir. Mme la princesse de Conti eut ordre précis de la mettre hors de chez elle. La pauvre fille, outre tout ce qu'elle y perdoit, ne savoit où se retirer. Pas un couvent dans Paris qui osât la recevoir, point d'amie qui crût s'y pouvoir commettre. La province, où et comment ? Au bout de quelques jours les jésuites, impatients de la voir encore à l'hôtel de Conti, et plus encore du bruit que cette violence faisoit, eurent un ordre de la recevoir pour le couvent qu'elle choisiroit. Mme la princesse de Conti lui continua la pension qu'elle lui avoit donnée, et au bout de quelques années obtint la permission de la reprendre chez elle, où elle est demeurée jusqu'à sa mort. Outre qu'il n'y avoit aucun prétexte à ce traitement, les jésuites ne prirent seulement pas la peine d'en chercher, et voulurent que le crime imputé d'avoir introduit le P. de La Tour pour assister ces princes fût la matière connue et seule de la punition.

Dès que M. le Prince fut mort, Espinac, capitaine des gardes de M. le Duc comme gouverneur de Bourgogne, le fut dire au roi de sa part, qui le même jour envoya le duc de Tresmes faire compliment de sa part à la famille, sur ce que Villequier, depuis duc d'Aumont et premier gentilhomme de la chambre aussi, y avoit été envoyé à la mort de feu M. le Prince, père de celui-ci. Le jeudi, 4 avril, M. le Duc vint à Versailles.

On se souviendra de la prétention nouvelle des princes du sang de s'égaler aux fils et petits-fils de France pour les visites en manteau long aux occasions de grands deuils de famille, et qu'à la mort de Mme d'Armagnac, l'année précédente, comme je l'ai rapporté alors, ils firent par les bâtards associés en tout à leur rang, que M. le Grand eût commandement du roi que ses enfants le visitassent en manteau long, ce qu'ils furent obligés de subir. M. le Grand n'échappa pour sa personne que parce que les maris veufs ne vont point que chez le roi. A la mort de M. le prince de Conti, M. le Duc prétendit la même chose, interprétant l'ordre du roi des deuils actifs et passifs; mais personne, ducs, princes ni autres, ne voulut prendre de manteau, et le roi, qui sentoit la nouveauté de la prétention, et qui ne voulut pourtant pas décider contre les princes du sang, les lassa sans rien ordonner, tellement que M. le Duc qui s'en aperçut déclara que M. le prince de Conti étoit incommodé et fort fatigué; Mme la princesse de Conti, trop affligée, Mlles ses filles trop assidûment auprès d'elle pour recevoir personne, et qu'ils ne verroient qui que ce soit.

Six semaines après la mort de M. le Prince, prévue et arrivée, il n'y eut pas lieu à tergiverser davantage. M. le Duc, arrivant à Versailles trois jours après, fit publier qu'ils recevroient le lendemain les visites, mais personne sans manteau; ce fut afficher en vain; il attendit tout le vendredi, ainsi que le prince de Conti et M. du Maine, chacun dans leur appartement, sans que personne s'y présentât, sinon deux ou trois hommes non titrés qui furent refusés, parce qu'ils étoient sans manteau. M. le Duc s'étoit trop commis pour reculer. Il fit par M. du Maine qui en partageoit l'honneur avec lui, que le roi envoyât sur la fin de cette journée M. le comte de Toulouse chez eux en grand manteau, après quoi il compta que cela iroit tout de suite, mais il fallut encore un ordre qui fut négocié le soir, et que le roi donna le lendemain à M. de Beauvilliers pour les ducs, et à M. le Grand pour les princes, ajoutant que M. le comte de Toulouse y ayant été en manteau, il n'y avoit plus de difficulté. La réponse étoit bien aisée, qui est le réciproque, mais les fils de France et M. le duc d'Orléans, qui y perdoient cette distinction d'avec les princes du sang, n'osant souffler de peur des bâtards, ducs et princes n'eurent qu'à se taire.

Tous y allèrent donc le samedi après midi, mais tous comme de concert, hommes et femmes, d'une manière si indécente qu'elle tint fort de l'insulte. On affecta généralement des cravates de dentelles au lieu de rabats de deuil et des collerettes de même sous les mantes, et des rubans de couleur dans la tête; les hommes, des bas de couleur blancs ou rouges, peu même de bruns, des perruques nouées et poudrées blanc, et les deux sexes des gants blancs, et les dames bordés de couleur : en un mot, une franche mascarade. La manière d'entrer et de sortir fut tout aussi ridicule, à peine faisoit-on la révérence en entrant, on ne disoit mot, on se regardoit les uns les autres en riant; un moment après on sortoit; ducs et princes se laissoient conduire jusqu'à la galerie par les princes du sang, sans leur dire une parole; leurs femmes de même par les princesses jusqu'à l'antichambre; souvent on jetoit son manteau avant qu'ils fussent hors de vue, et ces manteaux qu'on ne prenoit qu'en entrant, on les mettoit tout de travers; les princes du sang le sentirent vivement, mais, contents de leur victoire, n'osèrent rien dire en cette introduction; ils eurent même tant de peur qu'on ne s'excusât faute de manteaux qu'il y en avoit des piles à leur porte, qu'on présentoit et qu'on reprenoit avec toutes sortes de respect et sans rien demander. Personne n'y alla ensemble; en un mot on fit du pis qu'on put.

M. le duc d'Enghien étoit chez M. le Duc, qui crut montrer par là un grand ménagement, pour ne pas faire aller chez lui à la ville. Les princes du sang étoient en grand manteau et en rabat, dans tout l'appareil lugubre, et les princesses du sang en mantes, tant que les visites durèrent.

Le dimanche suivant le roi les alla voir, et Mme la duchesse de Bourgogne ensuite, mais elle ne fut point chez les princes ni aucunes dames. Mme la Duchesse, grosse de sept mois, reçut toutes ses visites au lit, ayant Mlles de Bourbon et de Charolois dans sa chambre, en mantes, qui faisoient les honneurs et qui ne reçurent point de visites chez elles.

M. le prince de Conti, sa queue portée par Pompadour et accompagné du duc de Tresmes comme duc, fut, le mardi 9 avril, donner l'eau bénite de la part du roi, dont la cérémonie fut pareille à celle de feu M. le prince de Conti que j'ai rapportée; il s'y vit deux nouvelles usurpations, dont la première se hasarda à celle de M. le prince de Conti et se confirma en celle-ci; c'est que La Noue, gouverneur de M. le duc d'Enghien, monta dans le carrosse du roi et s'y mit à la portière. En celle-ci, celui de M. le prince de Conti en fit autant. On a vu (t. I*er*, p. 365) les différences des principaux domestiques des fils et petits-fils de France d'avec ceux des princes du sang bien expliquées et bien prouvées, et par faits, dont deux principales sont que ces derniers n'entrent point dans les carrosses et ne mangent point avec le roi, etc. Il en fut en cette occasion comme de la visite en manteau. L'association des bâtards aux mêmes distinctions, rangs et honneurs des princes du sang, empêcha les fils de France et M. le duc d'Orléans de se plaindre. Les bâtards qui eurent à Marly, à table et dans les carrosses leurs dames d'honneur, et à Marly chacun leurs principaux domestiques, sans que les princes du sang, même gendres et petits-fils, aient pu l'obtenir pour les leurs, ni Mme la Princesse et Mme la princesse de Conti sa fille pour leurs dames d'honneur, les bâtards, dis-je, n'osèrent rien dire en cette occasion, la première où jamais domestique de prince du sang, même chevalier de l'ordre, ait mis le pied dans les carrosses. Le roi, qui sentit ce qu'il faisoit pour ses enfants à cet égard, ne voulut rien dire à chose faite, qui passa à la faveur de la jeunesse de ces princes qu'on ne pouvoit guère séparer de leur gouverneur. Mais cette entreprise, qui ne fut pas répétée du vivant du roi, se déborda dans tous les excès, lorsque après lui M. le Duc fut le maître, d'où il résulta qu'il n'y eut plus de distinction, de bornes ni de mesures à manger avec le roi et à entrer dans ses carrosses, une des grandes sources de la confusion d'aujourd'hui.

L'autre entreprise, toute neuve à cette eau bénite et qui n'avoit pas été à la précédente, ni à pas une, fut que le prince de Conti, au lieu de retourner dans le carrosse du roi reprendre le sien dans la cour des Tuileries, où il l'avoit quitté, se fit ramener dans le carrosse du roi de l'hôtel de Condé droit chez lui. C'est ainsi qu'à chaque occasion, entreprises nouvelles que le roi passoit par divers égards, tous réversibles à ses bâtards, sans que par cette même considération personne, à commencer par les fils de France, osât représenter son droit, son intérêt, l'usage continuel et la raison.

M. le Duc, piqué des manteaux contre les ducs, à qui il aima mieux s'en prendre, n'en pria aucun pour l'accompagner, comme ses parents à recevoir M. le prince de Conti à l'eau bénite ; il invita les princes de Tarente et de Rohan, le comte de Roucy et Blansac son frère, et Lassai, gendre bâtard de M. le Prince, dont les quatre premiers ne furent pas contents. Apparemment que M. de Bouillon en avoit été informé d'avance, car il défendit au duc d'Albret, invité aussi, de s'y trouver, qui envoya s'excuser sur cette défense. M. le Duc le prit avec tant de hauteur qu'il obtint du roi un ordre à M. de Bouillon de lui aller faire excuse.

M. de Fréjus, aujourd'hui cardinal Fleury et maître du royaume, dit les oraisons à l'eau bénite, ce qui ne fut pas à M. le prince de Conti, parce qu'il n'étoit pas premier prince du sang.

Tout ce qui avoit été donner de l'eau bénite à M. le prince de Conti y fut aussi à M. le Prince, et de plus le nonce à la tête de tous les ambassadeurs, lesquels tous ensemble, et en manteaux longs, visitèrent M. le Duc et M. le duc d'Enghien qui se trouva avec lui. Ces princes se trouvèrent accompagnés de parents invités non ducs, comme à l'eau bénite.

Il en usa de même au transport du cœur fait par l'évêque de Fréjus aux jésuites de la rue Saint-Antoine, qui fut mis auprès de ceux des deux derniers princes de Condé. Il crut apparemment de sa grandeur d'y avoir des ducs et se ravisa. M. le Duc, qui alla l'y attendre, n'invita de parents pour s'y trouver sans les y mener que les ducs de Ventadour, de La Trémoille et de Luxembourg ; il n'y eut rien de rangé aux jésuites, et M. le Duc y évita tout lieu de préséance, parce qu'il y invita aussi le prince Charles, fils de M. le Grand, le prince de Montbazon, le prince de Rohan, les comtes de Roucy et de Blansac avec Lassai.

Ainsi, la mort de M. le Prince est la première époque de l'invitation des princes étrangers comme parents, avec des ducs qui, parents aussi, l'avoient toujours été et jamais ces princes. Comme ce n'est pas le roi qui nomme cet accompagnement, les ducs furent peu touchés d'une préférence et d'une concurrence insipide qui ne touche en rien leur naissance ni leur rang.

Le corps fut porté de l'hôtel de Condé droit à Valery, terre et sépulture des derniers princes de Condé, auprès de Fontainebleau, en grande pompe, où l'évêque de Fréjus le présenta à l'archevêque de Sens, diocésain. Il ne s'y trouva que M. le Duc avec M. le duc d'Enghien et leurs domestiques.

Qui eût dit alors à ces princes que M. le duc d'Enghien seroit un jour premier ministre les auroit bien surpris; qui les auroit assurés qu'il en seroit uniquement redevable à ce même évêque de Fréjus les auroit étonnés bien davantage; qui leur auroit prédit qu'il seroit chassé, exilé et demeureroit le reste de sa vie écarté par ce même évêque, qui prendroit sa place et la tiendroit avec toute-puissance, tout autrement que lui, et que tout cela se feroit sans le plus léger obstacle, je pense qu'à la fin ils se seroient moqués du prophète.

Tout se termina par un superbe service à Notre-Dame aux dépens du roi, en présence des cours supérieures, comme premier prince du sang. Le cardinal de Noailles y officia, et le P. Gaillard, jésuite, fit l'oraison funèbre, qui fut très-mauvaise à ce que tout le monde trouva; il y eut dispute à qui, du cardinal officiant ou de M. le Duc, il adresseroit la parole. A la fin le roi décida que ce seroit à M. le Duc, mais qu'aussitôt après l'évangile, le cardinal se retireroit à la sacristie comme pour se reposer et ne reviendroit que l'oraison funèbre achevée; les stalles de Notre-Dame firent qu'il ne s'agit de fauteuils pour personne. M. le Duc envoya un gentilhomme en manteau long inviter parents et qui il lui plut. Plusieurs ducs le furent.

Je le fus aussi : j'étois à la Ferté. M. le chancelier m'avoit forcé, moins par raison que par me le demander comme une marque d'amitié, d'aller chez M. le Duc et Mme la Duchesse à la mort de M. le prince de Conti : ainsi, en mon absence, Mme de Saint-Simon fit sa visite à Mme la Duchesse, qui se surpassa à la bien recevoir et les excuses de mon absence tant pour elle que pour M. le Duc. J'étois à la Ferté à la mort de M. le Prince; je me doutai bien qu'elle causeroit des prétentions et du bruit, et je m'en tins éloigné chez moi jusqu'à ce que tout fût fini, et même qu'on n'en parlât plus pour n'être mêlé en rien. Ces précautions me furent inutiles. J'appris à mon retour que M. le Duc, parlant au roi sur les manteaux, avoit eu la bonté de lui dire que c'étoit dommage de mon absence, et que j'en ferois de bonnes là-dessus, si j'étois à la cour, à quoi je sus aussi que le roi n'avoit rien répondu. La vérité est que j'en dis mon avis au chancelier sur la visite qu'il m'avoit forcé de faire, et du los que j'en recevois. Je m'en dépiquai tôt après. Mme la Duchesse accoucha de M. le comte de Clermont. Je ne fus ni chez M. le Duc ni chez elle, Mme de Saint-Simon non plus, et je ne me contraignis pas de dire que je ne le verrois de ma vie. En effet, je l'ai tenu très-hautement.

Le roi ne voulut point aller à Paris, ni que les fils de France y fussent voir Mme la princesse de Conti, ni Mme la Princesse. M. le Duc y fit tous ses efforts et y échoua. Le roi tint ferme, tellement qu'il fallut enfin qu'elles vinssent à Versailles, où le roi les visita. Cette différence de Paris à Versailles fut nouvelle pour les princes du sang, et les mortifia beaucoup. Autrefois elle n'étoit pas même pour les duchesses, que la reine, femme du roi, y alloit voir de Saint-Germain à toutes les occasions jusqu'à la mort du duc de Lesdiguières que la reine cessa d'aller, et peu à peu les filles de France à son exemple, comme je l'ai expliqué.

Le testament de M. le Prince brouilla son fils avec ses filles, et eut de grandes suites qui se verront en leur temps. M. son grand-père n'avoit en tout de bien que douze mille livres de rente, lorsqu'il épousa la fille du dernier connétable de Montmorency. Il sut en amasser et profiter lestement de l'immense confiscation des biens du dernier duc de Montmorency, exécuté à Toulouse en 1632. M. le Prince, son fils, et père de celui dont nous parlons, ne gâta pas ses affaires, malgré les dépenses des troubles qu'il excita, et de sa longue retraite en Flandre, et il recueillit toute la riche succession de la maison de Maillé, par la mort sans alliance du duc de Brézé son beau-frère, amiral de France sous un autre nom [1], tué devant Orbitelle, en 1646, à vingt-sept ans. M. le Prince, son fils, avoit épousé une des plus riches héritières de l'Europe, et avoit passé à s'enrichir toute sa vie qu'on vient de voir finir. Outre les pierreries et les meubles dont il laissa pour plusieurs millions, les augmentations infinies de l'hôtel de Condé et de Chantilly, il jouissoit avec Mme la Princesse de un million huit cent mille livres de rentes, y compris sa pension de cent cinquante mille livres de premier prince du sang, sa charge de grand maître et son gouvernement. M. le Duc, son fils, n'eut le temps de gâter ni d'augmenter.

M. le Duc, que nous avons vu premier ministre, puis remercié, et comme retiré à Chantilly, où il est mort, et qui n'a rien eu de ses deux femmes, a laissé deux millions quatre cent mille livres de rente, sans le portefeuille qui est demeuré ignoré, et un amas prodigieux de raretés de toute espèce, avec une très-grande augmentation de pierreries ; sa dépense a été toujours plus que royale en tout genre, en maison, en chasses, en table, en monde à Chantilly, en meubles somptueux, en bâtiments et en ajustements immenses. Il n'avoit pas plus du roi que M. son grand-père : il avoit fallu prendre sur son bien les reprises et le douaire de Mme sa mère qui le survit encore, et les dots et partages de Mme la princesse de Conti, de Mme du Maine et de

---

1. Armand, duc de Brézé-Fronsac, fut amiral de France sous le titre de *surintendant général de la navigation*, après la mort de son oncle le cardinal de Richelieu.

Mme de Vendôme ses tantes, de Mme la princesse de Conti, de Mmes de Saint-Antoine et de Beaumont, de Mlles de Charolois, de Clermont et de Sens ses sœurs, et de MM. les comtes de Charolois et de Clermont ses frères. Il avoit dix-huit ans à la mort de M. son père, trente et un lorsqu'il fut premier ministre, il ne l'a pas été tout à fait deux ans et demi, et il est mort à Chantilly, son continuel séjour depuis, le 27 janvier 1740, à quarante-huit ans. Il n'a rien conservé en se retirant à Chantilly de ce qu'il avoit eu comme premier ministre, ni des choses y jointes, qui passèrent en même temps à M. de Fréjus; d'où on peut juger quels biens il a amassés.

M. le Prince fut le dernier de cette branche qui ait porté ce nom; il n'étoit premier prince du sang que de grâce, comme je l'ai dit lors de la mort de Monsieur. M. le Duc conserva ce nom, et ne prit point celui de M. son père; le roi le régla ainsi. A cette occasion il n'est peut-être pas mal à propos de dire un mot de curiosité sur les noms singuliers de M. le Prince, M. le Duc et M. le Comte, même de Monseigneur, Monsieur, Mademoiselle.

CHAPITRE X.

Digression sur les noms singuliers, leur origine, etc. : M. le Prince, M. le Comte, M. le Duc. — Succession dernière du comté de Soissons. — Comte de Toulouse. — Extinction du nom tout court de M. le Prince. — Chimère avortée d'arrière-petit-fils de France. — Extinction du nom de M. le Duc tout court. — Enfants d'Henri II. — Monsieur. — Filles de France de tout temps tout court Madame, et pourquoi. — Mademoiselle. — Brevet accordé à Mlle de Charolois pour être appelée tout court Mademoiselle. — Monseigneur. — Adroit et insensible établissement de l'usage de dire Monseigneur aux princes du sang et bâtards, puis de ne plus dire autrement parlant à eux. — M. de Vendôme se fait appeler Monseigneur à l'armée, et le maréchal de Montrevel en Guienne. — Altesse simple, sérénissime.

Jamais on n'avoit ouï parler d'aucun de ces noms avant que les menées de la maison de Lorraine contre le sang royal eussent fait prendre les armes aux huguenots. Le prince de Condé, frère du roi de Navarre, et oncle paternel d'Henri IV, se fit leur chef. Il étoit le seul du sang royal dans ce parti qui s'accoutuma, en parlant de lui, à ne le nommer que M. le Prince : il étoit comme le leur ; aucun du parti n'approchoit de lui en naissance ni en autorité; son nom étoit leur honneur, leur grandeur et en partie leur force. Cet usage prévalut et si bien, tant une fois établis ils ont de force sur la multitude, qu'après la bataille de Jarnac où ce prince mourut (1569), son fils, succédant au nom de prince de Condé, ne fut appelé dans le parti que M. le Prince, quoiqu'il ne pût passer alors pour le chef du parti. Le roi de Navarre, frère aîné du premier prince de Condé, étoit mort (1562, 1er novembre) des blessures qu'il avoit reçues devant Rouen. Jeanne d'Albret, princesse de Béarn et reine titulaire et héritière de Navarre, étoit huguenote : elle avoit élevé le prince de Béarn, son fils, qui fut depuis notre Henri IV, dans cette religion. Il avoit un peu plus de quinze ans à la mort du prince de Condé son oncle, et un an moins que le prince de Condé, son cousin germain. Celui-ci ne pouvoit lui rien disputer; aussi n'y songea-t-il pas, et le prince de Béarn, titre qu'il porta tant que la reine sa mère vécut, fut unanimement déclaré, proclamé et reconnu chef du parti huguenot, tandis que, par le jeune âge de ces deux princes, l'amiral de Coligny l'étoit en effet; néanmoins le prince de Navarre porta toujours ce nom dans le parti huguenot, tandis que le prince de Condé, son cousin, y fut toujours constamment appelé tout court M. le Prince. Le commerce que les guerres civiles ne détruisent jamais dans les différents partis, et celui que les divers intervalles de guerre y multiplièrent sous le nom de paix, introduisit dans le parti catholique l'habitude de l'autre sur ce nom de M. le Prince tout court, en parlant du prince de Condé, qui s'établit ainsi par toute la France et jusqu'à Paris et à la cour.

Ce second prince de Condé mourut à Saint-Jean d'Angély, 5 mars 1588, à trente-six ans, et laissa un fils posthume, qui fut le troisième prince de Condé, père du héros et grand-père de celui dont on vient de rapporter la mort. Avec le nom de son père, il hérita de l'habitude générale, et fut comme lui appelé M. le Prince tout court. Henri IV, étant monté sur le trône, le voulut dérober aux huguenots, qui n'avoient que lui de prince du sang, mais en trop bas âge pour être leur chef que de nom. Il étoit premier prince du sang, fils du cousin germain d'Henri IV, et personne alors entre la couronne et lui. Henri IV le fit venir à Saint-Germain, et prit grand soin de son éducation : il n'avoit alors que huit ans, et c'étoit à la fin de 1595. Arrivé dans cet usage, qui avoit si généralement prévalu d'être appelé tout court M. le Prince, et n'ayant au-dessus de lui que le roi, ce même usage se continua qui a duré toute sa vie, et qui a passé à son fils, et de celui-là à son petit-fils.

Le comte de Soissons étoit son oncle paternel, fils du second mariage du premier prince de Condé avec une Longueville, qui fut toujours du parti catholique. L'émulation qui ne se trouve que trop souvent dans les cadets d'une autre mère et dans les principaux des partis différents, piqua ce prince de voir son aîné M. le Prince tout court, et le porta à imaginer sur cet exemple à se donner aussi un nom singulier. Il se fit donc appeler M. le Comte tout court par ses domestiques, puis par ses créatures, par ses amis, enfin par la maison de Longueville et par ses parents. Rien n'égale la promptitude et la facilité des François à suivre les modes, et à se soumettre aux prétentions. Sur l'exemple de ceux qui prirent cet usage, et la connoissance que M. le comte de Soissons y étoit attaché, il prévalut bientôt partout. Comme il ne donnoit ni rang ni avantage réel à ce prince, le roi laissa dire et faire, en sorte que non-seulement le comte de Soissons resta toute sa vie M. le Comte tout court, mais que cette dénomination passa après lui à M. son fils qui l'a conservée toute sa vie. Nul autre prince du sang ne portoit alors le titre de comte.

M. le Prince, quelque ennemis que le comte de Soissons et lui fussent, n'eut garde de trouver mauvaise une distinction mise à la mode pour un cadet de sa maison; mais elle lui donna l'idée de multiplier la sienne, et de faire appeler le duc d'Enghien, son fils aîné, M. le Duc tout court. Il y réussit avec la même facilité que son oncle avoit rencontrée à se fait appeler tout court M. le Comte, et ce nom tout court de M. le Duc a passé depuis comme de droit acquis aux fils aînés des deux derniers princes de Condé, en sorte qu'il y en eut quatre de suite appelés M. le Prince, quatre M. le Duc, et deux M. le Comte, parce que la branche de Soissons a fini au second, tué sans alliance à la bataille de Sedan ou de la Marfée, 6 juillet 1641, à quarante-deux ans.

Ce prince n'avoit point de frère et avoit eu quatre sœurs. Deux étoient mortes sans alliance, et l'aînée n'avoit laissé qu'une fille du duc de Longueville, qui épousa ensuite la fameuse sœur de M. le Prince le héros. Cette fille du premier lit fut la dernière duchesse de Nemours, dont il a été parlé plus d'une fois ici, et qui eut tant de procès avec M. le prince de Conti. L'autre sœur, qui n'est morte qu'en 1692, à quatre-vingt-six ans, porta, entre autres biens, le comté de Soissons au prince Thomas, fils de Savoie, appelé le prince de Carignan, mort en 1656, dont elle eut entre autres deux fils, le fameux muet, père du prince de Carignan, mort depuis peu à Paris, mari de la bâtarde du premier roi de Sardaigne et de la comtesse de Verue; l'autre qui porta le nom de comte de Soissons, qui de la nièce du cardinal Mazarin laissa, entre autres enfants, un autre comte de Soissons, mort dans l'armée du roi des Romains devant Landau, et le fameux prince Eugène. Le feu roi, dans sa jeunesse et dans les premières années de son mariage, ne bougeoit de chez cette comtesse de Soissons, dont la faveur personnelle jointe à la toute-puissance de son oncle, dominoit la cour et en distribuoit les agréments et fort souvent les grâces. Ce nom de comtesse de Soissons dans un éclat si grand lui fit imaginer d'abuser de la servitude françoise, et de s'adopter, sur l'exemple des comtes de Soissons, princes du sang, le nom de Mme la Comtesse tout court, et à son mari celui de M. le Comte. Elle hasarda de se faire nommer ainsi par ses domestiques et ses familiers. La fleur de la cour, qui abondoit chez elle, n'eut pas plutôt aperçu cette ambition qu'elle s'y conforma. Le roi s'accoutuma à l'entendre sans le trouver mauvais, et cet usage s'introduisit. Son mari, de qui rien ne dépendoit, n'y parvint pas si généralement, et ne vécut pas assez pour le bien établir. Sa veuve étant tombée en disgrâce, l'usage s'interrompit : elle redevint Mme la comtesse de Soissons, mais, par habitude parmi beaucoup de gens, demeura Mme la Comtesse jusqu'à sa fuite hors du royaume, qu'elle ne put s'en faire suivre dans les pays étrangers. On voit ainsi jusqu'où et avec quelle facilité les abus s'introduisent et s'établissent en France.

Le feu roi avoit bien envie d'introduire l'usage d'appeler M. le comte de Toulouse M. le Comte tout court. Parlant de lui, il ne disoit jamais que le Comte, et toute la maison de ce fils naturel ne disoit jamais que M. le Comte tout court. Il y avoit néanmoins deux princes du sang qui portoient le nom de comte de Charolois et de comte de Clermont, mais qui ne pointèrent que sur la fin de son règne, et qui étoient fils de sa fille naturelle Mme la Duchesse, lesquels alors ni depuis n'ont pas songé à ce nom singulier. Je ne sais comment il est arrivé que le comte de Toulouse, M. le Comte tout court dans le désir et dans la bouche du roi, et dans celle de toute la marine, n'a jamais pu l'être dans le public, excepté un très-petit nombre de bas courtisans, et qui encore n'osoient le hasarder hors de la présence du roi, ni comment ce monarque, si flatté, si redouté, dont les moindres désirs étoient adorés, et qui a conduit ses bâtards jusqu'à l'apothéose, n'a jamais pu venir à bout de ce qui tout de plain-pied avoit réussi à la nièce du cardinal Mazarin, femme d'un prince de la maison de Savoie, par le chausse-pied de la conformité du nom de comtesse de Soissons.

Les princes de Condé, pleinement possesseurs du nom héréditaire de M. le Prince, et pour leur fils aîné de celui de M. le Duc, commencèrent à prétendre cette distinction comme un droit de premier prince du sang. Le roi et le monde le leur passa comme bien d'autres choses plus importantes, mais cela même les leur a fait perdre.

M. le duc d'Orléans, vraiment premier prince du sang, négligea cette qualité offusquée sous son rang si supérieur de petit-fils de France. On a vu en son lieu comment elle passa à M. le Prince, à la mort de Monsieur, qui dès auparavant, à la mort de M. son père, avoit pris le nom de M. le Prince tout court, par cette même raison que M. le duc d'Orléans méprisoit pour soi la qualité de premier prince du sang. M. le Prince fit en même temps passer à M. son fils le nom tout court de M. le Duc, qu'il portoit auparavant. A la mort de M. le Prince dernier, le roi, dans l'idée que ce nom singulier de M. le Prince avoit été porté par le premier prince du sang, et en dernier lieu par celui qu'il avoit fait tel sans l'être, ne voulut pas qu'il passât à M. son fils, à qui le nom de M. le Duc tout court qu'il portoit passa. M. le duc d'Orléans avoit dès ce temps-là un fils portant le nom de duc de Chartres, qu'il conserva.

Mme la duchesse d'Orléans avoit alors des chimères dans la tête, qu'elle n'a pu faire réussir comme on verra dans la suite. Non contente du moderne rang de petit-fils de France dont elle jouissoit par M. son mari, elle ne pouvoit souffrir que ses enfants ne fussent que princes du sang, et vouloit imaginer un entre-deux, avec un nom d'arrière-petit-fils de France ; c'est en effet ce qui empêcha M. le duc de Chartres de s'appeler M. le Prince, et ce qui favorisa encore M. le duc d'Enghien, celui que nous avons vu si courtement premier ministre, à prendre à la mort de M. son père le nom qu'il avoit porté de M. le Duc tout court. Mais à la mort de celui-ci, en 1740, ce nom a péri avec lui, quoique M. le duc de Chartres, premier prince du sang, déterminé alors et rien plus, et portant le nom de duc d'Orléans depuis la mort de M. son père, eût un fils qu'il fit appeler duc de Chartres. Ainsi, soit que la maison de Condé n'ait osé hasarder le nom tout court de M. le Duc au fils enfant que le dernier M. le Duc a laissé, soit qu'elle se soit ménagé, durant son enfance, le temps d'essayer de lui faire ressusciter le nom tout court de M. le Prince, par l'habitude de la conformité de nom, sur l'exemple très-sauvage de la comtesse de Soissons dont je viens de parler, ils l'ont fait appeler le prince de Condé, sans que jusqu'à présent, dans l'hôtel de Condé même, on l'ait encore nommé M. le Prince tout court.

On ne peut disconvenir que les frères de Charles IX ne se trouvent quelquefois l'un après l'autre appelés M. le Duc tout court, quelquefois Monsieur tout court, dans les Mémoires de ces temps-là : Henri III étant duc d'Anjou presque jamais, et depuis qu'il fut roi, le duc d'Alençon un peu davantage. Jusqu'à eux on n'avoit jamais ouï parler de ces noms. Ils vinrent de leurs maisons, et ils y demeurèrent. Le gros du monde n'y prit point. Toutes les histoires et la plupart des Mémoires les nomment toujours ducs d'Ajou et d'Alençon ; il ne paroît point qu'ils aient affecté ces noms particuliers ; ainsi ce que j'ai dit du nom de M. le Duc sur les fils aînés des princes de Condé demeure certain, sans que ce peu qui s'est vu de ses fils de France y apporte de variation.

De cela même on doit comprendre que Gaston, frère de Louis XIII, est le premier fils de France qui ait été véritablement et continuellement appelé tout court Monsieur, et qui l'ait affecté. Il est vrai que les histoires et les Mémoires de son temps l'appellent aussi duc d'Orléans, mais il n'est pas moins vrai qu'il y est très-ordinairement nommé aussi tout court Monsieur, et d'une fréquence suivie tout autrement que les fils de France dont on vient de parler. Il est certain de plus que j'ai ouï dire à mon père, qui l'a vu tant d'années sous Louis XIII et depuis, qu'on ne lui donnoit jamais d'autre nom en parlant de lui, et que je l'ai su encore de tous ceux que j'ai vus qui ont vécu dans ces temps-là. On doit donc regarder Gaston comme le premier qui ait véritablement porté le nom de Monsieur, et qui, par l'idée qu'on y a attachée, l'a consacré au premier frère du roi. Cela est si vrai qu'il l'a porté jusqu'à sa mort, parce que les rangs, honneurs et distinctions une fois acquis, ne se perdent point, à la différences des préséances. Gaston cédoit à M. le duc d'Anjou, frère de Louis XIV, qu'il a longtemps vu puisqu'il n'est mort qu'en 1660, pendant le voyage du mariage du roi son neveu, et néanmoins il demeuroit Monsieur.

A sa mort M. le duc d'Anjou l'est devenu à sa place. Il est mort en 1701. Non-seulement M. son fils, qui prit alors le nom de duc d'Orléans, avec des honneurs et des avantages que le rang de petit-fils de France, tout grand qu'il est, ne lui donnoit pas, ne fut point appelé Monsieur tout court; mais M. le duc de Berry, fils de France, de même rang que Monsieur, et qui le précédoit partout, ne le prit point parce qu'il n'étoit pas frère du roi de France, quoiqu'il le fût du roi d'Espagne. On voit donc que ces noms tout courts, qui paroissent si distingués, n'ont dans le fond ni réalité ni avantages, et ne doivent leur être qu'au hasard.

Il en est de même de celui de Madame, de Mme la Princesse, de Mme la Duchesse, de Mme la Comtesse. Les femmes prennent les noms de leurs maris par une suite nécessaire. A l'égard des filles de France, la chose est différente : de tous temps elles ont été appelées Madame, par le respect de leur naissance, et tout court Madame, parce que n'ayant point d'apanage comme les fils de France, elles n'ont point de nom que celui de leur baptême et celui de France. Ainsi il peut [y avoir], et il y a maintenant plusieurs Madame tout court, qui pour les cadettes ne peuvent être distinguées que par leur nom de baptême, et il n'y peut avoir qu'une Madame par son mari, parce qu'il n'y a qu'un seul prince qui soit Monsieur tout court. On en a vu deux tant que la veuve Gaston a vécu, mais comme douairière.

Le nom singulier de Mademoiselle est encore plus moderne. J'ai raconté (t. I**er**, p. 45) comment mon père engagea Louis XIII à former en sa faveur le nouveau rang de petite-fille de France inconnu jusqu'alors. Chez Monsieur, dont elle fut dix-huit ans fille unique, elle n'étoit nommée que Mademoiselle tout court. Les Mémoires de ces temps-là apprennent qu'elle figura de bonne heure, et les siens montrent bien franchement le mépris qu'elle avoit pour Madame, sa belle-mère, et quelle différence, bien ou mal à propos, elle mettoit entre elle et ses sœurs parce qu'elles étoient du second lit. Elle voulut donc une distinction au-dessus d'elles, bien que de rang égal, et à l'exemple du nom singulier de Monsieur et de Madame tout court, elle voulut être nommée tout court Mademoiselle. Cela n'ajoutoit rien à son rang ; elle étoit bien l'aînée ; point d'autres petites-filles de France qu'elles ; Gaston étoit chef des conseils et lieutenant général de l'État pendant la minorité de Louis XIV, et alors craint et ménagé de tous les partis. Ce nom unique et nouveau passa donc avec la même facilité que les autres dont on vient de parler ; et comme elle ne se maria point, à son très-grand regret, elle fut tout court Mademoiselle toute sa vie, quoique Monsieur, frère de Louis XIV, eût des filles, par la même raison que lui-même n'étoit devenu Monsieur tout court que par la mort de son oncle Gaston. Ce n'est pas qu'il ne le trouvât mauvais, quoique très-lié d'amitié avec Mademoiselle dont il ménagea toute sa vie la succession, et qu'il ne fît appeler tant qu'il put l'aînée de ses filles l'une après l'autre Mademoiselle tout court. Mais jamais cela ne prévalut, et tout ce qu'il pût obtenir de l'usage fut que peu à peu, pour distinguer la fille de Gaston de la sienne, on se mit à dire Mademoiselle de la sienne, et la grande Mademoiselle de l'autre, dont la taille étoit en effet fort haute; mais jamais Monsieur n'osa proposer qu'elle ajoutât un nom à celui de Mademoiselle; et le roi, qui aimoit à la mortifier, et qui n'avoit jamais perdu le souvenir du portereau d'Orléans [1], ni du canon de la porte Saint-Antoine [2], ne songea jamais à donner cet avantage à Monsieur. A sa mort, en 1693, il n'y eut plus de difficultés; et la dernière fille de Monsieur, la seule alors non mariée devint seule Mademoiselle tout court jusqu'à son mariage, en 1698, au duc de Lorraine.

Ce nom de Mademoiselle tout court passa ainsi dans l'esprit du monde pour être affecté à la première petite-fille de France, comme on s'étoit persuadé que Monsieur tout court étoit le nom distinctif du premier frère du roi. Tant que Louis XIV vécut, personne ne crut qu'il pût descendre plus bas, et M. le Prince et M. le Duc qui avoient l'un et l'autre des filles non mariées depuis le mariage de Mme la duchesse

---

1. Mlle de Montpensier se présenta devant Orléans, apanage de son père, le 27 mars 1652. Les magistrats lui en ayant refusé l'entrée, elle s'introduisit par un portereau, ou petite porte, qui donnait sur le quai et qu'elle fit rompre par des bateliers. Elle n'était accompagnée que de quelques dames; mais bientôt elle obtint pour toute sa suite l'entrée dans la ville d'Orléans et en prit possession. Voy. les *Mémoires de Mademoiselle* à l'année 1652.

2. On sait que Mademoiselle sauva l'armée du prince de Condé en faisant tirer les canons de la Bastille contre l'armée du roi commandée par le maréchal de Turenne. Voy. les mêmes Mémoires, à la date du 2 juillet 1652.

de Lorraine, tous deux si fertiles en prétentions et si âpres à usurper, n'imaginèrent jamais qu'une princesse du sang pût prétendre au nom tout court de Mademoiselle. M. le Duc, leur fils et petit-fils, devenu premier ministre, osa tout. Il avoit préféré entre ses sœurs filles la cadette qu'il aimoit, pour la faire surintendante au mariage de la reine, à l'aînée qu'il n'aimoit point, qui en fut outrée. Plus entreprenante encore que lui, elle lui fournit un moyen de la consoler, qu'il trouva tellement de son goût qu'il y travailla à l'heure même.

Elle avoit plus de trente-deux ans, et n'avoit pas mené une vie à se marier; demeurant fille, elle voulut être appelée tout court Mademoiselle. Le monde, depuis qu'elle étoit née, étoit accoutumé à l'appeler Mlle de Charolois. Mme la duchesse de Berry, fille de M. le duc d'Orléans, n'avoit paru qu'une seule fois avant son mariage; Mlles ses sœurs, point du tout; l'aînée étoit bien tout court Mademoiselle au Palais-Royal, mais le monde n'avoit pas eu à se ployer à cet usage, sinon comme en avancement d'hoirie pour Mme le duchesse de Berry, entre la déclaration et la conclusion de son mariage, et de même après pour la reine d'Espagne (mais elles ne paroissoient point dans ces courts intervalles, et on ne les nommoit pas beaucoup). Mlle de Charolois, au contraire, de branche si reculée, qui n'avoit point eu de tante Mademoiselle, et qui depuis si longtemps passoit sa vie à la cour et dans le plus grand monde, vit bien qu'il auroit peine à se défaire du nom de Charolois; et M. le Duc, pour ne pas se commettre avec le public, fit dans sa toute-puissance, ce qui n'avoit jamais été imaginé pour le nom singulier de Mademoiselle ni pour tous les autres dont j'ai parlé. Il fit donner un brevet à Mlle de Charolois pour être désormais appelée Mademoiselle tout court. Mlle de Beaujolois, dernière fille de Mme la duchesse d'Orléans[1], étoit

---

1. Le duc d'Orléans n'avait qu'une fille religieuse; elle se nommait Louise-Adélaïde et devint abbesse de Chelles le 14 septembre 1719.

morte; il n'en restoit plus que mariées ou religieuse; Mlle de Charolois se trouvoit la première princesse du sang fille et n'en craignoit point d'autres, parce que M. le duc d'Orléans étoit veuf et ne se vouloit plus remarier. Ce prince n'imagina pas que son fils pourroit avoir des filles, ou n'osa s'opposer à M. le Duc qui l'accabloit en tout. Ce fut l'époque que prirent M. le Duc et Mlle de Charolois pour cette nouveauté et la faire passer en titre. Le monde cria, murmura; il n'en fut autre chose, et Mlle de Charolois est demeurée Mademoiselle tout court par brevet.

Jamais Dauphin jusqu'au fils de Louis XIV n'avoit été appelé Monseigneur, en parlant de lui tout court, ni même en lui parlant. On écrivoit bien « Monseigneur le Dauphin, » mais on disoit « Monsieur le Dauphin, » et « Monsieur » aussi en lui parlant; pareillement aux autres fils de France, à plus forte raison au-dessous. Le roi, par badinage, se mit à l'appeler Monseigneur; je ne répondrois pas que le badinage ne fût un essai pour ne pas faire sérieusement ce qui se pouvoit introduire sans y paroître, et pour une distinction sur le nom singulier de Monsieur. Le nom de Dauphin le distinguoit de reste, et son rang si supérieur à Monsieur qui lui donnoit la chemise et lui présentoit la serviette. Quoi qu'il en soit, le roi continua, peu à peu la cour l'imita, et bientôt après non-seulement on ne lui dit plus que Monseigneur parlant à lui, mais même parlant de lui, et le nom de Dauphin disparut pour faire place à celui de Monseigneur tout court. Le roi, parlant de lui, ne dit plus que mon fils ou Monseigneur, à son exemple, Mme la Dauphine, Monsieur, Madame, en un mot tout le royaume. M. de Montausier, M. de Meaux qui l'avoient élevé; Sainte-Maure, Florensac, ceux qui avoient été auprès de lui dans sa première jeunesse, ne purent se ployer à cette nouveauté; ils cédèrent à celle de lui dire Monseigneur, parlant à lui, mais en parlant de lui ils continuèrent à l'appeler M. le Dauphin, et y ont persévéré toute leur vie.

M. de Montausier, qui avoit été son gouverneur, et qui, tant qu'il a vécu, le servit assidûment de premier gentilhomme de sa chambre, ne lui dit jamais que Monsieur, parlant à lui, et ne se contraignit pas de déclamer contre l'usage qui s'étoit introduit de lui dire Monseigneur. Il demandoit plaisamment si ce prince étoit devenu évêque. C'est que peu auparavant, dans une assemblée du clergé, les évêques, pour tâcher à se faire dire et écrire Monseigneur, prirent délibération de se le dire et se l'écrire réciproquement les uns les autres. Ils ne réussirent à cela qu'avec le clergé et le séculier subalterne. Tout le monde se moqua fort d'eux, et on rioit de ce qu'ils s'étoient monseigneurisés. Malgré cela ils ont tenu bon, et il n'y a point eu de délibération parmi eux sur aucune matière, sans exception, qui ait été plus invariablement exécutée.

Monseigneur fut donc Monseigneur toute sa vie, et le nom de Dauphin éclipsé. C'est le premier et jusqu'à présent l'unique Monseigneur tout court qu'on ait connu. Longtemps après que l'usage de ne lui dire plus que Monseigneur, parlant à lui, fut universellement établi, M. le Duc et M. le prince de Conti, ou de hasard ou de familiarité avec eux, ou d'adresse, commencèrent à être quelquefois appelés Monseigneur, à l'armée, par leurs principaux domestiques. L'imitation et la fatuité ont grand cours dans notre nation. De jeunes gens, et même grands seigneurs, les plus dans leur privance, croyant se donner avec eux un air de liberté, commencèrent à faire comme leurs principaux domestiques : de retour à Paris, cela continua dans le particulier et les parties de plaisir. D'une campagne à l'autre, le nombre augmenta. Quelques gens moins familiers crurent devoir en user de même; on se moqua d'eux d'abord, comme prenant une liberté dont ils n'étoient pas à portée. Cela ne fut pas su assez à temps pour en instruire d'autres. Peu à peu les domestiques de ces princes ne leur dirent plus que Monseigneur, parlant à eux. Tout le subalterne de l'armée crut que ce seroit manquer de respect que de les traiter autrement. On s'aperçut qu'ils le trouvoient fort bon. Nos François ne connoissent ni bornes ni barrières ; la crainte de déplaire et l'exemple de l'un à l'autre gagna. A la fin jusqu'aux officiers généraux, et les plus marqués, leur parlèrent de même. Alors, les familiers les plus huppés, qui avoient commencé, n'osèrent plus discontinuer ; et comme cette façon de leur parler étoit passée des intimes et des familiers à toute l'armée, au retour elle se communiqua à Paris et à la cour, mais y demeura dans la jeunesse et dans le subalterne. M. le duc d'Orléans, à qui toute sa vie personne n'avoit dit que Monsieur, devint à plus forte raison Monseigneur pour les mêmes. M. du Maine et M. le comte de Toulouse, si égalés en tout aux princes du sang, le furent en ce nouveau traitement d'usage, par la crainte et la flatterie des mêmes, qui pourtant ne gagna pas jusqu'aux courtisans d'un certain âge d'aucune espèce, pour aucun de ces princes. Cela dura de la sorte jusqu'à la mort du roi. Alors le grand vol que prirent M. le Duc et M. du Maine, l'un et l'autre ménagés par M. le duc d'Orléans, leur rendit le Monseigneur plus commun. On crut sentir à leurs manières que le Monsieur les blessoit, et rapidement presque personne de tout âge et de toutes conditions ne le leur dit plus, ducs, princes, étrangers, chancelier, maréchaux de France, à l'exception d'un très-petit nombre, mais de qui que ce soit à l'égard du régent, qui, avec un air libre et indifférent, laissoit solider cet usage dont M. son fils devoit profiter.

Je tirai ce parti avec lui de mon ancienne et continuelle privance que de ma vie, ni en public ni en particulier, je ne lui ai dit Monseigneur. En opinant au conseil de régence, ou chez lui en des assemblées particulières, on lui adressoit toujours la parole. J'étois le seul qui lui dît Monsieur. Plusieurs fois le maréchal de Villars, quelquefois le maréchal de Villeroy, et souvent d'autres de cette distinction, m'en reprenoient en particulier, et me disoient que cette singularité à la fin lui déplairoit. Je tins bon, et jamais il ne m'a fait apercevoir qu'elle lui fût désagréable. A plus forte raison je n'ai jamais dit Monseigneur au-dessous, qui me voyant toujours dire Monsieur à M. le duc d'Orléans, n'osèrent le trouver mauvais, et jusqu'à présent encore je me suis conservé ce pucelage. Je n'ai jamais dit Monseigneur qu'aux deux fils de France, pour qui cet usage s'introduisit général fort peu après le mariage de Mgr le duc de Bourgogne comme insensiblement, mais avec rapidité, sans exception que des princes du sang et bâtards, encore tortilloient-ils entre leurs dents. M. de Beauvilliers [ne dit] jamais en sa vie que Monsieur, et presque toujours aussi M. de Chevreuse. Les dames leur dirent aussi Monseigneur, et à la fin en sont venues pendant la régence, mais surtout pendant que M. le Duc a été premier ministre, à le dire presque toutes aux princes du sang, qui fut le temps où presque de vive force le Monseigneur en leur parlant devint général.

Comme tout va toujours croissant, M. de Vendôme dans son apogée l'introduisit à l'armée d'Italie, où qui que ce soit peu à peu n'osa plus lui dire Monsieur. Il soutint cet usage en Flandre; mais il échoua tout à fait à Paris et à la cour dans les voyages qu'il y fit dans sa plus grande splendeur. Il n'y eut pas jusqu'au maréchal de Montrevel, dans son commandement de Guyenne, qui ne l'établît parmi tous les officiers d'abord, et de là dans toute la noblesse pour le premier commandant qui l'ait osé, et qui trouvoit tout publiquement très-mauvais que qui que ce fût portant l'épée lui dît Monsieur. Il les y avoit tous ployés, et aucun ne s'y hasardoit. D'abus en abus, quand on les souffre, jusqu'où ne tombe-t-on pas?

La curiosité de cette digression me la fera allonger pour l'Altesse. Peu à peu les rois ont pris la Majesté réservée à l'empereur, comme bien plus anciennement les papes se sont réservé la Sainteté que prenoient non-seulement les patriarches mais les évêques. L'Altesse abandonnée, et il n'y a pas encore si longtemps, par les petits rois, fut curieusement ramassée par les autres souverains, et leur est demeurée privativement à tous autres jusqu'aux commencement du dernier siècle, et avec eux les fils et les frères des rois. Ceux-ci s'en contentèrent si bien, qu'on ne voit point que les fils puînés d'Henri II aient jamais été traités d'Altesse Royale. En Espagne, encore ajourd'hui, les infants, fils de Philippe V., n'ont que la simple Altesse, mais on leur dit Monseigneur. J'y fus averti de cela, et de me garder de leur donner de l'Altesse Royale.

Gaston, frère de Louis XIII, prit le premier l'Altesse Royale. Cela étoit encore si nouveau, que son régiment, qui n'eut point d'autre nom que celui de l'Altesse, n'eut jamais celui d'Altesse Royale, non pas même lorsque Gaston fut lieutenant général de l'État pendant la minorité de Louis XIV. C'est le seul fils de France qui l'ait pris. Monsieur, frère de Louis XIV le dédaigna parce que les filles de Gaston l'avoient pris avec le rang de petites-filles de France, quoique Monsieur leur père et Madame sa seconde femme l'aient conservé toute leur vie. Ainsi Monsieur, frère de Louis XIV, le fit prendre à ses enfants, et se seroit également offensé qu'on le lui eût donné, ou qu'on l'eût omis pour eux. Tout le monde, même princes et princesses du sang, l'ont toujours donné aux filles de Gaston et aux enfants de Monsieur en leur parlant, sans en faire aucune façon.

M. de Savoie, depuis roi de Sardaigne, qui pièce à pièce obtint pour ses ambassadeurs les honneurs partout de ceux des têtes couronnées, sur sa prétention de roi de Chypre, et dont la mère, fille du duc de Nemours et d'une fille du duc de Vendôme, bâtard d'Henri IV, avoit la première pris le nom bizarre et nouveau de Madame Royale, prit chez lui l'Altesse Royale, après son mariage avec la fille de Monsieur, qui l'avoit par elle-même, et le donna aussi à Madame Royale. Peu à peu il l'obtint des cours étrangères, et ce qu'il y a de rare dans cette usurpation, c'est que son grand-père, avec la même prétention de Chypre, fils d'une fille de Philippe II, roi d'Espagne, et mari d'une fille d'Henri IV, sœur de Louis XIII, n'y avoit jamais songé.

Le grand-duc à cet exemple, gendre de Gaston, le prit bien des années après; et le duc de Lorraine s'en avisa aussi après son mariage avec la fille de Monsieur, quoique son père, beau-frère de l'empereur Léopold, ni son trisaïeul, gendre d'Henri II, et si follement favorisé de Catherine de Médicis sa belle-mère, n'y eussent jamais pensé, et se fussent contentés de l'Altesse simple. Le duc d'Holstein-Gottorp, père de celui-ci, gendre du czar frère du fameux czar Pierre Ier, fils de la sœur aînée du dernier fameux roi de Suède, et de même maison que le roi de Danemark, se donna aussi et obtint de l'empereur l'Altesse Royale. Ces trois derniers ne l'ont jamais pu obtenir du feu roi.

Ce nouveau titre d'Altesse royale de Gaston réveilla les souverains. Ils ajoutèrent à leur Altesse simple le Sérénissime, qu'ils prirent apparemment sur la sérénité des doges de Venise et de Gênes, lesquels ne prennent point l'Altesse. Les princes du sang, qui ne s'étoient pas trop attachés à l'Altesse, la voulurent, et la prirent Sérénissime, parce qu'ils ne cèdent à aucuns souverains, et qu'ils ne voulurent pas les laisser se hausser de titre sans s'approprier le même.

Alors les cadets de maisons souveraines ramassèrent l'Altesse simple réservée aux seuls souverains qui venoient de l'abandonner. La preuve de cette époque est claire. MM. de Guise, si maîtres en France durant la Ligue, et par là même si considérés dans toute l'Europe, et qui ont, pendant ce qui se peut appeler leur règne absolu, si fort augmenté le rang de leur maison, n'ont jamais été traités d'Altesse. Cela se voit dans tous les Mémoires et les histoires de tous ces temps-là, qui sont pleines des lettres qu'ils ont écrites et qu'ils ont reçues de toutes sortes de gens et de toutes sortes d'États, dont aucun ne les traite d'Atesse; et ce qui en pousse l'évidence au dernier degré, c'est qu'on y voit plusieurs lettres du secrétaire du duc de Mayenne à ce prince, pendant qu'il étoit lieutenant général de l'État et qu'il disputoit à main armée la couronne à Henri IV, dans lesquelles il n'y a point d'Altesse. Rien ne prouve donc plus clairement qu'ils ne la prenoient point alors.

Lors donc que longtemps après ils la prirent à l'occasion que je viens de dire, ils ne la prirent que simple, parce que, quelque grand rang qu'ils aient conservé de leurs usurpations en ce genre pendant la Ligue, il n'étoit plus temps pour eux, non pas de surpasser, mais même de s'égaler aux princes du sang, qui l'avoient prise Sérénissime. Cela dura ainsi jusqu'à ce que MM. de Rohan et de La Tour-Bouillon, étant devenus princes de la manière que je l'ai rapporté (t. II, p. 155 et t. V, p. 313), et que longtemps après, c'est-à-dire quelques années, ils s'y furent accoutumés et affermis, non contents d'être devenus égaux en distinctions à la maison de Lorraine, ils hasardèrent pour dernier trait de se faire comme eux donner par leurs gens de l'Altesse. Les princes véritables, car en parlant de ceux de Lorraine j'entends aussi les autres qui étoient pour lors en France et qui firent comme eux, indignés déjà de voir ces deux maisons à leur niveau, ne purent souffrir la communauté d'Altesse, et y ajoutèrent le Sérénissime. Cela leur étoit aisé. Personne ne leur a jamais donné d'Altesse que ceux qui en recevoient d'eux réciproquement, et les cardinaux pour en avoir l'Éminence, et encore seulement en s'écrivant, et personne autre ni écrivant ou en parlant que leurs domestiques, et peut-être quelques gens du plus bas étage; ainsi il ne leur fut pas difficile d'accoutumer leurs gens à les traiter d'Altesse Sérénissime, qui déjà leur donnoient l'Altesse. Ils n'en furent pas plus avancés. MM. de Rohan et de Bouillon ne leur voulurent pas être inférieurs en cela non plus qu'au reste, et se firent donner le Sérénissime chez eux, et on a vu ce que les cardinaux de Bouillon et de Rohan ont arraché là-dessus de la Sorbonne, qui est le seul lieu où ils l'aient obtenu en France.

CHAPITRE XI.

Disgrâce de M. de Vendôme. — Éclat entre le duc de Vendôme et Puységur, qui le perd radicalement auprès du roi. — Affront reçu à Marly, de Mme la duchesse de Bourgogne, par le duc de Vendôme. — [Il] est exclu de Marly. — Vendôme exclu de Meudon. — Vendôme refusé d'aller en Espagne. — Fortune, caractère et retraite du duc de La Rochefoucauld.

La mort de M. le prince de Conti sembla au duc de Vendôme un avantage d'autant plus considérable qu'il se voyoit délivré d'un émule si embarrassant par la supériorité de naissance, au moment qu'il l'alloit voir en sa place à la tête des armées, porté partout sur les pavois, et qu'il le laissoit encore auprès de Monseigneur sans aucun contre-poids. J'ai déjà dit en son temps son exclusion des armées, parce que cet événement ne se pouvoit reculer hors de temps, par rapport aux dispositions militaires qui ne se pouvoient transposer. La chute de ce prince des superbes eut trois degrés, tant, de si haut, elle fut profonde. Nous voici arrivés au deuxième qui laisse encore un espace considérable jusqu'au dernier d'entre deux et trois mois; mais comme ce dernier n'a de connexité avec aucun autre événement, je le rapporterai tout de suite après avoir averti de l'intervalle pour n'avoir plus à y revenir.

Quelques raisons de toute espèce qui dussent engager le roi à ôter à M. de Vendôme le commandement de ses ar-

mées, je ne sais si tout l'art et le crédit de Mme de Maintenon n'y eût pas succombé, et si les menées de M. du Maine,
qu'il lui cachoit avec tant de soins, et aidées du secours
journalier des valets intérieurs, sans une aventure qu'il faut
expliquer ici pour mettre tout à la fois ce grand tout, sous
les yeux, de la dernière issue de cette terrible lutte, et si
poussée à l'extrême entre Vendôme secondé de sa formidable cabale, et l'héritier nécessaire de la couronne appuyé
de son épouse qui faisoit les délices du roi et de Mme de
Maintenon, qui pour trancher le mot, dont le dedans et le
dehors ont été trente ans durant témoins, le gouvernoit
entièrement, et dont Vendôme avoit si pleinement et si in-
solemment triomphé.

On a vu qu'à son retour de Flandre, il avoit eu une audience du roi, unique et qui ne fut pas fort longue. Il n'y
oublia pas Puységur, dont il fit des plaintes amères, et en
dit tout ce qui lui plut de pis, avec son audace accoutumée
à être cru sur parole.

Puységur, dont j'ai eu occasion de parler plus d'une fois,
étoit fort connu du roi, avec une sorte de privance que lui
avoit acquise le rapport continuel au roi des détails si continuels de son régiment d'infanterie, dont il se croyoit le
colonel particulier, dans lequel Puységur avoit passé jusqu'alors la plus grande partie de sa vie major et lieutenant-
colonel avec la confiance du roi. Elle s'étoit augmentée par
des rapports plus importants, lorsque, maréchal des logis
de l'armée de M. de Luxembourg, il en étoit l'âme et y faisoit tout jusqu'aux projets. La part qu'il eut après au secret
et à l'exécution de l'expulsion de toutes les garnisons hol-
landoises des places des Pays-Bas espagnols, et de là en
beaucoup d'autres choses importantes que le roi lui confia,
soit pour l'en consulter, soit pour l'en charger, dont il
s'étoit toujours acquitté avec toute la capacité et la droiture
possible en Flandre, en Espagne et partout où il fut employé, comme on l'a vu quelquefois ici, avoient ajouté pour

lui, dans le roi, le dernier degré de confiance et d'estime. Lui et son ami Montriel, aussi du régiment du roi et souvent son aide dans les détails des armées, avoient été mis gentilshommes de la manche de Mgr le duc de Bourgogne, lorsque l'affaire de M. de Cambrai en fit chasser Léchelle et Dupuis, comme je l'ai rapporté alors. Il s'étoit extrêmement attaché à M. de Beauvilliers ; et, depuis que leur emploi fut fini, Puységur, dont il avoit goûté la vérité et la capacité, demeura dans son commerce et dans son amitié la plus particulière, conséquemment très-bien auprès de Mgr le duc de Bourgogne, qui, s'il eût régné, ne lui eût pas fait attendre si longtemps qu'on a fait le bâton de maréchal de France, si dignement mérité, et qu'il n'a eu enfin que par la honte de ne le lui pas donner. Dans cette situation à la cour et dans les armées il n'étoit pas possible qu'il ne fût toujours tout au milieu de ce qu'il s'y passoit et le témoin de tous les démêlés de la campagne de Lille, dès lors lieutenant général dans cette armée. Il y étoit le correspondant du duc de Beauvilliers, fort exact, et plût à Dieu qu'on l'eût particulièrement attaché à la personne de Mgr le duc de Bourgogne, au lieu de ceux qu'on y mit. Sa capacité et sa vertu furent, dès le commencement de la campagne, fort choquées de la conduite de M. de Vendôme, et le furent dans la suite de plus en plus jusqu'au comble. Il voyoit tout à revers, et dans les sources il ne pouvoit approuver rien de ce que faisoit et vouloit le général. Il avoit souvent occasion de le montrer et de le lui témoigner à lui-même. A l'injonction du duc de Berwick, ami particulier du duc de Beauvilliers, il s'étoit lié avec lui, et le fut toute la campagne.

C'en étoit trop à la fois pour n'être pas exposé à la haine de Vendôme, malgré tous les ménagements extrêmes qu'il avoit constamment gardés avec lui, qui ne purent adoucir un homme si superbe, et si ennemi né de tout ce qui ne l'étoit pas du prince qu'il vouloit perdre et qu'il ménageoit si peu, bien plus, de tout ce qui lui étoit attaché. C'est ce qui produisit les plaintes que Vendôme en fit au roi et à son retour, tout ce qu'il lui en dit d'étrange, et non content de cette vengeance, de tout ce qu'il en répandit publiquement en propos peu mesurés.

Puységur, si accoutumé aux fréquents particuliers avec le roi, comprit qu'après une si épineuse campagne, il en auroit où il seroit vivement questionné s'il arrivoit à la chaude : et prudemment se mit six semaines ou deux mois en panne, chez lui, en Soissonnois, avant que d'arriver à Paris et à la cour. La curiosité refroidie, instruit d'ailleurs des propos que le duc de Vendôme tenoit sur lui, il ne voulut pas, par un plus long séjour, donner à penser qu'il étoit embarrassé de se montrer. Ainsi il arriva.

Peu de jours après, le roi qui l'avoit toujours goûté, peiné de tout ce que M. de Vendôme lui en avoit dit, le fit entrer dans son cabinet, et là, tête à tête, lui demanda raison, avec bonté, de mille sottises absurdes qui l'avoient embarrassé. Puységur l'en éclaircit si nettement, que le roi, dans sa surprise, lui avoua que c'étoit M. de Vendôme qui les lui avoit dites. A ce nom, Puységur, qui se sentit piqué, saisit le moment. Il dit au roi d'abord ce qui l'avoit retenu si longtemps chez lui sans paroître, puis détailla naïvement et courageusement les fautes, les inepties, les obstinations, les insolences de M. de Vendôme, avec une précision et une clarté qui rendit le roi très-attentif et fécond en questions, et en éclaircissements de plus en plus. Puységur qui les lui donna tous, voyant tant d'ouverture, et le roi demeurer court et persuadé à chaque fois, poussa sa pointe, et lui dit que, puisque Vendôme l'épargnoit si peu après toutes les mesures et les ménagements qu'il avoit toujours gardés avec lui, il se croyoit permis, et même de son devoir pour le bien de son service, de le lui faire connoître une bonne fois. De là, il lui dépeignit le personnel du duc de Vendôme, sa vie ordinaire à l'armée, l'incapacité de son corps, la fausseté de son jugement, la prévention de son esprit, la fausseté et les dangers de ses maximes, l'ignorance de toute sa conduite à la guerre; puis, reprenant toutes ses campagnes d'Italie, et les deux dernières de Flandre, il le démasqua totalement, mit au roi le doigt et l'œil sur toutes ses fautes, et lui démontra manifestement que c'étoit une profusion de miracles si ce général n'avoit pas perdu la France cent fois.

La conversation dura plus de deux heures. Le roi, convaincu de tout, et de longue main persuadé par expériences, non-seulement de la capacité de Puységur, mais de sa droiture, de sa fidélité et de son exacte vérité, ouvrit à ce coup tout à la fois les yeux sur cet homme que tant d'art lui avoit si bien caché jusqu'alors, et montré comme un héros et le génie titulaire de la France. Il eut honte et dépit de sa crédulité, et de cette conversation Vendôme demeura perdu dans son esprit, et bien exclu du commandement des armées, exclusion qui tarda peu après à se déclarer.

Puységur, naturellement humble, doux et modeste, mais vrai et piqué au jeu, et qui n'avoit plus de ménagement à garder avec M. de Vendôme après l'éclat qu'il avoit fait contre lui en public, et ce qu'il avoit dit au roi, content d'ailleurs du succès qu'il avoit remarqué dans toute sa conversation, la rendit sur-le-champ en gros dans la galerie, et brava vertueusement Vendôme et toute sa cabale, qu'il n'ignoroit point.

Elle en frémit de rage; Vendôme encore plus. Ils ne répondirent qu'en répandant des raisonnements misérables qui ne firent impression sur personne. Les plus avisés les jugèrent dès lors sur le côté. Le parti opposé et jusqu'alors si opprimé embrassa Puységur; et Mme de Maintenon, Mme la duchesse de Bourgogne, le duc de Beauvilliers même, surent faire valoir auprès du roi ce qu'il avoit enfin appris par lui.

La suite assez prompte, je l'ai racontée. Vendôme, exclu

de servir, vendit ses équipages, se retira à Anet où l'herbe commença à croître, et supplia le roi de trouver bon qu'il ne lui fît guère sa cour qu'à Marly, et Monseigneur qu'à Meudon, de tous les voyages desquels il continua d'être. Cette légère continuation de distinction le soutenoit un peu dans la solitude qu'il s'étoit creusée ; elle lui servit comme de témoignage de la satisfaction demeurée au roi et à Monseigneur de ses services et de sa conduite, que ses ennemis si puissants et si nécessairement chers n'avoient pu lui enlever : c'est ainsi que sa cabale s'en expliquoit, et lui-même, avec un faux air de philosophie et de mépris du monde dans lequel personne ne donna.

Tout abattu qu'il étoit, il soutenoit à Marly et à Meudon le grand air qu'il y avoit usurpé dans les temps de sa prospérité. Après avoir surmonté les premiers embarras, il y reprit sa hauteur, sa voix élevée ; il y tenoit le dé. A l'y voir, quoique peu environné, on l'eût pris pour le maître du salon ; et à sa liberté avec Monseigneur, et même, tant qu'il l'osoit hasarder, avec le roi, on l'eût cru le principal personnage. La piété de Mgr le duc de Bourgogne lui faisoit supporter sa présence et ses manières comme s'il ne se fût rien passé à son égard ; ses serviteurs particuliers en souffroient, et Mme la duchesse de Bourgogne fort impatiemment ; mais sans oser rien dire, épiant les occasions.

Il s'en présenta une au premier voyage que le roi fit à Marly après Pâques. Le brelan étoit à la mode ; Monseigneur y jouoit souvent dans le salon d'assez bonne heure avec Mme la duchesse de Bourgogne. Manquant d'un cinquième, il vit M. de Vendôme à un bout du salon ; il le fit appeler pour faire sa partie. A l'instant Mme la duchesse de Bourgogne dit modestement, mais fort intelligiblement, à Monseigneur, que la présence de M. de Vendôme à Marly lui étoit bien assez pénible, sans l'avoir encore au jeu avec elle, et qu'elle le supplioit de l'en dispenser. Monseigneur, qui n'y avoit pas fait la moindre réflexion, ne le put trouver mauvais; il regarda par le salon et en fit appeler un autre. Vendôme, cependant, arrivoit à eux et en eut le dégoût en face et en plein devant tout le monde. On peut juger à quel excès cet homme superbe fut piqué de l'affront. Il ne servoit plus, il ne commandoit plus, il n'étoit plus l'idole adorée, il se trouvoit dans la maison paternelle du prince qu'il avoit si cruellement offensé, et c'étoit à son épouse chérie et outrée à qui il avoit affaire; il pirouetta, s'éloigna dès qu'il le put, et bientôt après gagna sa chambre, où il ragea à son loisir.

La jeune princesse fit cependant ses réflexions sur ce qu'il venoit d'arriver. Rassurée par la facilité qu'elle avoit trouvée à ce qu'elle venoit de faire, en peine aussi comme le roi prendroit la chose, elle se détermina, tout en jouant, à la pousser plus loin, ou pour y réussir, ou au moins pour se tirer d'embarras, car, avec toute son intime familiarité, elle s'embarrassoit aisément parce qu'elle étoit douce et timide. Sitôt donc que la partie de brelan fut finie, elle courut chez Mme de Maintenon avant que le roi y fût encore entré, et lui conta ce qu'il lui venoit d'arriver. Elle lui dit que, après tout ce qu'il s'étoit passé en Flandre, elle avoit une peine extrême à voir M. de Vendôme; que cette affectation continuelle de Marly, où elle ne le pouvoit éviter, sans jamais aller à Versailles, où elle ne le rencontroit jamais, étoit une suite d'insultes à laquelle elle ne pouvoit s'accoutumer; que, de plus, ses fautes étant assez reconnues pour lui avoir fait ôter le commandement des armées, il ne pouvoit y avoir d'autre raison de le souffrir à Marly que celle de l'amitié du roi pour lui, et qu'elle ne pouvoit supporter qu'avec la dernière douleur qu'elle parût égale entre son petit-fils et elle d'une part, et M. de Vendôme de l'autre. Cela fut vif, mais court, parce que le roi alloit arriver.

Mme de Maintenon, piquée contre Vendôme du fond des choses, et plus dangereusement peut-être d'avoir si longuement lutté contre lui en vain, parla ce soir-là même au roi de cette affaire, lui fit valoir les raisons de la princesse, sa douceur, sa modération d'avoir été si longtemps sans en rien dire, et combien ces sentiments-là étoient estimables, par rapport à son mari. Le propos réussit sur l'heure. Le roi entièrement dégoûté du duc de Vendôme, et toujours peiné d'avoir sous ses yeux ceux qu'il jugeoit avec raison être mécontents, comme il n'en pouvoit douter, de celui-ci depuis qu'il ne servoit plus, ne fut pas fâché d'une occasion de se soulager de sa présence, et avec le gré de sa petite-fille et de Mme de Maintenon. Avant de se coucher, il chargea Bloin de dire de sa part, le lendemain au matin, à M. de Vendôme de s'abstenir désormais de demander pour Marly, où se rencontrant sans cesse, et nécessairement, dans les mêmes lieux que Mme la duchesse de Bourgogne qui avoit peine à le voir, il n'étoit pas juste de lui en laisser plus longtemps la contrainte.

On ne peut imaginer en quel excès de désespoir il entra à ce message si peu attendu, et qui sapoit par le pied le fondement de toute espérance, et de l'insolence de ses manières et de ses propos. Il se tut néanmoins de peur de pis, n'osa parler au roi, et s'enfuit cacher sa rage et sa honte à Clichy, chez Crosat. L'aventure du brelan avoit fait grand bruit, il avoit retenti jusqu'à Paris. Les auteurs du compliment fait à Vendôme en conséquence ne le cachèrent pas. Cette nouvelle fit un nouveau fracas dans le monde, tellement que, lorsqu'on sut Vendôme si brusquement à Clichy, le bruit courut partout qu'il avoit été chassé de Marly. Il le sut; et, pour montrer qu'il n'en étoit rien, il y retourna deux jours avant la fin du voyage, qu'il passa dans la honte et dans un continuel embarras. Il en partit pour Anet, en même temps que le roi pour Versailles, et n'a jamais depuis remis les pieds à Marly.

Revenu des premiers transports, il se prit à ce qu'il put. Bloin ne lui avoit point parlé de Meudon; il s'assura d'être de tous les voyages, et se mit à se vanter de l'amitié de

Monseigneur à tout propos, comme auroit fait un franc provincial. Réduit à ce retranchement, il arrivoit à Versailles la surveille de chaque voyage de Monseigneur pour faire sa cour au roi, et logeoit chez Bloin, parce qu'il avoit prêté son logement à Mme de Montbazon, sœur du comte d'Évreux, lorsqu'il renonça à Versailles pour Marly et Meudon, quand il sut qu'il ne serviroit plus. Il passoit à Meudon tout le temps que Monseigneur y demeuroit, lui qui dans sa splendeur lui donnoit à peine un jour ou deux, et de Meudon retournoit droit à Anet. Il ne se faisoit point de voyages à Meudon que Mme la duchesse de Bourgogne n'y allât voir Monseigneur et que Vendôme ne s'y présentât audacieusement devant elle, comme pour lui faire sentir qu'au moins chez Monseigneur il l'emportoit sur elle. Conduite par l'expérience de l'expulsion de Marly, la princesse souffrit doucement cette insolence; elle épia quelque occasion.

Deux mois après, il arriva que, pendant un voyage de Monseigneur, le roi et Mme de Maintenon y allèrent dîner avec Mme la duchesse de Bourgogne, sans y coucher. C'étoit une énigme que cette partie. Au roi cela lui étoit arrivé, quoique rarement; quelquefois Mme de Maintenon, tout à fait réunie avec Mlle Choin, la vouloit entretenir à son aise sans la faire venir à Versailles, et le roi, comme on peut croire, étoit du secret. On verra bientôt quelle fut cette liaison. M. de Vendôme, qui, à l'ordinaire, étoit à Meudon, eut le peu de sens de se présenter des premiers à la descente du carrosse. Mme la duchesse de Bourgogne, qui en fut très-blessée, s'en contraignit moins qu'à l'ordinaire, et détourna la tête avec affectation après une apparence de révérence. Vendôme, qui le sentit, n'en poussa que mieux sa pointe et il fit la folie de la poursuivre l'après-dînée à son jeu. Il en essuya le même traitement, et encore plus marqué. Piqué au vif, et à la fin embarrassé de sa contenance, il monta dans sa chambre et n'en descendit que fort tard. Pendant ce temps-là, Mme la duchesse de Bourgogne fit sentir à Monseigneur le peu de ménagement que Vendôme avoit pour elle. Retournée le soir à Versailles, elle en parla à Mme de Maintenon, et s'en plaignit ouvertement au roi. Elle lui représenta combien il lui étoit dur d'être moins bien traitée de Monseigneur que de lui-même, et que M. de Vendôme se fît ouvertement contre elle un asile de Meudon, et une consolation de Marly. Mme la princesse de Conti, avec quelques dames, étoient de ce voyage avec Monseigneur, entre autres Mme de Montbazon.

Le lendemain du jour que le roi y avoit dîné, M. de Vendôme se plaignit aigrement à Monseigneur de l'étrange persécution qu'il souffroit partout de Mme la duchesse de Bourgogne; mais Monseigneur, qu'elle avoit prévenu la veille, répondit si froidement à Vendôme, qu'il se retira les larmes aux yeux, résolu toutefois de ne point quitter prise qu'il n'eût arraché de Monseigneur quelque sorte de satisfaction. Il entretint longtemps dans un cabinet Mme de Montbazon tête à tête, qui n'en sortit que pour aller prier Mme la princesse de Conti d'y passer, avec qui elle étoit fort bien, et qu'elle y suivit. Le colloque fut encore long entre eux trois et la conclusion que Mme la princesse de Conti parlât à Monseigneur le jour même en faveur de M. de Vendôme. Elle ne réussit pas mieux. Tout ce qu'elle en tira fut qu'il falloit que M. de Vendôme évitât Mme la duchesse de Bourgogne quand elle viendroit à Meudon, et que c'étoit bien le moindre respect qu'il lui devoit, jusqu'à ce qu'il l'eût apaisée et se fût remis bien auprès d'elle. Une réponse si sèche et si précise fut cruellement sentie; mais il n'étoit pas au bout du châtiment qu'il avoit si plus que mérité[1]. Le lendemain mit fin à tous ces mouvements et à ces pourparlers.

---

1. Cette vieille locution, *il avoit si plus que mérité*, peut se traduire par *il n'avoit que trop mérité.*

Vendôme jouoit l'après-dînée à un papillon en un cabinet particulier, lorsque d'Antin arriva de Versailles. Il s'approcha de ce jeu, demanda où en étoit la reprise avec un empressement qui fit que M. de Vendôme lui en demanda la raison. D'Antin lui dit qu'il avoit à lui rendre compte de ce dont il l'avoit chargé. « Moi ! dit Vendôme avec surprise, je ne vous ai prié de ne rien. —Pardonnez-moi, répliqua d'Antin : vous ne vous souvenez donc pas que j'ai une réponse à vous faire? » A cette recharge M. de Vendôme comprit qu'il y avoit quelque chose, quitta le jeu et entra dans une petite garde-robe obscure de Monseigneur avec d'Antin, qui là, tête à tête, lui dit que le roi lui avoit ordonné de prier Monseigneur de sa part de ne le plus mener à Meudon, comme lui-même avoit cessé de le mener à Marly, que sa présence choquoit Mme la duchesse de Bourgogne, et que le roi vouloit aussi que le duc sût qu'il désiroit qu'il ne s'y opiniâtrât pas davantage. Là-dessus la fureur transporta Vendôme et lui fit vomir tout ce qu'elle peut inspirer. Il reparla le soir à Monseigneur, qui ne s'en émut pas davantage, et qui, avec le même sang-froid qu'il lui avoit déjà montré, l'éconduisit entièrement. Le peu qui restoit du voyage s'écoula dans l'embarras et dans la rage qu'il est aisé de penser, et le jour que Monseigneur retourna à Versailles, il s'enfuit droit à Anet.

Mais, ne pouvant tenir nulle part, il s'en alla avec ses chiens, sous prétexte de chasse, passer un mois à sa terre de la Ferté-Aleps, sans logement et sans nulle compagnie, rager tout à son aise. Il revint de là à Anet se fixer dans un abandon universel. Dans ce délaissement, dans cette exclusion de tout si éclatante et si publique, incapable de soutenir une chute si parfaite après une si longue habitude d'atteindre à tout et de pouvoir tout, d'être l'idole du monde, de la cour, des armées, d'y faire adorer jusqu'à ses vices et admirer ses plus grandes fautes, canoniser tous ses défauts, d'oser concevoir le prodigieux dessein de perdre et d'anéantir l'héritier nécessaire de la couronne, sans avoir jamais reçu de lui que des marques de bonté et uniquement pour s'établir sur ses ruines, et triomphé huit mois durant de lui avec l'éclat et le succès le plus scandaleux, on vit cet énorme colosse tomber par terre, par le souffle d'une jeune princesse sage et courageuse, qui en reçut les applaudissements si bien mérités. Tout ce qui tenoit à elle fut charmé de voir ce dont elle étoit capable, et ce qui lui étoit opposé et à son époux en frémit. Cette cabale si formidable, si élevée, si accréditée, si étroitement unie pour les perdre et régner après le roi sous Monseigneur en leur place, au hasard de se manger alors les uns les autres à qui les rênes de la cour et du royaume demeuroient; ces chefs mâles et femelles, si entreprenants, si audacieux, et qui, par leur succès, s'étoient tant promis de grandes choses, et dont les propos impérieux avoient tout subjugué, tombèrent dans un abattement et dans des frayeurs mortelles. C'étoit un plaisir de les voir rapprocher avec art et bassesse, et tourner autour de ceux du parti opposé qu'ils jugeoient y tenir quelque place, et que leur arrogance leur avoit fait mépriser et haïr, surtout de voir avec quel embarras, quelle crainte, quelle frayeur ils se mirent à ramper devant la jeune princesse, tourner misérablement autour de Mgr le duc de Bourgogne et de ce qui l'approchoit de plus près, et faire à ceux-là toutes sortes de souplesses.

M. de Vendôme, sans ressource que celle qu'il chercha dans ses vices et parmi ses valets, ne laissa pas de se vanter souvent parmi eux de l'amitié de Monseigneur, dont il étoit, disoit-il, bien assuré, et de la violence qui avoit été faite à ce prince à son égard. Il en étoit réduit à cette misère d'espérer que cela se répandroit par eux dans le monde, qu'on se le persuaderoit, et que la considération du futur lui donneroit de la considération. Mais le présent lui étoit insupportable. Pour s'en tirer il songea au service d'Espagne; il écrivit à la princesse des Ursins pour se faire demander. On y avoit besoin de tout ; il fut demandé, mais sa disgrâce étoit encore trop fraîche pour devoir espérer de l'adoucir. Le roi trouva mauvais que le duc de Vendôme voulût s'accrocher à l'Espagne. Ses menées lui rompirent aux mains, le roi le refusa tout plat, et rompit cette intrigue en Espagne, où nous verrons pourtant qu'elle se renoua bientôt.

Personne ne gagna plus à cette chute si profonde que Mme de Maintenon. Outre la joie de terrasser si complétement un homme qui, par M. du Maine, lui devant presque tout ce qu'il avoit conquis, avoit osé lutter contre elle, et avec un si long avantage, elle en vit son crédit devenir de plus en plus l'effroi de la cour, par un si grand exemple de puissance, dont personne ne douta que le coup ne fût parti de sa main. Nous la verrons incessamment en lancer un autre qui n'épouvanta pas moins.

Elle acheva en même temps d'être délivrée d'un favori, qui pour n'avoir jamais ployé le genou devant elle, et qui l'avoit constamment affecté toute sa vie, lui étoit d'autant plus odieux que la connoissance qu'elle avoit du cœur du roi pour lui l'empêcha d'oser jamais travailler à l'entamer. Je dis qu'elle acheva, parce que la faveur étoit usée, et que l'âge et les yeux le jetèrent dans une retraite qui l'ôta de devant elle. C'est du duc de La Rochefoucauld dont je parle, et dont j'ai fait mention plus d'une fois, à propos du procès de préséance de M. de Luxembourg et d'autres occasions, particulièrement sur le mariage du duc de Noailles avec la nièce de Mme de Maintenon, dont le roi mouroit d'envie pour le prince de Marcillac, et sur lequel M. de La Rochefoucauld fit opiniâtrément la sourde oreille. Quoi que ce soit en lui ne faisoit souvenir de son père, cet homme qui a tant fait de bruit dans le monde par son esprit, sa délicatesse, sa galanterie, ses menées, ses intrigues, et la part qu'il a eue dans les troubles de la minorité de Louis XIV, dont il demeura ruiné, mais avec un grand bien qu'il remit dans sa maison par le mariage de son fils, que j'ai expliqué à propos de Mme de Vaudemont.

Tous les troubles finis, le cardinal Mazarin maître, le roi marié et ne bougeant de chez la comtesse de Soissons avec l'élite de la cour, de l'esprit, de la galanterie, du bon goût, des intrigues, parut le prince de Marcillac avec une figure commune qui ne promettoit rien et qui ne trompoit pas. Sans charge, sans emploi, portant encore sur le visage des marques du combat du faubourg Saint-Antoine, fils d'un père à qui le roi n'avoit jamais pardonné, et qui sans approcher de la cour faisoit à Paris les délices de l'esprit et de la compagnie la plus choisie, ce fils ne fit peur à personne de ce qui environnoit le roi. Je ne sais comment cela arriva, et personne ne l'a pu comprendre, à ce que j'ai ouï dire à M. de Lauzun, qui pointoit fort dès lors, et aux vieillards de son temps, mais en fort peu de jours il plut tellement au roi dont, au milieu d'une cour en hommes et en femmes si brillante, si polie, si spirituelle, le goût n'étoit pas fin ni délicat, qu'il lui donna des préférences qui inquiétèrent Vardes, le comte de Guiche, et les plus avant dans la privance du roi. Cette affection alla toujours croissant, jusque-là que le père de concert avec son fils se roidit à ne se point démettre de son duché pour en tirer par cette adresse, le rang de prince étranger, qu'il ne se consoloit point d'avoir vu arracher aux Bouillon avec cet immense échange, et tirer ces grands établissements des mêmes crimes qui lui étoient communs avec eux, parce qu'ils avoient plus effrayé que lui. Cet artifice néanmoins échoua, et ne les mena qu'à l'inutile distinction d'être traités de cousin. Mais le fils tira de sa faveur la charge de grand maître de la garde-robe que le roi avoit faite pour Guitry, tué sans alliance au passage du Rhin, et celle de grand veneur à la mort de Soyecourt, que le roi lui apprit lui-même par ce billet dont on lui fit tant d'honneur, qu'il se réjouissoit comme son ami de la charge qu'il lui donnoit comme son maître. On dit alors qu'il l'avoit fait son grand veneur pour avoir mis la bête dans les toiles. Il étoit confident des aventures passagères du roi, et on l'accusa dans ce temps-là de lui avoir fourni Mlle de Fontanges. Sa mort prompte et soupçonnée de poison n'altéra point la faveur de son ami. Il se lia alors étroitement avec Mme de Montespan, Mme de Thianges et toute sa famille. Cette liaison, qui fit son éloignement de Mme de Maintenon, dura avec eux toute sa vie, et sa faveur aussi, qui lui fit donner avec raison le nom de l'ami du roi, parce qu'elle fut solide au-dessus de toute autre, et indépendante de tous appuis, comme inébranlable à toute secousse. Il tira du roi des sommes immenses, qui lui paya trois fois ses dettes, et lui faisoit sans cesse et sourdement de gros présents.

C'étoit un homme haut, de beaucoup de valeur, et d'autant d'honneur qu'en peut avoir un fort honnête homme, mais entièrement confit dans la cour. Avec cela noble et magnifique en tout, au-dessus du faste, officieux, serviable, et rompant auprès du roi les plus dangereuses glaces pour ceux qu'il protégeoit, et souvent pour des inconnus, du mérite ou du malheur desquels il étoit touché, et les a très-souvent remis en selle.

Je ne sais qui l'avoit mis en inimitié avec M. de Louvois, à moins que ce ne fût une suite de ses liaisons avec Mme de Montespan qui fut toujours aux couteaux avec ce ministre. Il étoit lors au plus haut point de faveur et de puissance par les grands succès de la guerre; mais elle étoit finie, c'étoit en 1679, et il craignoit un favori haut et fougueux qui lui-même n'appréhendoit rien, parloit au roi avec la dernière liberté, et s'expliquoit au monde sans mesure. Il songea donc à se le réconcilier par le mariage de sa fille avec son fils, et de le faire avec tant de grâces et de richesses qu'il pût désormais autant compter sur lui comme il avoit eu lieu de le craindre. Mais pour cette affaire-là il falloit être deux, et M. de La Rochefoucauld n'en voulut pas ouï parler, jusqu'à ce que le roi, entraîné par son ministre, et importuné des haines de gens qui à divers titres l'approchoient de si près, se mit de la partie, et força plutôt par autorité M. de La Rochefoucauld à consentir au mariage et à la réconciliation qu'il ne le gagna, malgré tant de trésors dont ce mariage fut la source, et la nouvelle érection de La Rocheguyon faite et vérifiée en faveur de son fils qui en prit le nom. La réconciliation ne dura guère entre deux hommes si impérieux et si gâtés. Jamais M. de La Rochefoucauld n'aima sa belle-fille, ni ne la voulut souffrir à la cour quoique son mérite et sa vertu l'ait fait généralement considérer, et que son économie et son travail ait non-seulement rétabli cette maison ruinée (et par M. de La Rochefoucauld lui-même qui fut toujours un panier percé), mais qui la laissa une des plus puissantes du royaume.

M. de La Rochefoucauld étoit borné d'une part, ignorant de l'autre à surprendre, glorieux, dur, rude, farouche et ayant passé toute sa vie à la cour, embarrassé avec tout ce qui n'étoit pas subalterne ou de son habitude de tous les jours. Il étoit rogue, en aîné des La Rochefoucauld qui le sont tous par nature et par conséquent très-repoussants. J'en ai vu peu de ce nom qui aient échappé à un défaut si choquant, que M. de La Rochefoucauld avoit fort au-dessus d'eux tous; avec cela, bien plus ami qu'ennemi, quoique ennemi dangereux, et même à incartades; mais excepté un bien petit nombre, ami par fantaisie, sans goût et sans choix. Il aimoit moins que médiocrement ses enfants, et quoiqu'ils lui rendissent de grands devoirs, il leur rendoit la vie fort dure; gouverné jusqu'au plus aveugle abandon par ses valets, à qui presque tous il fit de grosses fortunes, partie par crédit, partie en se ruinant pour eux, jusque-là qu'il fallut que sur la fin, son fils, le bâton haut, y entrât pour tout ce qu'il voulut.

Les vieillards se souvenoient d'avoir vu Bachelier son laquais leur donner à boire à sa table, en livrée, et s'étonnoient de le voir premier valet de garde-robe du roi, dont le fils est aujourd'hui premier valet de chambre, de la charge de Bloin qu'il a achetée. Il faut dire à l'honneur du père qu'il n'y eut jamais homme si modeste, si respectueux, qui se soit moins méconnu, ni qui ait toujours plus exactement vécu à l'égard de M. de La Rochefoucauld et tout ce qui lui a appartenu que s'il n'avoit pas changé de condition; un fort honnête homme, très-sage, et qui se fit considérer. Il refusa beaucoup de M. de La Rochefoucauld, et a souvent obtenu de lui pour ses enfants ce qu'eux-mêmes, ni d'autres pour eux, n'avoient pu faire. On dit aussi du bien de son fils.

Si M. de La Rochefoucauld passa sa vie dans la faveur la plus déclarée, il faut dire aussi qu'elle lui coûta cher, s'il avoit quelques sentiments de liberté. Jamais valet ne le fut de personne avec tant d'assiduité et de bassesse, il faut lâcher le mot, avec tant d'esclavage, et il n'est pas aisé de comprendre qu'il s'en pût trouver un second à soutenir plus de quarante ans d'une semblable vie. Le lever et le coucher, les deux autres changements d'habits tous les jours, les chasses et les promenades du roi de tous les jours, il n'en manquoit jamais, quelquefois dix ans de suite sans découcher, d'où étoit le roi, et sur le pied de demander congé, non pas pour découcher, car en plus de quarante ans il n'a jamais couché vingt fois à Paris, mais pour aller dîner hors de la cour et ne pas être à la promenade, jamais malade, et sur la fin rarement et courtement [de] la goutte. Les douze ou quinze dernières années il prenoit du lait à Liancourt, et un congé de cinq ou six semaines. Quatre ou cinq fois en sa vie il en a pris autant pour aller chez lui à Verteuil en Poitou où il se plaisoit fort, et où la dernière il ne fut pas huit jours qu'il fallut revenir, sur un courrier et un billet du roi qui lui mandoit qu'il avoit une anthrax, et qui par amitié et confiance le voulut auprès de lui. Il alloit dîner à Paris trois ou quatre fois l'année, un peu plus souvent à une petite maison près de Versailles où le roi fut quelquefois, mais il n'y coucha jamais.

Son appartement à la cour étoit ouvert depuis le matin jusqu'au soir. Le mélange des valets d'un trop bon maître, les égards qu'il falloit avoir pour eux, les airs et le ton qu'y prenoient les principaux, en bannissoit la bonne compagnie, qui n'y alloit que rarement et des instants, embarrassée avec lui, et lui empêtré avec elle, qui y laissoit le champ libre aux désœuvrés et aux ennuyeux de la cour, mêlés de subalternes, tous gens qui n'auroient guère eu entrée ailleurs. Ils y établissoient leur domicile et leurs repas, et y essuyoient les humeurs du maître, qui dominoit durement sur eux, et qui se trouvoit toujours déplacé avec mieux qu'eux.

Cette raison et son temps, que son assiduité rendoit fort coupé, l'avoient mis sur le pied qu'il ne faisoit presque aucune visite, et d'amitié il n'alloit guère que chez le cardinal de Coislin, M. de Bouillon et M. le maréchal de Lorges. Pour de femme, elles étoient toutes ses bêtes; à peine pouvoit-il souffrir ses parentes, encore quand il les rencontroit, et ce hasard étoit fort rare. Mme la maréchale de Lorges et Mlle de Bouillon étoient les seules qui eussent trouvé grâce devant lui. Mme Sforce, il alloit quelquefois causer chez elle, et elle par les derrières chez lui. C'étoit les restes de Mme de Montespan et de Mme de Thianges sa mère.

On auroit cru qu'il devoit être heureux, et jamais homme ne le fut moins. Tout le choquoit; il se fâchoit des choses les plus fortuites et les plus indifférentes, et il étoit si accoutumé à réussir, que tout ce qu'il obtenoit pour soi ou pour autrui lui sembloit toujours peu de chose. En même temps jamais homme si envieux. Les grâces les moins à la portée de gens en qui il s'intéressât, et les moins proportionnées à lui, le chagrinoient essentiellement. Il étoit né piqué de tout, d'un évêché, d'une abbaye; mais quand il en tomboit sur des émules de faveur, comme M. de Chevreuse, M. de Beauvilliers, M. le Grand, le maréchal de Villeroy, il étoit au désespoir à ne pouvoir le cacher. Il haïssoit les trois premiers de jalousie, l'autre un peu moins, parce qu'il étoit en respect avec lui. Il étoit toujours demeuré une sorte de liaison de M. le Prince et de M. le prince de Conti à lui, de l'ancien chrême des pères, mais sans rien d'apparent.

Sur les derniers temps, ses bas amis et ses valets abusèrent de lui pour eux et pour les leurs, et lui firent faire au roi si souvent des demandes âpres, importunes et si peu convenables, qu'il l'en fatigua et l'accoutuma à le refuser, et lui à le gourmander de plaintes et de reproches, [ce] qui mit un malaise entre eux, et lui donna des pensées de retraite qui l'amusèrent et le trompèrent longtemps.

Sa voix étoit déjà fort affoiblie, elle ne lui permettoit plus de monter à cheval; il couroit en calèche, et si on manquoit, c'étoit à l'ordinaire une furie jusqu'à la chasse suivante qu'on prenoit. A la mort du cerf, il se faisoit descendre et mener au roi, pour lui présenter le pied, qu'il lui fourroit souvent dans les yeux ou dans l'oreille. Cela le peinoit fort, et même le monde, et de le voir presque couché dans sa calèche comme un corps mort. Quelquefois le roi hasardoit doucement de lui proposer de prendre du repos, et cela perçoit le cœur au favori, qui, ne pouvant plus suivre le roi ni le servir, faute de vue, sentoit qu'il lui devenoit pesant de plus en plus.

Peu écouté, presque toujours éconduit, quelquefois, à force d'importuner, refusé sèchement, le dépit vint au secours du courage. Il se retira, mais pitoyablement. Il flottoit entre sa maison de Paris et Sainte-Geneviève, où la mémoire du cardinal de La Rochefoucauld l'eût rendu maître de tout ce qu'il auroit voulu[1]. En l'un et l'autre lieu il n'eût pas manqué de toute espèce de compagnie et de secours; mais ses valets, qui étoient ses maîtres, ne lui permirent ni l'un ni l'autre. Ils le voulurent à portée de le faire marcher à leur gré chez

---

1. Voy. notes à la fin du volume.

le roi, pour en arracher des grâces pour eux, et tirer ce qu'il pourroit d'un reste de crédit et de bonté du roi pour lui. Ils le confinèrent au Chenil, à Versailles, lieu très-éloigné de tout, et où bientôt il demeura dans un entier abandon, à l'ennui et à la douleur d'un aveugle déchu de toute occupation, de toute faveur et de tout commerce. Il en fit encore quelques parties de main pour importuner le roi, dans le cabinet duquel il alloit par les derrières, la plupart peu fructueuses, qui achevèrent de l'accabler. Il finit ainsi fort amèrement sa vie, entièrement en proie à ses valets, et avec peu de provisions pour se suffire.

CHAPITRE XII.

Torcy en Hollande. — Cent cinquante mille livres de brevet de retenue à La Vallière sur son gouvernement de Bourbonnois. — Mariage du prince de Lambesc avec Mlle de Duras. — Digne et rare procédé de M. le Grand. — Mariage du marquis de Gesvres avec Mlle Mascrani. — Mariage de Montendre avec Mlle de Jarnac. — Mariage de Donzi avec Mlle Spinola. — Mariage de Polignac avec Mlle de Mailly. — Mort de Saumery; sa fortune; celle de son fils; leur caractère. — Fortune d'Avaray. — Belle-Ile mestre de camp général des dragons; sa fortune. — Mort, famille, singularité étonnante et deuil du prince de Carignan. — Mort, caractère et dépouille du duc de La Trémoille. — Mort, fortune et caractère de La Reynie et de son fils. — Mort du duc de Brissac. — Prince des Asturies juré par les cortès ou états généraux d'Espagne. — Château d'Alicante rendu à Philippe V. — Bataille gagnée par les Espagnols contre les Portugais entièrement défaits. — Chamarande demandé et accordé à Toulon.

Le roi alla le 1er mai, qui étoit un mercredi, à Marly. Ce fut l'époque de la retraite de M. de La Rochefoucauld, qui n'y vint point, et qui jusque-là, quoique aveugle, n'en avoit point encore manqué de voyage. Ce jour-là même, M. de Torcy alla à Paris, d'où il partit tout de suite pour la Hollande dans le plus grand secret. Je ne sais comment M. de Lauzun l'écuma ; mais je le vis le lendemain matin dans le salon accoster le duc de Villeroy et deux ou trois autres, à qui il demanda s'ils n'avoient point vû M. de Torcy qui lui dirent que non. « Il est pourtant revenu hier au soir fort tard de Paris, leur répondit-il, et je sais qu'il aura des choses singulières aujourd'hui à son dîner, que je ne veux pas vous dire. Je compte bien d'en aller manger ma part ; vous devriez bien y venir. » Ils donnèrent dans le panneau. Torcy faisoit une chère fort délicate, et il étoit sur le pied qu'il n'alloit chez lui que la meilleure compagnie, et sans prier. Les dupes y furent tard, parce qu'il dînoit tard à Marly, et travailloit jusqu'à ce qu'il fût servi. Ils trouvèrent la porte fermée ; ils frappèrent ; point de réponse. Enfin ils s'aperçurent qu'il n'y avoit personne, et tous les uns après les autres les voilà à pester contre M. de Lauzun, et leur sottise d'avoir donné dans cette bourde, et à chercher où dîner ; et le soir M. de Lauzun à leur demander s'ils avoient fait bonne chère chez Torcy, et à se moquer d'eux. Cette plaisanterie, qui se répandit dans Marly, fit qu'on y sut plus tôt le voyage de Torcy que le roi n'auroit voulu.

La Vallière eut en ce même temps cent cinquante mille livres de brevet de retenue sur son gouvernement de Bourbonnois, que son père avoit eu pendant la faveur de Mme de La Vallière la carmélite.

Il se fit aussi trois mariages : le prince de Lambesc, fils unique du comte de Brionne, qui étoit fils aîné de M. le Grand, épousa la fille aînée du feu duc de Duras, frère aîné du maréchal-duc de Duras d'aujourd'hui, tous deux fils du feu maréchal-duc de Duras, qui étoit belle comme le jour, très-bien faite et fort riche. Elle n'avoit qu'une sœur, qui épousa depuis le comte d'Egmont. Le procédé qu'eut M. le

Grand, quelque temps après ce mariage, mérite de n'être pas omis. La duchesse de Duras, leur mère, étoit en procès avec son beau-frère pour les biens de ses filles; elle prétendoit beaucoup, et poussoit l'affaire avec grand soin. M. le Grand refusa tout net de la solliciter, défendit à tous ses enfants de le faire, à sa petite-belle-fille elle-même, dit que s'il le pouvoit honnêtement, il solliciteroit pour le duc de Duras; qu'il n'avoit pas pris sa nièce pour le ruiner et sa maison; que sa belle-petite-fille étoit assez riche pour que trois ou quatre cent mille livres de plus ou de moins ne lui fussent pas moins considérables que d'avoir un oncle paternel et chef de sa maison ruiné. L'autre procédé fut pour les partages entre les deux sœurs. Il voulut que l'abbé de Lorraine, son fils, mort évêque de Bayeux, fût présent à tout, et le chargea de céder et de faire régler en faveur de la cadette tout ce qui pouvoit être litigieux, parce qu'il trouvoit sa petite-fille assez riche; mais qu'il ne lui étoit pas indifférent à lui, après l'avoir fait épouser à son petit-fils, que sa sœur la demeurât assez pour faire une alliance qui leur fût à tous convenable. La vérité [est] que c'est là penser et agir avec grandeur, car tout fut exécuté de la sorte; mais il est vrai aussi que Mme d'Armagnac étoit morte, qui n'auroit pas laissé faire M. le Grand.

Le duc de Tresmes maria son fils aîné, le marquis de Gesvres, avec Mlle Mascrani, prodigieusement riche. Elle n'avoit ni père, ni mère, ni frère, ni sœur. Son père avoit été maître des requêtes, sa mère étoit sœur de Caumartin, ami intime du duc de Gesvres, qui fit ce mariage, lequel bientôt après se tourna fort étrangement, et donna au public des farces fort singulières.

Mlle de Jarnac, aussi sans père ni mère, aussi fort riche, et du nom de Chabot, épousa un cadet de Montendre, de la maison de La Rochefoucauld, qui n'avoit ni biens ni figure, mais beaucoup d'esprit et fort orné, [beaucoup] d'amis et d'envie de faire. Ce fut elle qui, ayant l'âge de disposer d'elle, le choisit, et qui voulut demeurer chez elle, dans ce beau château de Jarnac, sur la Charente, et n'être point obligée d'en sortir, comme jusqu'alors elle y étoit toujours demeurée. C'étoit une personne pourtant plutôt bien que mal, avec de l'esprit, et qui vouloit être maîtresse.

Quelque temps assez court après, il s'en fit deux autres : M. de Donzi, fils du feu duc de Nevers, qui n'avoit pu obtenir le brevet de son père, et à qui, avec ses grands biens, il fâchoit fort de n'en pouvoir espérer. Il passa ici un marquis Spinola, gouverneur d'Ath, lieutenant général des armées d'Espagne, qui avoit acheté la grandesse de Charles II, et le titre de prince de l'empire de l'empereur Léopold, et qui n'avoit que deux filles, dont l'aînée héritoit de la grandesse. Il [M. de Donzi] l'épousa, et prit en se mariant le nom de prince de Vergagne, que le public, qui aime à se jouer sur les mots, et qui n'approuvoit pas sa vie, appela le prince de Vergogne. Son beau-père lui fit peu attendre sa dignité, et M. le duc d'Orléans, devenu régent, moins encore celle de duc et pair, sans avoir jamais rien fait, ni été à la guerre, ni même à la cour[1].

La comtesse de Mailly maria sa dernière fille à Polignac, dont il auroit été le grand-père. Elle étoit fort belle, et ne tarda pas à montrer que Polignac n'étoit pas heureux en mariage, ni sa mère en éducations.

Le vieux Saumery mourut chez lui, près de Chambord, à quatre-vingt-six ans. C'étoit un beau et grand vieillard, très-bien fait et de la vieille roche, plein d'honneur et de valeur, pour qui le roi avoit de la bonté, et qui étoit estimé. Henri IV, entre autres bagages, avoit amené deux valets de Béarn : l'un avoit nom Joanne, c'étoit peut-être son nom de baptême, car force Basques s'appellent Joannès chez leurs maîtres ; l'autre Béziade : ils furent longtemps bas valets.

---

1. Passage supprimé dans les précédentes éditions depuis *Quelque temps assez court après*.

Lorsque Henri IV parvint à la couronne et à en jouir, Joanne devint jardinier de Chambord, et par succession concierge, mais concierge nettoyeur et balayeur, comme sont ceux des particuliers, et non pas comme le sont devenus ceux des maisons royales. Son fils peu à peu se mit sur ce dernier pied ; mais, toutefois sentant encore le valet, et s'y enrichit pour son état. Cela lui fit épouser une sœur de Mme Colbert, dont le père étoit un bourgeois de Blois qui s'appeloit Charon, dont le petit-fils, par la fortune de M. Colbert, devint intendant de Paris, eut la terre de Ménars, et est mort président à mortier ; peu éclairé, mais fort bon homme et fort honnête homme et fort droit. Lors du mariage de Saumery, c'étoit encore la petite bourgeoisie de Blois, et M. Colbert un très-petit garçon. Arrivé dans la confiance et les affaires du cardinal Mazarin dont il fut intendant, il y donna accès à Saumery son beau-frère, et lui procura de petits emplois dans les troupes, où il montra de la valeur. Devenu personnage, il le protégea tant qu'il put, suivant sa portée si nouvelle, et le fit enfin gouverneur et capitaine des chasses de Chambord et de Blois. Il laissa deux fils entre autres et deux filles. Monglat, chevalier de l'ordre en 1661, et maître de la garde-robe, dont nous avons de si bons Mémoires, se trouvant ruiné, espéra tout de M. Colbert en mettant son fils dans son alliance. Il avoit eu Cheverny, de sa femme, petite-fille du chancelier de Cheverny, dont ce fils portoit le nom. Il le maria à la fille de Saumery. Chambord et Cheverny ne sont qu'à deux lieues. C'est le même Cheverny qui eut des emplois au dehors, qui fut menin de Monseigneur et attaché à Mgr le duc de Bourgogne, dont j'ai parlé quelquefois. Des deux fils, l'aîné étoit un grand homme, très-bien fait, et d'une représentation imposante, qui avoit été estropié d'un genou en un de ces combats de M. de Turenne. Il n'avoit été que subalterne quelques campagnes, et se retira chez lui, où il se recrépit d'une charge de grand maître des eaux et forêts. Il épousa une fille de Besmaux, gouverneur de la

Bastille, dont le crédit, joint à la bonté du roi pour son père, lui obtint la survivance du gouvernement de Chambord et de la capitainerie de Blois. Avec ces établissements, il comptoit avoir fait une grande fortune et en jouissoit chez lui, lorsque M. de Beauvilliers fut gouverneur des enfants de France, et que le roi lui laissa le choix de tout ce qui devoit composer leur éducation et leur maison, excepté du premier valet de chambre seul, comme je l'ai dit ailleurs. Il dénicha Saumery des bords de la Loire, et le fit sous-gouverneur. D'abord souple, respectueux, obséquieux, attaché à son emploi, il tâcha de reconnoître un terrain si nouveau pour lui, après, de s'y ancrer : il courtisa les ministres et les personnages. Ce qu'il avoit d'esprit étoit tout tourné à l'intrigue, que la probité ne contraignit pas, ni la reconnoissance. Il se mit à voir des femmes importantes, et à mettre, comme il le fit dire de lui, son pied dans tous les souliers. Jamais homme ne fit tant de chemin tous les jours par tout le château de Versailles, et ne montoit tant d'escaliers ; jamais homme aussi ne tira si grand parti d'une vieille blessure. A la fin il se crut un personnage ; il fit le gros dos et l'important, et ne s'aperçut jamais qu'il n'étoit qu'un impertinent. Il ne parloit plus qu'à l'oreille, ou sa main devant sa bouche, souvent riochant et s'enfuyant, toujours des riens qu'il ramassoit toujours mystérieusement. J'ai parlé de sa femme à propos de M. de Duras, qui lui donna de fâcheux ridicules, et devant qui il n'osoit souffler, quelque impudent qu'il fût devenu.

A force d'adresse et de manéges et de duperies de M. de Beauvilliers, il trouva moyen de tirer du roi près de quatre-vingt mille livres de rente pour lui ou pour ses enfants qui eurent pour rien les plus gros régiments, avec cela toujours plaintif en dehors, et frondeur en dessous. Il avoit pris l'habitude de ne dire *monsieur* de personne ni *madame* non plus, de ceux-là mêmes dont l'habitude et le respect en avoit rendu le nom plus inséparable. *Monsieur* étoit son plus grand effort, et il citoit de la sorte les plus considérables personnages, dont il se donnoit pour avoir eu la confiance, et qui lui avoient dit ceci et appris cela.

Je me souviens qu'étant venu à Dampierre où j'étois chez M. de Chevreuse, il vit à table un portrait de Mme la princesse de Conti. « Ah! dit-il, voilà un assez joli portrait de la princesse de Conti ! » De là se mit à raconter [ce] que « ce pauvre prince de Conti lui disoit, » et puis « un marin nommé Preuilly, » et c'étoit le frère du maréchal d'Humières. Il vint après à M. de Turenne, qu'il n'appela jamais que M. Turenne, et dont il rapportoit des propos avec lui, très-jeune subalterne, et dont sûrement il n'avoit jamais su le nom, qu'il auroit eus à peine avec un officier général de sa confiance. Et par-ci par-là riochant d'autorité : « Le vieux vicomte, disoit-il, ou ce pauvre vieux vicomte, » et on étoit tout étonné que c'étoit de M. de Turenne. C'étoit trop de sa fatuité favorite pour qu'elle fût ignorée, et pour qu'elle nous fût nouvelle; mais il en entassa tant ce jour-là, que nous nous mîmes à lui en présenter des occasions pour nous en divertir davantage, et nous y réussîmes pleinement. Nous mourions de rire, et il ne doutoit pas que ce ne fût des gentillesses qu'il racontoit avec une autorité et une dignité merveilleuse.

Le lendemain Sassenage, Louville, le petit Renault et moi étions le matin chez Mme de Chevreuse à parler de l'excès de ces impertinences. Il vint quelqu'un. Nous nous mîmes dans une fenêtre sous le rideau à continuer. Mais nous en disions là de bonnes, et tout haut se mit à dire le petit Renault : « Mais nous serions bien étonnés si M. de Saumery nous entendoit et venoit à lever le rideau. » Il n'eut pas achevé que la chose arriva. Nous, au lieu d'être embarrassés, à pâmer de rire; et lui qui peut-être ne nous avoit pas écoutés, à demander à qui nous en avions. Les rires furent si démesurés, et si bien répondus par presque tout le reste de la chambre, qui savoit de quoi il s'agissoit, que, tout effronté qu'il étoit, il en demeura confondu.

Ce galant homme étoit du naturel des rats, qui se hâtent de sortir d'un logis lorsqu'il est près de crouler; mais il n'eut pas le nez bon. Il furetoit tout et en tant de sortes de lieux qu'il ne lui fut pas difficile de voir le vol que le duc d'Harcourt prenoit, et la décadence de M. de Beauvilliers, à qui il devoit en totalité être et fortune. Le drôle ne balança point de se donner à Harcourt, qui le recueillit comme un transfuge par lequel il espéroit de savoir beaucoup de choses sur des gens qu'il vouloit culbuter pour s'élever sur leurs ruines, et avec lesquels Saumery demeuroit en commerce, sans qu'ils voulussent s'apercevoir d'une conduite que chacun voyoit. Il étoit particulièrement attaché à M. le duc de Bourgogne, quoique Denonville fût l'ancien des trois gouverneurs, et y étoit demeuré ensuite, lorsque Cheverny, d'O et Gamaches y furent mis. Cheverny avoit la santé ruinée depuis son ambassade en Danemark, et n'étoit pas sur le pied de suivre à la chasse ni à la guerre. Saumery, sous prétexte de son genou, s'exempta de la chasse, et lorsqu'il fut question de la guerre, il fut malade une fois; les deux autres, il eut besoin des eaux. Il en revint pendant la campagne de Lille à Versailles, où, trouvant les rieurs pour M. de Vendôme, il se mit de leur côté; et pour être à la mode et s'initier parmi la cabale triomphante, en dit pis que pas un. M. de Chevreuse et M. de Beauvilliers, dont l'aveugle charité n'avoit voulu rien voir ni écouter sur la désertion de Saumery, et qui le traitoient bien, lorsqu'il leur faisoit l'honneur d'aller chez eux, eurent bien de la peine à entendre ce qu'on leur dit de ses propos sur Mgr le duc de Bourgogne. A la fin pourtant, la publicité les convainquit. Ils furent un peu plus froids, mais ce fut tout. Saumery y gagna M. du Maine, qui le fit dans la suite nommer par le roi mourant un des sous-gouverneurs du roi d'aujourd'hui. Sur la fin, c'étoit un seigneur qui se trouvoit fort maltraité de n'être pas chevalier de l'ordre; on va voir que, quelque fou que cela fût, il n'avoit pas tout le tort [1].

Béziade, camarade de Joanne (qui est devenu le nom de famille de Saumery), eut un emploi à la porte de je ne sais quelle ville, pour les entrées, que Henri IV lui fit donner et continuer. Le fils de celui-ci le continua dans ce métier, mais il monta en emploi, et s'enrichit si bien que son fils n'en voulut point tâter, et préféra un mousquet. Il montra de la valeur et de l'aptitude, il eut des emplois à la guerre, il épousa une sœur de Foucault, longtemps après intendant de Caen, enfin conseiller d'État, qui étoit une femme pleine d'esprit d'intrigue et qui eut des amis considérables. En se mariant il prit le nom de d'Avaray; il est devenu lieutenant général. Il a bien clabaudé de n'être pas maréchal de France et de voir ses cadets y être arrivés, et à la fin on l'a fait chevalier de l'ordre, qu'il n'a fait la grâce d'accepter qu'avec beaucoup de répugnance et de délais. Il avoit été quelque temps ambassadeur en Suisse, et n'y avoit point mal réussi.

Une autre fortune commença cette année en ce temps-ci à poindre grande, et peu espérable alors, traversée depuis d'une manière terrible, montée ensuite au comble avec la rapidité des plus incroyables hasards, mais conduite et soutenue par l'esprit, le travail, la persévérance infatigable, l'art et la capacité de deux frères également unis et amalgamés ensemble, qui peuvent passer pour les prodiges de ce siècle. Belle-Ile, petit-fils de M. Fouquet, si célèbre par sa fortune et sa plus que profonde disgrâce, étoit fils d'un homme qui s'étoit présenté à tout, et dont le roi n'avoit voulu pour rien à cause de son père, et l'avoit tenu plus de vingt ans en exil. Son mariage avec une sœur du duc de Lévi (je dis duc pour faire connoître l'alliance, car il ne le fut que trente ou trente-cinq ans depuis); ce mariage, dis-je,

---

1. Voy. t. II, note, p. 452 et suiv. Voy. aussi les notes à la fin de ce volume.

étrange, et encore plus étrangement fait, acheva de le mettre à l'aumône. Sa femme n'avoit rien, et sa famille, bien loin de lui donner, fut plus de vingt ans sans vouloir ouïr parler ni d'elle ni de son mari. Ils furent réduits à vivre chez l'évêque d'Agde, frère de M. Fouquet, longues années exilé hors de son diocèse. Revenus enfin à Paris au pot de Mme Fouquet, mère de Belle-Ile, jusqu'à la mort de cette espèce de sainte, ils se trouvèrent bien à l'étroit. Belle-Ile étoit un cadet du surintendant; ses aînés emportoient les débris qu'ils avoient pu sauver, mais qui à la fin se sont réunis par la mort de M. de Vaux, sans enfants, et du P. Fouquet, de l'Oratoire. Le fils aîné de Belle-Ile et de la sœur de M. de Lévi prit le nom de comte de Belle-Ile, et son frère celui de chevalier de Belle-Ile. Je m'étends sur eux parce qu'il sera souvent mention d'eux dans la suite, et beaucoup plus dans les histoires et dans les Mémoires de ce temps-ci qui dépasseront les miens.

Tous deux entrèrent dans le service. L'aîné fut refusé avec aigreur d'un régiment de cavalerie. Le roi dit que ce seroit beaucoup encore s'il lui accordoit, avec le temps, l'agrément d'un régiment de dragons. Il l'obtint enfin. Il se signala dans Lille. Il fut fait, comme on l'a dit, brigadier en sortant; il y fut dangereusement blessé. Le maréchal de Boufflers le servit si bien, que Hautefeuille ayant demandé à se défaire de sa charge de mestre de camp général des dragons, Belle-Ile en eut la préférence, et pour deux cent quatre-vingt mille livres, qui étoit la même somme que Hautefeuille en avoit donnée au duc de Guiche, et que celui-ci l'avoit achetée de Tessé; et Belle-Ile eut aussi cent vingt mille livres de brevet de retenue dessus, comme Hautefeuille l'avoit obtenu lorsqu'il eut la charge. C'étoit un furieux pas, et sous le feu roi, pour d'où il étoit parti. Quel prodige et comment le voir aujourd'hui gouverneur absolu d'une grande place et d'une province frontière, chevalier de l'ordre, les entrées chez le roi, et tout à coup maréchal de France, duc vérifié, ambassadeur extraordinaire pour l'élection de l'empereur, général d'armée, et le dictateur de l'Allemagne!

Le prince de Carignan mourut le 23 avril en sa soixante-dix-neuvième année. Il étoit fils du prince Thomas ou de Carignan, et de la fille et sœur des deux comtes de Soissons, dernière princesse du sang de cette branche cadette de Bourbon. Le prince Thomas étoit fils de l'infante Catherine, fille de Philippe II, roi d'Espagne, sœur du roi Philippe III, grand-père de la reine épouse de Louis XIV, et du célèbre Charles-Emmanuel, duc de Savoie, vaincu par l'industrie, le courage et l'épée de Louis XIII au fameux pas de Suse. Ce prince de Carignan, de la mort duquel je parle, étoit né sourd et muet. Il étoit l'aîné du comte de Soissons, mari de la nièce du cardinal Mazarin, de laquelle j'ai souvent parlé, et oncle, par conséquent, du comte de Soissons, si étrangement marié en France, tué parmi les ennemis devant Landau, et du célèbre prince Eugène; et de cette branche de Soissons-Savoie, il n'en reste plus.

Cette cruelle infirmité affligea d'autant plus la maison de Savoie que ce prince montroit tout l'esprit, le sens et l'intelligence dont son état pouvoit être capable. Après avoir tout tenté, on prit enfin un parti extrême : ce fut de l'abandonner à un homme qui promit de le faire parler et entendre, pourvu qu'il en fût tellement le maître, et plusieurs années, qu'on ignoreroit même tout ce qu'il feroit de lui. La vérité est qu'il en usa comme les dresseurs de chiens, et ces gens qui de temps en temps font voir pour de l'argent toutes sortes d'animaux dont les tours et l'obéissance étonnent, et qui paroissent entendre et expliquer par signes tout ce que leur maître leur dit : la faim, la bastonnade, la privation de lumière, les récompenses à proportion. Le succès en fut tel, qu'il le rendit entendant tout aidé du mouvement des lèvres et de quelques gestes, comprenant tout, lisant, écrivant, et même parlant, quoique avec assez de difficulté. Lui-même, profitant après des cruelles leçons qu'il avoit reçues, s'appliqua avec tant d'esprit, de volonté et de pénétration, qu'il posséda plusieurs langues, quelques sciences, et parfaitement l'histoire. Il devint bon politique jusqu'à être fort consulté sur les affaires d'État, et faire à Turin plus de personnage par sa capacité que par sa naissance. Il y tenoit sa petite cour, et faisoit la sienne avec dignité toute sa longue vie, qui put passer pour un prodige.

Il épousa en 1684 une Este-Modène, fille du marquis de Scandiano qui envoya un gentilhomme au roi pour lui donner part de cette mort, et lui présenter une lettre de son fils, à laquelle le roi répondit, et prit le noir pour quinze jours.

Ce fils prit le nom de prince de Carignan, épousa par amour et pour plaire au duc de Savoie, depuis premier roi de Sardaigne, la bâtarde qu'il avoit de la comtesse de Verue, lesquels brouillés à Turin et venus ici sous un rare incognito, comme en lieu de conquête assurée pour tout étranger, on les a vus courtiser bassement les gens en place de les servir pendant la jeunesse du roi, prendre partout, faire toutes sortes d'indignes affaires; la femme la complaisante de celle du garde des sceaux Chauvelin, et le mari se faire le fermier de l'Opéra et le surintendant de ce spectacle, et avec des millions de rapines; le mari dans l'obscurité et dans la basse débauche, la femme, dans l'intrigue de toute espèce, et l'écorce de la plus haute dévotion, caressant tout le monde, ménageant tout, se fourrant partout, se moquer de leurs créanciers, et vivre en bohémiens; le mari mort dans cette crapule à Paris, en 1740, la femme se raccrocher aux Rohan par le mariage de sa fille avec M. de Soubise; et son fils devenu prince de Carignan, ôté d'avec eux longtemps avant la mort du père par le roi de Sardaigne et élevé à Turin, et marié par lui à la sœur de sa seconde femme Hesse-Rhinfels, et de la seconde femme de M. le Duc, les deux sœurs mortes et M. le Duc aussi.

En même temps mourut le duc de La Trémoille, dont j'ai

parlé plus d'une fois, à cinquante-quatre ans, que je regrettai extrêmement, et qui, malgré la disproportion de nos âges, étoit demeuré extrêmement de mes amis, depuis que notre commun procès de préséance contre M. de Luxembourg avoit formé notre liaison. C'étoit un fort grand homme, le plus noblement et le mieux fait de la cour, et qui, avec un fort vilain visage, sentoit le mieux son grand seigneur : sans esprit que l'usage du monde, sans dépense avec des affaires fort mal rangées, et une femme fort avare et fort maîtresse qu'il avoit perdue depuis assez peu; sans crédit de faveur, et sans grand commerce. Il avoit tant d'honneur, de droiture, de politesse et de dignité, que cela lui tint lieu d'esprit, lui fit garder une conduite toujours honnête et digne, et lui acquit partout de la considération, même du roi et des ministres, à qui il ne se prodigua jamais. Il ne laissa qu'un fils, et une fille mariée au duc d'Albret. Il mourut dans la douleur, dont il m'avoit entretenu souvent, de n'avoir pu obtenir la survivance de sa charge de premier gentilhomme de la chambre pour son fils, et de trouver le roi inflexible sur la règle qu'il s'étoit faite de n'en plus donner. C'étoit celle de mon père. Il m'en souhaitoit souvent une d'un camarade avec qui il vivoit fort bien, mais qu'il supportoit avec impatience dans sa même dignité et dans sa même charge. M. de Beauvilliers et lui étoient fort amis, et je ne sais comment il étoit arrivé que lui et moi avions assez les mêmes goûts et les mêmes éloignements.

Son fils, à sa mort, étoit considérablement malade. La duchesse de Créqui, sa grand'mère, qui avoit été dame d'honneur de la reine jusqu'à sa mort, vint le lendemain matin parler au roi avant son grand lever, et emporta la charge avec quelque difficulté. Hors la jeunesse que le roi n'aimoit pas pour les grandes charges, il n'y avoit aucunes raisons d'en faire. Enfin le nouveau duc de La Trémoille l'eut; il ne la garda guère. Son fils, enfant, l'eut après lui de M. le duc d'Orléans au commencement de sa régence. Il vient de laisser un seul fils dans la première enfance, et sa charge en proie à la toute-puissance du cardinal Fleury, qui pourtant, à toute peine et bien évidente, l'arracha pour le duc Fleury, petit-fils de sa sœur.

Peu de jours après mourut La Reynie, un des plus anciens conseillers d'État, des plus capables, des plus intègres, grand magistrat, et de l'ancienne roche, modeste et désintéressé, qui a formé la place de lieutenant de police dans l'importance où elle est montée, et qui ne l'avoit pas mise sur le dangereux pied et honteux où peu à peu, pour plaire et se faire valoir, ses successeurs l'ont conduite. Il y avoit bien des années que La Reynie ne l'étoit plus. Son nom étoit Nicolas, et homme de fort peu, que son mérite et sa vertu élevèrent, et par les mains duquel il a passé bien des choses importantes et secrètes. Son fils unique lui échappa jeune, s'en alla à Rome, d'où jamais il ne put le faire revenir quoique exprès il l'y laissât manquer de tout. Après la mort de son père, il y voulut demeurer, et y est mort longues années après, ne voyant presque personne que des curieux obscurs, et ne se pouvant lasser, sans débauche, de la vie paresseuse et des beautés de Rome, et du *far niente* des Italiens, sans s'être jamais marié. Je le rapporte comme une chose fort singulière.

Le duc de Brissac le suivit de près. Quelques mois auparavant étant à Meudon, il s'avisa, au sortir de table de Monseigneur, de me prendre sur la terrasse, et de me demander pardon de son procès, et de ce qu'il avoit fait contre moi, après tout ce qu'il me devoit, et l'avoir fait duc et pair. Il mourut à Paris, subitement chez lui, d'apoplexie, à quarante et un ans, comme il alloit monter en carrosse pour s'en aller à Meudon.

L'extrémité où les affaires se trouvoient réduites par les malheurs de la guerre en tous lieux, et par la disette et la misère où la France fut cette année, firent craindre au roi et à la reine d'Espagne, un abandon à leurs propres forces, dont il se parloit depuis quelque temps à l'oreille [1]. Le prince des Asturies avoit près de vingt mois et se portoit fort bien. Ces soupçons leur firent prendre la résolution de s'assurer et de se lier de plus en plus les Espagnols, en renouvelant une ancienne cérémonie qui est ce qu'ils appellent faire jurer le prince, c'est-à-dire de le faire reconnoître pour le successeur de la couronne, et de lui faire rendre hommage et prêter serment de fidélité, comme tel, et comme roi futur et nécessaire pour tous les membres de la monarchie.

Les cortès, c'est-à-dire les états-généraux, furent convoquées pour cela, et s'assemblèrent le 7 avril dans l'église des Jéronimites du palais de Buen-Retiro, tout à l'extrémité de Madrid. Le palais et le couvent de ces religieux sont très-grands et très-magnifiques ; ils se tiennent, à aller à couvert de l'un dans l'autre par plusieurs endroits, et l'église, grande et belle, sert de chapelle au palais. Le roi et la reine sous leur dais du côté de l'évangile, les grands tout de suite sur leurs bancs, les grands officiers, les conseils, les ordres, les députés des villes, vis-à-vis et au bas en face de l'autel, et les évêques des deux côtés de l'autel ; le cardinal Portocarrero, archevêque de Tolède et diocésain officiant ; le prince porté par la princesse des Ursins, auprès de la reine. La fonction dura trois heures et fut fort pompeuse ; tous les ordres du royaume y témoignèrent une grande affection. Après la messe le petit prince fut confirmé par le patriarche des Indes, confirmation étrangement prématurée.

En ces occasions il y a toujours dispute à qui des députés de Tolède et de Valladolid prêtera son serment et sa foi et hommage la première. Valladolid est la première ville de la vieille Castille ; Tolède de la nouvelle, mais décorée de la première métropole qui se prétend primatie. Toutes deux sont appelées ensemble les premières de toutes les villes, et

---

1. Voy. notes à la fin du volume.

toutes deux arrivent de leur place à toute course au pied de l'autel, à qui s'y trouvera la première ; mais, quoi qu'il en réussisse, Valladolid est admise la première, et toujours sans conséquence. Les villes comme représentant le peuple ne sont appelées que les dernières.

Tôt après, le château d'Alicante se rendit, la ville l'étoit de l'automne précédent. Le château étoit demeuré bloqué tout l'hiver ; une mine qui joua à propos y fit un grand désordre, et à la fin opéra la reddition, qui fut très-importante. Ce succès fut suivi d'un autre fort considérable au commencement de mai : l'armée portugaise, plus forte de quatre ou cinq mille hommes que celle d'Espagne, commandée par le marquis de Bay, la vint attaquer, et fut si bien reçue qu'elle fut entièrement défaite et son infanterie tout à fait perdue. Le marquis d'Ayetone, de la maison de Moncade, et grand d'Espagne, y commandoit l'infanterie d'Espagne, et s'y distingua extrêmement de tête et de valeur, ainsi que Fiennes, aussi lieutenant général des troupes de France, qui commandoit la gauche, et Caylus, maréchal de camp dans celles d'Espagne. Toute la cavalerie ennemie prit la fuite et abandonna trois régiments anglois qui furent pris entiers, outre huit ou neuf cents Portugais et quatre ou cinq mille tués. Milord Galloway, qui commandoit les Anglois, rejeta toute la faute sur le comte de Saint-Jean, général de leur armée. Les Espagnols perdirent fort peu.

Chamarande, qui avoit commandé à Toulon, la campagne précédente, s'y étoit si dignement conduit, que tous les habitants écrivirent au duc de Berwick dès qu'ils le surent destiné à commander l'armée de Dauphiné, et à Chamillart pour obtenir qu'il leur fût donné encore celle-ci. La demande fut accordée, et Chamarande destiné pour Toulon en cas d'entreprise de M. de Savoie en Provence.

CHAPITRE XIII.

Villars et ses fanfaronnades. — Modeste habileté d'Harcourt. — Chamillart ébranlé, puis apparemment raffermi. — Chamillart rudement attaqué. — Sarcasme d'Harcourt sur Chamillart. — Conseil de guerre devant le roi fort orageux, et l'unique de sa vie à la cour. — Petits désordres à Paris. — Billets fous. — Placards insolents. — Procession de Sainte-Geneviève. — Harcourt bien pourvu à Strasbourg. — Dangereuses audiences pour Chamillart. — Surville dans Tournai avec dix-huit bataillons. — Manquement de tout en Flandre. — Retour de Hollande de Torcy. — Princes ne vont point aux armées qu'ils devoient commander. — Besons maréchal de France. — Duchesse de Grammont. — Vaisselles portées à l'orfévre du roi et à la Monnoie. — Le roi et la famille royale en vermeil et en argent; les princes et les princesses du sang en faïence. — Inondations de la Loire. — Rouillé de retour de Hollande. — Les armées assemblées. — Cardinal de Bouillon rapproché à trente lieues. — Superbe du roi.

Peu de jours après la déclaration des généraux d'armée, le maréchal de Villars, qui devoit commander en Flandre sous Monseigneur, travailla avec lui à Meudon, puis avec lui chez le roi, et de là s'en alla en Flandre, à la mi-mars, y disposer toutes choses. Il en revint dans les premiers jours de mai rendre compte de son voyage pour repartir peu après. Les troupes n'étoient [pas] payées, et de magasins on n'en avoit pu faire nulle part. Villars, toutefois, se mit à pouffer à la matamore, et à tenir à son ordinaire des propos insensés. Il ne respiroit que batailles, publioit qu'il n'y avoit qu'une bataille qui pût sauver l'État, qu'il en livreroit une dans les plaines de Lens à l'ouverture de la campagne, se mit en défi, et, par un tissu de fanfaronnades folles, faisoit

transir tout ce qu'il y avoit de gens sages de voir la dernière
ressource de l'État commise en de telles mains. Ce n'étoit
pas pourtant qu'il ne sentît le poids du fardeau; mais il pensoit étourdir le monde, les ennemis même à qui ces propos
reviendroient, rassurer le roi et Mme de Maintenon, et
donner de grandes idées de lui. Il travailla avec le roi et
plusieurs fois avec Monseigneur, se donna pour lui rendre
un compte exact de toutes choses; et ce prince ne fut pas
insensible à l'air de se mêler de quelque chose d'important.
Sur cette piste, Chamillart et Desmarets lui parlèrent aussi
d'affaires, l'un sur les projets et la disposition des troupes,
l'autre sur les fonds.

Harcourt, plus sage et plus mesuré, avoit refusé l'armée
de Flandre; il avoit modestement allégué qu'il n'étoit plus
depuis longtemps dans l'habitude de la guerre, qu'il n'avoit
jamais commandé que de petits corps, qu'il ne se sentoit
pas assez fort pour une armée si nombreuse et pour des
événements si importants. Il aima mieux se conserver la
faculté de pouvoir de loin blâmer ce qui s'y feroit, commander une armée aussi à l'abri des événements qu'une
armée le pouvoit être, et, déjà bien avec Monseigneur, saisir
l'occasion de débaucher au duc de Beauvilliers son pupille,
ou de faire au moins autel contre autel. Il suivit à l'égard
du fils la trace que Villars marquoit à celui du père. Il travailla avec Mgr le duc de Bourgogne; mais en rusé compagnon, il alla plus loin. Il proposa au jeune prince que
Mme la duchesse de Bourgogne fût présente à leur travail,
et les charma tous deux de la sorte. Il avoit réservé les
choses principales pour les déployer devant elle; finement
il la consulta, admira tout ce qu'elle dit, le fit valoir à
Mgr le duc de Bourgogne, allongea la séance, et y mit tout
son esprit à étaler dextrement sa capacité pour leur en
donner grande idée, et à persuader la princesse de son
plus entier attachement. Elle en fut flattée; d'Harcourt la
ménageoit de longtemps; il étoit trop à Mme de Maintenon,

et elle à lui, pour que la princesse ne fût pas déjà bien disposée pour lui; elle étoit fort sensible à se voir ménagée et recherchée par les personnages.

La destination des généraux fut fort approuvée. Je fus en cela du sentiment de tous; mais je ne pouvois goûter que Chamillart eût laissé remettre Harcourt en voie, et lui donner de plus les moyens de s'emparer de Mgr le duc de Bourgogne. J'en parlai fortement aux ducs de Chevreuse et de Beauvilliers qui, à leur ordinaire, tout en Dieu et froids sur les cabales et les événements, n'en firent pas grand cas, séduits peut-être par la raison que Chamillart m'en avoit lui-même donnée, qu'il aimoit mieux éloigner ce censeur de la cour. Mais le pauvre homme ne voyoit pas qu'en l'éloignant en apparence, il le rapprochoit en effet, en lui donnant lieu, par cette armée, d'entrer dans tout de l'un à l'autre avec Mgr le duc de Bourgogne, avec Mme la duchesse de Bourgogne, et de plus belle avec Mme de Maintenon et avec le roi, dont les trois premiers ne lui avoient pas pardonné sa conduite de Flandre et son opiniâtre partialité pour le duc de Vendôme contre Mgr le duc de Bourgogne.

Plus de six semaines avant la déclaration des généraux des armées, il avoit couru de fort mauvais bruits de ce ministre, à la place duquel on avoit publiquement parlé de mettre d'Antin. J'en avois averti sa fille Dreux, la seule de la famille à qui on pût parler avec fruit. La mère, avec très-peu d'esprit et de conduite de cour, pleine d'apparente confiance et de fausse finesse en effet, prenoit mal tous les avis. Les frères étoient des imbéciles, le fils un enfant et un innocent, les deux autres filles trop folles; et Chamillart se piquoit de mépriser tout et de compter sur le roi comme sur un appui qui ne pouvoit lui manquer. J'avois aussi souvent averti Mme Dreux du ressentiment de Mme la duchesse de Bourgogne; elle lui en avoit reparlé. La princesse lui avoit fort froidement dit qu'il n'en étoit rien, et, faute de pouvoir mieux, l'autre s'en étoit contentée. Je l'avois pressée de forcer son père à parler au roi sur ces bruits de d'Antin. Il le fit à la fin, malgré sa sécurité; mais il ne le fit qu'à demi, il lui dit bien les bruits, mais il fit la faute capitale de ne lui nommer personne. Ce qu'il fit de mieux fut qu'il ajouta que s'il avoit le malheur que ceux qui arrivoient en ses affaires le dégoûtassent de lui, il le lui dît sans s'en contraindre. Le roi parut touché, lui donna toutes sortes de marques et d'assurances d'estime et d'amitié, jusqu'à lui faire son éloge, et le renvoya comblé et en apparence mieux que jamais avec lui. Je ne sais si déjà Chamillart touchoit à sa perte, et si cette conversation le remit; mais du jour qu'il l'eut eue, les bruits qui s'étoient toujours soutenus sur lui tombèrent tout court, et on le crut tout à fait rétabli.

Ces apparences ne purent me rassurer; je ne pouvois douter de l'extrême mauvaise volonté pour lui de Mme de Maintenon et de Mme la duchesse de Bourgogne, et il étoit sans cesse coiffé par deux rudes lévriers. Le maréchal de Boufflers ne l'avoit jamais aimé; il se plaignoit nouvellement et avec amertume de tout ce dont il avoit manqué à Lille. Il lui étoit revenu qu'il avoit tu quelques-unes des blessures qu'il y avoit reçues, que le roi avoit apprises d'ailleurs avec surprise. Impuissance peut-être pour l'un, et pour l'autre ne vouloir pas alarmer, ce n'étoit pas là des crimes, mais le maréchal, sensible, court, littéral, les trouvoit tels. Il m'en avoit fait souvent des plaintes, sans que j'eusse pu lui remettre l'esprit là-dessus. Il étoit persuadé de plus que le poids étoit trop fort pour Chamillart. Encouragé par Mme de Maintenon qui étoit pour lui, et entraîné par Harcourt, il se contraignoit peu sur ce ministre, et il s'en faisoit comme un point d'honneur et de bon citoyen.

Le maréchal d'Harcourt le mettoit savamment en pièces dans tous les particuliers qu'il avoit. Un jour, entre autres, qu'il déclamoit rudement contre lui chez Mme de Maintenon, à qui il ne pouvoit douter que cela ne déplaisoit pas, elle lui demanda qui donc il mettroit en sa place. « M. Fagon, madame, » lui répondit-il froidement. Elle se mit à rire, et à lui remontrer qu'il n'étoit point question de plaisanter. « Je ne plaisante point aussi, madame, répliqua-t-il. M. Fagon est bon médecin, et point homme de guerre; M. Chamillart est magistrat et point homme de guerre non plus. M. Fagon de plus est homme de beaucoup d'esprit et de sens; M. Chamillart n'a ni l'un ni l'autre. M. Fagon, d'entrée et faute d'expérience, pourra faire des fautes, il les corrigera bientôt à force d'esprit et de réflexion; M. Chamillart en fait aussi, et ne cesse d'en faire et qui perdront l'État, et avec cela il n'y a en lui aucune ressource; ainsi, je vous répète très-sérieusement que M. Fagon y vaudroit beaucoup mieux. »

Il n'est pas concevable le mal que ce sarcasme fit à Chamillart, et le ridicule qu'il lui donna. Le fin Normand comptoit bien sur les plaies profondes que feroit à Chamillart ce bizarre parallèle, et si cruellement soutenu. Il fut au roi, et de là à bien des gens qui en jugèrent de même.

Mais il se passa en même temps une scène entre d'Antin et le fils de Chamillart, devant beaucoup de monde, chez Mme la Duchesse, dont je passe l'inutile détail, qui, plus que, tout dut faire trembler le ministre. D'Antin, si mesuré, si valet de la faveur et des places, d'ailleurs si maître de soi, s'aigrit de commande dans la dispute, et y traita si mal le père et le fils, que la duchesse de La Feuillade sortit en colère. L'éclat de cette aventure embarrassa pourtant d'Antin, qui, de propos délibéré, avoit voulu faire le chien de meute et plaire à ce qui prenoit le dessus. Il en vint à de fort sottes excuses, après avoir tâché d'en sortir en badinant. Il n'y eut personne à la cour qui eût quelque lumière qui ne sentît que Chamillart étoit fort ébranlé, puisque d'Antin s'échappoit de la sorte et sans cause d'inimitié. Lui seul se tenoit fort assuré, et dédaignoit de rien craindre; et sa famille l'imitoit en cette sécurité. Ses vrais amis, et ceux-là en bien petit nombre, gémissoient de cet aveuglement. MM. et Mmes de Chevreuse, de Beauvilliers et de Mortemart m'en témoignoient souvent leur inquiétude : c'étoit inutilement que nous cherchions des remèdes dont il s'éloignoit toujours.

Quelque peu après, le roi fit une chose fort extraordinaire pour lui, et qui fit fort parler le monde. Il entretint dans son cabinet les maréchaux de Boufflers et de Villars ensemble, en présence de Chamillart. Ce fut l'après-dînée du vendredi 7 mai, à Marly. Au sortir de là, Villars s'en alla à Paris avec ordre d'être de retour à Marly pour le dimanche suivant au matin. Il revint dès le lendemain, samedi au soir.

Si on avoit été surpris de cette manière de petit conseil de guerre de la veille, on le fut bien plus le lendemain après midi : le roi tint pour la première fois de sa vie dans sa cour un vrai conseil de guerre. Il en avertit Mgr le duc de Bourgogne en lui disant un peu aigrement : « A moins que vous n'aimiez mieux aller à vêpres. » En ce conseil furent Monseigneur et Mgr le duc de Bourgogne, les maréchaux de Boufflers, de Villars et d'Harcourt, MM. Chamillart et Desmarets, l'un pour les troupes, l'autre pour les fonds. Il dura près de trois heures et fut fort orageux. On y traita des opérations de la campagne et de l'état des frontières et des troupes. Les maréchaux, un peu émancipés de la tutelle des ministres, les vexèrent, l'un affoibli, l'autre nouveau et non encore bien ancré. Tous trois tombèrent sur Chamillart, Villars avec plus de réserve que les deux autres. Le roi ne prit point son parti et le laissa malmener par Boufflers et Harcourt qui se renvoyoient la balle, jusque-là que Chamillart, doux et modéré, mais qui n'étoit pas accoutumé au poinçon, s'aigrit et s'emporta de sorte qu'on l'entendit du petit salon voisin de la chambre du roi où étoit la scène. Il s'agissoit du dégarnissement des places, et du mauvais état des troupes, sur quoi Desmarets voulut aussi dire son mot, mais le roi le réprima aussitôt.

Les gardes du corps n'étoient pas payés depuis longtemps. Boufflers, capitaine des gardes en quartier, en avoit parlé au roi. Il en avoit été mal reçu. Il avoit insisté, le roi lui dit qu'il étoit mal informé, et qu'ils étoient payés. Boufflers piqué s'étoit muni d'un rôle exact et détaillé de ce qui étoit dû à chacun et l'avoit mis dans sa poche. Le conseil levé il arrêta la compagnie, tira ce rôle, supplia le roi d'être persuadé qu'il étoit bien informé quand il lui parloit de quelque chose, et ouvrant le rôle, fit voir en un coup d'œil, avec la plus grande netteté, la misère des gardes du corps, et qu'il n'avoit rien avancé que d'exact. Le roi, qui ne s'attendoit à rien moins, se redressa, et jetant à Desmaret un regard sévère, lui demanda ce que cela vouloit dire, et s'il ne lui avoit pas bien assuré que ses gardes étoient payés. Desmarets demeura court, et tout confus, prit le rôle et barbouilla quelque chose entre ses dents, sur quoi Boufflers piqué au jeu lui parla fort vivement. Desmarets en silence laissa passer l'ondée, puis avoua au roi qu'il avoit cru les gardes payés et qu'il s'étoit trompé, sur quoi Boufflers, de nouveau à la charge, lui fit entendre qu'il falloit être sûr de son fait avant d'en répondre si bien, et répéta au roi qu'il le supplioit de croire qu'il ne lui parloit jamais que bien informé. Les deux autres maréchaux gardoient cependant un profond silence, et Chamillart, qui jusque-là s'étoit contenté de rire dans sa barbe, ne put s'empêcher de rendre à son tour un lardon au contrôleur général. Boufflers étant sur la fin de sa romancine, Chamillart ajouta qu'il supplioit le roi de croire qu'il en alloit ainsi de beaucoup de choses, qu'il n'y avoit pas un seul régiment de payé, et que les preuves en seroient bientôt apportées. Cela fut dit avec grande émotion. Le roi, fatigué d'une fin de conseil si aigre et si peu attendue, interrompit Chamillart par un mot assez ferme à Desmarets de mieux s'assurer de ce qu'il avançoit, et de mieux pourvoir aux choses, et tout de suite les congédia tous.

Boufflers et Villars n'avoient pas toujours été d'accord dans leurs avis, sur les opérations de la campagne qui s'alloit ouvrir, mais le premier avec retenue, et le second avec un air de respect, en sorte qu'Harcourt s'y comporta le plus paisiblement. Au sortir de ce conseil Villars prit congé et s'en retourna en Flandre.

Il y avoit eu divers désordres dans les marchés de Paris, ce qui fit retenir plus de compagnies des régiments des gardes françoises et suisses qu'à l'ordinaire. Argenson, lieutenant de police, courut même fortune à Saint-Roch, où il étoit accouru sur une grande émeute de la populace, fort grossie et fort insolente, à l'occasion d'un pauvre qui étoit tombé et avoit été foulé aux pieds. M. de La Rochefoucauld, retiré au Chenil, y reçut un billet anonyme atroce contre le roi, qui marquoit en termes exprès qu'il se trouvoit encore des Ravaillacs, et qui, à cette folie, ajoutoit un éloge de Brutus. Là-dessus le duc accourt à Marly, et, tout engoué, fait dire au roi pendant le conseil qu'il a quelque chose de pressé à lui dire. Cette apparition si prompte d'un aveugle retiré, et son empressement de parler au roi, fit raisonner le courtisan. Le conseil fini, le roi fit entrer M. de La Rochefoucauld qui avec emphase lui donna le billet et lui en rendit compte. Il fut fort mal reçu. Comme à la fin tout se sait dans les cours, on sut ce que M. de La Rochefoucauld étoit venu faire, et que les ducs de Bouillon et de Beauvilliers, qui avoient reçu les mêmes billets, et les avoient portés au roi, en avoient été mieux reçus, parce qu'ils l'avoient fait plus simplement. Le roi en fut pourtant fort peiné pendant quelques jours, mais, réflexion faite, il comprit que des gens qui menacent et qui avertissent ont moins dessein de se commettre à un crime que d'en donner l'inquiétude.

Ce qui piqua le roi davantage, fut l'inondation des placards les plus hardis et les plus sans mesure contre sa personne, sa conduite et son gouvernement, qui longtemps durant furent trouvés affichés aux portes de Paris, aux églises, aux places publiques, surtout à ses statues, qui furent insultées de nuit en diverses façons, dont les marques se trouvoient les matins et les inscriptions arrachées : il y eut aussi une multitude de vers et de chansons où rien ne fut épargné.

On en étoit là, lorsqu'on fit, le 16 mai, la procession de Sainte-Geneviève, qui ne se fait que dans les plus pressantes nécessités, en vertu des ordres du roi, des arrêts du parlement et des mandements de l'archevêque de Paris et de l'abbé de Sainte-Geneviève [1]. Les uns en espérèrent du secours, les autres amuser un peuple mourant de faim.

Harcourt, habile en tout, et dont les sorties sur Chamillart avoient intimidé Desmarets avec lui, ne voulut point partir que très-bien assuré de pain, de viande et d'argent pour son armée du Rhin. Il entretint fort Monseigneur à Meudon tête à tête, y prit congé de lui, fut le lendemain fort longtemps seul avec le roi, et partit les derniers jours de mai. Ce même jour de la dernière audience du maréchal d'Harcourt, le roi en donna une fort longue aussi dans son cabinet au maréchal de Tessé. Le prétexte des unes fut le prochain départ pour l'armée (car Harcourt en avoit eu plusieurs, et Boufflers sans cesse, sans qu'elles parussent à l'abri de ses grandes entrées); celle de Tessé pour rendre le compte de ses négociations d'Italie, elles étoient alors plus que prescrites et en fumée. La vérité fut que toutes ces audiences regardèrent Chamillart, comme on le verra bientôt, et toutes ameutées et procurées par Mme de Maintenon.

Surville eut permission de saluer le roi, et fut envoyé aussitôt après commander dans Tournai, avec dix-huit bataillons.

L'armée de Flandre ne fut pas si heureuse que celle d'Al-

1. Voy. notes à la fin du volume.

lemagne; aussi n'avoit-elle pas un général si madré, et si craint des ministres. Elle manquoit de tout. On fit les derniers efforts pour lui envoyer de l'argent les premiers jours de juin, et y procurer des blés de Bretagne, et en voiturer de Picardie. De l'argent et du pain, il n'y en vint que chiquet à chiquet; et cette armée se trouva abandonnée souvent à sa propre industrie là-dessus, et souvent pendant de longs intervalles, avec une frontière fort resserrée. Les armées de Dauphiné et de Catalogne étoient beaucoup mieux pour les subsistances, et les troupes en bon état. Il y avoit déjà du temps que le duc de Berwick étoit à la sienne, et qu'il faisoit un camp retranché sous Briançon.

J'ai déjà averti que je ne dirois rien ici des négociations ni des voyages de Rouillé, de Torcy, du maréchal d'Huxelles et de l'abbé de Polignac ensuite, et j'en ai dit la raison. Tout cela se trouvera bien au long et fort en détail et d'original dans les Pièces. Je me contenterai donc de marquer ici que Torcy arriva de la Haye à Versailles, le samedi 1er juin, après un mois juste d'absence. Il ne rapporta rien d'agréable, et fut médiocrement reçu du roi et de Mme de Maintenon chez laquelle il alla d'abord rendre compte au roi. Chamillart et Mme de Maintenon avoient fort blâmé son voyage, parce qu'elle ne l'aimoit pas et que la chose avoit été faite sans elle, Chamillart, par jalousie de métier et dépit du traité, dont j'ai parlé, qu'il fut obligé de signer à Torcy.

Ce retour fit presser dès le lendemain le départ de tous les officiers généraux. L'électeur de Bavière que Torcy avoit vu à Mons, et le maréchal de Villars qu'il avoit entretenu à Arras, étoient informés de l'état des affaires. En même temps on déclara qu'aucun des princes destinés aux armées ne sortiroit de la cour; et le roi envoya le bâton de maréchal de France à Besons qui commandoit l'armée de Catalogne. Il fut fait seul, et n'étoit pas des plus anciens lieutenants généraux. M. le duc d'Orléans pressoit fort le roi pour lui depuis assez longtemps; mais nous verrons bientôt que son crédit n'étoit pas grand alors. Le roi lui fit entendre que Monseigneur et Mgr le duc de Bourgogne demeurant à la cour, il convenoit qu'il y demeurât aussi, d'autant plus qu'il pouvoit se trouver peut-être dans peu dans la triste nécessité de retirer ses troupes d'Espagne.

Si Mme de Maintenon fut bien fatale dans le plus grand, cette vilaine que le duc de Grammont avoit épousée la fut en petit : c'est le sort de toutes ces créatures. Celle-ci, revenue de Bayonne par ordre du roi, où ses pillages et d'adresse et de force avoient trop éclaté, où elle avoit impunément volé les perles de la reine d'Espagne, et manqué de respect en toutes façons, étoit au désespoir de se retrouver à Paris exclue du rang et des honneurs de son mariage.

En attendant Rouillé, qui, à l'arrivée de Torcy, eut ordre de revenir, on avoit jugé à propos de ranimer le zèle de tous les ordres du royaume en leur faisant part des énormes volontés, plutôt que propositions, des ennemis, par une lettre imprimée du roi aux gouverneurs des provinces pour l'y répandre et y faire voir jusqu'à quel excès le roi s'étoit porté pour obtenir la paix, et combien il étoit impossible de la faire. Le succès en fut tel qu'on avoit espéré. Ce ne fut qu'un cri d'indignation et de vengeance, ce ne furent que propos de donner tout son bien pour soutenir la guerre, et d'extrémités semblables pour signaler son zèle.

Cette Grammont crut trouver dans cette espèce de déchaînement un moyen d'obtenir ce qui lui étoit interdit, et qu'elle désiroit avec tant de passion. Elle proposa à son mari d'aller offrir au roi sa vaisselle d'argent, dans l'espérance que cet exemple seroit suivi, et qu'elle auroit le gré de l'invention, et la récompense d'avoir procuré un secours si prompt, si net et si considérable. Malheureusement pour elle le duc de Grammont en parla au maréchal de Boufflers son gendre, comme il alloit exécuter ce conseil. Le maréchal trouva cela admirable, s'en engoua, alla sur les pas de son beau-père offrir la sienne dont il avoit en grande quantité, et admirable, et en fit tant de bruit pour y exhorter tout le monde, qu'il passa pour l'inventeur, et qu'il ne fut pas seulement mention de la vieille Grammont, ni même du duc de Grammont, qui en furent les dupes, et elle enragée. Il en avoit parlé à Chamillart, son ancien ami du billard, pour en parler au roi. Cette offre entra dans la tête du ministre, et par lui dans celle du roi à qui Boufflers alla tout droit. Lui et son beau-père furent fort remerciés.

Aussitôt la nouvelle en vola au Chenil. M. de La Rochefoucauld à l'instant se fit mener chez le roi qu'il trouva allant passer chez Mme de Maintenon, et l'embarrassa par une vive sortie de plaintes et de reproches qui n'étonnèrent pas moins le courtisan, car cette fois il l'attendit à son passage. La fin de ce torrent et de ces convulsions énergiques, la cause de son mauvais traitement, de son profond malheur, fut que le roi, voulant bien accepter la vaisselle de tout le monde, ne lui eût pas fait la grâce de lui demander d'abord la sienne. A ces mots le roi s'en tint quitte à bon marché, et pour la première fois le courtisan au lieu d'applaudir s'écoula en silence en levant les épaules. Le roi répondit qu'il n'avoit encore rien résolu sur cela, que s'il acceptoit les vaisselles il seroit averti, et qu'il lui savoit gré de son zèle. Le duc redoubla d'empressement et de cris en aveugle qu'il étoit, avec lesquels il suivit le roi tant qu'il put, au lieu des termes qui ne se présentoient pas souvent à lui, et bien content de soi, il s'en retourna dans son Chenil.

Ce bruit de la vaisselle fit un grand tintamarre à la cour. Chacun n'osoit ne pas offrir la sienne; chacun y avoit grand regret. Les uns la gardoient pour une dernière ressource dont il les fâchoit fort de se priver; d'autres craignoient la malpropreté de l'étain et de la terre; les plus esclaves s'affligeoient d'une imitation ingrate dont tout le gré seroit pour l'inventeur. Le lendemain, le roi en parla au conseil des finances, et témoigna pencher fort à recevoir la vaisselle de tout le monde.

Cet expédient avoit déjà été proposé et rejeté par Pontchartrain, lorsqu'il étoit contrôleur général, qui, devenu chancelier, n'y fut pas plus favorable. On objectoit que l'épuisement étoit depuis ces temps-là infiniment augmenté et les moyens également diminués. Ce spécieux ne le toucha point. Il opina fortement contre, représenta le peu de profit par rapport à l'objet, si considérable pour chaque particulier, et un profit court et peu utile, qui tôt perçu n'apporteroit pas un soulagement qui tînt lieu de quelque chose; l'embarras et la douleur de chacun, et la peine dans l'exécution de ceux-là mêmes qui le feroient de meilleur cœur; la honte de la chose en elle-même; la bigarrure de la cour et de la première volée d'ailleurs en vaisselle de terre, et des particuliers de Paris et des provinces en vaisselle d'argent, si on en laissoit la liberté; et si on ne la laissoit pas, le désespoir général, et la ressource des cachettes; le décri des affaires qui, après cette ressource épuisée, et qui la seroit en un moment, et paroîtroit extrême et dernière, sembleroient n'en avoir plus aucune; enfin le bruit que cela feroit chez les étrangers, l'audace, le mépris, les espérances que les ennemis en concevroient; le souvenir de leurs railleries lorsqu'en la guerre de 1688 tant de précieux meubles d'argent massif qui faisoient l'ornement de la galerie et des grands et petits appartements de Versailles et l'étonnement des étrangers, furent envoyés à la Monnoie, jusqu'au trône d'argent; du peu qui en revint, et de la perte inestimable de ces admirables façons plus chères que la matière [1], et que le luxe avoit introduites depuis sur les vaisselles, ce qui tourneroit nécessairement en pure perte pour chacun. Des-

---

1. Voy. ce qu'en dit Mme de Sévigné. Elle écrivait le 11 décembre 1689 : « M. le Dauphin et Monsieur ont envoyé leurs meubles à la Monnoie. » Et le 21 décembre : « Que dites-vous de tous ces beaux meubles de la duchesse du Lude et de tant d'autres qui vont après ceux de Sa Majesté à l'hôtel des

marets, quoique celui qui portoit le poids des finances et que cela devoit soulager de quelques millions, opina en même sens et avec la même force.

Nonobstant de si bonnes raisons et si évidentes, le roi persista à vouloir non pas forcer personne, mais recevoir la bonne volonté de ceux qui présenteroient leurs vaisselles, et cela fut déclaré ainsi et verbalement, et on indiqua deux voies à faire le bon citoyen : Launay, orfèvre du roi, et la Monnoie. Ceux qui donnèrent leur vaisselle à pur et à plein l'envoyèrent à Launay, qui tenoit un registre des noms et du nombre de marcs qu'il recevoit. Le roi voyoit exactement cette liste, au moins les premiers jours, et promettoit à ceux-là, verbalement et en général, de leur rendre le poids qu'il recevoit d'eux quand ses affaires le lui permettroient, ce que pas un d'eux ne crut ni n'espéra, et de les affranchir du contrôle, monopole assez nouveau, pour la vaisselle qu'ils feroient refaire. Ceux qui voulurent le prix de la leur l'envoyèrent à la Monnoie. On l'y pesoit en y arrivant; on écrivoit les noms, les marcs et la date, suivant laquelle on y payoit chacun à mesure qu'il y avoit de l'argent. Plusieurs n'en furent point fâchés pour vendre leur vaisselle sans honte, et s'en aider dans l'extrême rareté de l'argent. Mais la perte et le dommage furent inestimables de toutes ces admirables moulures, gravures, ciselures, de ces reliefs et de tant de divers ornements achevés dont le luxe avoit chargé la vaisselle de tous les gens riches et de tous ceux du bel air.

De compte fait, il ne se trouva pas cent personnes sur la liste de Launay, et le total du produit en don ou en conversion ne monta pas à trois millions. La cour et Paris, encore

---

Monnoies?.... Les appartements du roi ont jeté six millions dans le commerce. » D'après une note publiée dans les *OEuvres de Louis XIV* (t. VI, p. 507), cette somme ne s'éleva qu'à deux millions cinq cent cinq mille six cent trente-sept livres. Ce qui confirme ce que dit Saint-Simon *du peu qui en revint*.

les grosses têtes de la ville qui n'osèrent s'en dispenser, et quelque peu d'autres qui crurent se donner du relief, suivirent le torrent; nuls autres dans Paris, ni presque dans les provinces. Parmi ceux même qui cessèrent de se servir de leur vaisselle, qui ne furent pas en grand nombre, la plupart la mirent dans le coffre pour en faire de l'argent, suivant leurs besoins, ou pour la faire reparoître dans un meilleur temps.

J'avoue que je fis l'arrière-garde, et que, fort las des monopoles, je ne me soumis point à un volontaire. Quand je me vis presque le seul de ma sorte mangeant dans de l'argent, j'en envoyai pour un millier de pistoles à la Monnoie, et je fis serrer le reste. J'en avois peu de vieille de mon père, et sans façons, de sorte que je la regrettai moins que l'incommodité et la malpropreté.

Pour M. de Lauzun, qui en avoit quantité et toute admirable, son dépit fut extrême, et l'emporta sur le courtisan. Le duc de Villeroy lui demanda s'il l'avoit envoyée; j'étois avec lui, le duc de La Rocheguyon et quelques autres. « Non, encore, répondit-il d'un ton tout bas et tout doux. Je ne sais à qui m'adresser pour me faire la grâce de la prendre, et puis, que sais-je s'il ne faut pas que tout cela passe sous le cotillon de la duchesse de Grammont? » Nous en pensâmes tous mourir de rire; et lui, de faire la pirouette et nous quitter.

Tout ce qu'il y eut de grand ou de considérable se mit en huit jours en faïence, en épuisèrent les boutiques, et mirent le feu à cette marchandise, tandis que tout le médiocre continua à se servir de son argenterie.

Le roi agita de se mettre à la faïence; il envoya sa vaisselle d'or à la Monnoie, et M. le duc d'Orléans le peu qu'il en avoit. Le roi et la famille royale se servirent de vaisselle de vermeil et d'argent; les princes et les princesses du sang de faïence. Le roi sut peu après que plusieurs avoient fait des démonstrations frauduleuses, et s'en expliqua avec une aigreur qui lui étoit peu ordinaire, mais qui ne produisit rien. Elle seroit mieux tombée sur le duc de Grammont et sa vilaine épousée, causes misérables d'un éclat si honteux et si peu utile. Ils n'en furent pas les dupes, ils encoffrèrent leur belle et magnifique vaisselle; et la femme elle-même porta leur vieille à la Monnoie, où elle se la fit très-bien payer.

Pour d'Antin, qui en avoit de la plus achevée et en grande quantité, on peut juger qu'il fut des premiers sur la liste de Launay; mais, dès qu'il eut le premier vent de la chose, il courut à Paris choisir force porcelaine admirable, qu'il eut à grand marché, et enlever deux boutiques de faïence qu'il fit porter pompeusement à Versailles.

Cependant les donneurs de vaisselle n'espérèrent pas longtemps d'avoir plu. Au bout de trois mois, le roi sentit la honte et la foiblesse de cette belle ressource, et avoua qu'il se repentoit d'y avoir consenti. Ainsi alloient alors les choses et pour la cour et pour l'État.

Les inondations de la Loire qui survinrent en même temps, qui renversèrent les levées, et qui firent les plus grands désordres, ne remirent pas de bonne humeur la cour ni les particuliers, par les dommages qu'ils causèrent, et les pertes qui furent très-grandes, qui ruinèrent bien du monde et qui désolèrent le commerce intérieur.

Rouillé, à qui Torcy, le lendemain de son arrivée, avoit envoyé ordre de revenir, arriva incontinent après, sur quoi les armées de part et d'autre s'assemblèrent en Flandre : les ennemis commandés à l'ordinaire par le duc de Marlborough et le prince Eugène; et le maréchal de Villars dans les plaines de Lens.

Torcy eut aussi ordre d'envoyer au cardinal de Bouillon de pouvoir s'approcher de la cour et de Paris, à la distance de trente lieues. On fut surpris que cet adoucissement fût venu du mouvement du roi, sans que personne lui en eût parlé. Avant la disgrâce de M. de Vendôme, il lui avoit parlé en faveur du grand prieur, en même temps que le

P. Tellier l'avoit pressé pour le cardinal de Bouillon. Il les avoit refusés tous deux. Il demanda ensuite à Torcy si M. de Bouillon ne lui avoit pas parlé souvent pour son frère. Torcy lui dit qu'il ne lui en avoit point parlé du tout. « Cela est fort extraordinaire, répliqua le roi d'un air piqué, qu'un frère ne parle pas pour son frère; M. de Vendôme m'a bien pressé pour le sien. » C'est que le roi aimoit que toute une famille se sentît affligée d'une disgrâce, et que, lors même qu'il la vouloit le moins adoucir, il étoit blessé du peu d'empressement, et qu'on ne lui fournît pas l'occasion de refuser et d'humilier.

CHAPITRE XIV.

Fautes de Chamillart à l'égard de Monseigneur. — Énormes procédés de Mlle de Lislebonne à l'égard de Chamillart. — Vues et menées de d'Antin contre Chamillart. — Réunion contre Chamillart de Mme de Maintenon avec Monseigneur et Mlle Choin, qui refuse pension, Versailles et Marly. — Bruits fâcheux sur Chamillart. — Bon mot de Cavoye. — Grands sentiments et admirable réponse de Chamillart. — Durs propos de Monseigneur à Chamillart, qui achève de le perdre. — Cusani, nonce du pape, comble la mesure contre Chamillart.

Les armées étoient assemblées et les frontières en fort mauvais état; elles étoient toutefois plus tranquilles que l'intérieur de la cour, où la fermentation étoit extrême. Depuis qu'à la mort du cardinal Mazarin le roi s'étoit mis à gouverner lui-même, c'est-à-dire en quarante-huit ans, on n'avoit vu tomber que deux ministres : Fouquet, surintendant des finances, qu'il ne tint pas à Colbert et à Le Tellier qu'il ne perdît la vie, et qui fut confiné dans le château de

Pignerol, où, après trois ans de Bastille, il passa le reste de ses jours, qui durèrent plus de seize ans, jusqu'en mars 1681, qu'il mourut à soixante-cinq ans. M. de Pomponne est l'autre que MM. de Louvois et Colbert, d'ailleurs si ennemis, mais réunis pour le perdre, firent chasser, par leurs artifices, de sa charge de secrétaire d'État des affaires étrangères en 1679[1], assez contre le goût du roi, qui le rappela douze ans après dans le ministère à la mort de Louvois. Celui-ci mort subitement, la veille du jour qu'il devoit être arrêté, ne peut passer pour le troisième exemple. Chamillart le fut, et le dernier de ce règne, et peut-être le plus difficile de tous à chasser, sans toutefois d'autre appui que la seule affection du roi, qui ne céda qu'à regret à toutes les forces qui furent employées à le lui arracher.

Sans répéter ce que j'ai déjà dit des causes qui le perdirent et qui lui déchaînèrent Mme de Maintenon et Mme la duchesse de Bourgogne, il faut parler d'une faute précédente qu'il aggrava sur la fin, mais d'une nature qui n'a été funeste qu'à lui seul. Jamais il n'avoit ménagé Monseigneur. Ce prince, qui étoit timide et mesuré sous le poids d'un père qui, jaloux à l'excès, ne lui laissoit pas prendre le moindre crédit, ne hasardoit que bien rarement de recommandations aux ministres, encore étoit-ce pour peu de chose, et poussé par quelque bas domestiques de sa confiance. Du Mont étoit celui qu'il en chargeoit, et qui, accoutumé à trouver Pontchartrain, lorsqu'il étoit contrôleur général, prompt à plaire à Monseigneur, et à en rechercher les occasions, se trouva bien étonné lorsqu'il eut affaire à Chamillart, successeur de l'autre aux finances. Celui-ci, faussement préoccupé, que, avec le roi et Mme de Mainte-

---

1. Louis XIV, parlant dans ses Mémoires (t. II, p. 458) de la disgrâce d'Arnauld de Pomponne, s'exprime ainsi : « Il a fallu que je lui ordonnasse de se retirer, parce que tout ce qui passoit par lui perdoit de la grandeur et de la force qu'on doit avoir en exécutant les ordres d'un roi de France qui n'est pas malheureux. »

non pour lui, tout autre appui lui étoit inutile, et que, sur le pied où étoit Monseigneur avec eux, il se nuiroit en faisant la moindre chose qui, en leur revenant, leur donneroit soupçon qu'il vouloit s'attacher à lui, n'eut aucun égard aux bagatelles que Monseigneur désiroit, en garde même qu'on ne [se] servît de son nom, reçut du Mont si mal, que celui-ci, glorieux de la faveur et de la confiance de son maître, et de la considération qu'elle lui attiroit des ministres et de tout ce qui étoit le plus relevé à la cour, se plaignit souvent à Monseigneur, le pria de charger tout autre que lui des commissions pour le contrôleur général, et l'aigrit extrêmement contre lui.

Je m'étois bien aperçu, à un voyage de Meudon, que Monseigneur n'étoit pas content de Chamillart. Quelques propos de du Mont et quelques bagatelles ramassées m'en avoient mis sur les voies. J'en avertis ses filles à Meudon même, où elles vinrent deux fois ce voyage-là. Elles s'informèrent et trouvèrent qu'il étoit vrai. Elles en firent parler à Monseigneur, qui en usa comme j'ai dit qu'avoit fait Mme la duchesse de Bourgogne en pareil cas, et cela demeura ainsi jusqu'à la catastrophe de Turin.

La Feuillade, noyé à son retour, et dès auparavant courtisan assidu de Mlle Choin, comprit que de la lier à son beau-père, leur pouvoit être à tous deux fort utile un jour, et à lui, en attendant, d'un grand usage auprès de Monseigneur. Il la tourna si bien, qu'elle y mordit; elle ne pouvoit rien par Monseigneur, qui étoit en brassière fort étroite. Elle étoit donc réduite à ce que sa confiance lui donnoit de considération pour l'avenir, et elle comprit que, en attendant, l'amitié et le commerce de Chamillart lui pourroit servir à beaucoup de choses.

La Feuillade, ravi d'avoir pu apprivoiser une créature si importante que la politique rendoit si farouche, parla à son beau-père, et fut fort surpris de le trouver très-froid. Il le pressa, il déploya son éloquence, et le tout pour néant. Il espéra en venir à bout, et cependant amusa Mlle Choin de compliments, de voyages et de temps mal arrangés. Elle ne laissa pas d'être surprise de voir ses avances languir, elle qui n'étoit occupée que de parades et de refus de commerce avec ce qu'il y avoit de plus important qui faisoit tout pour y être admis.

L'entrevue se différant toujours, parce que Chamillart n'y vouloit point entendre, et que son gendre pallioit toujours de prétextes, Mlle Choin en parla à Mlle de Lislebonne, si intimement avec Chamillart. Celle-ci craignit que cette liaison se fît sans elle, et d'être privée du mérite des deux côtés d'y avoir travaillé, se hâta d'en parler à Chamillart, qui, d'un ton de confiance, et d'un air de complaisance, pour ne pas dire de mépris, lui apprit que cette connoissance se seroit faite depuis fort longtemps, s'il l'avoit voulu; qu'on l'en pressoit toujours; que La Feuillade le vouloit; mais que, pour lui, il ne savoit pas à quoi cela seroit bon à Mlle Choin et à lui; qu'il étoit trop vieux pour des connoissances nouvelles; qu'il ne lui en falloit point au delà de son cabinet; que le roi et Mme de Maintenon lui suffisoient, et que les intrigues et les cabales de cour ne lui alloient point.

Qui fut étonné? ce fut Mlle de Lislebonne. Elle n'avoit pas le même intérêt que La Feuillade; elle sentit le fait qu'il n'avoit osé avouer à Mlle Choin qu'il amusoit cependant; elle connoissoit assez Chamillart pour comprendre que, avec ces belles maximes dont il s'applaudissoit, elle ne lui en feroit pas changer; ainsi elle ne lui en dit pas davantage, pour ne pas lui déplaire inutilement. Mais ce que fit d'honnête cette bonne et sûre amie, sur laquelle Chamillart comptoit si fort, fut de rendre à Mlle Choin cette conversation tout entière sans y manquer d'un mot, pour se faire un mérite auprès d'elle d'avoir découvert en un moment à quoi il tenoit qu'elle ne vît Chamillart, et l'empêcher d'être plus longtemps la dupe du beau-père et du gendre.

Il est aisé de comprendre quel fut l'effet de ce rapport si fidèle dans une créature devant qui tout rampoit, à commencer par Mgr et Mme la duchesse de Bourgogne, que, comme Mme de Maintenon, elle voyoit de son fauteuil sur un tabouret, et n'appeloit, et devant Monseigneur, que « la duchesse de Bourgogne, » à continuer par Mme la Duchesse et par tout ce que la cour avoit de plus grand, de plus distingué, de plus accrédité. La Feuillade sentit bientôt quelque altération dans cet esprit contre son beau-père; et Mlle de Lislebonne, qui connoissoit parfaitement le terrain, compta d'un air de simplicité ce qui s'étoit passé aux filles de Chamillart, comme un office de prudence, pour faire passer plus doucement ce qu'une continuation de suspens eût bientôt révélé et avec plus d'aigreur; et le rare est qu'elle les persuada, tant il est vrai qu'il est des personnes à qui nulle énormité ne nuit, et d'autres destinées à un aveuglement perpétuel. La bonne Lorraine, sachant bien à qui elle avoit affaire, mit ce gabion devant elle, de peur de demeurer brouillée avec Chamillart, si sa délation lui revenoit [autrement] que palliée de cet air de franchise qui n'y entendoit point finesse. Chamillart n'y fit pas plus de réflexion qu'en avoient fait ses filles, et on a vu jusqu'où Mlle de Lislebonne et son cher oncle le conduisirent sur les affaires de Flandre. Longtemps après ce trait, il en arriva encore un autre presque tout pareil.

Mlle Choin avoit un frère major dans le régiment de Mortemart, qu'elle désiroit passionnément avancer. Il étoit bon sujet, et passoit pour tel dans ce régiment et dans les troupes. Il étoit question d'obtenir un de ces petits régiments d'infanterie de nouvelle création, qui vaquoit, dont on avoit donné plusieurs à des gens qui ne le valoient pas. Quelque rebutée et dépitée qu'elle fût sur Chamillart, l'extrême désir d'avancer ce frère, et l'impossibilité d'y réussir sans le secrétaire d'État de la guerre, la forcèrent d'en parler à La Feuillade. Celui-ci, ravi d'une occasion si naturelle de l'apaiser par son beau-père, se chargea avec joie de l'affaire. Il en parla à Chamillart, ne doutant pas d'emporter d'emblée une chose si raisonnable en soi, dans un temps encore où les avancements avoient si peu de règle, et où celui-ci devoit sembler si précieux à Chamillart pour réparer le passé s'il étoit possible; mais quelques raisons qu'il pût lui alléguer, quelque crédit qu'il eût auprès de lui, jamais il ne put rien gagner. Il se figura gauchement un mérite auprès du roi de laisser ce major dans la poussière des emplois subalternes, il s'irrita des plus essentielles raisons de l'en tirer; en deux mots sa sœur lui devint un obstacle invincible auprès du ministre.

La Feuillade, outré, espéra de sa persévérance, et amusa encore une fois Mlle Choin qui, surprise dès le premier délai et instruite par l'autre aventure, lâcha encore en celle-ci Mlle de Lislebonne à Chamillart, ou pour réussir par ce surcroît auprès de lui, ou pour en avoir le cœur net. Mlle de Lislebonne en parla à La Feuillade, et tous deux ensemble à Chamillart pour essayer de le réduire; mais ce fut en vain jusque-là qu'il s'irrita de nouveau, et qu'il s'échappa un peu sur le crédit que Mlle Choin se figuroit qu'elle pouvoit prétendre. Le régiment fut incontinent donné à un autre, et Mlle Choin instruite de point en point de ce qui s'étoit passé par Mlle de Lislebonne. Ce dernier procédé mit le comble dans le cœur de Mlle Choin, et la rendit la plus ardente ennemie de Chamillart et la plus acharnée.

Je sus ces deux anecdotes dans les premiers moments, trop tard pour y pouvoir rien faire; je n'aurois pas même espéré de réussir où La Feuillade et Mlle de Lislebonne avoient échoué, mais j'en augurai mal.

D'Antin étoit trop initié dans les mystères de Meudon pour ignorer ces diverses lourdises, le dépit de Mlle Choin, tous les mauvais offices qu'elle rendoit à Chamillart auprès de Monseigneur, d'ailleurs irrité contre lui de plus ancienne date, que du Mont n'adoucissoit pas. D'Antin n'ignoroit pas, comme je l'ai dit plus haut, la haine que Mme la duchesse de Bourgogne et Mme de Maintenon avoient conçue contre ce ministre à qui il se flattoit de succéder, et dans cette vue il mit Mme la duchesse de Bourgogne au fait de tout ce qui vient d'être expliqué. Il eut bientôt après le contentement de le voir germer.

Mme de Maintenon n'étoit pas à s'apercevoir de toutes les forces dont elle avoit besoin pour arracher au roi un ministre en qui il avoit mis toute sa complaisance. Vendôme subsistoit encore, et tout cela ne faisoit qu'un, et lui étoit également odieux. Pour la première fois de sa vie elle crut avoir besoin de Monseigneur. C'est ce qui l'engagea à déterminer le roi à lui destiner l'armée de Flandre, afin de les mettre dans la nécessité, Monseigneur de se mêler de ce qui regardoit cette armée, et le roi de le trouver bon, pour se servir après contre Chamillart du fils auprès du père qui, sans ce chausse-pied, n'auroit osé parler. De là profitant de quelque chose que le roi marqua sur les voyages de Meudon, si continuels pendant l'été, qui emmenoient du monde, et laissoit Versailles fort seul, elle le ramassa en ce temps-ci ; et pour le faire court, persuada au roi que pour les rendre rares et combler Monseigneur à bon marché, il falloit donner à Mlle Choin une grosse pension, un logement à Versailles, la mener tous les voyages à Marly, et mettre ainsi Monseigneur en liberté de la voir publiquement, ce qui le rendroit plus sédentaire à Versailles, et les Meudons moins fréquents.

Jusqu'alors ces deux si singulières personnes s'étoient comme ignorées. Un si grand changement flatta Monseigneur ; il combla Mlle Choin, mais il ne séduisit ni l'un ni l'autre. Monseigneur, en acceptant, y auroit perdu la liberté qu'il croyoit trouver à Meudon ; et Mlle Choin, qui y primoit, n'auroit été que fort en second vis-à-vis Mme de Maintenon. Elle craignit de plus qu'un tel changement, qui ne seroit plus soutenu de l'imagination du mystère, car il n'en restoit encore que cela, n'apportât avec le temps du changement à sa fortune, qui n'étoit pas comme celle de Mme de Maintenon appuyée de la base du sacrement. Elle se jeta donc dans les respects, la confusion, l'humilité, le néant; Monseigneur, sur ce qu'il ne l'avoit pu résoudre; et refusa jusqu'à la pension, sur ce que, dans la situation malheureuse des affaires et à la vie cachée qu'elle menoit et vouloit continuer, elle en avoit assez.

Tout cela se conduisit avec une satisfaction tellement réciproque, que d'Antin par qui une partie de ces choses avoient passé, fut chargé des confidences contre Chamillart, et que le dîner qu'on a vu que le roi et Mme de Maintenon firent à Meudon, sans y coucher, et qui causa la dernière catastrophe de M. de Vendôme, ne fut à l'égard du roi que pour presser Mlle Choin par Mme de Maintenon elle-même, qui n'avoit jamais occasion de la voir, d'accepter ce qu'on vient de voir qui lui étoit offert et qui étoit dès lors refusé, mais en effet pour s'entretenir de toutes les mesures à prendre pour la chute de Chamillart, et y faire agir Monseigneur pour la première fois de sa vie qu'il fût entré avec le roi en chose importante, si on en excepte le conseil d'État.

Ces mesures réciproques firent encore que non-seulement Villars, chargé du commandement de l'armée de Flandre sous Monseigneur, travailla plusieurs fois avec lui, mais qu'Harcourt y travailla aussi, quoiqu'il allât sur le Rhin, et que, après même qu'il fut déclaré qu'aucun des princes ne sortiroit de la cour, ces généraux, contre tout usage, continuèrent de travailler avec Monseigneur, parce que Mme de Maintenon voulut qu'Harcourt le pût conduire sur ce qu'il avoit à faire et à dire contre Chamillart, et qu'il lui fît même sa leçon pour jusqu'après son départ. La même raison de pousser Chamillart fit tenir au roi et l'assemblée et le conseil de guerre desquels j'ai parlé, et qui excita tout ce qu'on put à attaquer ce ministre.

Toutes ces choses qui touchèrent Monseigneur par une

considération qu'à son âge il n'avoit pas encore éprouvée, le rapprochèrent de Mme de Maintenon. Jusqu'alors ils étoient réciproquement éloignés. Il lui fit deux ou trois visites tête à tête. Là se prirent les dernières résolutions contre Chamillart, et ce prince [y prit] le courage et l'appui qui lui étoient nécessaires pour venger son ancien mécontentement, et servir la haine de Mlle Choin, en l'attaquant à découvert auprès du roi, comme un sacrifice indispensable au soutien des affaires.

Harcourt, lâché par Mme de Maintenon, avoit jusqu'à son départ eu de longues et de fréquentes audiences du roi, et y avoit frappé de grands coups. Villars, qui avoit été mal avec lui, mais qui étoit raccommodé, y fut plus sobre ; mais il ne put refuser ni se hasarder pour autrui de tromper Mme de Maintenon. Boufflers étoit l'enfant perdu par les raisons qu'on a vues et par son dévouement à Mme de Maintenon. Il avoit les grandes entrées ; il étoit en quartier de capitaine des gardes ; il jouissoit encore auprès du roi de toute la verdeur de ses lauriers. Il avoit cent occasions par jour de particuliers avec le roi ; il en étoit toujours bien reçu. Il marchoit en puissante troupe. Il rompit glaces et lances, et ne donna aucun repos au roi. Monseigneur fit son personnage avec force ; et jusqu'à M. du Maine, que le pauvre Chamillart croyoit son protecteur, n'osa refuser à Mme de Maintenon des lardons secrets et acérés. Tout marchoit en ordre et en cadence, et toujours avec connoissance et sagesse, pour ne pas rebuter en poussant toujours et toujours avec la même ardeur.

Le roi, déjà accoutumé par Mme de Maintenon, par les généraux de ses armées, par d'autres cardinaux plus obscurs mais qui n'en réussissoient pas moins, par Mme la duchesse de Bourgogne, par quelques mots de Mgr le duc de Bourgogne que son épouse obtenoit de lui, par d'Antin excité par l'espérance, à entendre dire beaucoup de mal de son ministre, et c'étoit déjà beaucoup, étoit ébranlé par raison, mais le cœur tenoit ferme. Il le regardoit comme son choix, comme son ouvrage dans tous ses emplois, jusqu'au comble où il l'avoit porté, et dans ce comble même comme son disciple. Pas un de tous ses ministres ne lui avoit tenu les rênes si lâches ; et, depuis que toute puissance lui eut été confiée, le roi n'en avoit jamais senti le joug. Tout l'hommage lui en étoit reporté. Une habitude longue avant qu'il fût en place, une dernière confiance depuis plus de dix ans, sans aucune amertume la plus passagère, le réciproque attentif de cette confiance par une obéissance douce, et un compte exact de tout, avoient joint le favori au ministre. Une admiration vraie et continuelle, une complaisance naturelle avoient poussé le goût jusqu'où il pouvoit aller. C'étoit donc beaucoup que tant de coups concertés et redoublés eussent pu ébranler la raison. Elle l'étoit ; mais quel obstacle ne restoit-il point à vaincre par ce qui vient d'être expliqué ! Plus il étoit grand et plus il irritoit, et plus il donnoit d'inquiétude à ceux qui formoient l'attaque, et qui commandoient les travailleurs.

Mme de Maintenon, qui savoit que Monseigneur avoit fortement parlé, et qu'il avoit été écouté, redoubla d'instances auprès de Mlle Choin et de lui pour le faire recharger. Ce prince s'étoit laissé persuader par d'Antin de travailler à lui faire tomber la guerre. L'estime et l'amitié sont rarement d'accord chez les princes ; celui-ci désira de tout son cœur de mettre là d'Antin, et s'en flatta beaucoup. Mme de Maintenon, sans s'engager, se montra favorable pour mieux les exciter.

Tant de machines ne pouvoient être en si grand mouvement sans quelque sorte de transpiration. Il s'éleva au milieu de la cour je ne sais quelle voix confuse, sans qu'on en pût désigner les organes immédiats, qui publioit qu'il falloit que l'État ou Chamillart périssent ; que déjà son ignorance avoit mis le royaume à deux doigts de sa perte ; que c'étoit miracle que ce n'en fût déjà fait, et folie achevée de le commettre un jour de plus à un péril qui étoit inévitable tant que ce ministre demeureroit en place. Les uns ne rougissoient pas des injures, les autres louoient ses intentions, et parloient avec modération des défauts que beaucoup de gens lui reprochoient aigrement. Tous convenoient de sa droiture, mais un successeur tel qu'il fût ne leur paroissoit pas moins nécessaire. Il y en avoit qui, croyant ou voulant persuader qu'ils porteroient l'amitié jusqu'où elle pouvoit aller, protestoient de la conserver toujours et de n'oublier jamais les plaisirs et les services qu'ils avoient reçus de lui, mais qui avouoient avec délicatesse qu'ils préféroient l'État à leur avantage particulier et à l'appui qu'ils s'affligeoient de perdre, mais que si Chamillart étoit leur frère, ils concluroient également à l'ôter, par l'évidence de la nécessité de le faire. Sur la fin on ne comprenoit pas ni comment il avoit pu être choisi, ni comment il étoit demeuré en place.

Cavoye, à qui un si long usage de la cour et du grand monde tenoit lieu d'esprit et de lumière, et fournissoit quelquefois d'assez bons mots, disoit que le roi étoit bien puissant et bien absolu et plus qu'aucun de ses prédécesseurs, mais qu'il ne l'étoit pas assez pour soutenir Chamillart en place contre la multitude. Les choses les plus indifférentes lui étoient tournées à crime ou à ridicule. On eût dit que, indépendamment de toute autre raison, c'étoit une victime que le roi ne pouvoit plus refuser à l'aversion publique. Force gens s'en expliquoient tout nettement ainsi, et pas un qui pût énoncer une seule accusation particulière. On s'en tenoit à un vague qui se pouvoit appliquer à qui on vouloit, sans que de tant de personnes qu'il avoit si fort obligées aucune prît sa défense, parmi tant d'autres qui, naguère adorateurs de la fortune, se piquoient de louanges, d'admiration et d'une adulation servile pour un homme qu'ils voyoient si rudement attaqué; et si l'excès de ce qui se donnoit en reproches poussoit quelqu'un à répondre, on insistoit à demander des comptes, ou absurdes, ou de choses sur lesquelles un respect supérieur fermoit la bouche. Les troupes dénuées de tout, les places dégarnies, les magasins, vides sautoient aux yeux; mais on ne vouloit plus se souvenir des deux incroyables réparations des armées, l'une après Hochstedt en trois semaines, l'autre en quinze jours seulement après Ramillies, qui tenoient du prodige, et qui néanmoins avoient deux fois sauvé l'État, pour ne parler que de deux faits si importants et si publics. Il n'en restoit plus la moindre trace, une fatale éponge avoit passé dessus; et si quelqu'un encore osoit les alléguer, faute de réponse on tournoit le dos. Tels furent les derniers présages de la chute de Chamillart.

Je ne lui laissai pas ignorer tant de menaces, ni tous les ressorts qui se remuoient contre lui, et je le pressai de parler au roi, comme il avoit déjà fait une autre fois à ma prière, et dont il s'étoit si bien trouvé que l'orage prêt à fondre sur lui en avoit été dissipé; mais il pensa trop grandement pour un ministre de robe. Il me répondit qu'il ne croyoit pas que sa place valût la peine de soutenir un siége, ni devoir ajouter au travail qu'elle demandoit celui de s'y défendre; que tant que l'amitié du roi seroit d'elle-même assez forte, il y demeureroit avec agrément, mais que si cet appui avoit besoin d'art, l'art le dégoûteroit de l'appui et lui rendroit son état insupportable; qu'en un mot, des temps aussi fâcheux demandoient un homme tout entier au timon de la guerre; que se partager entre les affaires de l'État et les siennes particulières ne pouvoit aller qu'à une lutte honteuse à lui et dommageable au gouvernement par la dissipation où il se laisseroit aller, d'où il résultoit qu'il falloit laisser aller les choses au gré du sort, ou, pour mieux dire, de la Providence, content de céder à un homme plus heureux, ou de continuer son ministère avec honneur et tranquillité. Des sentiments pratiques si relevés me touchèrent d'une admiration qui me fit redoubler d'efforts pour l'engager de parler au roi. Jamais il ne voulut y entendre, ni s'écarter d'une ligne de son raisonnement; et dès lors je compris sa chute très-prochaine et sans remède.

Les choses en étoient là lorsque Chamillart fut à Meudon rendre compte à Monseigneur de l'état de la frontière et de l'armée de Flandre, et lui dire, ce qu'il savoit déjà par le roi, qu'il ne la commandoit plus. Monseigneur, qui avoit déjà parlé contre lui au roi avec une force qui lui avoit été jusque-là inconnue, et qu'il ne tenoit que des encouragements de Mlle Choin et de Mme de Maintenon, prit ce temps pour reprocher à Chamillart que tous ces manquements n'arrivoient que par ses fautes, et alla jusqu'à lui dire que son La Cour auroit mieux fait de bien fournir les vivres des armées, dont il avoit été chargé, que de lui bâtir de si belles maisons, puis sortit avec lui de son bâtiment neuf où cette conversation s'étoit faite tête à tête, et revenus au gros du monde, le lui montra tout entier comme s'il ne s'étoit rien passé, et se hâta après d'aller se vanter à Mlle Choin de ce qu'il venoit de dire. Elle applaudit fort à de si rudes propos, et s'en avantagea pour exciter Monseigneur à ne pas différer auprès du roi d'achever un ouvrage si nécessaire et si bien commencé, ce qu'il exécuta aussi, et il donna le dernier coup de mort à ce ministre.

Un hasard lui en prépara la voie et combla la mesure de tout ce qui s'étoit brassé contre lui. J'ai parlé, il y a peu, d'une longue audience que le maréchal de Tessé eut du roi pour lui rendre compte de son voyage d'Italie. Cusani, Milanois, mort cardinal il n'y a pas fort longtemps, avoit été accepté ici pour succéder au cardinal Gualterio. Il étoit frère d'un des généraux de l'empereur, et se montra si autrichien, pendant tout le cours de sa nonciature, qu'on eut lieu de se repentir de s'y être si lourdement mépris. Ce fut avec lui que se négocia à Paris la ligue d'Italie, dont on a parlé, et lui qui sollicita la permission des levées et de l'achat des armes pour le pape en Avignon, qui ne fut accordée qu'avec des difficultés et une lenteur inexcusables. Ce nonce en avoit fait des plaintes amères en ce temps-là.

Étant le mardi 4 juin dans la galerie de Versailles, attendant que le roi allât à la messe, il avisa le maréchal de Tessé qui causoit avec le maréchal de Boufflers, tous deux seuls et séparés de tout le monde. Le nonce, qui n'avoit point vu Tessé depuis son retour, alla à lui; et après les premières civilités, se mirent bientôt sur les affaires qui avoient mené Tessé en Italie. Les plaintes dont je viens de parler trouvèrent promptement leur place dans la conversation, auxquelles Cusani ajouta qu'il ne seroit jamais venu à bout d'obtenir la permission qu'il demandoit, sans un millier de pistoles qu'il s'étoit enfin avisé de faire offrir à la femme de Chamillart, dont le payement avoit opéré avec promptitude.

Il parloit à deux ennemis de Chamillart, et il ne fut guère douteux qu'il ne s'y méprenoit pas. On a vu les causes de l'acharnement du maréchal de Boufflers contre le ministre. Tessé, plus en douceur, ne le haïssoit pas moins : il ne pouvoit lui pardonner ce qu'il avoit exigé de lui en Dauphiné, en Savoie et en Italie, en faveur de La Feuillade, [ce] qu'on a vu en son lieu, pour le porter rapidement au commandement des armées, ce qui ne put se faire qu'à ses dépens. En flexible Manceau il s'y étoit prêté de bonne grâce dans cette toute-puissance de Chamillart, mais il n'en avoit pas moins senti l'injure d'être obligé de s'anéantir, et de se faire lui-même le pont de La Feuillade pour lui monter sur les épaules et le chasser pour lui succéder, sans oser n'en être pas lui-même le complice. En arrivant il trouva le temps de la vengeance venu, et de l'exercer encore en plaisant à Mme de Maintenon, à Monseigneur, à Mgr [le duc] et à Mme la duchesse de Bourgogne, à tous les gens encore avec qui il tâchoit d'être uni, et qui étoient tous des personnages. Il se jeta donc à eux tout en arrivant.

Ce fut le lendemain de cette aventure qu'il devoit avoir audience de Mme de Maintenon, et du roi ensuite, pour la première fois depuis son retour. Soit de hasard, soit de concert, Boufflers alla le même lendemain matin chez Mme de Maintenon, où les portes lui étoient toujours ouvertes, et y trouva le maréchal de Tessé. Boufflers lui demanda s'il avoit bien rendu compte de toutes choses, Mme de Maintenon en tiers. « De toutes celles que madame m'a demandées, répondit Tessé. — Mais cela ne suffit pas, répliqua le maréchal de Boufflers, il ne lui faut laisser rien ignorer. » Et par ce petit débat la curiosité de Mme de Maintenon étant excitée, elle voulut en savoir la raison. Il y eut encore quelques circuits adroits. Boufflers demanda à Tessé s'il avoit rendu compte à madame du discours que le nonce leur avoit tenu la veille, et publiquement. Tessé ayant répondu que non d'un air à augmenter la curiosité, Mme de Maintenon voulut en être informée. Tessé lui en fit le récit, mais en se récriant que cela ne pouvoit pas être, et se fondant sur la modicité de la somme, et prise d'un étranger. Boufflers, au contraire, exagéra le crime, et tout ce dont étoit capable une femme en cette place, qui n'avoit pas honte de recevoir si peu, et d'un étranger; combien de malversations elle avoit faites puisqu'elle avoit pu se porter à celle-là, comment le roi pouvoit être servi, puisqu'une affaire de cette importance s'achetoit, et ne réussissoit que par un présent; qu'enfin une femme tentée, et succombant à si peu, l'étoit de tout, depuis un écu jusqu'à un million. Tessé peu à peu se mit doucement de la partie, et sans mettre en aucun doute la vérité de ce que le nonce leur avoit dit, ils paraphrasèrent le danger de laisser les affaires entre les mains du mari d'une femme si avide, et laissèrent Mme de Maintenon presque persuadée du fait, et ravie de la découverte.

Deux heures après, Tessé entra dans le cabinet du roi pour son audience. Boufflers, qui vit le roi de loin à l'ouverture de la porte, fit quelques pas en dedans après Tessé, et le prenant par le bras, lui dit d'un ton élevé pour que le roi l'entendît : « Au moins, monsieur, vous devez la vérité au roi. Dites-lui bien tout et ne lui laissez rien ignorer. » Il répéta encore une autre fois plus haut et se retira, laissant [au] roi un grand sujet de curiosité, et au maréchal de Tessé la nécessité de lui dire ce qu'il avoit déjà appris à Mme de Maintenon.

Les deux maréchaux avoient déjà répandu le discours du nonce, qui fit un étrange bruit, et ce bruit fut le dernier éclair qui précéda le coup de foudre, qu'une dernière conversation que Monseigneur, venu exprès un matin de Meudon, eut ensuite avec le roi, acheva de déterminer. Cependant le roi ne fit aucun semblant d'avoir su cette histoire, ni Mme de Maintenon; et ce silence de leur part fut une des choses que les ducs de Chevreuse et de Beauvilliers regardèrent comme un signal le plus sinistre. Ils ne s'y trompèrent pas.

Je ne sais s'il eût encore été temps pour Chamillart. Cette audience de Tessé fut le mercredi, et Chamillart m'a conté depuis sa disgrâce, que, près de succomber, il avoit toujours éprouvé le même accueil et le même visage du roi, jusqu'au vendredi, surveille de sa chute et surlendemain de l'audience de Tessé; que ce jour-là, il le remarqua embarrassé avec lui; et que, frappé qu'il fut d'un changement si soudain, il fut sur le point de lui demander s'il n'avoit plus le bonheur de lui plaire, et en cas de ce malheur, la permission de se retirer plutôt que de le contraindre. S'il l'eût fait, il y a lieu de croire par tout ce qui parut depuis que le roi n'auroit pu y tenir et qu'il seroit demeuré en place. Mais il hésita, et le roi, qui craignit peut-être qu'il n'en vînt là, et qui, par la foiblesse qu'il se sentoit peut-être, ne lui donna pas le temps, à ce qu'il m'ajouta, de se déterminer lui-même, et ce fut la dernière faute qu'il fit contre soi-même, et peut-être la plus lourde de toutes; et si, avant ce dernier coup de poignard de l'audience de Tessé et de la conversation de Monseigneur avec le roi ensuite, Chamillart m'eût voulu encore croire à son retour de Meudon à l'Étang, où il me conta ces propos si durs que Monseigneur lui avoit tenus dans son bâtiment neuf, et que, comme je l'en pressai pour la seconde fois vainement de parler au roi il l'eût fait, il ne paroît pas douteux qu'il ne se fût raffermi.

Dans ces derniers jours, Mme de Maintenon, se comptant sûre enfin de la perte de Chamillart, et de n'avoir plus besoin de Monseigneur ni de d'Antin pour jeter par terre un homme qu'elle tenoit pour sûrement abattu, ne crut plus avoir de mesures à garder, et se donna tout entière à profiter de tous les instants pour élever sa créature. Le détail de ce fait si pressé et si court, et qui n'eut point de témoins entre le roi et elle, m'a échappé; elle ne l'a raconté depuis à personne, ou, si elle l'a fait, l'anecdote n'en est pas venue jusqu'à moi. Tout ce qu'on en a pu conjecturer, c'est qu'elle n'y réussit pas sans peine, par deux faits qui suivirent incontinent et qui seront remarqués en leur temps. Je n'ai pu découvrir non plus si le roi en vouloit un autre, ou s'il n'étoit point fixé. Monseigneur l'avoit osé presser pour d'Antin, profitant de la nouvelle liberté, qu'à l'appui de Mme de Maintenon il avoit usurpée sans danger, de parler au roi de la situation des affaires et de la nécessité d'en ôter Chamillart et de se voir écouté. D'Antin étoit reçu aussi à parler au roi de ses troupes, de ses frontières, à lui en montrer des états qu'il s'étoit fait envoyer, aller même jusqu'à se faire écouter sur des projets d'opérations de campagne, appuyé de Monseigneur, ayant M. du Maine favorable et Mme de Maintenon, et à ce qu'il se figuroit de leurs discours obligeants, il espéroit tout dans ces derniers jours de la crise, et fut bientôt après outré de douleur, et Monseigneur fort fâché de s'y trouver trompé. Le samedi coula à l'ordinaire et sans rien de marqué.

CHAPITRE XV.

Disgrâce de Chamillart. — Magnanimité de Chamillart. — Caractère de Chamillart et de sa famille. — Voysin secrétaire d'État; sa femme; leur fortune; leur caractère. — Spectacle de l'Étang. — Procédé infâme de La Feuillade. — Accueil du roi à Cani. — Beau procédé de Le Guerchois.

Le dimanche 9 juin, sur la fin de la matinée, la maréchale de Villars, qui logeoit porte à porte de nous, entra chez Mme de Saint-Simon, comme elle faisoit souvent, et d'avance nous demanda à souper pour causer, parce qu'elle croyoit qu'il y auroit matière. Elle nous dit qu'elle s'en alloit dîner en particulier avec Chamillart; qu'un temps étoit que c'eût été grande grâce, mais que, pour le présent, elle croyoit la grâce de son côté. Ce n'étoit pourtant pas qu'elle sût rien, à ce qu'elle nous assura depuis, mais elle parloit ainsi sur les bruits du monde, qui, surtout depuis le mardi et le mercredi que le discours du nonce s'étoit su, étoient devenus plus forts que jamais.

Ce même matin, le roi, en entrant au conseil d'État, appela le duc de Beauvilliers, le prit en particulier, et le chargea d'aller l'après-dînée dire à Chamillart qu'il étoit obligé, pour le bien de ses affaires, de lui demander la démission de sa charge et celle de la survivance qu'en avoit son fils; que néanmoins il vouloit qu'il demeurât assuré de son amitié, de son estime, de la satisfaction qu'il avoit de ses services; que, pour lui en donner des marques, il lui continuoit sa pension de ministre, qui est de vingt mille livres, lui en donnoit une autre particulière, encore à lui, d'autres vingt mille livres, et une à son fils aussi de vingt mille livres; qu'il désiroit que son fils achetât la charge de grand maréchal des logis de sa maison, à quoi il avoit disposé Cavoye, lequel, sa vie durant, en conserveroit le titre, les fonctions et les appointements, que le futur secrétaire d'État lui payerait les huit cent quatre-vingt mille livres de son brevet de retenue, y compris la charge de secrétaire du roi; qu'il auroit soin de son fils; que, pour lui, il seroit bien aise de le voir, mais que, dans ces premiers temps, cela lui feroit peine; qu'il attendît qu'il le fît avertir; qu'il feroit bien de se retirer ce jour-là même; qu'il pouvoit demeurer à Paris, aller et venir partout où il voudroit; et réitéra tant et plus les assurances de son amitié. M. de Beauvilliers, touché au dernier point de la chose et d'une commission si dure, voulut vainement s'en décharger. Le roi lui dit qu'étant ami de Chamillart, il l'avoit choisi exprès pour le ménager en toutes choses.

Un moment après, il rentra dans le cabinet du conseil, suivi du duc, où le chancelier, Torcy, Chamillart et Desmarets se trouvèrent. C'étoit conseil d'État, dans lequel il ne se passa rien, même dans l'air et dans le visage du roi, qui pût faire soupçonner quoi que ce fût. Il s'y parla même d'une affaire sur laquelle le roi avoit demandé un mémoire à Chamillart, qui, à la fin du conseil, en prit encore son ordre. Le roi lui dit de le lui apporter le soir en venant travailler avec lui chez Mme de Maintenon.

Beauvilliers, dans une grande angoisse, demeura le dernier des ministres dans le cabinet, où, seul avec le roi, il lui exposa franchement sa peine, et finit par le prier de trouver bon, au moins, qu'il s'associât dans sa triste commission le duc de Chevreuse, ami comme lui de Chamillart, pour en partager le poids, à quoi le roi consentit, et dont M. de Chevreuse fut fort affligé.

Sur les quatre heures après midi, les deux beaux-frères s'acheminèrent et furent annoncés à Chamillart, qui travailloit seul dans son cabinet. Ils entrèrent avec un air de consternation qu'il est aisé d'imaginer. A cet abord, le malheureux ministre sentit incontinent qu'il y avoit quelque chose d'extraordinaire, et sans leur donner le temps de parler : « Qu'y a-t-il donc, messieurs ? leur dit-il d'un visage tranquille et serein. Si ce que vous avez à me dire ne regarde que moi, vous pouvez parler, il y a longtemps que je suis préparé à tout. » Cette fermeté si douce les toucha encore davantage. A peine purent-ils lui dire ce qui les amenoit. Chamillart l'entendit sans changer de visage, et du même air et du même ton dont il les avoit interrogés d'abord : « Le roi est le maître, répondit-il. J'ai tâché de le servir de mon mieux, je souhaite qu'un autre le fasse plus à son gré et plus heureusement. C'est beaucoup de pouvoir compter sur ses bontés, et d'en recevoir en ce moment tant de marques. » Puis leur demanda s'il ne lui étoit pas permis de lui écrire, et s'ils ne vouloient pas bien lui faire l'amitié de se charger de sa lettre, et sur ce qu'ils l'assurèrent qu'oui, et que cela ne leur étoit pas défendu, du même sang-froid il se mit incontinent à écrire une page et demie de respects et de remercîments qu'il leur lut tout de suite, comme tout de suite il l'avoit écrite en leur présence. Il venoit d'achever le mémoire que le roi lui avoit demandé le matin; il le dit aux deux ducs, comme en s'en réjouissant, le leur donna pour le remettre au roi, puis cacheta sa lettre, y mit le dessus et la leur donna. Après quelques propos d'amitié, il leur parla admirablement sur son fils, et sur l'honneur qu'il avoit d'être leur neveu par sa femme. Après quoi les deux ducs se retirèrent, et il se prépara à partir.

Il écrivit à Mme de Maintenon, la fit souvenir de ses anciennes bontés, sans y rien mêler d'autre chose, et prit congé d'elle. Il écrivit un mot à La Feuillade, à Meudon où il étoit, pour lui apprendre sa disgrâce; manda verbalement à sa femme, qu'il attendoit de Paris ce jour-là, de le venir trouver à l'Étang où il alloit, sans lui dire pourquoi; tria ses papiers, puis fit venir l'abbé de La Proustière, les lui indiqua, et lui donna ses clefs pour les remettre à son successeur. Tout cela fait sans la moindre émotion, sans qu'il lui fût échappé ni soupirs, ni regret, ni reproches, pas une plainte, il descendit son degré, monta en carrosse et s'en alla à l'Étang tête à tête avec son fils, comme s'il ne lui fût rien arrivé, sans que longtemps après on en sût rien à Versailles.

Son fils aussi porta ce malheur fort constamment. En arrivant à l'Étang, où sa femme l'avoit devancé de quelques moments, il entra dans sa chambre, où il la manda avec sa belle-fille, où, étant tous quatre seuls, il leur confirma ce qu'elles commençoient déjà fort à soupçonner. Il parla principalement à sa belle-fille sur l'honneur de son alliance, la combla de respects et d'amitiés qu'elle méritoit par sa conduite, et par la manière dont elle vivoit avec eux. Après avoir été quelque temps témoin de leurs larmes, il vit son frère l'évêque de Senlis, et passa chez la duchesse de Lorges, au lit, incommodée, qui avoit sa sœur de La Feuillade auprès d'elle, et Mme de Souvré, qui de hasard s'y rencontra. On peut juger de l'amertume de cette première entrevue. Mme Dreux, qui étoit à Versailles, et qui avoit appris la disgrâce par l'abbé de La Proustière que son père en avoit chargé en partant, eut une force qui mérite de n'être pas oubliée. Elle sentit le néant où elle retomboit, mariée si différemment de ses sœurs, et le besoin qu'elle avoit de tout. Elle s'en alla chez Mme la Duchesse qu'elle trouva jouant au papillon, qui commençoit, et la pria qu'elle lui pût parler en particulier après sa reprise. Mme la Duchesse lui offrit plusieurs fois de l'interrompre, Mme Dreux ne voulut pas; et ce qui est d'étonnant, c'est qu'on ne s'aperçut d'abord de rien à son air; dans la suite on remarqua que les larmes lui rouloient dans les yeux. Ce jeu dura une heure entière, après lequel elle suivit Mme la Duchesse dans son cabinet. Elle lui apprit son infortune, et lui parla comme une personne qui avoit passé avec elle la plupart du temps que son père avoit été en place, et qui s'en vouloit faire une protection. La réponse fut pleine d'amitié, après quoi Mme Dreux se sauva chez elle, qui étoit tout proche, et de là à l'Étang.

Mme de Maintenon, en rentrant de Saint-Cyr chez elle, avoit reçu la lettre de Chamillart. En même temps, Mme la duchesse de Bourgogne y entra. Mme de Maintenon lui demanda si elle ne savoit rien, et lui montra la lettre de Chamillart. Quoique, après tout ce qui avoit précédé, l'adieu qu'il lui disoit fût assez clair, toutes deux n'y comprirent rien, ce qui toutefois est inconcevable jusque-là que Mme de Maintenon pria Mme la duchesse de Bourgogne de passer dans le cabinet de Mgr le duc de Bourgogne, qui par les derrières étoit tout contre, savoir s'il n'étoit pas plus instruit.

Dans ce moment-là même, le roi entra, et ce qui n'arrivoit jamais, le duc de Beauvilliers à sa suite. Le roi fit à l'ordinaire sa révérence à Mme de Maintenon, congédia le capitaine des gardes, et prit Beauvilliers dans une fenêtre, qui tira des papiers de sa poche, c'étoit la lettre et le mémoire de Chamillart, et tous deux se mirent à parler bas. Mme la duchesse de Bourgogne, voyant cela, dit à Mme de Maintenon qu'apparemment c'étoit pour elle, et qu'elle s'alloit retirer pour les laisser en liberté. En effet, comme elle alloit sortir par le grand cabinet, elle vit le roi s'avancer vers Mme de Maintenon, et le duc de Beauvilliers s'en aller. Ce mouvement ne mit encore rien au jour; et Mme la Duchesse n'avoit rien voulu dire chez elle depuis que Mme Dreux en fut sortie.

J'allai chez le chancelier, comme je faisois fort souvent les soirs, que je trouvai avec La Vrillière. Un peu après, son fils y entra, qui lui parla bas, et s'en alla aussitôt. C'étoit la nouvelle qu'il venoit lui apprendre, et que par considération pour moi ils ne me voulurent pas dire. Revenu chez moi, je me mis à écrire en haut quelque chose sur les milices de Blaye, ce que je cite parce qu'on en verra de grandes suites. Comme j'y travaillois, la maréchale de Villars entra en bas qui me demanda. J'envoyai mon mémoire à Pontchartrain, et je descendis. Je trouvai la maréchale debout et seule, parce que Mme de Saint-Simon étoit sortie, qui me demanda si je ne savois rien, et qui me dit : « Le Chamillart n'est plus. » A ce mot, il m'échappa un cri comme à la mort d'un malade quoique dès longtemps condamné et dont pourtant on attend la fin à tous moments. Après quelques lamentations, elle s'en alla au souper du roi, et moi par les cours, pour n'être point vu, et sans flambeaux, chez M. de Beauvilliers, que je venois d'apprendre par la maréchale de Villars avoir été chez lui le congédier. M. de Beauvilliers, qui étoit d'année, étoit allé chez le roi, quoique le duc de Tresmes servît toujours pour lui les soirs. Je trouvai Mme de Beauvilliers avec Mme de Chevreuse, Desmarets et Louville. Je jetai d'abord un regard sur le contrôleur général dans la curiosité de le pénétrer, et je n'eus pas de peine à sentir un homme au large et qui cachoit sa joie avec effort. J'abordai Mme de Beauvilliers, qui avoit les larmes aux yeux, et de qui je ne sus pas grand'chose dans cette émotion. J'y fus peu et me retirai chez moi, où la maréchale de Villars vint souper.

Mme de Saint-Simon étoit allée faire sa cour à Mme la duchesse de Bourgogne dans ce grand cabinet de Mme de Maintenon, où elle entendit quelque bruit confus et tout bas de la nouvelle. Elle demanda à Mme la duchesse de Bourgogne si cela avoit quelque fondement. Elle ne savoit rien, parce qu'elle n'avoit pas été rappelée dans la chambre depuis qu'elle en étoit sortie, et n'avoit osé y rentrer ce soir-là d'elle-même. Apparemment que les grands coups s'y ruoient pour le successeur, dont personne ne parloit encore, et que c'étoit pour cela qu'on la laissoit dehors. Elle dit à Mme de Saint-Simon d'aller au souper du roi, où elle lui apprendroit ce qu'elle auroit découvert en passant dans la chambre. Mme de Saint-Simon y fut et s'y trouva assise derrière Mme la duchesse de Bourgogne, qui lui dit la disgrâce, les pensions, et la charge de Cavoye. Au sortir du souper, que Mme de Saint-Simon trouva bien long, Mme la duchesse de Bourgogne, prête à entrer dans le cabinet du roi, vint à elle, et la chargea de faire mille amitiés pour elle aux filles de Chamillart, mais plus particulièrement à l'aînée, et à la duchesse de Lorges qu'elle aimoit, de leur dire combien elle les plaignoit, et de les assurer de sa protection et de tous les adoucissements à leur malheur qui pourroient dépendre d'elle.

Le duc de Lorges n'étoit content d'aucun de la famille. Il passa jusque fort tard avec nous et s'en alla à l'Étang, en résolution de faire merveilles pour eux, et les fit en effet constamment. Je le chargeai d'un mot de tendre amitié pour Chamillart; et par mon billet je le priai de me mander verbalement s'il vouloit absolument être seul ce premier jour, ou s'il vouloit bien nous voir.

Par tout ce qui a été dit de lui en différentes occasions, on a vu quel étoit son caractère, doux, simple, obligeant, vrai, droit, grand travailleur, aimant l'État et le roi comme sa maîtresse, attaché à ses amis, mais s'y méprenant beaucoup, nullement soupçonneux ni haineux, allant son grand chemin à ce qu'il croyoit meilleur, avec peu de lumière; opiniâtre à l'excès, et ne croyant jamais se tromper, confiant sur tous chapitres, et surtout infatué que, marchant droit et ayant le roi pour lui, comme il n'en douta jamais, tout autre ménagement, excepté Mme de Maintenon, étoit inutile; et avec cette opinion, trop ignorant de la cour au milieu de la cour, il se l'aliéna par le mariage de son fils, il augmenta son aversion par son entraînement en faveur de M. de Vendôme contre Mgr le duc de Bourgogne, comme un aveugle qui ne voit que par autrui, enfin il se la déchaîna sciemment par amour de l'État, et par sa passion pour la personne du roi, et pour sa gloire, et par le projet de le mener reprendre Lille sans elle.

Cette cabale si puissante, qui lui fit voir, croire et faire tout ce qu'elle voulut, sans aucun ménagement, sur les choses d'Italie, mais surtout sur celles de Flandre, ne lui fut après d'aucun usage. M. de Vendôme étoit perdu; M. de Vaudemont sur le côté pour avoir trop prétendu; Mlle de Lislebonne, on a vu comme elle en usa entre Mlle Choin et lui, conséquemment sa sœur qui n'étoit qu'un avec elle; et M. du Maine avoit trop besoin de Mme de Maintenon pour ne lui pas sacrifier Chamillart, après lui avoir sacrifié sa propre mère.

Chamillart eut un autre malheur, qui est extrême pour un ministre. Il n'étoit environné que de gens qui n'avoient pas le sens commun, et qui n'avoient pu acquérir à la cour et dans le monde les connoissances les plus communes; et, ce qui n'est pas moins fâcheux que le défaut du solide, qui tous avoient un maintien, des façons et des propos ridicules.

Tels étoient ses deux frères; tels, et très-impertinents de plus, étoient Le Rebours, son cousin germain, et Guyet, beau-père de son frère, qu'il avoit faits intendants des finances. Ses deux cadettes étoient les meilleures créatures du monde, et la duchesse de Lorges, avec de l'esprit, mais des folles dont l'ivresse de la fortune et des plaisirs a même cessé à peine à sa disgrâce. L'aînée étoit la seule qui, avec de l'esprit, eût du sens et de la conduite, et qui se fît aimer, estimer, plaindre et recueillir de tout le monde. Mais outre qu'elle ne voyoit et ne savoit pas tout, elle n'étoit pas bastante pour arrêter et gouverner les autres, ni être le conseil de son père, qui n'aimoit ni ne croyoit aucun avis. Mme Chamillart passoit ses matinées entre son tapissier et sa couturière, son après-dînée au jeu, ne savoit pas dire deux mots, ignoroit tout, et comme son mari ne doutoit de rien, et voulant être polie se faisoit moquer d'elle, quoique la meilleure femme du monde; sans avoir en elle de quoi ni tenir ses filles ni leur donner la moindre éducation, incapable de tous soins de ménage, de dépense, de bien et d'économie, qui fut abandonné en total à l'abbé de La Proustière, leur parent, qui y entendoit aussi peu qu'elle, et qui mit leurs affaires en désarroi.

Le lundi matin, on sut que le triomphe de Mme de Maintenon étoit entier ; et qu'à la place de Chamillart, chassé la veille, Voysin, sa créature, tenoit cette fortune de sa main. Il figurera maintenant jusqu'à la mort du roi si grandement et si principalement qu'il faut faire connoître ce personnage et sa femme, qui lui fit sa fortune.

Voysin avoit parfaitement la plus essentielle qualité, sans laquelle nul ne pouvoit entrer et n'est jamais entré dans le conseil de Louis XIV en tout son règne, qui est la pleine et parfaite roture, si on en excepte le seul duc de Beauvilliers ; car M. de Chevreuse, quoiqu'il en fût, n'y entra et n'y parut jamais, le premier maréchal de Villeroy ne fut point ministre, et l'autre ne l'a pas été un an.

Voysin étoit petit-fils du premier commis au greffe criminel du parlement, qui le devint après en chef, et qui mourut dans cette charge. On juge bien qu'il ne faut pas monter plus haut. Le frère aîné du père de Voysin, dont je parle, passa avec grande réputation d'intégrité et de capacité par les intendances, fut prévôt des marchands, et devint conseiller d'État très-distingué. C'étoit de ces modestes et sages magistrats de l'ancienne roche, qui étoit fort des amis de mon père, et que j'ai vu souvent chez lui. Il maria sa fille unique, très-riche héritière, à Lamoignon, mort président à mortier, fils du premier président, et frère aîné du trop célèbre Bâville ; et le père de notre Voysin fut maître des requêtes et eut diverses intendances, dans lesquelles il mourut. Son heureux fils fut le seul des trois frères qui parut dans le monde, et une seule fille, mariée à Vaubourg mort conseiller d'État après beaucoup d'intendances, frère aîné de Desmarets, contrôleur général.

Voysin épousa, en 1683, la fille de Trudaine, maître des comptes, et cinq ans après, étant maître des requêtes, fut, je ne sais par quel crédit, envoyé intendant en Hainaut, d'où il ne sortit que conseiller d'État en 1694. Sa femme avoit un visage fort agréable, sans rien d'emprunté ni de paré. L'air en étoit doux, simple, modeste, retenu et mesuré, et d'être tout occupée de son domestique et de bonnes œuvres ; au fond, de l'esprit, du sens, du manége, de l'adresse, de la conduite, surtout une insinuation naturelle, et l'art d'amener les choses sans qu'il y parût. Personne ne s'entendoit mieux qu'elle à tenir une maison, et à la magnificence quand cela convenoit sans offenser par la profusion, à être libérale avec choix et avec grâce, et à porter l'attention à tout ce qui lui pouvoit concilier le monde.

L'opulence de sa maison, et plus encore ses manières polies et attrayantes, mais avec justesse à l'égard des différences des personnes, l'avoient extrêmement fait aimer, surtout des officiers, pour le soulagement desquels elle fit merveille, pendant les siéges et après les actions qui se passèrent en Flandre, et de soins et d'argent et de toutes façons. Elle avoit fait beaucoup de liaison avec M. de Luxembourg qui y commandoit tous les ans les armées, et avec la fleur la plus distinguée des généraux qui y servirent, surtout avec M. d'Harcourt qui y eut toujours des corps séparés.

M. de Luxembourg l'avertit de bonne heure de ce qu'il falloit faire pour plaire à Mme de Maintenon venant sur la frontière, et elle en sut profiter parfaitement. Elle la reçut chez elle à Dinan, où elle fut pendant que le roi assiégeoit Namur, la salua à son arrivée, pourvut avec le dernier soin à la commodité et à l'arrangement de son logement, courtisa jusqu'à ses moindres domestiques, se renferma après dans sa chambre sans se montrer à elle, ni aux autres dames de la cour, que précisément pour le devoir, donnant ordre à tout de cette retraite, de manière à contenter tout le monde, mais comme si elle n'eût pas habité sa maison. Une réception si fort dans le goût de Mme de Maintenon la prévint favorablement pour son hôtesse. Ses gens, charmés d'elle, s'empressèrent à lui raconter tout ce qu'elle avoit fait après Neerwinden pour les officiers et les soldats blessés, la libéralité, le bon ordre de sa maison, et à lui vanter sa piété et ses bonnes œuvres.

Une bagatelle heureuse, et heureusement prévue, toucha tout à fait Mme de Maintenon. En un instant le temps passa d'une chaleur excessive à un froid humide et qui dura longtemps; aussitôt une belle robe de chambre, mais modeste et bien ouatée, parut dans un coin de sa chambre. Ce présent, d'autant plus agréable que Mme de Maintenon n'en avoit point apporté de chaude, ne lui en parut que plus galant par la surprise, et par la simplicité de s'offrir tout seul.

La retenue de Mme Voysin acheva de la charmer. Souvent deux jours de suite sans la voir, non pas même à son passage. Elle n'alloit chez elle que lorsqu'elle l'envoyoit chercher, à peine s'y vouloit-elle asseoir; toujours occupée de la crainte d'importuner, et de l'attention à saisir le moment de s'en aller. Une telle circonspection, à quoi Mme de Maintenon n'étoit pas accoutumée, tint lieu du plus grand mérite. La rareté devint la source du désir, qui attira à l'habile hôtesse les agréables reproches qu'elle étoit la seule personne qu'elle n'eût pu apprivoiser. Elle prit un véritable goût à sa conversation et à ses manières. Mme Voysin ne s'ingéra jamais de rien, même après qu'elle fut initiée, et finalement plut si fort à Mme de Maintenon, dans ce long séjour qu'elle fit chez elle, qu'elle s'offrit véritablement à elle, et lui ordonna de la voir toutes les fois qu'elle iroit à Paris. Il parut toujours plus d'obéissance dans l'exécution que d'empressement, et [elle] réussit de plus en plus par ses manières si respectueuses et si réservées. Le voyage de Flandre de 1693 donua un nouveau degré à cette amitié, qui valut, l'année suivante, une place de conseiller d'État à

Voysin. Fixés de la sorte à Paris, sa femme se tint dans sa même réserve, ne voyoit Mme de Maintenon que rarement, presque toujours mandée ; et, devenue plus familière, venoit quelquefois d'elle-même par reconnoissance, par attachement, toujours de loin en loin, toujours obscurément, en sorte que ce commerce demeura fort longtemps inconnu, à l'abri de l'envie, des réflexions et des mauvais offices.

Avec le même art, mais diversifié suivant les convenances, elle sut cultiver tous les gens principaux qu'elle avoit le plus vus en Flandre, et jusqu'à Monseigneur qui y avoit commandé en 1694, et à qui M. de Luxembourg, général de l'armée sous lui, en avoit dit mille biens, et d'autres gens encore depuis.

Le mari, de son côté, assidu à ses fonctions, ne parut songer à rien, jusqu'à ce que Chamillart, trop chargé d'affaires, remît celles de Saint-Cyr, que Mme de Maintenon donna à Voysin. La relation par ce moyen devint entre eux continuelle, et la femme de plus en plus rapprochée, et tous deux d'autant plus goûtés qu'ils se tinrent toujours sagement dans leurs mêmes bornes de retenue qui les avoit si bien servis. Alors néanmoins les yeux s'ouvrirent sur eux, et Voysin devint comme le candidat banal de toutes les grandes places. Lassé de n'en espérer aucune par la stabilité où il voyoit toutes celles du ministère, il désira ardemment, et Mme de Maintenon pour lui, celle de premier président. Il fut heureux que Chamillart tînt ferme pour Pelletier, pour plaire au duc de Beauvilliers, et pour soi-même, [ce] qui par la cascade fit avocat général un fils de son ancien ami Lamoignon, qui tôt après le paya d'une étrange ingratitude. Comme on juge par les événements, on regarda comme une faute grossière en Chamillart de ne s'être pas défait de ce rival à toutes places, en lui faisant tomber celle de premier président. Mais, comme je l'ai remarqué en son temps, rien n'eut tant de part à la promotion de Pelletier que le crédit que son père, qui ne mourut de plus de quatre ans après, conserva toute sa vie auprès du roi, qui se piqua toujours de l'aimer, et qui lui fit plus de grâces pour sa famille, depuis sa retraite, qu'il n'en avoit obtenu pendant son ministère.

Voysin eut grand besoin de la femme dont la Providence le pourvut. Devenu maître des requêtes sans avoir eu le temps d'apprendre dans les tribunaux, et de là passé promptement à l'intendance, il demeura parfaitement ignorant. D'ailleurs sec, dur, sans politesse ni savoir-vivre, et pleinement gâté comme le sont presque tous les intendants, surtout de ces grandes intendances, il n'en eut pas même le savoir-vivre, mais tout l'orgueil, la hauteur et l'insolence. Jamais homme ne fut si intendant que celui-là, et ne le demeura si parfaitement toute sa vie, depuis les pieds jusqu'à la tête, avec l'autorité toute crue pour tout faire et pour répondre à tout. C'étoit sa loi et ses prophètes; c'étoit son code, sa coutume, son droit; en un mot, c'étoit son principe et tout pour lui. Aussi excella-t-il dans toutes les parties d'un intendant, et grand, facile et appliqué travailleur, d'un grand détail et voyant et faisant tout par lui-même; d'ailleurs farouche et sans aucune société, non pas même devenu conseiller d'État et après ministre; incapable jusque de faire les honneurs de chez lui. Le courtisan, le seigneur, l'officier général et particulier, accoutumés à l'accès facile et à l'affabilité de Chamillart, à sa patience à écouter, à ses manières douces, mesurées, honnêtes, proportionnées de répondre, même à des importuns et à des demandes et à des plaintes sans fondement, et au style semblable de ses lettres, se trouvèrent bien étonnés de trouver en Voysin tout le contre-pied : un homme à peine visible et fâché d'être vu, refrogné, éconduiseur, qui coupoit la parole, qui répondoit sec et ferme en deux mots, qui tournoit le dos à la réplique, ou fermoit la bouche aux gens par quelque chose de sec, de décisif et d'impérieux, et dont les lettres dépourvues de toute politesse n'étoient que la réponse laconique, pleine d'autorité, ou l'énoncé court de ce qu'il ordonnoit en maître ; et toujours à tout : « le roi le veut ainsi. » Malheur à qui eut avec lui des affaires de discussion dépendantes d'autres règles que de celles des intendants ! elles le sortoient de sa sphère, il sentoit son foible, il coupoit court et brusquoit pour finir. D'ailleurs il n'étoit ni injuste pour l'être, ni mauvais par nature, mais il ne connut jamais que l'autorité, le roi et Mme de Maintenon, dont la volonté fut sans réplique sa souveraine loi et raison.

Quelque apparent qu'il fût, vers les derniers temps de Chamillart, que Voysin lui succéderoit, l'incertitude en dura jusqu'à sa déclaration. Le choix ne fut déterminé que le soir même de la retraite de Chamillart entre le roi et Mme de Maintenon. Au sortir du souper, Bloin eut ordre de mander à Voysin, à Paris, de se trouver le lendemain de bon matin chez ce premier valet de chambre, et sans paroître, qui le mena par les derrières dans les cabinets du roi, qui là lui parla seul un moment après son lever, et qui lui fit un accueil médiocre ; il le déclara ensuite. Voysin avoit auparavant été remercier et recevoir les ordres et les instructions de sa bienfaitrice.

De chez le roi, il alla dans le cabinet de son prédécesseur, prit possession des papiers et des clefs que lui donna et montra l'abbé de La Proustière, manda les commis, et de ce jour habita l'appartement avec les meubles de Chamillart, en sorte qu'il n'y parut de changement qu'un autre visage jusqu'au mercredi suivant qu'on alla à Marly, pendant lequel les meubles se changèrent.

Le soir, Mme Voysin arriva à petit bruit droit chez Mme de Caylus, son amie d'ancien temps, et avant qu'elle fût rappelée à la cour. Celle-ci aussitôt la conduisit chez sa tante, où les transports de la protectrice et le néant où se jeta la protégée furent égaux. Peu après, le roi entra, qui l'embrassa jusqu'à deux fois différentes pour plaire à sa dame, l'entretint de l'ancienne connoissance de Flandre, et la pensa faire rentrer sous terre. De là, se dérobant à toute la cour, elle regagna son carrosse et Paris pour y donner ordre à tout, et se mettre en état de ne plus quitter son mari à qui plus que jamais elle étoit nécessaire auprès de Mme de Maintenon, et à porter l'abord du monde et le poids délicat de la cour qui s'empressa autour d'eux avec sa bassesse ordinaire, et jusqu'à Monseigneur se piqua de dire qu'il étoit des amis de Mme Voysin depuis leur connoissance de Flandre. Il oublia ainsi de s'être mépris pour d'Antin, et d'Antin lui-même se fit un de leurs plus grands courtisans. Vaudemont et ses nièces, si intimes de Chamillart, s'oublièrent auprès d'eux moins que personne, et avec les plus grands empressements.

La Feuillade, ce gendre si chéri, avoit gardé le secret, à Meudon, de l'avis qu'il avoit reçu par le billet de son beau-père. Dès le lundi matin, l'air libre et dégagé, il vint prier le roi, qui alloit à la messe, de se souvenir qu'il avoit donné sa vaisselle, et de lui conserver le logement que Chamillart lui avoit donné. Le roi ne répondit que par un froid et méprisant signe de tête. Son maintien ne réussit pas mieux dans le public, et tout à la fin de la matinée, il se résolut enfin d'aller à l'Étang.

J'y allai au sortir de table avec Mme de Saint-Simon et la duchesse de Lauzun. Quel spectacle! une foule de gens oisifs et curieux, et prompts aux compliments, un domestique éperdu, une famille désolée; des femmes en pleurs dont les sanglots étoient les paroles, nulle contrainte en une si amère douleur. A cet aspect, qui n'eût cherché la chambre de parade et le goupillon pour rendre ce devoir au mort? On avoit besoin d'effort pour se souvenir qu'il n'y en avoit point, et pour ne trouver pas à redire qu'il n'y eût point de tenture et d'appareil funèbre; et on étoit effrayé de voir ce mort, sur qui on venoit pleurer, marcher et parler d'un air doux, tranquille, le front serein, sans rien de contraint ni d'affecté, attentif à chacun, point ou très-peu différent de ce qu'il avoit coutume d'être.

Nous nous embrassâmes tendrement. Il me remercia, pénétré des termes de mon billet de la veille. Je l'assurai que je n'oublierois point les services et les plaisirs que j'en avois reçus, et je puis dire que je lui ai tenu plus que parole, et à sa famille après lui.

Son fils parut tout consolé, moins sensible à une chute qui le mettoit en poudre qu'à la délivrance d'un travail dont il n'avoit ni le goût ni l'aptitude; des frères stupides qui parfois s'émerveilloient comment le roi s'étoit pu séparer de leur frère. La Feuillade voltigeoit et philosophoit sur l'instabilité des fortunes, avec une liberté d'esprit qui ne scandalisa pas moins qu'il avoit indigné le matin à Versailles.

Tout est mode et curiosité à la cour. Des uns aux autres il n'y eut personne qui n'allât à l'Étang; et à y voir Chamillart y répondre à tout le monde, on eût dit qu'encore en place, il y donnoit audience à toute la cour, tant il y paroissoit tranquille et naturel. Une ignorance de magistrat de beaucoup de choses de la cour et du monde qu'aucun des siens ne suppléoit, et un air excessif de naïveté, avec une démarche dandinante, lui avoit fait grand tort et nier trop entièrement l'esprit. Le mardi se passa dans le même abord, ou plutôt dans la même foule. Nous y passâmes encore ce jour-là et le lendemain; mais il leur vint le mardi tant d'avis de l'aigreur avec laquelle Mme de Maintenon s'en expliquoit, de son dépit de ce qu'elle prit pour une marque de considération, du blâme amer de ce que Chamillart avoit laissé forcer, puis ouvert sa porte, que de peur de pis, quoique le roi ne l'eût pas trouvé mauvais, Chamillart accepta l'offre de sa maison des Bruyères près de Ménilmontant, où il s'en alla le mercredi, où nous fûmes toujours avec lui, et où M. de Lorges n'épargna rien pour qu'il s'y trouvât au mieux qu'il fût possible.

Le mercredi matin que le roi devoit aller coucher à Marly, Cani alla pour lui faire la révérence; il attendit à la porte du cabinet, avec tout le monde, qu'il rentrât de la messe. Le roi s'arrêta à lui, le regarda d'un air d'affection et de complaisance, l'assura qu'il auroit soin de lui, et qu'il lui vouloit faire du bien; et, se sentant attendrir, il se hâta d'entrer. On fut bien surpris que quelques moments après le roi rouvrit la porte du cabinet, les yeux rouges qu'il venoit d'essuyer, rappela Cani, lui répéta encore les mêmes choses, et plus fortement.

On vit par là quel fut l'effort que le roi se fit pour se laisser arracher son ministre, combien il fallut de puissants et d'habiles ressorts, et qu'il ne put encore leur céder que lorsque, par le retour de Torcy, il vit la paix tout à fait désespérée. Le froid accueil fait contre sa coutume à un ministre au moment de son choix, qu'on a vu que Voysin avoit essuyé, ce que nous verrons bientôt qui lui arriva encore dans une nouveauté toujours si brillante, et cette réception faite à Cani, montra bien que, si son père m'eût voulu croire une seconde fois et parler au roi, ce monarque ne se seroit jamais pu défendre de lui, et qu'il seroit demeuré en place.

La famille de la femme de son fils, bien empêchée de lui à son âge, le détermina, et la sienne, à entrer dans le service, quelque dégoût qu'il y eût pour lui, qui en avoit été comme le petit roi, de dépendre du successeur de son père et de lui-même, d'avoir affaire à ses propres commis, et de devenir camarade, et beaucoup moins, de cette foule de jeunes gens qui lui faisoient leur cour.

Le Guerchois, qui avoit la Vieille-marine[1] et qui venoit d'être fait maréchal de camp, et que Chamillart, à ma prière, avoit fort servi, n'eut pas plutôt appris ce dessein par le public, qu'il lui envoya d'où il étoit sa démission sans stipu-

---

1. Le régiment de la Vieille-marine.

lation quelconque, et tous les autres régiments vendus. Chamillart en fut fort touché et lui en donna le prix, sans que Le Guerchois s'en voulût mêler en façon quelconque. Le jeune homme, qui, par un prodige unique, ne s'étoit point gâté dans la place qu'il avoit occupée, s'y fit aimer, et de tous les militaires, s'y fit estimer, et y servit le peu qu'il vécut avec une valeur, une distinction et une application qui dans un autre genre lui auroit réconcilié la fortune; et le roi, qui prit toujours plaisir à en ouïr dire du bien, ne cessa point de le traiter avec une amitié tout à fait marquée.

CHAPITRE XVI.

Voysin ministre. — Voysin rudement réprimandé par le roi. — Boufflers évangéliste de Voysin. — Chamillart poursuivi par Boufflers. — Louable mais grande faute de Chamillart. — Chamillart chassé de Paris par Mme de Maintenon. — Raisons qui me persuadent la retraite. — Trois espèces de cabales à la cour : des seigneurs, des ministres, de Meudon. — Crayon de la cour.

Voysin alla à Meudon le mardi matin, le lendemain de sa déclaration, et y fut longtemps seul avec Monseigneur, qui n'avoit pas dédaigné de recevoir les compliments qu'on osa lui faire de la part qu'il avoit eue à la disgrâce de Chamillart. Le lendemain mercredi, le roi le manda au conseil d'État et le fit ainsi ministre. Cette promptitude n'avoit point eu d'exemple, et son prédécesseur eut plus d'un an les finances avant de l'être, et le fut beaucoup plus tôt qu'aucun. Le roi lui dit que ce n'étoit pas la peine de lui faire attendre cette grâce, que Mme de Maintenon lui valut encore, à quoi personne ne se méprit, et à laquelle elle ne fut pas insensible, quelque accoutumée qu'elle fût à régner.

Un si rapide éclat ne laissa pas incontinent après d'être mêlé d'amertume. Le maréchal de Villars envoya cinq différents projets pour recevoir les ordres du roi. La face des affaires, sur laquelle on s'étoit réglé, avoit un peu changé en Flandre, et c'étoit sur quoi il s'agissoit de prendre un nouveau plan. Voysin reçut ces projets à Marly. Il avoit toujours ouï dire et su depuis, par les officiers principaux depuis qu'il fut en Flandre, peut-être même par M. de Luxembourg, qui avec grande raison s'en plaignoit souvent, que Louvois, Barbezieux, et depuis Chamillart les décidoient et faisoient les réponses toutes prêtes qu'ils montroient seulement au roi. Sur ces exemples il en voulut user de même, mais le coup d'essai se trouva trop fort pour lui, et il ne put. Il sentit que déterminer un plan de campagne et les partis à prendre sur ses diverses opérations étoit besogne qui passoit un intendant de frontière et un conseiller d'État, qu'il n'y connoissoit rien, et que la chose dépassoit tout à fait ses lumières. Il porta donc au roi tous les projets, et lui dit qu'il étoit si nouveau dans sa place qu'il croyoit pouvoir lui avouer sans honte que le choix de ces projets le passoit, et qu'en attendant qu'il en sût davantage il le supplioit de vouloir bien le décider lui-même.

Ce n'étoit pas là le langage du pauvre Chamillart, ni celui de Louvois même. C'étoit lui qui avoit réduit les généraux à ce point, après qu'il fut délivré de M. le Prince et de M. de Turenne. Mais il savoit combien le roi étoit jaloux, et à quel point il se piquoit d'entendre la guerre. Il fit donc là-dessus, comme depuis Mansart sur les projets de son métier, il fit tout, mais avec l'art de faire accroire au roi que c'étoit lui-même qui faisoit, dont il exécutoit et expédioit seulement les ordres. Son fils en usa de même; mais Chamillart, tout de bon, laissoit tout au roi.

Il fut donc également surpris et irrité d'un langage si

nouveau. Il se fâcha de voir un homme de robe vouloir à l'avenir décider sur la guerre, et le prétendre comme un apanage de sa place, tandis qu'il la donnoit principalement à la robe pour en savoir plus qu'eux et pouvoir compter tout faire. Il se redressa d'un pied, et prenant un ton de maître, lui dit qu'il voyoit bien qu'il étoit neuf, de prétendre décider de quelque chose; qu'il vouloit donc qu'il apprît, et de plus qu'il retînt bien pour ne l'oublier jamais, que sa fonction étoit de prendre ses ordres et de les expédier, et la sienne à lui d'ordonner de toutes choses, et de décider des plus grandes et des plus petites. Il prit ensuite les projets, les examina, prescrivit la réponse que bon lui sembla, et renvoya sèchement Voysin, qui ne savoit plus où il en étoit, et qui eut grand besoin de sa femme pour lui remettre la tête, et de Mme de Maintenon pour le raccommoder, et pour l'endoctriner mieux qu'elle n'avoit encore eu loisir de faire.

Cette romancine fut suivie d'un autre chagrin, aussi nouveau dans cette place que contraire au goût, à l'esprit, aux maximes et à l'usage du roi. Il défendit à Voysin de rien expédier sans le maréchal de Boufflers, et ordonna à celui-ci de tout examiner, tellement qu'on vit aller continuellement le maréchal et le nouveau ministre l'un chez l'autre, et plus souvent le dernier portant le portefeuille chez le maréchal, et les deux commis des lettres les porter tous les jours, une et souvent plusieurs fois chez lui, avec le projet des réponses auxquelles le maréchal effaçoit, ajoutoit et corrigeoit ce qu'il jugeoit à propos. L'humiliation étoit grande pour un ministre d'avoir sans cesse à présenter son thème à la correction d'un seigneur qui n'entroit point dans le conseil, et qui n'alloit point commander d'armée. Une fonction si haute et si singulière mit le maréchal dans une grande privance d'affaires avec le roi, et dans une considération éclatante, ajoutée encore à celle où Lille l'avoit mis, et à la part publique qu'il avoit eue à la disgrâce de Chamillart. Voysin fut souple, et sûr de Mme de Maintenon, et par elle du maréchal même, attendit du bénéfice du temps le moment de sortir de tutelle, sans témoigner de s'en lasser, et moins qu'à personne au tuteur qui lui avoit été donné.

Chamillart ayant passé quelque temps aux Bruyères, vint à Paris, dont il avoit toute liberté, et où un si grand changement de fortune demandoit sa présence pour le nouvel arrangement de ses affaires. Pendant qu'il y étoit, Bergheyck vint faire un tour à la cour, et y travailla deux heures avec le roi et Torcy. Il trouva le ministère changé et son ami hors de place, qu'il voulut embrasser avant de s'en retourner. C'étoit les premiers jours de juillet; j'étois aussi à Paris, où je fus surpris de voir entrer chez moi le maréchal de Boufflers tout en colère, et qui, à peine assis, me dit que tout à l'heure il avoit pensé arriver une belle affaire; qu'étant chez le duc d'Albe, Chamillart y étoit venu avec Bergheyck; qu'heureusement Chamillart avoit été sage, qu'ayant vu son carrosse dans la cour, il n'avoit pas voulu entrer et avoit descendu Bergheyck à la porte; qu'il avoit bien fait, parce que, s'il eût monté et se fût avisé de dire quelque chose, il lui auroit fait la sortie qu'il méritoit, et qu'il continuoit de mériter, puisque, hors du ministère et non content de demeurer à Paris, il conservoit commerce avec les ministres étrangers, visitoit les ambassadeurs et se vouloit encore mêler d'affaires. Le maréchal s'échauffa de plus en plus, se lâcha contre ce mort, comme il faisoit de son vivant, et finit par me dire que je ferois bien de l'avertir de prendre garde à sa conduite, pour ne s'attirer pas pis, et de lui conseiller encore de sortir de Paris, où il étoit hardi de demeurer. Je tâchai de l'adoucir, de peur de pis en effet pour le malheureux ex-ministre, et j'y réussis assez bien en ne le contredisant pas sur des choses inutiles.

Je fus ensuite chez Chamillart, que je voyois fort assidûment, qui me conta que Bergheyck l'étant allé voir, et lui ayant affaire dans le quartier du duc d'Albe, chez qui Bergheyck vouloit aller au sortir de chez lui, il l'y avoit mené sans aucun dessein d'y descendre, et seulement pour être plus longtemps avec Bergheyck. Ce qu'il y eut de rare, c'est que le roi demanda à ce dernier s'il n'avoit pas été surpris de ne plus trouver son ami Chamillart en place; et comme Bergheyck répondit mollement en tâtant le pavé, le roi le rassura en lui en disant du bien, mais comme en passant et comme quelque chose qui lui échappoit avec plaisir. J'avois fait en sorte de faire parler Chamillart sur cette prétendue visite au duc d'Albe sans lui dire pourquoi; mais le vacarme qu'en fit Boufflers ailleurs encore que chez moi fit du bruit qui revint à Chamillart, et qui fit qu'il me demanda si le maréchal ne m'en avoit point parlé. Je le lui avouai, mais sans entrer dans un fâcheux détail.

Là-dessus Chamillart, le cœur gros de l'aventure, m'apprit que, sans lui, Boufflers n'eût pas eu la survivance de ses gouvernements de Flandre et de Lille pour son fils; qu'il fut même obligé d'en presser le roi à plus d'une reprise, et qu'il lui arracha cette grâce pour le défenseur de Lille, plutôt qu'il ne l'obtint. C'est ainsi que les bienfaits qui semblent le plus naturellement couler de source ne sont souvent que le fruit d'offices redoublés; et une des choses en quoi Chamillart se manqua le plus principalement à soi-même fut de ne se faire valoir d'aucun, pour en laisser au roi tout le gré et l'honneur, dont sa disgrâce fut le salaire.

J'ai touché déjà les raisons pour lesquelles le maréchal ne l'aimoit pas, entre lesquelles son revêtement de Mme de Maintenon, pour ainsi parler de son dévouement pour elle, et la partialité du ministre pour Vendôme, et son abandon à cette étrange cabale l'avoient tellement aigri qu'il se déchaîna à découvert, et que le brillant de son retour de Lille, joint à l'opinion de sa droiture, de sa vérité, de sa probité, qui en effet étoient parfaites, firent peut-être plus de mal à Chamillart que Mme de Maintenon même, et que tout ce qu'elle avoit su ameuter et organiser contre lui. Mais si le maréchal eût su qu'il lui devoit la survivance de Flandre pour son fils, jamais il ne se fût porté à le perdre, et il étoit homme si généreux et si reconnoissant que, tout politique qu'il étoit, je l'ai connu assez intimement pour avoir lieu de douter que Mme de Maintenon, toute telle qu'elle fût pour lui, l'eût pu empêcher de le servir.

De tous ses ennemis, il n'y eut presque que le maréchal qui ne le visita point et qui ne lui fit rien dire, et il eut raison après s'être si ouvertement déclaré. Le chancelier même et Pontchartrain son fils, l'un lui écrivit, l'autre le visita; et tous ceux qui lui avoient été le plus opposés se piquèrent de procédés honnêtes.

Mais la poursuite menaçante de Mme de Maintenon, qui craignoit même son ombre, le contraignit de retourner aux Bruyères, et bientôt après à Mont-l'Évêque, maison de campagne de l'évêché de Senlis, parce qu'elle le trouvoit trop près de Paris. J'y fus des Bruyères avec lui et j'y demeurai plusieurs jours. Le grand écuyer y vint dîner avec lui de Royaumont. La proximité des Bruyères de Paris lui avoit procuré quantité de visites; l'éloignement de Mont-l'Évêque ne l'en priva pas. Mme de Maintenon fut piquée à l'excès que sa disgrâce ne fît pas son abandon général; elle s'en expliqua avec tant de dépit et lui fit revenir tant de menaces sourdes, s'il ne s'éloignoit entièrement, qu'il jugea devoir céder à une si dangereuse persécution. Il n'avoit point de terres, il en cherchoit pour placer une partie du prix de sa charge, il ne savoit où se retirer au loin. Il prit le parti forcé d'aller visiter lui-même les terres qu'on lui proposoit, pour s'éloigner sous ce prétexte, en attendant qu'il pût être fixé quelque part au loin.

La Feuillade avoit fait l'effort de coucher une nuit aux Bruyères et deux à Mont-l'Évêque. Le surprenant est qu'il avoit tellement ensorcelé son beau-père qu'il lui fut obligé de ce procédé, tandis qu'il n'y eut personne, jusqu'à ses ennemis même, qui n'en fût indigné.

Il y avoit longtemps que je m'apercevois que l'évêque de Chartres ne m'avoit que trop véritablement averti des mauvais offices qu'on m'avoit rendus auprès du roi, et de l'impression qu'ils y avoient faite. Son changement à mon égard ne pouvoit être plus marqué; et, quoique je fusse encore des voyages de Marly, je ne pouvois pas douter que ce n'étoit pas sur mon compte; piqué de tant de cheminées qui, pour ainsi dire, m'étoient tombées sur la tête en allant mon chemin, de ne pouvoir démêler le véritable apostume ni son remède par conséquent, d'avoir affaire à des ennemis puissants et violents que je ne m'étois point attirés, tels que M. le Duc et Mme la Duchesse, et que les personnage de la cabale de Vendôme et les envieux et les ennemis dont les cours sont remplies, et, d'autre part, à des amis foibles ou affoiblis, comme Chamillart et le chancelier, le maréchal de Boufflers et les ducs de Beauvilliers et de Chevreuse, qui ne pouvoient m'être d'aucun secours avec toute leur volonté; vaincu par le dépit, je voulus quitter la cour et en abandonner toutes les idées.

Mme de Saint-Simon, plus sage que moi, me représentoit les changements continuels et inattendus des cours, ceux que l'âge y pouvoit apporter, la dépendance où on en étoit nonseulement pour la fortune, mais pour le patrimoine même, et beaucoup d'autres raisons. A la fin, nous convînmes d'aller passer deux ans en Guyenne, sous prétexte d'y aller voir un bien considérable que nous ne connoissions point par nous-mêmes, faire ainsi une longue absence sans choquer le roi, laisser couler le temps et voir après le parti que les conjonctures nous conseilleroient de prendre.

M. de Beauvilliers, qui se voulut adjoindre M. de Chevreuse dans la consultation que nous lui en fîmes, le chancelier à qui nous en parlâmes après, furent de cet avis, dans l'impuissance où ils se virent de me persuader de demeurer à la cour; mais ils nous conseillèrent de parler d'avance de ce voyage, pour éviter l'air de dépit, et qu'il ne se répandît aussi que j'eusse été doucement averti de m'éloigner.

Il fallut la permission du roi pour s'écarter si loin et si longtemps; je ne voulus pas lui en parler dans la situation où je me trouvois. La Vrillière, fort de mes amis, et qui avoit la Guyenne dans son département, le fit pour moi, et le roi le trouva bon.

Le maréchal de Montrevel commandoit en Guyenne; j'ai déjà remarqué, lors de sa promotion au bâton, quelle espèce d'homme c'étoit. La tête avoit achevé de lui tourner en Guyenne; il s'y croyoit le roi, et avec des compliments et des langages les plus polis, usurpoit peu à peu toute l'autorité dans mon gouvernement. Ce n'est pas ici le lieu d'expliquer ce dont il s'agissoit entre nous, qui se trouvera nécessairement ailleurs. Il suffit de dire ici en gros qu'il ne m'étoit pas possible d'aller à Blaye, que cela ne fût fini avec une manière de fou pour qui le roi avoit eu toute sa vie du goût, et avec qui les raisons mêmes qui me menoient en Guyenne ne me laissoient pas espérer que raison, droit et justice de mon côté, fussent des armes dont je me pusse défendre. Il y avoit deux ans que lui et moi étions convenus de nous en rapporter à Chamillart, sans que ce ministre eût pu prendre le temps de finir cette affaire. Je me mis donc à l'en presser par la nécessité où je me trouvois là-dessus. Le même défaut de loisir, affaires, voyages, temps rompus, la différèrent toujours, tant qu'enfin arriva sa chute qui lui ôta tout caractère de décider entre nous, et à Montrevel toute envie de s'y soumettre.

Si, depuis cinq ou six mois, je m'étois déterminé à la retraite, cet événement ne fit que m'y confirmer et m'en presser. Un ami éprouvé dans une telle place et dans une telle faveur est d'un grand et continuel secours pour les choses et pour les apparences, et laisse un grand vide par sa disgrâce. Elle m'ôtoit de plus le logement de feu M. le maréchal de Lorges au château, qu'il me fallut rendre au duc de Lorges, logé jusqu'alors dans celui de son beau-père, dont le roi disposa ; et la cour, non-seulement à demeure, comme j'y avois toujours été, mais même à fréquenter, est intolérable et impossible sans un logement que je n'étois pas alors à portée d'obtenir. Depuis le Marly où éclata le départ de Torcy pour la Hollande, j'en avois été éconduit : ainsi la main du roi s'appesantissoit peu à peu en bagatelles, peut-être en attendant occasion de pis ; d'aller en Guyenne sans que rien fût terminé entre Montrevel et moi, il n'y avoit pas moyen d'y penser ; je pris donc le parti d'aller à la Ferté, résolu d'y passer une et plusieurs années, et de ne revoir la cour que par moments et pas même tous les ans, s'il m'étoit possible sans manquer au tribut sec et pur du devoir le plus littéral.

Mon assiduité auprès de Chamillart à l'Étang, aux Bruyères, à Mont-l'Évêque, à Paris, avoit déjà déplu. Je partis un mois après qu'il fut allé chercher des terres pour s'éloigner de Paris. Ses filles vinrent s'établir et l'attendre à la Ferté, où il revint de ses tournées, et où je le reçus avec des fêtes et des amusements que je ne lui aurois pas donnés dans sa faveur et dans sa place, mais dont je n'eus pas de scrupule, parce qu'il n'y avoit plus de cour à lui faire, ni rien à attendre de lui : aussi y fut-il vivement sensible. Il fut assez longtemps chez moi ; il y laissa ses filles, et s'en alla à Paris pour finir plusieurs affaires et le marché de la terre de Courcelles, dans le pays du Maine, qu'il acheta à la fin. Je demeurai chez moi dans ma résolution première, où toutefois je ne laissai pas d'être informé de ce qu'il se passoit. Reprenons maintenant les affaires devant et depuis mon départ de la cour, et qui le retardèrent de beaucoup, et après lequel je soupirois avec un dépit ardent.

L'expression me manque pour ce que je veux faire entendre. La cour, par ces grands changements d'état et de fortune de Vendôme et de Chamillart, étoit plus que jamais divisée. Parler de cabales, ce seroit peut-être trop dire, et le mot propre à ce qui se passoit ne se présente pas. Quoique trop fort, je dirai donc cabale, en avertissant qu'il dépasse ce qu'il s'agit de faire entendre, mais qui, sans des périphrases continuelles, ne se peut autrement rendre par un seul mot.

Trois partis partageoient la cour qui en embrassoient les principaux personnages, desquels fort peu paroissoient à découvert, et dont quelques-uns avoient encore leurs recoins et leurs réserves particulières. Le très-petit nombre n'avoit en vue que le bien de l'État, dont la situation chancelante étoit donnée par tous comme leur seul objet, tandis que la plupart n'en avoient point d'autre que soi-même, chacun suivant ce qu'il se proposoit de vague ou de considération, d'autorité, et en éloignement de puissance; d'autres de places et de fortunes à embler; d'autres, plus cachés ou moins considérables, tenoient à quelqu'une des trois, et formoient un sous-ordre qui donnoit quelquefois le branle aux affaires, et qui entretenoit cependant la guerre civile des langues.

Sous les ailes de Mme de Maintenon se réunissoit la première, dont les principaux, en curée de la chute de Chamillart, et relevés par celle de Vendôme qu'ils avoient aussi poussoté tant qu'ils avoient pu, étoient ménagés et ménageoient réciproquement Mme la duchesse de Bourgogne, et étoient bien avec Monseigneur. Ils jouissoient aussi de l'opinion publique et du lustre que Boufflers leur communiquoit. A lui se ralioient les autres, pour s'en parer et pour s'en servir; Harcourt, même des bords du Rhin, en étoit le pilote, Voysin et sa femme, leurs instruments, qui réciproquement s'appuyoient d'eux. En deuxième ligne étoit le chancelier, qui [étoit] dégoûté à l'excès par l'aversion que Mme de Maintenon avoit prise pour lui, conséquemment par l'éloignement du roi; Pontchartrain, de loin, à l'appui de la boule; le premier écuyer, vieilli dans les intrigues, qui avoit formé l'union d'Harcourt avec le chancelier, et qui les rameutoit tous; son cousin Huxelles, philosophe apparent, cynique, épicurien, faux en tout, et dont on peut voir le caractère ci-devant (t. IV, p. 92), rongé de l'ambition la plus noire, dont Monseigneur avoit pris la plus grande opinion par la Choin que Beringhen, sa femme et Bignon, en avoient coiffée; le maréchal de Villeroy qui, du fond de sa disgrâce, n'avoit jamais perdu les étriers chez Mme de Maintenon, et que les autres ménageoient par là et par cet ancien goût du roi qui, par elle, pouvoit renaître; le duc de Villeroy, remué par lui, mais avec d'autres allures, et La Rocheguyon qui, ricanant sans rien dire, tendoit des panneaux, et par Bloin et d'autres souterrains savoient tout et avoient toute créance de jeunesse auprès de Monseigneur, et qui, quoique de loin, ne laissoient pas que d'avoir influé à la perte de Vendôme et de Chamillart, ayant en tiers la duchesse de Villeroy, dont le peu d'esprit étoit compensé par du sens, beaucoup de prudence, un secret impénétrable et la confiance de Mme la duchesse de Bourgogne en beaucoup de choses, qu'elle savoit tenir de court et haut à la main.

D'autre part, sous l'espérance que nourrissoit la naissance, la vertu et les talents de Mgr le duc de Bourgogne, tout de ce côté, par affection décidée, étoit le duc de Beauvilliers, le plus apparent de tous; le duc de Chevreuse en étoit l'âme et le combinateur; l'archevêque de Cambrai, du fond de sa disgrâce et de son exil, le pilote; en sous-ordre, Torcy et Desmarets; le P. Tellier, les jésuites et Saint-Sulpice, d'ailleurs si éloignés des jésuites, et réciproquement; Desmarets, ami du maréchal de Villeroy et du maréchal d'Huxelles et Torcy bien avec le chancelier, uni avec lui sur les matières de Rome, conséquemment contre les jésuites et Saint-Sulpice, et en brassière sur ce recoin d'affaires avec ses cousins de Chevreuse et surtout de Beauvilliers, ce qui mettoit entre eux du gauche et souvent des embarras.

Ceux-ci, plus amis entre eux, au besoin, toujours plus concertés, en occasion continuelle de se voir sans air de se chercher, affranchis des sarbacanes par leurs places, et voyant tout immédiatement, en état d'amuser les autres par des fantômes, et d'un coup de main de rendre fantômes les réalités les mieux amenées, et par voir et savoir de source, de rompre la mesure à leur gré, tant étoit-il vrai, de tout ce règne, que le ministère donnoit tout en affaires, quelque confiance que Mme de Maintenon y eût usurpée, qui n'osoit questionner ni montrer rien suivre, à qui les choses ne venoient par le roi qu'à bâtons rompus, et qui par là avoit si grand besoin d'avoir un ministre tout à elle. Ceux-ci n'admirent personne avec eux sans une vraie nécessité, et pour le moment seulement de la nécessité. Ils n'avoient qu'à parer, et comme ils étoient en place, ils n'avoient qu'à se défendre et rien à conquérir; mais les rieurs n'étoient pas pour eux. Leur dévotion les tenoit en brassière, étoit tournée aisément en ridicule; le bel air, la mode, l'envie étoient de l'autre côté, avec la Choin et Mme de Maintenon.

Ces deux cabales se tenoient réciproquement en respect. Celle-ci marchoit en silence; l'autre, au contraire, avec bruit, et saisissoit tous les moyens de nuire à l'autre. Tout le bel air de la cour et des armées étoit de son côté, que le dégoût et l'impatience du gouvernement grossissoit encore, et quantité de gens sages, entraînés par la probité de Boufflers et les talents d'Harcourt.

D'Antin, Mme la Duchesse, Mlle de Lislebonne et sa sœur, leur oncle, inséparable d'elles, et l'intrinsèque cour de Meudon formoient le troisième parti. Aucun des deux autres ne vouloit d'eux; l'un et l'autre les craignoient et s'en défioient; mais tous les ménageoient, à cause de Monseigneur, et Mme la duchesse de Bourgogne elle-même.

D'Antin et Mme la Duchesse n'étoient qu'un; ils étoient également décriés; ils étoient pourtant à la tête de ce parti, d'Antin, par ses privances avec le roi, qui augmentoient chaque jour, et dont mieux qu'homme du monde il savoit se parer et même s'avantager solidement; lui et Mme la Duchesse pour les leurs, avec Monseigneur. Ce n'étoit pas que les deux Lorraines n'eussent encore plus sa confiance et celle de Mlle Choin au moins plus que les deux autres; elles avoient de plus un autre avantage, mais alors et longtemps depuis inconnu, dont j'ai parlé d'avance (t. V, p. 427), qui étoit cette liaison avec Mme de Maintenon si honteusement mais si solidement fondée, et pour cela même si cachée. Mais elles étoient encore étourdies des deux coups de foudre qui venoient de tomber sur Vendôme et Chamillart. Boufflers, Harcourt et leurs principaux tenants détestoient l'orgueil du premier et la suprématie de rang et de commandement où il s'étoit élevé. Chevreuse, Beauvilliers et les leurs, par ces raisons, et plus encore par rapport à Mgr le duc de Bourgogne, n'étoient pas moins éloignés de lui : pas un de ces deux partis n'étoit donc pas pour se rapprocher de ce troisième, qui étoit proprement la cabale de Vendôme, encore troublée du coup, ni les derniers, de plus, de d'Antin, qui, dans la folle espérance d'avoir la part principale à la dépouille de Chamillart, avoit travaillé si fortement à sa ruine.

Pour être mieux entendu, donnons un nom aux choses, et nommons ces trois partis : la cabale des seigneurs, qui est le nom qui lui fut donné alors, celle des ministres, et celle de Meudon.

Cette dernière avoit été plus touchée de la fâcheuse épreuve de ses forces que de la chute de Vendôme; elle ne le portoit que pour perdre Mgr le duc de Bourgogne par les raisons qui en ont été expliquées; ce grand coup à la fin manqué à demi, Vendôme de moins les mettoit plus au large auprès de Monseigneur et ramassoit tout plus à eux. Je dis manqué à demi, car il avoit pleinement porté par leurs artifices auprès de Monseigneur qui n'en est jamais revenu pour Mgr le duc de Bourgogne et qui le lui fit sentir le reste de sa vie, même grossièrement. A l'égard de Chamillart, ce coup manqué auprès du roi, on a vu par le trait que lui fit par deux fois Mlle de Lislebonne auprès de Mlle Choin, combien peu ils s'en soucièrent dès qu'ils le virent sur le penchant; elle et sa sœur comptèrent bien sur le successeur par elles-mêmes à cause de Monseigneur, encore plus quand elles virent Voysin l'être par leurs secrets rapports avec Mme de Maintenon.

Pour Vaudemont, outre qu'il n'étoit qu'un avec ses nièces, éconduit qu'il étoit sans retour des usurpations de rang qu'il avoit essayées, établi d'ailleurs comme il étoit, tout cela lui importoit assez peu, et sa considération déjà tombée demeuroit sans souffrir une plus grande diminution.

M. du Maine, régnant dans le cœur du roi et de Mme de Maintenon, ménageoit tout, n'étoit à aucun qu'à soi-même, se moquoit de beaucoup, nuisoit à tous tant qu'il pouvoit, et tous aussi le craignoient et le connoissoient. Voysin, tout à Mme de Maintenon, lui valoit mieux que Chamillart qui s'étoit livré à lui; et Vendôme ayant péri dans son entreprise des Titans, l'entreprise échouée, du Maine se trouvoit soulagé d'un audacieux qui n'auroit pas voulu être inférieur à ses enfants, et dont la parité réelle étoit un titre embarrassant.

M. le Duc laissoit faire, embourbé qu'il étoit dans son humeur qui éloignoit tout le monde de lui comme d'une mine toujours prête à sauter, dans ses affaires de la mort de M. le Prince, dans ses plaisirs obscurs, et dans sa santé qui commençoit à devenir mauvaise.

Le comte de Toulouse non plus que M. le duc de Berry ne prenoient part à rien; M. le duc d'Orléans n'étoit pas en volonté, ni, comme on le verra bientôt, en état d'entrer en quoi que ce soit, et Mgr le duc de Bourgogne, enfoncé dans la prière et dans le travail de son cabinet, ignoroit ce qui se passoit sur la terre, suivoit les impressions douces et mesurées des ducs de Beauvilliers et de Chevreuse, n'avoit figuré en rien dans les disgrâces de Vendôme et de Chamillart, et s'étoit contenté de les offrir à Dieu comme il avoit fait les tribulations qu'ils lui avoient causées.

A l'égard de Mme la duchesse de Bourgogne, on a vu qu'elle procura l'une et qu'elle ne s'épargna pas pour l'autre; cela joint à ce qu'elle étoit à Mme de Maintenon, et Mme de Maintenon à elle, la jetoit naturellement du côté de la cabale des seigneurs avec le goût qu'Harcourt lui avoit donné pour lui, l'estime qu'elle ne pouvoit refuser à Boufflers, et son amitié pour la duchesse de Villeroy. Mais éloignée à l'excès des ducs de Beauvilliers et de Chevreuse qu'elle craignoit en cent façons auprès de Mgr le duc de Bourgogne, elle s'en étoit fort rapprochée à l'occasion des choses de Flandre, et comme elles avoient duré longtemps, ses préventions s'étoient fort amorties par le commerce qu'elle avoit eu avec eux par elle-même, et par Mme de Lévi fort bien avec elle, une de ses dames du palais, qui avoit tout l'esprit possible, et qui avoit saisi ces temps favorables à son père et à son oncle, de manière qu'elle ne leur étoit pas opposée, et qu'elle nageoit entre les deux cabales. Pour celle de Meudon, la même de Vendôme, elle ne gardoit que les mesures dont elle ne se pouvoit dispenser sagement à cause de Monseigneur et de la qualité de bâtarde du roi de Mme la Duchesse, avec laquelle on a vu qu'indépendamment du reste elle étoit personnellement mal. Le seul d'Antin en fut excepté par l'usage qu'elle en avoit tiré sur la Flandre, et qu'elle s'en promettoit encore au besoin par ses privances avec le roi.

Tallard, enragé de n'être de rien, parce qu'on ne se fioit à lui d'aucun côté, ne tenoit qu'à Torcy qu'il avoit toujours ménagé, et au maréchal de Villeroy de toute sa vie son parent et son protecteur, sous la disgrâce duquel il gémissoit. Quoique livré aux Rohan, si uns avec Mlle de Lislebonne et sa sœur, cela n'avoit point pris avec lui, et il petilloit de se fourrer de quelque chose sans y pouvoir réussir. Les ministres avoient moins d'éloignement pour lui que les deux autres partis, mais cela n'alloit pas jusqu'à l'admettre. Il mouroit de jalousie contre ceux qui lui étoient préférés dans le commandement des armées, il pâmoit d'envie du brillant du maréchal de Boufflers, souple toutefois avec eux, mais hors de toute portée.

Villars ne doutoit ni de soi, ni du roi, ni de Mme de Maintenon. Le bonheur infatigable pour lui et l'expérience lui en répondoient; il étoit content, incapable de suite et de vues hors les purement personnelles; il n'étoit de rien, il ne se soucioit pas d'en être, et aucun des partis ne le désiroit.

Berwick ménageoit et étoit ménagé des deux premiers. Les affaires d'Angleterre l'avoient lié avec Torcy; la piété et la dernière campagne de Flandre, avec les ducs de Chevreuse et de Beauvilliers; il étoit fort bien d'ancienneté avec d'Antin, et c'étoit le seul de la cabale de Meudon avec qui il fût de la sorte; le maréchal de Villeroy étoit son ami et son protecteur, et il étoit ami d'Harcourt qu'il avoit toujours cultivé.

Tessé, ami de Pontchartrain, étoit suspect aux seigneurs et aux ministres. Les personnages qu'il avoit faits ne lui avoient acquis l'estime ni la confiance de personne. Sa conduite à l'égard de Catinat l'avoit perdu dans l'esprit de tous les honnêtes gens et empêcha même les autres de se lier avec lui; et sa bassesse à l'égard de Vaudemont, de Vendôme, de La Feuillade, avoit achevé de l'anéantir. Son ambassade à Rome ne le releva pas, ni ses lettres ridicules au pape, qu'il n'eut pas honte de publier partout. Il étoit donc souffert dans la cabale de Meudon, mais rien au delà, et rejeté des deux autres. Noailles, riche en calebasses de toutes les sortes, nageoit partout, tâtant tout, reçu honnêtement partout à cause de sa tante et de son langage; mais admis à rien encore en jeune homme qu'on ne connoissoit pas assez, et dont le grand vol et les nombreux crampons tenoient en égale attention et défiance.

Ces cabales, au reste, avoient leurs subdivisions. Dans celle des seigneurs, Harcourt avoit ses réserves avec tous les autres, quoique cheminant avec eux et souvent par eux, et ne faisoit comparaison avec aucun, pour me servir de ce terme vulgaire, excepté le chancelier, mais qui n'étoit bon que pour le conseil dans la situation où il se trouvoit avec le roi et Mme de Maintenon, qui l'excluoit de pouvoir être acteur en rien, sinon quelquefois au conseil, où il étoit sans milieu, nul ou emportant la pièce avec feu, adresse et subtilité, qui étoit son talent naturel; ce qu'il ne faisoit qu'aux grandes occasions pour tomber sur le duc de Beauvilliers sans l'attaquer directement, mais embarrasser un avis et tâcher de lui donner un air ridicule.

Le maréchal de Villeroy, le moins ardent de tous, par la futilité de son esprit, son incapacité naturelle et la chute de Vendôme et de Chamillart, ses deux objets de haine, étoit de longue main ami particulier de Desmarets par ses anciennes liaisons avec Bechameil, son beau-père, fort attaché et protégé du chevalier de Lorraine et d'Effiat. Malgré sa disgrâce, on a vu qu'il avoit conservé l'amitié et souvent la confiance de Mme de Maintenon, une relation assez fréquente avec elle, la privance de longues conversations avec elle, toutes les fois qu'il alloit à Versailles, ce qui n'étoit pas fréquent. Beaucoup plus souvent des lettres de l'un et de l'autre, et des mémoires sur les choses de Flandre qu'elle lui demandoit, et qui étoient toujours biens reçus. Leurs paquets passoient le plus ordinairement par Desmarets, rarement par la duchesse de Villeroy. Il étoit assez bien avec Torcy, et en quelque mesure avec Beauvilliers, qui tous deux n'en faisoient nul compte, et tous deux fort haïs de La Rocheguyon et du duc de Villeroy autant qu'il en étoit capable; en cela, comme en bien d'autres points, divisé d'avec son père, quoique très-uni sur le principal, et mieux ensemble depuis que leur différent genre de vie, depuis que la disgrâce du père et la charge du fils les avoit séparés de lieux. Chevreuse et Beauvilliers, sans secret l'un pour l'autre, étoient réservés avec les leurs, et, bien que cousins germains de Torcy, un fumet de janséniste les écartoit de lui fort au delà du but.

D'Antin et Mme la Duchesse, entièrement unis de vue, de besoins réciproques de vices et de lieux, se défioient fort des deux Lorraines, avec des confidences néanmoins et l'extérieur le plus intime, que le dessein commun soutenoit pendant la vie du roi, en attendant qu'ils s'entr'égorgeassent tous après, pour la possession unique de Monseigneur, devenu roi. Cette cabale frayoit avec celle des seigneurs; mais elle en étoit découverte et intérieurement haïe et crainte comme ayant été celle de Vendôme.

Pour celle des ministres, rien de plus opposé, quoique Torcy et Mme la Duchesse, et par conséquent d'Antin, eussent des ménagements réciproques par la Bouzols, sœur de Torcy, amie intime de tous les temps, et de toutes les façons, de Mme la Duchesse, et qui, avec une figure hideuse, étoit charmante dans le commerce, avec de l'esprit comme dix démons.

Telle étoit la face intérieure de la cour dans ce temps orageux, signalé par deux chutes si profondes, qui sembloient en préparer d'autres.

CHAPITRE XVII.

Blécourt relève Amelot en Espagne, mais avec caractère d'envoyé. — Tournai investi, bien muni; Surville et Mesgrigny dedans. — Affaire du rappel des troupes d'Espagne. — Éclat à Marly sur le rappel des troupes d'Espagne. — Boufflers aigri contre Chevreuse. — Conversation sur les deux cabales, et en particulier sur le maréchal de Boufflers, avec le duc de Beauvilliers, puis avec le duc de Chevreuse, et ma situation entre les cabales.

Amelot étoit rappelé depuis quelque temps, et Blécourt, qui avoit déjà été deux fois en Espagne, l'alloit relever, mais avec simple caractère d'envoyé[1]. Les affaires avoient retenu Amelot, qui étoit là à la tête de toutes sous la princesse des Ursins, mais si bien avec elle et si capable que, pour ce qui étoit affaires, il faisoit tout. On verra bientôt que son retour fut une époque effrayante pour tous les ministres.

Tournai étoit investi. Surville, lieutenant général, y commandoit; Mesgrigny, lieutenant général et principal ingénieur après Vauban, étoit gouverneur de la citadelle. Il y avoit treize bataillons, quatre escadrons de dragons, et sept compagnies franches en tout de quatre cents hommes, Ravignan, maréchal de camp, et profusion de toutes sortes de munitions de guerre et de bouche ; avec cela notre armée de Flandre manquoit de tout, et on en étoit à la cour, à Paris et partout aux prières de quarante heures.

Il y avoit longtemps que l'Espagne commençoit à être regardée de mauvais œil, et que les oreilles s'ouvroient au spécieux prétexte que les alliés ne se lassoient point de semer, que cette monarchie étoit la pierre d'achoppement. Personne n'avoit été d'avis de passer carrière sur les énormes propositions qui avoient été faites à Torcy à la Haye, mais il sembloit que, trop crédules, on eût désiré que l'Espagne se trouvât ruinée d'elle-même, et que par là il se rouvrît une porte à la paix.

De tous temps j'avois pris la liberté d'avoir un sentiment bien opposé; jamais je n'avois cru que l'Espagne fût un obstacle sérieux à terminer la guerre. Je ne me figurois

---

1. Voy., à la fin de ce volume, la note sur la situation de l'Espagne à l'époque où Blécourt vint remplacer Amelot.

point les alliés de l'empereur assez épris de la grandeur de sa maison, pour ne s'épuiser que pour elle. J'étois d'ailleurs persuadé que pas un ne voulant la paix, de rage contre la personne du roi, et de jalousie contre la France, tous avoient saisi un prétexte plausible de l'écarter, durable tant qu'ils voudroient par sa nature; et j'en concluois que le seul moyen de le leur ôter étoit de secourir si puissamment le roi d'Espagne et de seconder si fermement ses succès et le bon ordre déjà rétabli dans ses troupes et dans ses finances, et la grande volonté des peuples, que de préférence à tout on rendît ses frontières libres, pour ôter aux alliés tout espoir d'y revenir, et faire tomber cet éternel prétexte d'Espagne dont ils faisoient bouclier contre toutes propositions, puisque le roi d'Espagne, délivré de la sorte, ce qui avoit été aisé quatre ans durant, il n'eût plus été soutenable aux ennemis de rien mettre en avant là-dessus, et se seroient vus réduits, lorsqu'en effet ils auroient voulu la paix, à la traiter à des conditions qui, à la vérité, eussent fort diminué la puissance des deux couronnes, leur seul intérêt essentiel. On étoit encore à temps d'y revenir; mais on n'aimoit pas à approfondir, et on aimoit à se flatter dans l'extrême besoin où les désastres avoient réduit le royaume, dont on a vu ici les causes expliquées en plus d'une occasion.

On voulut donc se fermer les yeux à tout autre raisonnement qu'à celui d'avancer nous-mêmes le renversement d'un trône qui nous avoit coûté tant de sang et d'argent à maintenir, et par ce moyen nous dérober à la honte et à la nécessité de nous mettre du côté de nos ennemis communs pour y travailler conjointement avec eux à force ouverte, et cependant les adoucir en produisant le même effet qu'ils vouloient exiger de notre concours d'une manière plus dure ou plutôt barbare. La base de ce raisonnement étoit la présupposition qu'ils vouloient bien la paix, pourvu que la monarchie d'Espagne revînt à la maison d'Autriche, sans faire réflexion que tout montroit qu'ils ne vouloient point de paix, et qu'ils ne songeoient qu'à leurrer leurs peuples qui soutenoient le poids de la guerre, et à leur cacher leur dessein qui ne tendoit qu'à une destruction générale de la France, qu'ils ne leur osoient pas montrer, et qui, une fois découvert par la continuation opiniâtre de la guerre, après leur avoir ôté manifestement toute espérance sur l'Espagne par les armes, produiroit nécessairement la paix malgré le triumvirat qui les gouvernoit tous par ses artifices, et qui seul vouloit éterniser la guerre, comme on le verra dans les Pièces des négociations de Torcy à la Haye, et depuis du maréchal d'Huxelles à Gertruydemberg. Mais on étoit si loin de raisonner ainsi, qu'on trouvoit que les alliés n'avoient pas tort, et qu'il n'y avoit d'issue qu'en les satisfaisant sur un point essentiel pour eux, ce qui ne se pouvoit opérer sans une honte déclarée, que par les moyens obliques de laisser périr l'Espagne d'elle-même. Il fut donc agité de congédier le duc d'Albe, de faire revenir d'Espagne toutes les troupes françoises, de cesser d'y faire ou même d'y laisser passer aucune sorte de secours, et d'en rappeler Amelot et Mme des Ursins même. On ne vouloit pas douter que les alliés, peu crédules à nos paroles, ne le devinssent à nos actions; que le roi d'Espagne sans ressource ne fût bientôt réduit à revenir en France, ou à se contenter du très-peu que ses ennemis lui voudroient bien laisser par grâce, pour ne pas dire par aumône, et que la paix ne suivît incontinent. Ce fut dans cette pensée qu'Amelot fut rappelé, que Mme des Ursins eut ordre de se disposer aussi à quitter l'Espagne, et Besons, celui de passer de Catalogne en Espagne pour en ramener toutes nos troupes. Le roi et la reine d'Espagne, dans la dernière alarme d'un parti si violent, se mirent aux hauts cris et à demander au moins qu'on laissât tout en l'état jusqu'à ce qu'Amelot eût achevé de mettre ordre à des affaires importantes prêtes à terminer[1].

1. Voy. aux notes, placées à la fin du volume, les extraits des dépêches d'Amelot.

Dans cet intervalle, les alliés qui ne vouloient point de paix, ou plutôt le triumvirat qui s'étoit rendu maître des affaires, ajoutèrent les conditions énormes du passage de leur armée par la France, et autres qui se trouvent parmi les Pièces de la négociation de Torcy à la Haye, qui rompirent tout. Malgré la rupture, on voulut toujours rappeler nos troupes, non plus dans la vue de la paix, qui ne se pouvoit plus espérer, mais dans celle de la défense de nos frontières, sans considérer qu'elles consommeroient le meilleur temps de la campagne à se rendre où on les destineroit. Parmi ces incertitudes, Besons reçut ordre de suspendre, suivant la demande du roi d'Espagne, jusqu'à ce qu'Amelot eût achevé ce qu'il avoit commencé, tellement qu'étant déjà en Espagne et dans cette espèce de suspension de ramener ses troupes, il n'osoit les mettre en corps d'armée et les opposer au comte de Staremberg, qui mettoit les siennes en mouvement.

Un voyage de Marly arrivé dans ces entrefaites devint fort remarquable; et pour en faire entendre le principal, il faut en expliquer l'accessoire. On a vu (t. VI, p. 183 et suiv.) que le duc de Chevreuse étoit très-réellement ministre d'État sans entrer dans le conseil, et la considération de sa femme et ses privances avec le roi et chez Mme de Maintenon même à cause de lui, que l'affaire de M. de Cambrai n'avoit pu affoiblir que pendant quelques mois; sa santé ne lui permettoit pas, depuis quelque temps, de mettre un corps, et quoique le grand ami des dames fût banni de Marly, elles n'y pouvoient pourtant paroître qu'habillées avec un corps et une robe de chambre. Cette raison avoit éloigné Mme de Chevreuse de Marly, qui y alloit tous les voyages; mais toujours en se présentant, dont personne n'étoit dispensé. Le roi s'en étoit plaint, et, à la fin, voulut qu'elle y vînt sans corps. Alors elle ne paroissoit ni dans le salon ni à la table du roi, mais le voyoit tous les jours chez Mme de Maintenon, et à des promenades particulières. M. de Chevreuse, qui aimoit sa maison de Dampierre, à quatre lieues de Versailles, le particulier, la solitude même et la retraite par piété, profitoit tant qu'il pouvoit du prétexte de la santé de Mme de Chevreuse, pour se dispenser des Marlys, ce que le roi trouvoit souvent mauvais, et avoit peine à le lui accorder, à cause du fil des affaires. Malgré cette facilité d'y aller sans corps, Mme de Chevreuse évitoit encore, et le roi se fâchoit, mais ils ne laissoient pas d'esquiver.

A celui-ci ils y furent, et la rareté donna de l'attention, parce qu'avec toute cette rareté, M. de Chevreuse avoit été du dernier voyage, et depuis longtemps on ne l'y voyoit plus deux fois de suite. Les grands coups s'y devoient ruer tout de bon sur le rappel des troupes d'Espagne. Le duc de Beauvilliers étoit le grand promoteur de l'affirmative, Mgr le duc de Bourgogne l'y secondoit, les ministres suivoient la plupart, le chancelier même ne s'en éloignoit pas, et par une singularité qu'on n'auroit pas attendue, Desmarets étoit de l'avis opposé, Voysin aussi, mais avec foiblesse, soit par sa nouveauté et son peu d'expérience, soit pour voir démêler la fusée, et se tenir cependant un peu à quartier. Monseigneur, toujours ferme en faveur de son fils, et ferme à l'excès, mais uniquement sur ce chapitre, contestoit formellement pour la négative, malgré lequel l'autre avis l'emporta, et le rappel des troupes fut résolu.

Ce débat ne s'étoit point passé sans émotion. Il fut su dès le jour même, et ce qui avoit été résolu, et le maréchal de Boufflers en parla au roi, qui lui avoua le fait, et sans se laisser ébranler. Le maréchal alla au duc de Beauvilliers, qui, averti de l'aveu du roi au maréchal, ne disconvint point du fait. Boufflers lui demanda ses raisons pour y opposer les siennes. Beauvilliers, avec ses précisions, refusa de s'expliquer parce qu'il étoit ministre, et renvoya le maréchal au duc de Chevreuse, en l'assurant qu'il étoit aussi instruit que lui, quoiqu'il n'entrât pas au conseil, et que, n'étant tenu à rien, il le trouveroit en état de le satisfaire. Chevreuse prêta donc le collet au maréchal, et se promettoit bien de sa dialectique de mettre bientôt à bout le peu d'esprit du maréchal. Au lieu d'y réussir, il échauffa son homme, qui, plein de l'importance de la chose, en entretint chacun.

Tout ce qui étoit à Marly ne s'entretint d'autre chose, et le courtisan, ravi d'oser parler tout haut d'une affaire de cette sorte, se partialisa selon son goût, mais avec tant de chaleur, qu'elle sembla être devenue celle d'un chacun. Le nombre et l'espèce de ceux qui tenoient pour la négative l'emporta fort sur ceux qui soutenoient l'affirmative, dont le courage accrut tellement au maréchal de Boufflers, qu'il fut trouver Mme de Maintenon et lui en parla de toute sa force. M. le duc d'Orléans, du même avis, crioit de son côté qu'il connoissoit l'Espagne et les Espagnols, et mille raisons particulières tirées de cette connoissance. Il plut tellement par là au maréchal qu'il proposa à Mme de Maintenon que, puisqu'il étoit question d'une si importante affaire, qui regardoit l'Espagne où ce prince avoit si bien servi, le roi l'en devroit consulter. Mais Boufflers ignoroit le fatal trop bon mot qui avoit rendu Mme de Maintenon et Mme des Ursins ses plus mortelles ennemies, et ne put gagner ce point. Le duc de Villeroy et La Rocheguyon, son beau-frère, recueilloient les voix, échauffèrent Monseigneur avec qui ils étoient à portée de tout, et poussèrent Boufflers à lui aller parler.

Ce prince, bien embouché et qui ne fut jamais ardent de soi que pour le roi d'Espagne, parla au roi avec force contre le rappel de ses troupes et l'abandon. Le duc d'Albe, averti de tout ce vacarme, hasarda une chose du tout inusitée jusqu'alors. Il alla à Marly sans demander si on le trouvoit bon, et, tout en arrivant, [sollicita] une audience que le roi lui donna aussitôt, dont il usa avec tout l'esprit et la force possible, tandis qu'en même temps le duc de Chevreuse livroit chance à tout le monde en plein salon, et y disputoit contre tout venant. Tant de bruit étonna le roi enfin, et le porta, par Mme de Maintenon, à ce qu'il n'avoit jamais fait sur une affaire discutée et résolue. Il suspendit les ordres, et rassembla le conseil d'État pour délibérer de nouveau sur cette affaire. Le débat de part et d'autre y fut très-vif, Monseigneur parla fort hautement, dont la conclusion fut un *mezzo-termine*, tous ordinairement fort mauvais.

Il fut résolu de laisser soixante-six bataillons au roi d'Espagne, pour ne le pas tout à fait abandonner à l'entrée d'une campagne, et sans l'en avoir averti à temps; et de faire revenir le maréchal de Besons avec tout le reste des troupes françoises, en laissant Asfeld général de celles qui demeureroient avec quelques officiers généraux.

Ce parti pris et déclaré ne satisfit personne. Ceux qui vouloient soutenir l'Espagne s'en prévalurent pour crier qu'ils avoient donc eu raison, et pour blâmer d'autant plus de n'y laisser qu'une partie des troupes, et en rendre le tout inutile : en Espagne par ce grand retranchement, à nos frontières par la longue marche que celles qu'on rappeloit auroient à faire pour se rendre à nos armées du Dauphiné et de Roussillon dont nous avions à garder les frontières peu couvertes des Catalans assistés des ennemis, peu occupés qu'ils seroient par le roi d'Espagne si affoibli et partagé à faire tête à eux, au Portugal, et même en d'autres lieux plus intérieurs. Ceux qui voulurent le rappel entier demeurèrent dans le silence, honteux d'avoir perdu leur cause devant le tribunal du public, et de ne l'avoir pas gagnée dans la révision qui s'en étoit faite au conseil. Mais ils n'en furent pas plus persuadés. Les ordres furent expédiés aussitôt conformément à cette dernière résolution.

Le lendemain qu'elle eut été prise, Chevreuse, prenant Boufflers par le bras, suivant tous deux le roi qui sortoit de la messe, lui dit en riant, comme pour se raccommoder avec lui : « Vous avez vaincu. » Mais le maréchal, bouillant encore, et dépité du parti mitoyen, lui fit une si vive repartie, qu'elle déconcerta le duc, bien qu'elle n'eût rien d'offensant. Cet incident acheva de les éloigner l'un de l'autre, et Beauvilliers conséquemment.

Une bagatelle de discussion entre un garde du corps et un chevau-léger de la garde avoit commencé cet éloignement il y avoit deux ou trois mois. Le maréchal de Boufflers, impatienté des longs raisonnements du duc de Chevreuse, étoit venu chez moi m'exposer l'affaire et me prier de lui en dire mon sentiment; et comme dans le vrai il n'y avoit pas ombre de difficulté pour le garde, et que je le dis franchement au maréchal, il voulut que j'en parlasse au duc de Chevreuse. Je le fis et je ne pus le persuader. Dans ce mécontentement que Boufflers prit aussi avec trop d'amertume, vint tout ce qui a été raconté de la disgrâce de Chamillart et du rappel des troupes d'Espagne, où tous deux se trouvèrent d'avis et de partis si opposés.

Le reste de ce voyage de Marly se sentit de la vivacité de cette dernière affaire, et les courtisans remarquèrent en M. de Chevreuse un air d'empressement qui lui étoit entièrement nouveau. Ils s'aperçurent qu'il cherchoit à s'approcher de Mme la duchesse de Bourgogne, et qu'il en étoit bien reçu. Cela n'étoit pas étrange; elle savoit combien il s'étoit intéressé pour Mgr le duc de Bourgogne pendant la dernière campagne de Flandre par le duc de Beauvilliers et par Mme de Lévi si bien et si libre avec elle; ce qui l'avoit très-favorablement changée pour les deux beaux-frères.

Un soir entre autres qu'elle s'amusoit dans le salon à s'instruire du hoca[1], Mme de Beauvilliers lui dit que M. de Chevreuse le savoit très-bien pour y avoir beaucoup joué autrefois. Là-dessus la princesse l'appela, et il demeura jusqu'à une heure après minuit dans le salon à le lui

---

1. Jeu de hasard qui avait été introduit en France par le cardinal Mazarin. C'était une espèce de loterie.

apprendre. Cette singularité fit une nouvelle, car il n'en faut pas davantage à la cour. Les gens des autres cabales en rioient et disoient tout haut qu'ils alloient envoyer charitablement avertir chez la duchesse de Chevreuse et chez le duc de Beauvilliers, où à heure si indue on les croyoit sûrement perdus.

Cette cabale des seigneurs tâcha de prendre l'ascendant et soutint longtemps l'autre, à force de hardiesse. Peu après le retour de cet orageux Marly à Versailles, M. de Chevreuse, raisonnant dans la chambre du roi avec quelques personnes, en attendant qu'il allât à la messe, le maréchal de Boufflers les joignit et brusqua le duc d'humeur, et pour le coup sans raison, et s'engoua de dire, et de dire si mal, que quelques-uns des siens, qui par hasard s'y trouvèrent, ne purent s'empêcher de l'avouer, toutefois sans rien d'offensant.

Toutes ces choses me firent beaucoup de peine par les suites d'aversion que j'en craignois. Tous deux étoient intimement mes amis, et les ducs de Chevreuse et de Beauvilliers n'étoient qu'un; autre raison du plus grand poids pour moi. Je connoissois leur naturelle foiblesse, et combien le maréchal étoit poussé, qui jusqu'alors avoit bien vécu avec eux, au moins avec mesure. Je redoutois un orage conduit par Mme de Maintenon, pressé par sa cabale, tous gens fermes et actifs. J'essayai donc d'abord d'adoucir Boufflers, et je reconnus que la chose n'étoit pas en état d'être précipitée; en même temps je fis des pas vers les deux ducs, tant pour les ramener au maréchal que pour les exciter à se cramponner bien, mais sans leur rien dire de tout ce que je voyois, pour ne pas intimider des gens déjà trop timides.

M. de Beauvilliers m'étant venu voir dans ces entrefaites, et m'ayant trouvé seul, je voulus en profiter. Je le mis sur ce qui s'étoit passé à Marly, il me le conta sobrement et avec indifférence, mais franchement; je lui contestai son avis sur le rappel des troupes dont le sort étoit jeté uniquement pour entrer mieux en matière, et de cette façon je vins au point que je voulois traiter avec lui, qui étoit la cabale opposée, et qui en vouloit à tous les ministres, qui commençoit à prendre force et à parler haut. Il me dit que tout cela ne lui importoit guère, qu'il disoit son avis comme il le pensoit, parce qu'il avoit droit de le dire au conseil; que, du reste, il lui importoit peu en son particulier qu'il fût goûté, ou non, pourvu qu'il fît l'acquit de sa conscience, moins encore de la cabale qu'il voyoit bien toute formée et toute menaçante; que je l'avois vu, dans la crise des affaires de M. de Cambrai, dans un état bien plus hasardeux, puisqu'il étoit près alors d'être congédié à tous les instants; que je lui pouvois être témoin que je ne l'en avois vu ni plus ému ni plus embarrassé, aussi content de se retirer en sa maison que de vivre parmi les affaires, et même davantage; qu'il regardoit les choses du même œil présentement; qu'à son âge, dans l'état où se trouvoit sa famille, et pensant comme il faisoit depuis longtemps sur ce monde et sur l'autre, il ne regardoit pas comme un malheur d'achever sa vie chez lui, en solitude, à la campagne, et de s'y préparer avec plus de tranquillité à la mort; qu'il ne se pouvoit retirer avec bienséance dans la confusion présente des affaires; mais qu'il étoit bien éloigné de regarder comme un mal la nécessité de le faire qui lui donneroit du repos.

Je lui répondis que personne n'étoit plus persuadé que je l'étois de la sincérité et de la solidité de ses sentiments, et ne les admiroit davantage, et en cela je disois ce que je pensois, et je ne me trompois pas, mais que j'avois un dilemme à lui opposer que je le suppliois d'écouter avec attention, auquel je ne croyois pas de réplique : que si, charmé des biens et de la douceur de la retraite, et de n'avoir plus à songer qu'aux années éternelles, il se persuadoit que son âge (il avoit alors soixante et un ans), l'état de sa famille et ses propres réflexions sur les affaires présentes, le dussent affranchir de tout autre soin que de celui de vaquer uniquement à son salut, je n'avois nulle volonté de lui rien opposer, encore que je me persuadasse que je ne manquerois pas de bonnes raisons de conscience pour le faire ; qu'en ce cas-là il devoit dès aujourd'hui remettre ses emplois, se retirer dans le lieu qu'il jugeroit le plus propre à son dessein, et abdiquer tout soin de ce monde : mais que, s'il pensoit que chacun devoit travailler en sa manière dans sa vocation particulière, et selon la voie où Dieu avoit conduit et établi les divers particuliers de ce monde, chacun dans son état, pour rendre compte à Dieu de ses talents et de ses œuvres, et qu'il ne crût pas sa carrière remplie, il n'étoit pas douteux qu'il ne dût demeurer dans le monde, et dans les fonctions où il avoit plu à la Providence de l'appeler, non pour en jouir à sa manière, mais pour y servir Dieu et l'État, et que de cela il compteroit devant Dieu comme feroit un moine de sa règle ; que cela étant ainsi, il ne lui devoit pas suffire d'aller par routine aux différents conseils où il avoit sa voix, et d'y dire son avis par forme et avec nonchalance, content d'avoir parlé selon ce qu'il croyoit meilleur, et peu en peine de l'effet de son avis comme feroit un moine qui, assidu au chœur, psalmodieroit avec les autres, content d'avoir prononcé les psaumes dans la cadence accoutumée, peu en peine d'y appliquer son esprit et son cœur, ni de réfléchir que sa présence corporelle et l'articulation de ses lèvres étoit insuffisante sans cette double application ; que l'état de ministre, surtout dans des conjonctures aussi critiques que celles où on se trouvoit actuellement, demandoit en ses avis non-seulement la probité et la sincérité, mais la force pour les soutenir et les faire valoir leur juste poids, et de s'opposer généreusement, non pour son intérêt particulier, mais pour le bien de l'État trop chancelant, à des cabales dont le but étoit d'arriver à des fins particulières, et qui par sa destruction priveroient l'État de ses avis, qui néanmoins lui paroissoient tels à lui-même que sa conscience l'empêchoit de l'en priver en se retirant maintenant du monde et des affaires; qu'il n'étoit donc pas seulement de son devoir de dire son avis, mais de le faire valoir, mais de demeurer en place pour avoir droit de le dire, mais de demeurer tellement qu'il n'opinât pas sans fruit, mais de faire toutes les choses nécessaires et convenables pour y demeurer, et y demeurer en autorité, sans quoi il vaudroit autant pour l'État qu'il n'y fût plus, et mieux pour lui et pour son repos et son loisir; qu'une situation mitoyenne étoit, quant au bien de ce monde et aux devoirs concernant l'autre, la pire de toutes; que vivre ainsi content de tout étoit une tranquillité et un repos anticipés hors de place, de temps, et de saison, une usurpation de retraite, un synonyme de prévarication.

M. de Beauvilliers sourit de la chaleur que je mêlois à ce discours, et ne laissa pas de l'écouter avec grande attention; il m'interrompit peu, et je repris les détails où je descendis, qu'il étoit en état de procurer et lui seul sans qu'ils pussent être suppléés par personne par rapport à Mgr le duc de Bourgogne, et même à la façon dont il étoit auprès du roi. Il en convint, ensuite je passai aux autres ministres dont la ruine amenoit la sienne, et je lui dis avec hardiesse ces propres termes dont je m'étois déjà servi une autre fois lorsque je le forçai de parler au roi sur l'entrée résolue du duc d'Harcourt au conseil, qu'il fit avorter : « Qu'il n'y avoit point à se mécompter, que ç'avoit été un miracle qu'il n'eût pas succombé sous la main puissante de Mme de Maintenon lors des affaires du quiétisme; que l'estime solide du roi, la confiance de sa place de gouverneur des enfants de France, ni celle du ministre dont il étoit revêtu ne l'auroient pas tiré d'affaire; que son salut, il ne le devoit qu'à ses entrées de gouverneur, qui, entées sur celles de premier gentilhomme de la chambre, avoient si bien accoutumé le roi à le voir dans ses heures les plus privées, et à l'y voir en toutes depuis si longtemps, qu'elles avoient fait de lui, à son égard, une espèce de garçon bleu renforcé qui seul avoit soutenu le seigneur, le ministre, l'homme de confiance, lequel, sans cela eût péri; que c'étoit donc à ce titre qu'il devoit oser se cramponner et s'affermir en toutes manières, attaquer la cabale contraire sans crainte ni mollesse, en mettre en garde le roi, par des vérités fortes et bien assenées, non pas se laisser frapper sans montrer le sentier, et par cette sorte de dévotion si mal entendue, enhardir les frappeurs, y accoutumer le roi, devenir inutile, et se laisser enfin porter par terre lui et les siens.

De toutes les différentes fois que j'aie parlé à M. de Beauvilliers, excepté celle de l'entrée du maréchal d'Harcourt au conseil, je ne le fis jamais tant de suite, je ne dis pas de raisonnements, mais, si cela se peut dire, exhortations, ni avec une si grande impression sur lui.

Il se mit d'abord sur la défensive, non plus pour quitter et se retirer, car il étoit convenu d'abord que ce n'en étoit pas le temps, non plus même sur sa foiblesse par dévotion, car, à mon raisonnement, il sentit bien qu'il n'y avoit rien de solide à répondre; mais d'abord sur la cabale; il s'effaroucha de ce mot, je ne le lui contestai pas. Il se persuadoit qu'il n'y en avoit point, ses précisions le lui faisoient croire ainsi, mais l'effet du terme je l'empêchai d'en disputer. Il se mit sur les difficultés de pratiquer ce que je lui voulois persuader de faire, et l'embarras des moyens en ne voulant dire mal de personne.

Je répondis que cela n'empêchoit pas la force dans ses avis, les répliques étendues, ni les insinuations et les raisonnements particuliers; qu'après cela, la cabale opposée étoit composée de diverses sortes de personnes parmi lesquelles il y en avoit de bons et de mauvais; que les mauvais étoient ceux qui, couverts du manteau du bien des affaires, ne travailloient que pour eux-mêmes; que ceux-là étoient les maréchaux d'Harcourt et d'Huxelles, que par cela même il étoit permis de faire connoître pour tels, de les démasquer à propos et d'énerver auprès du roi, de sorte que tout leur esprit et leur sens si vanté par les leurs ne servît qu'à leur nuire en donnant ombrage de leurs sentiments et de leurs avis, ce qui les écarteroit aisément dans la suite; que la piété bien entendue le demandoit, loin de s'y opposer, et que c'étoit là ce qu'il falloit faire.

Nous disputâmes assez là-dessus, et je crus n'avoir pas peu gagné de l'avoir fait convenir que tout ce que j'avançois à leur égard n'étoit pas à rejeter, pourvu que cela se fît par nécessité et avec modération. Je battis encore le duc là-dessus, enclin à n'y trouver jamais la nécessité assez décisive, ni la modération assez compassée, sur quoi je lui ôtai la plupart de ses réponses. De cette discussion nous passâmes à celle des bons, parmi lesquels je citai le maréchal de Boufflers pour exemple; le duc en convint avec empressement, et saisissant le triomphe me demanda d'un air content ce que je voulois qu'il fît à celui-là qui certainement ne prenoit feu que de bonne foi. « Ce que je veux, répliquai-je, que vous le regagniez absolument, et que deux hommes aussi purs et aussi bien intentionnés que vous l'êtes tous deux ne demeuriez pas plus longtemps opposés, ni la cabale où il est plus longtemps décorée d'un homme si estimable, et qui la fortifie avec tant d'avantages contre vous. »

De là je lui dis, comme il étoit vrai, que j'avois toujours reconnu du goût pour lui fondé sur l'estime dans le maréchal; que j'étois même surpris que les autres l'eussent entraîné assez avant pour l'aigrir au point qu'ils avoient fait; que c'étoit un bon homme, doux, aisé à ramener par des avances de considération, d'estime et d'amitié, et pareillement aisé à éloigner par l'indifférence, et un air d'autorité et de supériorité; que les premières manières étoient tellement les siennes à lui, M. de Beauvilliers, qu'il n'y auroit nulle peine; que pour les secondes qui lui ressembloient si peu, il y falloit néanmoins prendre garde dans le raisonnement, qui, étant court dans le maréchal, devoit être ménagé en ne lui contestant pas les bagatelles, et réservant l'effort de la persuasion pour les choses importantes, mais avec art et douceur, tâchant de l'amener comme de lui-même; surtout de ne lui laisser sentir nul poids de ministre ni de supériorité d'esprit ou d'expérience dans les affaires, et s'aider adroitement de flatteries sur sa capacité à la guerre, sur les choses qu'il y a effectivement faites, et sur ses bonnes intentions qu'on ne pouvoit douter être les seuls qui le menassent et sans aucun intérêt; qu'en s'y prenant de la sorte avec application et suite, j'étois persuadé que Boufflers seroit d'abord touché du cas qu'il sentiroit être fait de lui, et par là deviendroit bientôt capable d'entrer en raison; qu'il ne seroit pas difficile de lui ôter les impressions que les autres étoient venus à bout de lui donner, et sinon de le détacher tout à fait d'eux, de le rendre du moins un instrument dont ils ne feroient pas dans la suite tout l'usage qu'ils projetoient et qu'ils avoient déjà commencé d'en faire.

Beauvilliers goûta au dernier point mon discours, et s'ouvrant de plus en plus : « Eh qui, me dit-il, n'a pas envie de le raccrocher, et de faire tout ce qu'il faut pour cela? » Puis convint que ce que je lui proposois étoit le meilleur, et qu'il falloit incessamment travailler sur ce plan-là.

Je me gardai bien de lui en nommer aucuns autres. Je connoissois trop l'antipathie naturelle de l'esprit et de l'humeur du chancelier pour lui proposer rien à son égard pour les rapprocher l'un de l'autre, bien moins encore pour nuire au chancelier, mon ami au point qu'il l'étoit, ni sur l'aversion des ducs de La Rocheguyon et de Villeroy, glissant ainsi pour ne pas commettre mes amis d'une part, et ne les pas laisser dupes de l'autre. Avant finir, je repris encore un peu le propos de nuire à ceux qui ne valoient rien, et je le fis souvenir de la pacifique et silencieuse conduite de Mgr le duc de Bourgogne qui l'avoit abattu sous le duc de Vendôme à tel point, qu'il en demeuroit meurtri après même la chute de ce colosse. Je lui remis que lui-même n'avoit pas approuvé cette douceur cruelle, et comme il s'éleva contre la comparaison, par sa disproportion d'avec ce jeune prince, je m'élevai à mon tour, et le mis hors de défense par la compensation de l'importance de ses places, et le devoir dont il étoit comptable au roi et à l'État.

Nous nous séparâmes enfin, lui très-satisfait de toutes mes réponses, et persuadé qu'il devoit faire plus d'usage de son crédit et de son esprit, et moi en large et content au possible de m'être si utilement déchargé le cœur avec lui, et de lui avoir de plus vivement reproché d'être si peu instruit de mille choses qui se passoient à la cour, qui, petites en apparence auprès des affaires d'État, ne laissoient pas de découvrir mille intrigues nécessaires à savoir et dont l'ignorance conduisoit pourtant assez souvent à celles de choses qui influoient tellement à la justesse du raisonnement en choses considérables, qu'on se trouvoit au besoin court par ce défaut, et hors d'état de prendre de justes mesures et à temps.

C'étoit aussi mon grief contre le duc de Chevreuse auquel je l'avois très-souvent reproché, et qui prétendoit s'en disculper en m'opposant qu'il n'étoit chargé de rien avec ses précisions désespérantes, parce qu'il n'entroit pas au conseil, quoiqu'il fût en effet ministre et entrant dans tout avec le roi, et avec les autres ministres, comme je l'avois découvert il y avoit longtemps, et que M. de Beauvilliers et lui-même ensuite me l'eussent avoué des lors, ainsi que je l'ai remarqué (t. VI, p. 183), il étoit de plus l'âme de la cabale des ministres, et considéré comme tel par toutes les autres.

Je lui contai dès le lendemain la conversation que j'avois eue avec M. de Beauvilliers quoiqu'il fût accoutumé à ma franchise et à ma liberté avec son beau-frère et avec lui, il ne laissa pas d'être extrêmement surpris de la hardiesse dont j'avois usé dans les choses et dans les termes, et il m'en remercia, d'où je pris occasion de lui reprocher fortement pourquoi il ne parloit pas de même, puisqu'il trouvoit cette force nécessaire avec son beau-frère, avec lequel il étoit à toute portée, en toute confiance et intimité, et si entièrement au fait de tout, au lieu d'entretenir ses mesures étroites et sa foiblesse par la sienne propre.

Il s'excusa avec plus de gentillesse que de solidité, et convint pourtant de l'excès des mesures du duc de Beauvilliers, et du tort que cela faisoit aux affaires, par ne vouloir pas user de son esprit et de son crédit, demeurer dans des entraves continuelles de réserve, de retenue et d'inaction qui arrêtoient tout de leur part, et donnoient jeu aux autres dont ils savoient bien profiter, jusque-là qu'il m'avoua que Mmes de Chevreuse et de Beauvilliers n'en étoient pas plus contentes que lui, et que tous trois y échouoient continuellement.

Nous approfondîmes fort la matière, et même avec un grand détail. Je n'en crus pas le temps perdu, parce qu'en lui inculquant les choses que je croyois nécessaires, c'étoit parler avec le même succès à eux tous et jusqu'à Mgr le duc de Bourgogne; la suite me le persuada encore davantage; ils devinrent plus éveillés sur tout ce qu'il se passoit, plus attentifs à m'en demander des nouvelles, à en raisonner avec moi, plus occupés à parer les coups et même à en porter, et M. de Beauvilliers encore plus au large avec moi et sur tous chapitres. Je m'aperçus bien par le maréchal de Boufflers même qu'ils n'étoient pas demeurés oisifs pour le rapprocher, en quoi ils auroient mieux et plus tôt réussi, s'ils l'eussent fait plus ouvertement, à quoi je suppléois autant qu'il m'étoit possible.

Ce que le monde nomme hasard, et qui, comme toutes choses n'est qu'une disposition de la Providence, qui toute ma vie m'avoit lié avec une singularité marquée à presque toutes les personnes opposées, en usoit de même à mon égard sur ces deux cabales des seigneurs et des ministres.

Entièrement uni aux ducs de Beauvilliers et de Chevreuse, et à presque toute leur famille, lié intimement à Chamillart jusque dans sa plus profonde disgrâce, fort bien avec les jésuites, et avec Mgr le duc de Bourgogne, comme on l'a vu à propos des choses de Flandre, bien aussi, quoique de loin et par les deux ducs, avec M. de Cambrai sans connoissance immédiate, mon cœur étoit à cette cabale qui pouvoit compter Mgr le duc de Bourgogne à elle envers et contre tous.

D'autre part, dépositaire de la plus entière confiance domestique et publique du chancelier et de toute sa famille, comme on le verra encore bientôt en continuelle liaison avec le duc et la duchesse de Villeroy, et par eux avec le duc de La Rocheguyon, qui n'étoit qu'un avec eux, en confiance aussi avec le premier écuyer, avec du Mont, avec Bignon, lui et sa femme dans toute celle de Mlle Choin, et ces derniers de la cabale de Meudon, qui ne seroient pas même péris avec elle, et qui y surnageoient, je ne pouvois désirer qu'aucune des deux autres succombât, d'autant plus que les ménagements constants d'Harcourt pour moi étoient tels qu'ils m'ôtoient tout lieu de le craindre, et me donnoient tout celui d'entrer plus avant avec lui toutes les fois que je l'aurois voulu.

Je n'oserois dire que l'estime de tous ces principaux personnages, jointe à l'amitié que plusieurs d'eux avoient pour moi, leur donnoit, Harcourt excepté, une liberté, une aisance, une confiance entière à me parler de tout ce qui se passoit de plus secret et de plus important, non quelquefois sans qu'il leur échappât quelque chose sur ceux de mes amis qui leur étoient opposés et sans que les tireurs en fussent en peine. J'en savois beaucoup plus par le chancelier et par le maréchal de Boufflers que par les ducs de Chevreuse et de Beauvilliers, peu vigilants, souvent ignorants.

À ces connoissances sérieuses, j'ajoutois celles d'un intérieur intime de cour par les femmes les plus instruites, et les plus admises en tout avec Mme la duchesse de Bourgogne, qui, vieilles et jeunes en divers genres, voyoient beaucoup de choses par elles-mêmes, et savoient tout de la princesse, de sorte que jour à jour j'étois informé du fond de cette curieuse sphère; et fort souvent par les mêmes voies, de beaucoup de choses secrètes du sanctuaire de Mme de Maintenon. La bourre même en étoit amusante, et parmi cette bourre rarement n'y avoit pas quelque chose d'important, et toujours d'instructif pour quelqu'un fort au fait de toutes choses.

J'y étois mis encore quelquefois d'un autre intérieur, non moins sanctuaire, par des valets très-principaux, et qui, à toute heure dans les cabinets du roi, n'y avoient pas les yeux ni les oreilles fermés.

Je me suis donc trouvé toujours instruit journellement de toutes choses par des canaux purs, directs et certains, et de toutes choses grandes et petites. Ma curiosité, indépendamment d'autres raisons, y trouvoit fort son compte; et il faut avouer que, personnage ou nul, ce n'est que de cette sorte de nourriture que l'on vit dans les cours, sans laquelle on n'y fait que languir.

Mon attention continuelle étoit à un secret extrême des uns aux autres sur tout ce qui pouvoit les intéresser; à un discernement scrupuleux des choses qui pouvoient avoir des suites, et pour cela même à les taire, quoique apparemment indifférentes; et sur celles qui l'étoient en effet, à les conter pour payer et nourrir la confiance, ce qui faisoit l'entière sûreté de mon commerce avec tous et l'agrément de ce commerce, où je rendois souvent autant et plus que j'en recueillois, sans qu'il me soit arrivé d'avoir trouvé jamais refroidissement, défiance, moins d'ouverture même dans pas un; encore qu'ils sussent très-bien tous que j'étois dans le même intrinsèque avec plusieurs de la cabale opposée à la leur, et que les uns et les autres me parlassent de cette intimité très-librement, quand l'occasion s'en présentoit, et toujours avec mesure sur ces personnes, par égard pour moi, hors quelques occasions rares de vivacités échappées auxquelles je fermois les yeux.

CHAPITRE XVIII.

Affaire d'Espagne de M. le duc d'Orléans. — Flotte arrêté en Espagne et Renaut aussi. — Déchaînement contre M. le duc d'Orléans. — Villaroël et Manriquez, lieutenants généraux, arrêtés en Espagne. — Terrible orage contre M. le duc d'Orléans, à qui on veut faire juridiquement le procès. — Le chancelier m'oblige à lui dire mon avis juridique sur le crime imputé à M. le duc d'Orléans; en est frappé, et tout tombe là-dessus, desseins et bruits incontinent après. — Triste état du duc d'Orléans après l'avortement de l'orage.

Il faut maintenant retourner un peu en arrière, pour voir tout de suite cette affaire de M. le duc d'Orléans sur l'Espagne, qui éclata en ce temps-ci, et qui a été la source de tout ce qui a depuis accompagné sa vie d'amertumes et de détresses, qui se sont de là répandues même sur les temps les plus affranchis et les plus libres de sa vie, et dans lesquels il a été revêtu seul de tout le pouvoir souverain.

Sans s'entendre ici sur le caractère avant le temps, il suffira de remarquer que son oisiveté, continuellement trompée par des voyages de Paris, amusée par des curiosités de chimie fort déplacées, et des recherches de l'avenir qui l'étoient bien davantage, livrée à Mme d'Argenton, sa maîtresse, à la débauche et à la mauvaise compagnie avec un air de licence, de peu de compte de la cour, et de beaucoup moins de Mme sa femme, lui avoit fait grand tort dans l'esprit du monde et surtout dans celui du roi, lorsque la nécessité des affaires le força de l'envoyer relever le duc de Vendôme en Italie, et après le malheur de Turin, arrivé de tous points malgré sa prévoyance, et tout ce qu'il fit pour faire entendre raison à Marsin, et, depuis sa blessure, pour rentrer avec l'armée en Italie, porta le roi à l'en consoler par le commandement des armées en Espagne.

Le roi lui avoit temoigné qu'il désiroit qu'il vécût bien avec Mme des Ursins, qu'il ne se mêlât que des choses qui concernoient la guerre, et qu'il n'entrât en rien de toutes les autres affaires. M. le duc d'Orléans avoit exactement suivi cet ordre. Mme des Ursins n'avoit cherché qu'à lui plaire. Elle avoit affecté de m'en écrire de ces sortes de louanges que l'on compte bien qui reviendront. Je savois les ordres du roi sur elle, j'étois ami des deux au dernier point, je désirois leur union qui faisoit leur bien réciproque et plus encore celui de M. le duc d'Orléans, qui y étoit plus attaché, et j'avois eu soin de lui faire passer tout ce qui pouvoit y contribuer. J'avois cimenté ces dispositions pendant le court séjour de M. le duc d'Orléans ici entre ses deux voyages d'Espagne, et je n'avois rien oublié pour lui en faire sentir toute l'importance pour lui, par l'unité de Mme des Ursins et de la reine d'Espagne, et de la même ici avec Mme de Maintenon.

Tout alla bien entre eux jusqu'à son retour en Espagne, que, mal content du peu de dispositions faites pour la campagne, malgré les soins qu'il en avoit pris avant son retour et les promesses qui lui avoient été faites, et outré de ce que les mêmes manquements lui avoient fait perdre d'occasions glorieuses l'autre campagne, qu'il prévoyoit lui devoir être aussi nuisibles pour celle qu'il alloit commencer, ce mot, d'autant plus cruel qu'il étoit incomparable, lui échappa en plein souper, comme je l'ai remarqué (t. VI, p. 301), qui lui rendit Mme des Ursins et Mme de Maintenon sourdement irréconciliables. L'intelligence sembla continuer entre lui et Mme des Ursins, nonobstant les altercations fréquentes auxquelles les vivres et les autres fournitures pour l'armée donnèrent lieu. Il ne laissa pas de sentir, à plusieurs petites choses, qu'on lui cherchoit noise, et qu'il étoit bon d'y prendre garde de près; et je l'en avertis fortement sur ce bruit répandu ici de son amour prétendu pour la reine d'Espagne avec des circonstances ajustées, sur lequel il me rassura, comme je l'ai dit ailleurs, dont il ne fut pas la moindre mention en Espagne, et qui, en effet, n'avoit pas eu le moindre fondement.

Dès la fin de sa première campagne en ce pays-là, et plus encore dans son séjour après à Madrid, il sentit les fautes que l'ambition et l'avarice faisoient commettre à la princesse des Ursins. Il n'eut pas peine à démêler qu'elle étoit extrêmement crainte et haïe. Peut-être la simple curiosité le porta-t-elle à écouter quelques mécontents principaux; les princes sur tous les hommes veulent être aimés. Tout retentit en Espagne, et d'Espagne ici, de ses louanges en toutes façons, travail, détails, capacité, valeur, courage d'esprit, industrie, ressources, affabilité, douceur; et je ne sais s'il ne prit point les hommages des désirs rendus au rang et au pouvoir pour les hommages des cœurs, ni jusqu'à quel point il en fut flatté et séduit. Après s'être aperçu par des effets, quoique assez peu perceptibles, mais qu'il ne put méconnoître, de l'imprudence de ce bon mot fatal, il n'en fut que plus curieux, pendant sa seconde campagne et son séjour après Madrid, sur les déportements de la princesse des Ursins; il n'en fut aussi que d'un accès plus ouvert aux plaintes des mécontents, sans toutefois en faire d'usage.

Stanhope, cousin de celui qui, de mon temps, fut ambassadeur en Espagne, et depuis secrétaire d'État en Angleterre, commandoit les Anglois, et étoit la seconde personne de l'armée du comte de Staremberg, opposée à celle que M. le duc d'Orléans commandoit. Ce général anglois avoit été fort débauché. Il avoit passé du temps à Paris. Alors assez jeune, il y avoit connu l'abbé Dubois, comme on dit, entre la poire et le fromage, et de là M. le duc d'Orléans, qui avoit fait avec lui tout un hiver et un été force parties, toutes des plus libres. Le prince et le général, devenus personnages en Espagne, vis-à-vis l'un de l'autre, se souvinrent du bon temps, se le témoignèrent autant qu'ils le purent réciproquement, et saisirent également, pour s'écrire par des trompettes, des occasions de passe-ports, d'échanges de prisonniers et autres semblables.

Les mécontents du gouvernement et de Mme des Ursins se rassemblèrent autour de lui. Il en fit si peu de mystère que, de retour de l'armée à Madrid, il parla pour plusieurs, en remit quelques-uns en grâce, obtint pour d'autres ce qu'ils désiroient, et répondit aux plaintes que lui en fit Mme des Ursins, en présence du roi et de la reine, qu'il avoit cru les servir en se conduisant de la sorte, pour jeter à ces gens-là un milieu entre Madrid et Barcelone où ils se seroient précipités, s'il n'avoient eu recours à lui, et s'il ne les eût retenus par ses paroles et son secours. Pas un des trois n'eut le mot à répondre, et sur ce qu'il offrit de n'en plus écouter, ils le prièrent de continuer à le faire. Ils le pressèrent de hâter son retour en Espagne, et se séparèrent à ce qu'il parut, fort contents.

Il laissa, dans ce dessein d'une fort courte absence, tous ses équipages avec un nommé Renaut, que le duc de Noailles lui avoit donné, et qui lui servoit souvent de secrétaire, pour presser de sa part, en son absence, les préparatifs convenus pour la campagne suivante, lui en rendre compte et des choses dont il désireroit d'être instruit. Le comte de Châtillon, premier gentilhomme de sa chambre, seigneur fort pauvreteux, et père du duc de Châtillon, qui, sans y penser, a rapidement fait la plus grande fortune, demeura aussi en Espagne, sous prétexte de s'épargner six cents lieues en si peu de temps, en effet pour courtiser Mme des Ursins et tâcher d'attraper une grandesse. [Renaut] demeura aussi. Ce Renaut, que je n'ai jamais vu, étoit, par ouï-dire, un drôle d'esprit et d'entreprise, actif, hardi, intelligent. On verra bientôt que le jugement n'étoit pas de la partie.

Vers la fin de l'hiver, le roi demanda à son neveu ce que c'étoit que Renaut, pourquoi il ne l'avoit pas ramené; et ajouta qu'il feroit bien de le rappeler, parce que c'étoit un intrigant, qui se fourroit indiscrètement parmi les ennemis de Mme des Ursins, à qui cela faisoit de la peine. M. le duc d'Orléans répondit aux questions, et dit qu'il alloit mander à Renaut de revenir, et il le lui ordonna en effet. Renaut répondit qu'il s'alloit préparer au retour, et M. le duc d'Orléans n'y songea pas davantage.

Quelque temps après, le roi lui demanda s'il avoit bien envie de retourner en Espagne. Il répondit d'une manière qui, témoignant son désir de servir, ne marquoit aucun empressement; et ne fit nulle attention qu'il pût y avoir rien d'important caché sous cette question.

Il me le conta. Je blâmai la mollesse de sa réponse. Je lui représentai combien il lui importoit que la paix seule mît fin à ses campagnes; que, cessant de servir pendant la guerre, il se trouveroit au niveau des autres généraux d'armée remerciés, et tout ce qu'il avoit fait oublié, sans qu'il lui restât d'autre considération que celle de sa naissance, au lieu qu'achevant cette guerre et continuant d'y bien faire, il étoit difficile qu'il ne demeurât pas de quelque chose à la paix. D'ailleurs (car on comptoit encore alors que Monseigneur et Mgr le duc de Bourgogne serviroient) nul autre pays ne lui convenoit comme l'Espagne, où, éloigné de concurrence d'envie et de courriers du cabinet, il étoit en liberté. De servir en Flandre sous Monseigneur, ou en Allemagne sous Mgr le duc de Bourgogne, ce n'étoit plus commander une armée; en Flandre, c'étoit figurer péniblement dans une cour qui auroit ses épines, risquer sa réputation si la politique l'emportoit, sinon s'exposer à des contradictions fâcheuses dont le poids de l'envie et des mauvais offices retomberoit sur lui, selon que les événements seroient bons ou mauvais, lorsqu'ils auroient paru les suites de son opinion; en Allemagne, c'étoit un voyage et non une campagne où le duc d'Harcourt et le duc d'Hanovre ne chercheroient qu'à subsister. Ne servir plus, outre ce qui a été d'abord remarqué, ce seroit, en cas de malheurs et de discussions, s'exposer à être saisi comme une ressource pour aller réparer des fautes peut-être peu réparables, et peut-être également dangereuses à réparer pour la politique, et à ne pas réparer pour l'État et sa propre réputation, se perdre aisément en acceptant, et plus sûrement encore en refusant. Ces raisons parurent déterminer M. le duc d'Orléans à un désir plus effectif de retourner en Espagne.

A peu de jours de là, le roi lui demanda comment il se croyoit être avec la princesse des Ursins; et parce qu'il lui répondit qu'il avoit lieu de se persuader d'être bien avec elle, parce qu'il n'avoit rien fait pour y être mal, le roi lui dit qu'elle craignoit pourtant fort son retour en Espagne, qu'elle demandoit instamment qu'on ne l'y renvoyât pas; qu'elle se plaignoit qu'encore qu'elle eût tout fait pour lui plaire, il s'étoit lié à tous ses ennemis; que ce secrétaire Renaut entretenoit avec eux un commerce étroit et secret qui l'avoit obligée à demander son rappel, dans la crainte qu'il ne lui fît de la peine par le nom de son maître.

M. d'Orléans répondit qu'il étoit infiniment surpris de ces plaintes de Mme des Ursins; qu'il avoit toujours eu grand soin, comme Sa Majesté le lui avoit recommandé, de ne se mêler d'aucune affaire que de celles de la guerre; qu'il n'avoit rien oublié pour ôter à Mme des Ursins tout ombrage qu'il voulût entrer en rien, et pour lui témoigner qu'il vouloit vivre en union et en amitié avec elle, comme il y avoit en effet vécu. Il conta au roi l'éclaircissement qu'il avoit eu avec elle, et que j'ai rapporté ci-dessus, dont elle étoit demeurée très-satisfaite, ainsi que Leurs Majestés Catholiques qui y étoient présentes, et qui tous trois l'avoient prié de continuer à écouter et ramener les mécontents, et à presser son retour en Espagne dont il étoit lors près de partir.

Il ajouta qu'il étoit vrai qu'il savoit beaucoup de malversations et de dangereux manéges de la princesse des Ursins, qui ne pouvoient tourner qu'à la ruine de Leurs Majestés Catholiques et de leur couronne; que Mme des Ursins, qui s'en doutoit peut-être, craignoit en lui ces connoissances, et pour cela ne vouloit pas qu'il retournât; mais qu'il avoit si bien retenu ce que Sa Majesté lui avoit prescrit, qu'il osoit la prendre elle-même à témoin que c'étoit là la première fois qu'il prenoit la liberté de lui en parler; que, quelque nécessité qu'il vît à lui en rendre compte, il l'eût toujours laissé dans le silence, s'il ne l'eût lui-même obligé à le rompre là-dessus en lui parlant de l'éloignement de Mme des Ursins pour lui, également ignoré et non mérité par lui.

Le roi pensa un moment, puis lui dit que, les choses en cet état, il croyoit plus à propos qu'il s'abstînt de le renvoyer en Espagne; que les affaires se trouvoient en une crise où on doutoit à qui elle demeureroit; que, si son petit-fils en sortoit, ce n'étoit pas la peine d'entrer en rien sur l'administration de Mme des Ursins; que, s'il conservoit cette couronne, il seroit à propos alors de parler à fond de cette administration, et qu'il seroit en ce temps-là bien aise d'en consulter son neveu.

M. le duc d'Orléans s'en tint là, et me le conta, médiocrement fâché à ce qu'il me parut, et moi plus que lui par les raisons qui ont été rapportées. Il me dit que cette intrigue s'étoit toute conduite de Mme des Ursins à Mme de Maintenon immédiatement, et c'étoit du roi qu'il l'avoit appris, c'est-à-dire que Mme des Ursins s'étoit adressée à Mme de Maintenon là-dessus sans aucun autre canal intermédiaire, aussi n'en avoit-elle pas besoin, surtout sur une vengeance commune.

Peu après il devint public que M. le duc d'Orléans ne retourneroit point en Espagne, parce que, ne s'y agissant guère que d'en ramener les troupes françoises, cet emploi ne lui convenoit pas. Alors le roi dit à M. d'Orléans d'en faire revenir ses équipages, et lui ajouta à l'oreille d'y envoyer les chercher par quelqu'un de sens, qui, dans la conjoncture présente, pût être le porteur de ses protestations à tout événement, si par un traité Philippe V quittoit le trône d'Espagne, et son neveu conserver ses droits en faisant doucement recevoir ses protestations. Au moins fut-ce ce que m'en dit alors M. le duc d'Orléans, et ce que peu de gens voulurent croire dans la suite, car il faut parler avec exactitude.

Ce prince choisit pour cet emploi un nommé Flotte, que je n'ai jamais vu, non plus que Renaut, parce que je n'ai jamais eu d'habitude dans sa maison, et n'y ai connu personne. C'étoit un homme de beaucoup d'esprit, d'adresse, de hardiesse, à ce que j'ai ouï dire à M. de Lauzun qui en faisoit cas, qui avoit été à lui au temps de ses plus importantes affaires avec Mademoiselle, qui s'en étoit beaucoup mêlé, à laquelle il étoit passé ensuite, mais comme l'instrument principal de tout entre eux, dans les temps les plus fâcheux, et dans ceux de la prison de M. de Lauzun, jusqu'à son retour et ses brouilleries depuis avec Mademoiselle, à la mort de laquelle il étoit entré chez Monsieur, et à la mort de Monsieur il étoit demeuré à M. le duc d'Orléans, qui s'en étoit servi à la guerre d'aide de camp de confiance en Italie et en Espagne.

Cet homme, nourri comme on voit dans l'intrigue, s'en alla droit à Madrid. En chemin il reçut des nouvelles de Renaut, qui y étoit toujours demeuré, qui lui donnoit avis du jour de son départ et du lieu où il le rencontreroit. Flotte ne le trouva point au rendez-vous. Il crut qu'il avoit différé son départ et qu'il le rencontreroit plus loin. Avançant toujours sans le voir, il ne douta pas qu'il ne le trouvât encore à Madrid, et qu'il l'y attendoit. Il y arriva, y séjourna quelque temps, y chercha Renaut inutilement. Il y vit quelques personnes, et même quelques grands en commerce avec Renaut qui ne purent lui en donner de nouvelles. Je n'ai point su ce que Flotte en pensa ; mais il séjourna assez à Madrid, puis s'en alla à l'armée, qui étoit encore répandue dans ses quartiers d'hiver.

Il y salua le maréchal de Besons, pour lequel il n'avoit point de lettres, et demeura trois semaines à rôder de quartier en quartier, sans rien répondre de précis ni de juste à Besons qui ne voyoit point de fondement à ce long séjour dont il étoit surpris, et qui le pressoit de retourner en France. Enfin Flotte fut prendre congé du maréchal, et lui demander une escorte pour s'en aller de compagnie avec un commissaire des vivres qui vouloit aussi repasser les Pyrénées. Lui et ce commissaire partirent un matin de chez Besons, tous deux dans une chaise à deux, avec vingt dragons d'escorte.

Comme ils s'éloignoient du quartier du maréchal, le commissaire vit de loin deux gros escadrons qui s'approchoient d'eux peu à peu, qu'il reconnut être de la cavalerie du roi d'Espagne. Le soupçon qu'il en prit lui fit bientôt passer la tête par la portière, d'où il vit que ces escadrons les suivoient ; il le dit à Flotte qui d'abord n'en prit point d'ombrage, mais qui à demi-lieue de là commença aussi à s'en inquiéter. Ils raisonnèrent ensemble dans la chaise et firent encore deux lieues, au bout desquelles ils remercièrent leur escorte comme n'en ayant plus besoin, pour voir alors ce que deviendroient ces deux escadrons. Les dragons, qui étoient François, insistèrent un peu à les suivre par civilité, puis voulurent les quitter ; mais aussitôt que les escadrons s'en aperçurent, ils vinrent au trot et empêchèrent les dragons de se retirer. Ce bruit si proche obligea le commissaire à regarder ce que ce pouvoit être, et voyant alors qu'il y avoit dessein sur eux, il le dit à Flotte, et lui demanda s'il n'avoit point de papier sur lui. Flotte fit bonne contenance ; mais un moment après, remarquant quelques cavaliers détachés qui les côtoyoient, il pria le commissaire de se charger d'un porte-lettres qu'il lui fit doucement couler. Il n'en étoit plus temps, un des cavaliers le remarqua. Il arrêta la chaise que les escadrons enveloppèrent en même temps. Les dragons là-dessus firent mine de la vouloir défendre ; mais celui qui commandoit les escadrons s'approcha du lieutenant de dragons, lui dit civilement qu'il avoit ses ordres, que l'inégalité du nombre le devoit retenir puisqu'il s'opposeroit vainement à ce qu'il devoit faire, et qu'enfin il seroit fâché d'être obligé de les faire désarmer. A cela il n'y avoit et n'y eut point de réplique. Les dragons se retirèrent. Un exempt des gardes du corps du roi d'Espagne, jusque-là mêlé parmi les cavaliers s'avança à la chaise, se fit connoître par un ordre par écrit qu'il montra, fit mettre pied à terre à Flotte et au commissaire, fouilla entièrement la chaise puis Flotte partout, et, averti qu'il fut, il commanda au commissaire de lui remettre ce que Flotte lui avoit fait couler, et l'avertit de ne s'exposer pas au mauvais traitement qui l'attendoit s'il lui donnoit la peine de le fouiller. Le commissaire ne se le fit pas dire deux fois et donna le porte-lettres, après quoi l'exempt lui dit qu'il étoit libre, et lui permit de remonter en chaise et de continuer son voyage. En même temps Flotte fut mis sur un cheval, environné d'officiers, qui s'assurèrent bien de sa personne, et conduit chez le marquis d'Aguilar au même quartier d'où il venoit de partir [1].

Le marquis d'Aguilar, grand d'Espagne, fils du vieux marquis de Frigilliane, est le même qui vint à Paris persuader le malheureux siége de Barcelone sur lequel je me suis étendu (t. V, p. 73). Il commandoit alors en chef les troupes d'Espagne sous le maréchal de Besons. Il étoit lors vendu à Mme des Ursins, et il se retrouvera encore dans la

---

1. Voy., sur cette affaire, les notes placées à la fin du volume.

suite. Dès qu'il fut averti de la capture, il alla trouver Besons, à qui il dit tout ce qu'il put de plus soumis pour excuser ce qu'il venoit de faire exécuter sans sa permission ni sa participation, dans son armée, fondé sur un ordre par écrit, de la main propre du roi d'Espagne, qu'il lui fit lire. Besons, tout irrité qu'il étoit, l'écouta sans l'interrompre, et lut l'ordre du roi d'Espagne positif pour cette exécution, et pour ne lui en rien communiquer. En le rendant au marquis d'Aguilar, il lui dit qu'il falloit que Flotte, qu'il avoit connu et cru un garçon fort sage, fût bien coupable, puisque, appartenant à M. le duc d'Orléans, le roi d'Espagne se portoit à cette extrémité.

Il congédia Aguilar étonné au dernier point; mais sans perdre le jugement, il manda l'aventure à M. le duc d'Orléans, l'avertit qu'il n'en rendroit compte au roi que par l'ordinaire, qui ne pourroit arriver que six jours après un courrier qu'il venoit [de] dépêcher, le fit rattraper avec ce billet, avec ordre de le rendre à M. le duc d'Orléans à l'insu de qui que ce fût, de manière que ce prince en fut averti six jours entiers avant le roi et avant personne. Il tint le cas si secret qu'il m'en fit un à moi-même, et cependant je ne sais quel usage il fit de l'avis reçu si fort à temps. Il vint au roi par l'ordinaire qui arriva le 12 juillet de l'armée et de Madrid. Le roi le dit à son neveu, qui fit le surpris et qui avoit eu le loisir de se préparer. Il répondit au roi qu'il étoit étrange qu'on arrêtât ainsi un de ses gens; qu'ayant l'honneur de lui appartenir de si près, c'étoit à Sa Majesté à en demander raison, et à lui à l'attendre de sa justice et de sa protection. Le roi repartit que l'injure le regardoit plus en effet lui-même, que son neveu, et qu'il alloit donner ordre à Torcy d'écrire là-dessus comme il falloit en Espagne.

Il n'est pas difficile de comprendre qu'un tel éclat fit grand bruit en Espagne et en France; mais quel qu'il fût d'abord, ce ne fut rien en comparaison des suites. J'en parlai alors à M. le duc d'Orléans qui me dit ce qui a été raconté de ses protestations, et qui me parut tout attendre de l'effet des lettres du roi. Je lui demandai, à cette occasion, des nouvelles de Renaut; et j'ai appris qu'il n'en avoit eu aucune depuis la réponse qu'il lui avoit faite à l'ordre de revenir; que Flotte ne l'avoit trouvé ni sur la route ni à Madrid, et qu'on ne savoit ce qu'il étoit devenu. Tout cela me fit entrer en soupçon qu'il y avoit du plus en cette affaire, que Renaut avoit été arrêté, et que ces choses ne s'étoient point exécutées sans la participation du roi. Je dis à M. [le duc] d'Orléans que cela seul de n'avoir point eu de nouvelles de Renaut depuis le départ de Flotte lui auroit dû donner de l'inquiétude de l'un et des précautions pour l'autre. Il en convint, puis me dit que, Flotte n'étant allé que sur ce que le roi lui avoit dit de ses protestations, il n'avoit pu prendre de défiance; qu'à la façon dont le roi lui avoit parlé il ne pouvoit croire qu'il y fût entré, mais un coup de hardiesse et de curiosité de Mme des Ursins, qui donnoit en cela un second tome des dépêches de l'abbé d'Estrées, pour découvrir à quels ennemis elle avoit affaire, et cacher la sienne sous le prétexte d'une affaire d'État, dont les moindres soupçons excusent tous les éclats. Ce raisonnement, que la connoissance des artifices et de la hardiesse de la princesse des Ursins m'avoit déjà fourni en moi-même, me persuada encore plus de la bouche de M. le duc d'Orléans, et je crus qu'il falloit suspendre tout raisonnement jusqu'à l'arrivée de la réponse d'Espagne.

Cependant, on ne l'attendit pas pour exciter le déchaînement contre M. le duc d'Orléans. La cabale de Meudon avoit manqué à demi son coup sur Mgr le duc de Bourgogne, mais elle l'avoit détruit auprès de Monseigneur. L'occasion étoit trop belle contre le seul du sang royal qui pût figurer pour n'en pas profiter dans toute son étendue, et se faire place nette. Cette politique se trouvoit aiguisée de la haine personnelle de Mme la Duchesse, fondée sur les distinctions de rang auquel les princes du sang ne pouvoient s'accoutumer, plus vivement encore sur de ces choses de galanterie qui pour avoir vieilli ne se pardonnent point, enfin sur la jalousie du commandement des armées, quoiqu'elle fût fort éloignée d'aimer M. le Duc, lequel ne se contraignit point de dire et de faire du pis qu'il put. Il se publia que M. le duc d'Orléans avoit essayé de se faire un parti qui le portât sur le trône d'Espagne en chassant Philippe V, sous prétexte de son incapacité, de la domination de Mme des Ursins, de l'abandon de la France retirant ses troupes; qu'il avoit traité avec Stanhope pour être protégé par l'archiduc, dans l'idée qu'il importoit peu à l'Angleterre et à la Hollande qui régnât en Espagne, pourvu que l'archiduc demeurât maître de tout ce qui étoit hors de son continent, et que celui qui auroit la seule Espagne fût à eux, placé de leur main, dans leur dépendance, et de quelque naissance qu'il fût, ennemi, ou du moins séparé de la France. Voilà ce qui eut le plus de cours.

Il y en avoit qui alloient plus loin. Ceux-là ne parloient de rien moins que de la condition de faire casser à Rome le mariage de Mme la duchesse d'Orléans comme indigne et fait par force, et conséquemment déclarer ses enfants bâtards, à la sollicitation de l'empereur; d'épouser la reine, sœur de l'impératrice et veuve de Charles II, qui avoit encore alors des trésors, monter avec elle sur le trône, et, sûr qu'elle n'auroit point d'enfants, épouser après elle la d'Argenton; enfin, pour abréger les formes longues et difficiles, empoisonner Mme la duchesse d'Orléans. Grâce aux alambics, au laboratoire, aux amusements de physique et de chimie, et à la gueule ferrée et soutenue des imposteurs, M. le duc d'Orléans ne laissa pas d'être heureux que Mme sa femme, qui étoit grosse et qui eut en ce même temps une très-violente colique qui redoubla ces horreurs, s'en tirât heureusement, et bientôt après accouchât de même, dont le rétablissement ne servit pas peu à les faire tomber.

Cependant la réponse d'Espagne n'arrivoit point. La plus saine partie de la cour commençoit à se hérisser. M. le duc d'Orléans l'attendoit toujours. Le roi, et plus encore Monseigneur, le traitoient avec un froid qui le mettoit fort mal à l'aise ; à cet exemple, la plupart de la cour se retiroit ouvertement de lui.

J'étois alors, comme je l'ai remarqué, en espèce de disgrâce : je n'allois plus à Marly, et cette situation désagréable étoit visible. Ma liaison si étroite avec M. le duc d'Orléans inquiéta mes amis, qui me pressèrent de m'en écarter un peu. L'expérience que j'avois de ce que savoient faire ceux qui me haïssoient ou me craignoient, surtout la cabale de Meudon qui étoit celle de Vendôme, en particulier M. le Duc et Mme la Duchesse, me fit bien faire réflexion à moi-même que, dans l'état où je me trouvois avec le roi, cette liaison si grande leur donnoit beau jeu. Mais, tout considéré, je crus qu'à la cour comme à la guerre il falloit de l'honneur et du courage, et savoir avec discernement affronter les périls ; je ne [crus] donc pas en devoir témoigner la moindre crainte, ni marquer la moindre différence dans ma liaison ancienne et si intime avec M. le duc d'Orléans au temps de son besoin, par l'étrange abandon qu'il éprouvoit.

Enfin les réponses d'Espagne venues depuis assez longtemps sans qu'on en eût parlé, ce prince m'avoua que plusieurs gens considérables, grands d'Espagne et autres, lui avoient persuadé qu'il n'étoit pas possible que le roi d'Espagne s'y pût soutenir, et de là lui avoient proposé de hâter sa chute et de se mettre en sa place ; qu'il avoit rejeté cette proposition avec l'indignation qu'elle méritoit, mais qu'il étoit vrai qu'il s'étoit laissé aller à celle de s'y laisser porter si Philippe V tomboit de lui-même sans aucune espérance de retour, parce qu'en ce cas il ne lui causeroit aucun tort, et feroit un bien au roi et à la France de conserver l'Espagne dans sa maison, qui ne lui seroit pas moins avantageux qu'à lui-même ; que cela se faisant sans la participation du roi, il ne se trouveroit point embarrassé de renoncer par la paix, ni les ennemis en peine d'un prince porté sur le trône par le pays même, séparément de la France, avec qui l'apparence d'union et de liaison ne pourroit pas être telle qu'avec Philippe V.

Cet aveu ne me donna pas opinion du projet, ni désir de presser pour en savoir davantage, supposé qu'il y eût du plus. Je me rabattis dans cette crainte à remontrer à ce prince l'absurdité d'un projet si vide de sens que ce seroit perdre le temps que de s'amuser à raconter ici tout ce que je lui en dis, et démontrai bien aisément. Je lui conseillai ensuite de faire l'impossible pour pénétrer jusqu'où le roi en savoit, pour éviter de lui donner soupçon de plus en matières si jalouses, et de suites, au mieux qu'elles se tournassent, si fâcheuses en éloignement et en défiances irrémédiables, lui avouer ce qu'il lui apprendroit, ou, si le roi étoit informé, lui raconter ce qu'il venoit de me dire, surtout lui en faisant bien remarquer les bornes et l'intention; lui demander pardon de ne lui en avoir pas fait la confidence et reçu ses ordres; s'en excuser sur ce qu'il n'y avoit rien de mauvais dans le projet contre son service, ni contre le roi d'Espagne, et sur ce que, l'ayant su, la conscience de Sa Majesté auroit pu être embarrassée sur les renonciations à faire à la paix, si alors elles lui étoient demandées. J'ajoutai qu'avec tout cela je ne voyois point une plus mauvaise affaire, plus triste, ni en même temps plus folle, ni plus impossible, ni un plus grand malheur pour lui que de s'y être laissé entraîner, dont toutefois, à force d'esprit, de conduite, de naissance, il falloit qu'il tâchât de sortir au moins mal qu'il se pourroit, et qu'il ne s'abandonnât pas soi-même dans le triste état d'abandon général et de clameurs les plus cruelles où déjà il se trouvoit réduit. Il goûta fort mon conseil, convint à demi de la faute et de la folie, m'avoua qu'il avoit laissé Renaut en Espagne pour la suivre, que Flotte devoit aussi s'y concerter avec lui.

Mme des Ursins avoit trop d'espions de tous les genres, elle étoit trop occupée de sa haine contre M. le duc d'Orléans, elle avoit conçu trop de défiance de la protection qu'il avoit donnée aux mécontents; elle avoit trop de soupçons de la conduite de Renaut, laissé en Espagne depuis qu'elle avoit procuré qu'il en fût rappelé; enfin elle y fut trop confirmée par l'arrivée de Flotte, sous un prétexte aussi frivole que celui de venir chercher des équipages qui ne manquoient pas de gens pour les ramener; [elle avoit] un trop vif intérêt à pénétrer et à faire des affaires à M. le duc d'Orléans pour n'être pas instruite.

Renaut se conduisit, à ce que j'ai ouï dire depuis, avec la dernière imprudence. Il ne ménagea ni ses allées et venues, ni ses commerces très-justement suspects à Mme des Ursins, parce qu'il n'étoit lié qu'avec ses ennemis. La tête de cet homme se tourna; il ne put porter le poids d'une confiance si importante, de l'entremise de choses si hautes; il se crut l'arbitre des récompenses de tout ce qui entreroit dans le parti, et jusqu'à ses discours le trahirent, et le firent arrêter secrètement un peu avant l'arrivée de Flotte, qui moins indiscret, mais marchant à tâtons sans Renaut, donna dans des piéges qui le perdirent. L'intervalle de ce rappel en tout, puis en partie des troupes françoises, leur parut une conjoncture d'ébranlement à en profiter. Ceux qui, en Espagne, avoient séduit M. le duc d'Orléans de l'extravagance de ce projet impossible saisirent la même conjoncture pour grossir le parti, et tous avec si peu de précautions, que leur conduite, aussi insensée que leur projet même, le fit aisément découvrir, et causa tout cet affreux scandale.

Tandis que j'arraisonnois M. le duc d'Orléans comme je viens de l'expliquer, et qu'il se préparoit à en faire usage (et que parmi ces conversations je n'ai jamais bien démêlé jusqu'où l'affaire en étoit, moins encore jusqu'où le roi en savoit ni depuis), le roi consultoit là-dessus et sa famille et son conseil. Il savoit le projet dès lors qu'il ordonna à son neveu de faire revenir Renaut d'Epagne. Par les papiers qui lui furent trouvés en l'arrêtant, et depuis par ceux de Flotte, il en apprit beaucoup plus, et peut-être davantage encore, lorsque quinze jours après, le marquis de Villaroël, lieutenant général dans les troupes d'Espagne, fut arrêté à Saragosse, et en même temps don Boniface Manriquez, aussi lieutenant général, le fut à Madrid, et dans une église, qui est un asile en Espagne qu'on ne viole qu'avec de grandes mesures pour en tirer les plus grands criminels.

Ce fut un éclat si grand pour le pays, qu'il ne s'y pouvoit rien ajouter. C'étoit aussi ce que vouloit la princesse des Ursins, pour exciter les clameurs de toute l'Espagne nécessaire à révolter toute la France, sous les secrets auspices de Mme de Maintenon. L'une et l'autre sentoient bien le vide du fond du complot, et qu'il avoit besoin d'autant plus de vacarmes qu'il s'agissoit de brusquer et d'entraîner aux plus forts partis contre un petit-fils de France, neveu du roi, oncle de la reine d'Espagne et de Mme la duchesse de Bourgogne, qu'il étoit trop dangereux d'attaquer vainement. Le succès passa leur espérance.

Jamais clameurs si universelles, jamais d'un si grand fracas, jamais abandon semblable à celui où M. le duc d'Orléans se trouva, et pour une folie; car s'il y eût eu du crime, à la fin on l'auroit su; il ne fut pas ménagé à le tenir caché, et dès là, qui que ce soit n'en sut que ce que j'ai raconté. J'en infère que le roi, que Mme de Maintenon, que Mme des Ursins elle-même, n'en surent pas davantage, elles qui poussèrent sans cesse au plus violent, et qui par conséquent se trouvoient si intéressées aux preuves qu'il étoit mérité, sans que d'aucune part il en ait été allégué ni [en ait] transpiré plus que ce que je viens de raconter, ni lors ni en aucun temps depuis.

Monseigneur se signala entre tous pour sévir au plus fort; on a vu qu'il a toujours aimé le roi d'Espagne; tout ce qui l'environnoit, à deux ou trois près, étoit contraire à M. le duc d'Orléans, duquel ils avoient éloigné Monseigneur de longue main. La cabale de Meudon, dont j'ai montré les raisons, menoit, ou se faisoit redouter de tout ce qui approchoit d'un prince qu'elle gouvernoit, dont l'intelligence étoit nulle, à qui on persuadoit les choses les plus éloignées de toute apparence, et dont l'année suivante fournira un exemple qui peut être dit prodigieux. Mlle Choin n'avoit garde de ne pas suivre Mme la Duchesse et ses deux amies si intimes, Mlle de Lislebonne et Mme d'Espinoy, en chose qui leur importoit si fort, à la première de haine, aux deux autres et à elle-même de politique, et de ne seconder pas encore une fois Mme de Maintenon, avec laquelle elle étoit restée unie depuis l'affaire de la disgrâce de Chamillart, qui, sans oser rallier comme à l'égard de ce ministre, eut soin de se montrer assez aux gens dont elle compta faire usage pour faire presque le même effet sur eux, que plus à découvert elle avoit obtenu contre le ministre.

Elle n'oublia pas les ressorts intérieurs des cabinets du roi qu'elle avoit si utilement su remuer contre Chamillart. M. du Maine y avoit le même intérêt qui l'avoit si vivement, mais si cauteleusement mis en mouvement en faveur du duc de Vendôme contre Mgr le duc de Bourgogne, et, en cette occasion-ci, au lieu d'avoir à se cacher de Mme de Maintenon, il en avoit l'aveu et le désir. Toute leur peine fut de ne pouvoir associer ce prince à leurs cris. Il demeura ferme à vouloir des preuves et de l'évidence, à soutenir que, quand bien même il s'en trouveroit de telles, il falloit cacher, non pas manifester à leur honte commune le crime du sang royal. Il est pourtant très-certain que la partie étoit faite pour le répandre, à tout le moins de le déshonorer par une condamnation et par la prétendue clémence d'une commutation de peine qui anéantit le duc d'Orléans pour jamais. Force gens y trouvoient leur compte pour les futurs contingents, quelques-uns pour leur haine, les deux dominatrices surtout deçà et delà des Pyrénées pour leur vengeance.

L'affaire fut donc donnée en Espagne et en France comme le complot d'un prince si prochain des deux couronnes, et propre oncle maternel de la reine d'Espagne, qui, abusant du diplôme qui le rappeloit à son rang de succession à la monarchie d'Espagne, nonobstant le silence du testament de Charles II à son égard, abusant du pouvoir du commandement des armées, de la confiance dans les affaires, du traitement d'infant, se servoit de toutes ces choses pour imiter l'usurpation du prince d'Orange sur son beau-père, chasser d'Espagne la famille régnante et en occuper la place sur le trône.

Monseigneur, toujours si enseveli dans l'apathie la plus profonde, et qui, à force d'art et de machines, en avoit été tiré pour la première fois de sa vie contre Chamillart, poussé par les mêmes, montra jusqu'à de la furie, et n'insista à rien moins qu'à une instruction juridique et criminelle. Voysin et Desmarets, trop attachés à Mme de Maintenon, l'un de reconnoissance, l'autre de crainte, n'osoient pas être d'un autre avis, que le premier appuyoit avec chaleur. Torcy étoit flottant et dans l'embarras. Pour le duc de Beauvilliers, il s'y trouvoit bien davantage. Le cri public l'étourdissoit; les mœurs et la conduite de M. [le duc] d'Orléans lui rendoient tout croyable, il ne pouvoit oublier sa tendresse de gouverneur pour le roi d'Espagne. Toutefois, il ne voyoit rien de clair; la considération de M. de Chevreuse, qui aimoit M. le duc d'Orléans par des rapports de science et des conversations par lesquelles il espéroit le convertir à Dieu, l'arrêtoient. Ce prince n'avoit jamais biaisé sur l'archevêque de Cambrai; il avoit toujours conservé des liaisons avec lui, et ce prélat étoit le cœur et l'âme des deux ducs. Beauvilliers enfin déféroit à la délicatesse de Mgr le duc de Bourgogne. Le chancelier, effrayé d'un scandale si monstrueux dans la famille royale, n'étoit pas moins éloigné de M. le duc d'Orléans par sa conduite et par ses mœurs. Il étoit extrêmement bien avec Monseigneur, sans qu'il y parût par les raisons que j'ai marquées ; il ne vouloit pas perdre un si précieux avantage, lié d'ailleurs avec Harcourt, qui l'avoit, comme on a vu, réuni avec Mme des Ursins ; mais l'acharnement de son fils, qu'il connoissoit à fond, et dont il détestoit tout, hors le soutien et la fortune, le ramenoit vers l'avis de Mgr le duc de Bourgogne. Tout cela se préparoit et se cuisoit sous la cendre, dès le temps que le roi parla à son neveu de ne plus retourner en Espagne, et d'en faire revenir Renaut, qui tôt après fut arrêté. La capture si éclatante de Villaroël, et surtout de Manriquez, donna un tel coup de fouet à cette terrible affaire, qu'elle mit toute autre en silence, et agita violemment jusqu'aux visages de tout le monde.

Dans ce tourbillon, M. le duc d'Orléans parla au roi longtemps, qui ne l'écouta qu'en juge, quoiqu'il lui avouât alors le fait tel qu'il me l'avoit dit et que je l'ai raconté ici. Ce fait, tel qu'il le lui exposa, étoit bien une idée extravagante, mais qui ne pouvoit jamais passer pour criminelle, et toutefois ce n'étoit pas ce qui revenoit d'Espagne, ni ce qui étoit soufflé d'ici. On y employa tout le manége et toute l'application possible, pour soutenir le roi dans la persuasion que l'aveu que lui avoit fait M. le duc d'Orléans n'étoit qu'un tour d'esprit d'un criminel qui se voit près d'être convaincu, et qui pour échapper donne le change, mais un change dont la grossière ineptie faisoit seule la preuve de ce qui se trouveroit, si, en l'arrêtant et le livrant aux formes, on faisoit disparoître tout ce qui le rendoit trop respectable et trop à craindre pour que, sans une démarche si nécessaire, on pût espérer de faire dire la vérité, retenue par la frayeur de sa naissance et de sa personne, mais dont toute considération tomberoit quand on le verroit abandonné et livré à l'état des criminels, puisque, à travers l'éclat et la terreur qui le protégeoient encore, cette humble vérité se rendoit déjà si palpable et se faisoit si bien sentir telle, par M. d'Orléans même, qu'avec tout son esprit, il n'avoit pu imaginer qu'une folie pour l'obscurcir, et une folie destituée de toute sorte d'apparence.

Contre tant de machines, d'artifices, de hardiesse, de haine et d'ambition, M. le duc d'Orléans se trouvoit seul à se défendre, sans autre appui que les larmes méprisées d'une mère et les languissantes bienséances d'une femme, la volonté impuissante du comte de Toulouse qui, avec son froid naturel, auroit voulu le servir, et les discours dangereux de l'autre beau-frère, qui protestoit de ses désirs et y mêloit de légers et d'inutiles conseils, qu'il falloit écouter sans montrer de défiance.

Le roi, à tous moments en proie à tous les accès de ses cabinets, sans repos chez Mme de Maintenon, persécuté sans cesse d'Espagne, accablé de Monseigneur qui lui demandoit continuellement justice pour son fils, peu retenu par le sage avis de Mgr le duc de Bourgogne, dont le poids étoit resté en Flandre, ni par Mme la duchesse de Bourgogne, qui désiroit de tout son cœur délivrer son oncle, mais qui, timide de son naturel, tremblante sous Monseigneur, et plus encore sous Mme de Maintenon dont elle apercevoit la volonté, n'osoit lâcher que des demi-paroles, le roi, dis-je, ne sachant à quoi se résoudre, parloit au conseil d'État qu'il trouvoit encore partagé. A la fin, il se rendit à tant de clameurs si intimes et si bien organisées, et ordonna au chancelier d'examiner les formes requises pour procéder à un pareil jugement. Le chancelier travailla trois ou quatre fois seul avec le roi, après que les autres ministres étoient sortis du conseil. Comme il n'avoit aucun département, il ne travailloit jamais avec le roi, avec tout ce qui étoit répandu sur cette affaire, qui seule faisoit alors tout l'entretien, cette nouveauté mit bientôt le doigt sur la lettre à la cour et à la ville.

J'allois presque tous les soirs causer avec le chancelier, dans son cabinet, et cette affaire y avoit été quelquefois traitée superficiellement à cause de quelques tiers. Un soir que j'y allai de meilleure heure, je le trouvai seul, qui, la tête baissée et ses deux bras dans les fentes de sa robe, s'y promenoit, et c'étoit sa façon lorsqu'il étoit fort occupé de quelque chose. Il me parla des bruits qui se renforçoient, puis, voulant venir doucement au fait, ajouta qu'on alloit jusqu'à parler d'un procès criminel, et me questionna, comme de pure curiosité et comme par le hasard de la conversation, sur les formes dont il me savoit assez instruit, parce que c'est celle de pairie. Je lui répondis ce que j'en savois, et lui en citai des exemples. Il se concentra encore davantage, fit quelques tours de cabinet, et moi avec lui, sans proférer tous deux une seule parole, lui regardant toujours à terre, et moi l'examinant de tous mes yeux; puis tout à coup le chancelier s'arrêta, et se tournant à moi comme se réveillant en sursaut : « Mais vous, me dit-il, si cela arrivoit, vous êtes pair de France, ils seroient tous nécessairement ajournés et juges puisqu'il les faudroit convoquer tous, vous le seriez aussi, vous êtes ami de M. le duc d'Orléans, je le suppose coupable, comment feriez-vous pour vous tirer de là ? — Monsieur, lui dis-je avec un air d'assurance, ne vous y jouez pas, vous vous y casseriez le nez. — Mais, reprit-il encore une fois, je vous dis que je le suppose coupable et en jugement; encore un coup, comment feriez-vous ? — Comment je ferois ? lui dis-je, je n'en serois pas embarrassé. J'y irois, car le serment des pairs y est exprès, et la convocation y nécessite. J'écouterois tranquillement en place tout ce qui seroit rapporté et opiné avant moi ; mon tour venu de parler, je dirois qu'avant d'entrer dans aucun examen des preuves, il est nécessaire d'établir et de traiter l'état de la question ; qu'il s'agit ici d'une conspiration véritable ou supposée de détrôner le roi d'Espagne, et d'usurper sa couronne; que ce fait est un cas le plus grief de crime de lèse-majesté, mais qu'il regarde uniquement le roi et la couronne d'Espagne, en rien celle de France; par conséquent, avant d'aller plus loin, je ne crois pas la cour suffisamment garnie de pairs, dans laquelle je parle, compétente de connoître d'un crime de lèse-majesté totalement étrangère, ni de la dignité de la couronne de livrer un prince que sa naissance en rend capable, et si proche, à aucun tribunal d'Espagne, qui seul pourroit être compétent de connoître d'un crime de lèse-majesté qui regarde uniquement le roi et la couronne d'Espagne. Cela dit, je crois que la compagnie se trouveroit surprise et embarrassée, et, s'il y avoit débat, je ne serois pas en peine de soutenir mon avis. » Le chancelier fut étonné au dernier point, et après quelques moments de silence en me regardant : « Vous êtes un compère, me dit-il en frappant du pied et souriant en homme soulagé, je n'avois pas pensé à celui-là, et en effet cela a du solide. » Il raisonna encore très-peu de moments avec moi, et me renvoya, ce qu'il n'avoit jamais accoutumé à ces heures-là, parce que sa journée étoit faite et n'étoit plus alors que pour ses amis familiers. Comme je sortois, le premier écuyer y entra.

Je trouvai l'impression que j'avois faite au chancelier si grande, que je l'allai sur-le-champ conter à M. le duc d'Orléans, qui m'embrassa de bon cœur. Je n'ai jamais su ce que le chancelier en fit, mais le lendemain il travailla encore seul avec le roi à l'issue du conseil. Ce fut la dernière fois, et moins de vingt-quatre heures après, les bruits changèrent tout d'un coup : il se dit tout bas, puis tout haut, qu'il n'y auroit point de procès, et aussitôt [ces bruits] tombèrent.

Le roi se laissa entendre en des demi-particuliers pour être répandu qu'il avoit vu clair en cette affaire, qu'il étoit surpris qu'on en eût fait tant de bruit, et qu'il trouvoit fort étrange qu'on en tînt de si mauvais propos[1].

Cela fit taire en public, non en particulier, où on s'en en-

1. On peut comparer ce que dit à ce sujet le marquis d'Argenson (*Mémoires*, édit. 1825, p. 190 et 191), et les détails qu'il donne sur les services que son père, alors lieutenant de police, rendit au duc d'Orléans.

tretint encore longtemps. Chacun en crut ce qu'il voulut, suivant ses affections et ses idées. Le roi en demeura éloigné de son neveu; et Monseigneur, qui n'en revint jamais, le lui fit sentir non-seulement en toute occasion, mais jusque dans la vie ordinaire, d'une façon très-mortifiante. La cour en étoit témoin à tous moments et voyoit le roi sec avec son neveu, et l'air contraint avec lui. Cela ne rapprocha pas le monde de ce prince, dont le malaise et la contrainte, après quelque temps d'une conduite un peu plus mesurée, l'entraîna plus que jamais à Paris par la liberté qu'il ne trouvoit point ailleurs, et [pour] s'étourdir par la débauche.

Si Mme des Ursins fut mortifiée de n'avoir fait que toucher au but qu'elle s'étoit proposé, Mme de Maintenon et ses consorts, Mlle Choin et les siens n'en furent pas plus contents, et prirent grand soin de nourrir et de tourner en haine et aux plus fâcheux soupçons l'éloignement du roi et de Monseigneur, et de tenir le monde dans l'opinion que c'étoit mal faire sa cour que de voir M. le duc d'Orléans; aussi son abandon demeura-t-il le même. Il le sentoit, mais, abattu de sa situation avec le roi et Monseigneur, il ne fit pas grand'chose pour se rapprocher le monde, qui néanmoins ne le fuyoit plus comme dans le fort de cette affaire et l'incertitude de ce qu'elle deviendroit.

CHAPITRE XIX.

Mérite et capacité d'Amelot. — Tous les ministres menacés. — Singulière consultation du chancelier et de la chancelière avec moi. — Mesures de retraite à la Ferté. — Conversation particulière et curieuse sur ma situation de Mme de Saint-Simon avec Mme la duchesse de Bourgogne. — Causes de l'éloignement du roi pour moi. — Folle ambition d'O et de sa femme qui me tourne à danger. — Changements en Espagne. — Amelot, refusé d'une grandesse pour sa fille, arrive à Paris, perdu.

C'étoit, ce semble, le temps des orages à la cour; il en grondoit un qui menaçoit tous les ministres. Celui qui fut si près d'accabler M. le duc d'Orléans ne fut pas plutôt passé que l'autre sembla se renouveler.

Le retour d'Amelot, toujours à la veille de partir d'Espagne, parut une bombe en l'air qui les menaçoit tous. Il y avoit été à la tête de toutes les affaires qu'il avoit trouvées dans le plus grand chaos et dans un épuisement étrange; il gouverna les finances, le commerce, la marine, avec tant d'application et de succès, que malgré le malheur de la guerre il les rétablit dans le plus grand ordre, les augmenta considérablement, acquitta une infinité de choses, régla les troupes, les rendit plus belles, plus choisies, plus nombreuses, les paya exactement, et peu à peu remplit toutes les sortes de magasins. Cela parut une création, et ce qui ne fut pas moins merveilleux, c'est qu'avec une fermeté que rien n'affoiblissoit et qui se faisoit ponctuellement obéir, il ne laissa pas de s'acquérir les cœurs de tous les ordres de l'Espagne par ses manières douces, prévenantes, polies, respectueuses, au milieu de ce grand pouvoir, comme sa capacité lui en acquit l'estime, et sa probité la confiance, et cela tout d'une voix, et cependant toujours très-bien, et même en amitié avec la princesse des Ursins.

Cette grande réputation, qui depuis tant d'années dure encore en bénédiction en Espagne, et où, douze ans après son retour, tout ce que j'y vis me demanda de ses nouvelles avec empressement, se répandit sur ses louanges, et en étonnement de ce qu'il n'étoit pas en première place en France, étoit pleinement connue en notre cour, où on sentoit le besoin de ministres d'un mérite aussi éprouvé que le sien. On parla de lui pour les affaires étrangères où il avoit si bien réussi dans ses ambassades, et Torcy avoit tout à craindre de Mme de Maintenon et des jésuites. On en parla pour les finances qu'il avoit rétablies et augmentées. On en parla pour la guerre, parce qu'il n'avoit pas moins bien réussi pour les troupes, et en ce cas de donner les finances à Voysin où sur tous les autres départements, Mme de Maintenon vouloit avoir celui-là à elle; ainsi Desmarets se crut en l'air fort longtemps, parce que le retour d'Amelot se différoit toujours.

Enfin on en parla pour la marine avec plus d'apparence encore par les créations, s'il faut ainsi parler, qu'il avoit faites dans celle d'Espagne, qui fut toute formée, rétablie et mise en ordre et en nombre par ses soins, par les connoissances qu'il avoit plus particulièrement acquises du commerce par l'administration immédiate de celui des Indes, enfin par la haine générale de Pontchartrain, qui n'avoit plus le bouclier de sa femme, et dont le père étoit personnellement si mal avec Mme de Maintenon, l'évêque de Chartres et les jésuites.

Le comte de Toulouse s'étoit repenti plus d'une fois de ne l'avoir pas perdu lorsqu'il l'avoit pu; Mme la duchesse de Bourgogne ne le pouvoit souffrir; il étoit abhorré de la marine et de ses propres confrères dans les affaires. Il ne tenoit au roi que par l'inquisition de Paris, qu'il avoit mise sur ce pied-là; encore le secret et les affaires qui tenoient de l'important lui avoient-ils été soufflés par d'Argenson en qui le roi avoit toute confiance, et qui s'étoit acquis l'affection de beaucoup de gens considérables, en soustrayant au roi et à Pontchartrain les aventures de leurs enfants et de leurs proches, qui les auroient perdus si elles avoient été sues. Les meilleurs amis même du chancelier n'étoient rien moins que les siens, et avec toute sa bassesse pour les jésuites et pour Saint-Sulpice il n'avoit pu gagner leur amitié. Dans cet état, son père, qui le connoissoit mieux que personne, mais qui ne pouvoit faire qu'il ne fût son fils, trembloit pour lui, se voyoit aisément entraîné dans sa disgrâce, conséquemment la ruine d'une famille qu'il n'auroit élevée que pour la douleur de la voir périr.

Dans cette anxiété, il me pressa d'un voyage à Pontchartrain, où j'allois assez souvent avec eux; et là, sans peur et sans aveuglement, il me fit l'honneur de me consulter dans son cabinet, où il appela la chancelière en tiers. Là, il m'exposa ses craintes et la matière de la consultation sans s'ouvrir, pour me donner lieu de dire plus naturellement ce que je penserois. Il s'agissoit de savoir ce qu'il feroit si son fils étoit chassé, et, ce qui étoit le moins apparent, ce que feroit son fils s'il l'étoit lui-même, enfin quel parti prendre s'ils l'étoient tous deux.

Au premier cas, mon avis fut qu'il tendît le dos à la disgrâce; qu'il ne heurtât point le public, qui l'aimoit lui et l'honoroit, mais qui éclateroit de joie d'être délivré de son fils; qu'il n'augmentât pas le malaise que le roi prenoit avec ceux qu'il jugeoit mécontents, mais qu'il prît sur lui de l'élargir, et sans abandonner son fils, se réservant entier à le protéger en un autre temps, et glissant sur les motifs de cette disgrâce, il se fît un mérite de la reconnoissance de n'y être pas enveloppé, et persuadât le roi qu'il se trouvoit bien traité, favorisé même, d'être, en cette occurrence, conservé entier avec les sceaux dans tous ses conseils, par conséquent dans sa confiance; que cette conduite, à connoître le roi comme nous le connoissions, le remettroit non-seulement au large avec lui, mais lui plairoit de façon à espérer de le rapprocher comme avant que Mme de Maintenon l'eût éloigné de lui, d'autant plus que le fonds d'estime et de goût étoit demeuré jusqu'à remarquer souvent la sécheresse dont le chancelier payoit la sienne, et jusqu'à s'en être plaint plus d'une fois; qu'outre que cette voie étoit celle de maintenir sa considération, c'étoit la seule encore qui lui pût faire espérer le retour de son fils, soit après le roi, par Monseigneur avec qui il étoit bien et dont il demeureroit ainsi à portée, soit par le roi même, s'il venoit à se mécontenter du successeur de son fils, ou que les temps changeassent à l'égard des personnes qui auroient procuré sa disgrâce, toutes choses très-possibles à espérer du cours du temps, des révolutions des cours, de son âge et de sa santé, et auxquelles il falloit renoncer absolument s'il se retiroit par la disgrâce de son fils, et consentir à survivre à sa fortune, et, au bien près, à voir ses petits-enfants au même point où lui-même s'étoit trouvé en naissant.

[Quant] au second cas, il ne me parut pas vraisemblable. Je ne voyois rien de personnel contre lui qui pût aller à lui ôter les sceaux, ni aucun candidat qui en fût susceptible. Chassant Torcy ou Desmarets pour faire place à Amelot, ni l'un ni l'autre n'étoient assez bien avec le roi et Mme de Maintenon pour leur donner cette consolation imaginaire, ni pour que le roi se pût résoudre à retenir vis-à-vis de soi un homme qu'il auroit dépouillé et qui demeureroit outré de l'être; que Voysin, tout nouveau, n'avoit pas besoin de ce surcroît; et que, dès que la pensée n'en étoit pas venue au roi pour retenir et consoler son ami Chamillart, je ne voyois plus aucun péril à craindre là-dessus. Mais pour couler à fond cette seconde matière, quelque peu apparente qu'elle fût, mon avis étoit que son fils ne se jetât pas volontairement lui et ses enfants dans le précipice, mais qu'il demeurât et se conduisît comme je venois de le lui proposer à lui-même en cas de chute de son fils.

Au troisième cas, où chassés tous deux, il s'agissoit de savoir si le chancelier retiendroit ou se démettroit de son office, même en rendant volontairement les sceaux, si son fils étoit chassé, si à cette occasion il eût pris le parti de la retraite, mon avis fut encore qu'il conservât l'office de chancelier. Outre que cette sorte de démission a peu d'exemples, et aucun depuis les derniers siècles, le possesseur n'en peut être dépouillé que par jugement juridiquement prononcé pour crime. Tant qu'il le conserve, en quelque exil qu'il soit, il demeure le second officier de la couronne, le chef de la justice, et nécessairement en considération assez pour être encore ménagé lui et sa famille. Il est toujours regardé comme pouvant aisément revenir en première place. Rien de si peu stable que les sceaux pour qui n'en a que la garde, dont presque aucun n'est mort sans les avoir perdus; et les perdant, c'est toujours une sorte de nouvelle violence de ne les pas rendre au chancelier. D'ailleurs, quand cela n'arriveroit pas de ce règne, il étoit plus que moralement sûr que cela ne seroit différé que jusqu'à l'avénement de Monseigneur à la couronne, qui, l'aimant et l'estimant de tous temps, seroit bien aise de le rapprocher, pour avoir sous sa main un chancelier et un ministre de son ancienne habitude et confiance; et ces sortes de retours [sont] toujours si accompagnés de faveur, que ce nouveau crédit pourroit remettre son fils en place; et enfin que la démission ne le conduiroit qu'à marquer son dépit, ne seroit jamais prise pour autre chose, et l'enseveliroit nécessairement dans une retraite profonde et difficile pour un homme marié, puisqu'il n'y avoit plus moyen de se montrer sans cette robe, après en avoir été revêtu, ni d'en espérer le retour par une vacance.

Toutefois c'étoit le goût et le vœu du chancelier qui, après m'avoir écouté, me fit sur tous les trois points agités diverses réflexions et difficultés, qui ne purent me déranger de l'avis que je rapporte sur tous les trois. J'admirai la modestie, la défiance de soi-même, je dirai jusqu'à l'humilité, d'un ancien ministre au plus haut degré de son état, plein d'esprit, de lumière, d'expérience, vouloir consulter un homme de mon âge, et avoir la docilité de l'en croire.

Je fus encore plus surpris de la chancelière, qui dans une grande piété ne laissait pas d'aimer le monde et de craindre la solitude jusqu'à l'avouer, et qui, avec un excellent sens, en étoit fort considérée, fort instruite, et fort capable de donner les meilleurs conseils. Elle ne consulta pas de moins bonne foi que son mari, et ne se récria que sur la retraite assez grande pour être difficile à un homme marié. Elle ne voulut y être comptée pour rien ; et par ce dépouillement en faveur de l'honneur, même du seul goût de son mari, acheva de me donner l'idée de la femme forte.

Nous délibérâmes de la sorte plus de deux bonnes heures tous trois, et la résolution conforme à mon avis en fut la conclusion sur tous les trois points. Qui nous eût dit alors que ce seroit moi qui chasserois leur fils sans retour, mais en conservant la charge au petit-fils ? ce sont de ces révolutions qui semblent incroyables, ajoutons tout pour le prodige, du vivant du père, et sans perdre sa plus tendre amitié. C'est ce qui se trouvera en son temps.

Tandis que je raisonnois des disgrâces et des retraites des autres, il étoit temps, et plus, d'en venir à la mienne dans la pénible situation où je me trouvois. Le maréchal de Boufflers, qui ne l'ignoroit pas, ni à quoi j'en étois avec le maréchal de Montrevel qui lui avoit les dernières obligations ; avec ce droit sur lui et dans la brillante posture où il se trouvoit alors, il crut bien valoir Chamillart pour finir ces disputes. Je lui donnai carte blanche, je l'instruisis, et c'est ce qui m'arrêta. Montrevel, ravi de me voir destitué de Chamillart, crut après pouvoir tout m'embler, il fit des compliments à Boufflers, et finit par ne vouloir point s'en rapporter à lui ni à personne, dont Boufflers demeura extrêmement piqué. Je n'étois pas en temps favorable pour m'exposer à un jugement du roi, ainsi je laissai faire Montrevel tout ce que bon lui sembla ; mais je ne songeai plus à aller en Guyenne, et me rabattis à la Ferté, où mon dessein étoit de passer des années. Mais auparavant nous crûmes qu'il étoit sage de prendre quelques mesures.

Mme de Saint-Simon n'étoit jamais entrée en rien d'intime avec Mme la duchesse de Bourgogne, mais elle en avoit toujours été traitée sur un pied d'estime, d'amitié et de distinction. Nous savions même qu'elle la vouloit à la place de la duchesse du Lude, si celle-ci âgée et goutteuse venoit à manquer, et nous n'en pouvions même douter. Mme de Saint-Simon eut donc une conversation avec elle dans son cabinet, seule, un matin, pour découvrir par elle la cause de la situation où je me trouvois, et les moyens d'y remédier, si cela étoit possible, avant que de prendre notre parti prêt à exécuter.

Elle fut reçue personnellement avec toute la bonté et l'intérêt possible, mais avec une froideur très-marquée à mon égard; elle ne fut pas même difficile à en rendre raison, et de dire à Mme de Saint-Simon qu'il lui étoit beaucoup revenu que j'avois été extrêmement contraire à Mgr le duc de Bourgogne pendant la campagne de Flandre, et que je ne m'étois pas contraint de m'en expliquer. La surprise de Mme de Saint-Simon fut d'autant plus grande qu'elle avoit su à mesure tout ce qui s'étoit passé là-dessus par Mme de Nogaret, et même par M. de Beauvilliers, et qu'il n'étoit pas possible que Mgr le duc de Bourgogne ne lui eût dit lui-même combien il étoit content de moi là-dessus. Mais la princesse étoit légère, en proie à chacun, et il s'étoit trouvé d'honnêtes gens qui avoient détruit dans le cours de l'hiver tout ce qui s'étoit passé dans celui de cette étrange campagne. Je reviendrai à ces bons offices-là dans un moment.

Mme de Saint-Simon se récria, lui rappela ce que je viens de dire; et pour lui faire une impression plus précise, la pria de s'en informer particulièrement à M. de Beauvilliers, avec qui elle avoit été en si continuelle relation dans le cours de cette longue campagne, et à M. le duc d'Orléans, dont elle étoit si fort à portée, et avec lequel j'avois été en commerce de lettres continuelles pendant le même temps, et si étroit avec lui toujours depuis son retour.

Ces réponses firent impression. La princesse s'ouvrit davantage à mesure que Mme de Saint-Simon lui dit de faits forts et précis là-dessus, et qu'elle lui fit entendre que la cabale de M. de Vendôme, ne pouvant faire pis, pour se venger de ma liberté et de ma force à parler et à agir contre elle, avoit semé la fausseté contraire de laquelle toute la cour avoit été témoin ; que Mgr le duc de Bourgogne étoit bien persuadé de la vivacité de ma conduite à cet égard, qui m'avoit attiré de nombreux ennemis, et qu'il seroit bien douloureux qu'elle fût la seule qui ne la fût pas après avoir vu et su, par Mme de Nogaret, l'extrême intérêt que j'avois pris en celui de Mgr le duc de Bourgogne. La même légèreté qui l'avoit aliénée la ramena aisément au souvenir de ce qu'on avoit effacé de son esprit, et les suites ont dû nous persuader que ces fausses impressions étoient demeurées à leur tour effacées.

Elle dit ensuite à Mme de Saint-Simon que j'avois des ennemis puissants, et en nombre, qui ne perdoient point d'occasions de me nuire ; qu'on avoit extrêmement grossi au roi mon attachement à ma dignité, et parla de cette méchanceté de M. le Duc que j'ai rapportée sur les manteaux ; qu'on m'accusoit de blâmer sans mesure ce qu'il faisoit, et de parler mal des affaires ; que Mme de Saint-Simon étoit bien avec le roi, estimée et considérée, mais qu'il avoit conçu une grande opposition pour moi, que le temps seul et une conduite fort sage et fort réservée pouvoit diminuer ; que l'on disoit que j'avois beaucoup plus d'esprit, de connoissances et de vues que l'ordinaire des gens, que chacun me craignoit et avoit attention à moi, qu'on me voyoit lié à tous les gens en place, qu'on redoutoit que j'y arrivasse moi-même, et qu'on ne pouvoit souffrir ma hauteur et ma liberté à m'expliquer sur les gens et sur les choses d'une façon à emporter la pièce, que ma réputation de probité rendoit encore plus pesante.

Mme de Saint-Simon la remercia fort d'avoir bien voulu entrer ainsi en matière avec elle, et répliqua fort à propos que, n'y ayant rien d'essentiel à reprendre dans l'essentiel de ma conduite ni dans le courant de ma vie, on m'attaquoit par des lieux communs qui, par leur vague, pouvoient convenir à chacun de ceux qu'on vouloit perdre; que tous ces ennemis ne s'étoient montrés que depuis qu'ayant pensé, sans y songer, aller ambassadeur à Rome, on s'étoit réveillé sur moi pour me couper les ailes; que d'Antin et Mme la Duchesse ne s'y étoient pas épargnés : le premier par la concurrence du même emploi, qu'il avoit vainement brigué; l'autre, en haine de ma hauteur à son égard sur l'affaire de Mme de Lussan; que les Lorrains, mes ennemis depuis l'affaire de M. le Grand et celle de la princesse d'Harcourt, que j'ai racontée et qu'il ne m'avoit pas été possible d'éviter, ne cessoient de me nuire; que les envieux, si communs dans les cours, se joignoient à eux; et sur l'esprit et le reste parla en femme qui veut donner bonne opinion de son mari. Elle s'étendit ensuite sur ce qui s'étoit passé sur ce pari célèbre de Lille qui m'avoit fait tant de mal, et s'étendit sur l'iniquité de se voir tourner à crime d'avoir des vues justes et des amis qui devoient faire honneur, et d'être si craint lorsqu'on ne pensoit à rien, et qu'on ne vouloit mal à personne.

La conversation finit par toutes sortes de marques de bonté de Mme la duchesse de Bourgogne, de peine de perdre Mme de Saint-Simon pour du temps, et d'être attentive à toutes les occasions, par elle et par Mme de Maintenon, à me raccommoder avec le roi. Elle parla même si fortement à Bloin pour nous faire donner un logement qu'il se détermina pour lui plaire à y faire de son mieux, à ce qu'il dit au duc de Villeroy et à d'autres de nos amis. Mme de Saint-Simon eut la prudence de ne me dire que longtemps depuis tout l'éloignement du roi pour moi que cette conversation lui avoit appris, pour ne pas trop fortifier mon dégoût extrême de la cour, que je voulois abandonner pour toujours. Je fus sensible plus qu'à tout à la noirceur de la calomnie sur Mgr le duc de Bourgogne, et pour cela seul plus affermi à m'éloigner de scélérats si déclarés. Je ne pensai plus qu'à m'en aller à la Ferté.

Je me suis étendu sur cette conversation, parce que rien

ne peint mieux le roi et la cour que tout ce qui fut dit à Mme de Saint-Simon par Mme la duchesse de Bourgogne. Cette crainte et cette aversion si grande du roi pour l'esprit et pour les connoissances au-dessus du commun, que faute de mieux, on m'en fit un crime qui, en toute occasion, se renouvela auprès de lui, mais qui me fit plus de mal que des choses qui eussent été véritablement mauvaises et dangereuses. Jusqu'à la réputation de probité me nuisit auprès de lui, par le tour qu'on y sut donner ; et ceux qui le connoissoient bien et qui me vouloient perdre sans avoir de quoi, n'y trouvèrent que des louanges exagérées d'esprit et de connoissances, et de poids donné par la probité à des discours pesants. L'amitié pour moi et la confiance des principaux ministres et des seigneurs les plus distingués et les plus considérés, les plus avant dans la confiance du roi, devenus un autre démérite auprès de lui, tellement que tout ce qui devoit lui plaire comme ce dernier article, et lui donner bonne opinion comme tous ces autres, c'est ce qui fit son éloignement le plus grand, et qui encore, en premier ordre, lui souffloit ce poison. MM. du Maine et d'Antin, les deux hommes de sa cour qui avoient le plus d'esprit, d'application et de vues, et qui passoient pour tels : d'Antin, on a vu pourquoi ; M. du Maine étoit l'âme de la cabale de Vendôme et ne me pardonnoit pas mon attachement pour Mgr le duc de Bourgogne. Lui et d'Antin avoient séduit Bloin et Nyert dont le père, comme je l'ai raconté, devoit sa fortune au mien, qui me rendirent tous les mauvais offices qu'ils purent, et en toutes les façons, sans l'avoir jamais mérité d'eux. M. et Mme du Maine n'avoient pas oublié les vains efforts qu'ils avoient prodigués pour m'attirer chez eux, et dès là me craignirent pour leur rang. De là le crime auprès du roi d'être attaché à ma dignité, de là la haine de Mme de Maintenon, qui fut ma plus constante et ma plus dangereuse ennemie.

Mme la duchesse de Bourgogne, qui nous le voulut cacher,

coula, dans ce qu'elle dit à Mme de Saint-Simon, qu'elle tâcheroit, par elle-même et par Mme de Maintenon, de profiter de toutes les occasions de me raccommoder avec le roi. Elle savoit mieux qu'elle ne disoit, et que Mme de Maintenon y étoit le plus grand obstacle. Chamillart le trouva tel, lorsqu'au commencement du mariage de sa dernière fille et de notre amitié, il me trouva mal avec le roi pour avoir quitté le service, et m'y voulut raccommoder et me remettre des voyages de Marly. Il en eut jusqu'à des disputes fortes, et souvent redoublées, avec Mme de Maintenon, avec qui alors il étoit dans l'entière intimité, et ce ne fut qu'avec beaucoup de temps et de peine qu'il vint à bout, non de la changer à mon égard, mais d'obtenir d'elle qu'elle ne s'opposeroit plus à Marly, et qu'elle cesseroit de me nuire. Je l'ai su de Chamillart même, qui ne voulut jamais s'en laisser entendre du vivant du roi, même depuis sa disgrâce, de peur, à ce qu'il me dit depuis, de me dégoûter trop, et d'exposer ma colère à me faire plus de mal encore avec elle. Je m'étois bien douté qu'elle ne m'étoit pas favorable, je ne savois pourquoi au juste, quoique je me défiasse de M. du Maine, qui toutefois ne se lassoit jamais de m'accabler de politesses, même recherchées ; mais, pour la haine, je ne la sus que lorsque, après la mort du roi, Chamillart me demanda ce que j'avois fait à cette fée, pourquoi elle me haïssoit tant, et me conta ce que je viens de dire.

Pour Mme la duchesse de Bourgogne, je fus redevable des impressions dont Mme de Saint-Simon la fit revenir à M. et à Mme d'O. On a vu (t. Ier, p. 362 et depuis) quels ils étoient. Le mari avoit conservé la confiance du roi, et ses entrées privées, de l'éducation du comte de Toulouse. [On a vu] son hypocrisie étudiée, la protection du duc de Beauvilliers, dupe achevée par sa charité ignorante, son importance, une sorte de considération, et le tout à l'épreuve de sa campagne de mer et de celle de terre dont j'ai parlé. Il étoit créature de Mme de Maintenon, sa femme encore davantage, et si commode à Mme la duchesse de Bourgogne qu'elle l'avoit réduite dans sa dépendance à force de services de confiance. Ces gens-là avoient oublié leur état, et le prodige de leur fortune les avoit aveuglés.

Le gouverneur du dernier fruit du plus scandaleux double adultère osa imaginer de s'en faire un échelon pour se faire gouverneur de l'héritier futur de la couronne. Dévoué à M. du Maine plus encore qu'au comte de Toulouse, parce qu'il en espéra davantage, et protégé de Mme de Maintenon, lui et sa femme, et tous deux tenant aux plus intimes de la cour par les deux voies les plus opposées, ils comptèrent s'assurer cette grande place en écartant ceux qui pouvoient y atteindre ; et j'ai su depuis très-certainement que, m'ayant regardé comme un compétiteur dangereux, et par le duc de Beauvilliers et par mes autres amis considérables, et par moi-même, ils avoient travaillé à me saper, et pour cela avoient persuadé cette horrible calomnie à Mme la duchesse de Bourgogne. Jamais je n'avois pensé à une place qui ne devoit être remplie que dans cinq ans ; mais ces champignons de fortune prenoient leurs mesures de loin. Ils en sont néanmoins demeurés à celle qu'ils avoient faite, que leur ambition leur rendit enfin amère ; et tous deux ont vieilli et sont morts dans la douleur et le mépris : le mari sans avoir pu dépasser la grand'croix de Saint-Louis, et n'ayant plus d'administration chez le comte de Toulouse ; et la femme, devenue suivante de Mme de Gondrin, dame du palais, sous sa conduite, avec elle, et remariée après au comte de Toulouse, est morte abandonnée de tout le monde dans un grenier de l'hôtel de Toulouse.

Mme des Ursins fit beaucoup de changements dans les conseils d'Espagne pour montrer des précautions et des suites de ses découvertes. Le conseil du cabinet, autrement la junte, fut composé de don Fr. Ronquillo, qu'elle avoit fait gouverneur du conseil de Castille ; des ducs de Veragua et de Medina-Sidonia : le premier absolument dans sa dépendance, l'autre grand écuyer, chevalier du Saint-Esprit, nullement à craindre, mais personnage du nom duquel elle se voulut parer et fort attaché au roi, qui l'aimoit; du comte de Frigilliane, père du marquis d'Aguilar, que j'ai fait connoître (t. III, p. 30), et qu'il falloit bien récompenser de s'être dévoué à elle, et en sa personne, son fils d'avoir arrêté Flotte; du marquis de Bedmar, homme doux, qui devoit tout à la France, et à qui elle donna la guerre qu'elle ôta au duc de Saint-Jean. Amelot en étoit toujours, qui à vrai dire leur laissoit la broutille ou les choses résolues, et faisoit tout, ou seul, ou avec la princesse des Ursins. Cette nouvelle forme fut encore un prétexte de le garder en Espagne quelque temps.

Lorsqu'il arriva enfin, les bruits et les frayeurs se renouvelèrent, quoique les ministres ne se fussent pas oubliés à faciliter les délais de son retour, et à les employer de leur mieux à se parer de ce qu'ils en craignoient. Lui-même aussi put y donner lieu, peu assuré d'embler en France une des places du ministère toutes remplies, et hors de portée, par son état d'homme de robe, des grandes récompenses d'Espagne où il avoit si dignement servi. Il leur entra dans l'esprit, à lui et à Mme des Ursins, de faire le mariage de sa fille avec Chalais, fils du frère du premier mari de Mme des Ursins, dont elle avoit toujours aimé les proches et celui-ci qu'elle avoit fait venir auprès d'elle, et en faveur de ce mariage récompenser Amelot d'une grandesse pour son gendre. La difficulté ne fut pas en Espagne dont ils disposoient tous deux, et tout les persuadoit avec raison qu'ils n'y en trouveroient pas en France du côté du roi, qui par toutes ses dépêches marquoit tant de satisfaction d'Amelot qui méprisoit les dignités, et à qui ce consentement ne coûtoit rien et tenoit lieu d'une grande récompense. Leur surprise ne fut pas médiocre lorsqu'ils y en trouvèrent, et telle qu'ils ne purent la vaincre.

Pendant cette sorte de combat dont Mme des Ursins, avertie peut-être en secret par Mme de Maintenon, se tint fort à quartier, Amelot arriva à Paris et à la cour. Sa réception y fut brillante, mais néanmoins sans voir le roi en particulier que quelques instants. Il alla voir les ministres. Le chancelier, pour début, lui dit : « Monsieur, nous n'avons, tous tant que nous sommes, qu'à nous bien tenir; et vous désirer que quelqu'un tombe. Sûrement vous auriez sa place; mais dépêchez-vous d'enfoncer la porte du cabinet, car je vous avertis que, si vous vous laissez refroidir, vous n'y reviendrez plus. » Il disoit très-vrai et en bon connoisseur.

Amelot parla au roi du mariage de sa fille et de la grandesse; il fut civilement éconduit. Quelques jours après, il revint à la charge, et le fut encore. Il en fut outré, et de n'avoir point eu d'audience particulière sur les affaires d'Espagne. Il ne se put empêcher de laisser voir son mécontentement, et cependant les ministres se rassurèrent.

Amelot se crut perdu et n'oublia rien dans sa surprise pour en pénétrer la cause. On n'avoit pu l'attaquer sur la capacité, ni sur l'intégrité, ni sur aucune partie de l'exercice de ses emplois, mais on persuada au roi qu'il étoit janséniste. Dire et persuader en ce genre étoit même chose, et presque toujours le mal étoit devenu incurable avant que celui qui en étoit attaqué en eût la première notion : c'est ce qui arriva à Amelot. A la fin, il apprit de quoi il s'agissoit, et n'en fut guère en peine, parce que jamais il n'avoit donné lieu à ce soupçon. Mais quand il voulut s'en purger, il trouva si bien toutes les portes fermées qu'il en demeura perdu, et réduit au simple emploi de conseiller d'État; et confondu avec les manteaux, après avoir régné en effet en Espagne, et fait trembler ici longtemps tous les ministres. Il dit souvent depuis au chancelier qu'il n'avoit que trop senti la justesse de son avis. Je n'ai point su qui lui enfonça ce poignard dans le sein, mais après tant de violents orages, le calme revint à la cour, dès qu'on n'y craignit plus Amelot.

Cette même fille, dont il s'étoit flatté de se défaire moyennant une grandesse, épousa depuis M. de Tavannes, lieutenant général en Bourgogne, frère de l'archevêque de Rouen, et nous verrons Chalais fait grand, sans chausse-pied, et malgré le roi. Amelot ne laissa pourtant pas à la fin de tirer parole du roi de la première charge de président à mortier pour son fils, tant il parut honteux de ne rien faire pour lui.

En ce même temps, la reine d'Espagne accoucha d'un fils qui ne vécut pas.

CHAPITRE XX.

Cardinal de Médicis rend son chapeau; épouse une Gonzague-Guastalla. — Mort de la duchesse de Créqui. — Mort et caractère de Lamoignon, président à mortier. — Mort de Ricousse et de Villeras. — Mort du fils unique du duc d'Albe. — Listenois chevalier de la Toison d'or. — Changements parmi les intendants. — Mme de Mantoue à Vincennes; ses prétentions; ses tentatives; voit le roi et Monseigneur en particulier; réduite à l'état de simple particulière. — Désordres de cherté et de pain. — Boufflers apaise deux tumultes et devient dépositaire de l'autorité du roi à Paris. — Sa rare modestie.

Le cardinal de Médicis, dont j'ai parlé à l'occasion du passage de Philippe V à Naples et en Lombardie, pressé par le grand-duc, son frère, remit son chapeau et conclut son mariage avec une Guastalla-Gonzague. Ils prévoyoient ce qui leur est arrivé, le fils aîné du grand-duc étoit mort sans enfants d'une sœur de Mme la dauphine de Bavière. Il ne lui en restoit plus qu'un, brouillé, comme lui, avec sa femme Saxe-Lauenbourg, sœur de la veuve du prince Louis

de Bade, mère de la duchesse d'Orléans depuis, et grand'-
mère de M. le duc de Chartres, toutes deux dernières de
cette grande et première maison d'Allemagne, où depuis
plusieurs années elle s'étoit retirée chez elle, comme avoit
fait Mme la grande-duchesse en France. Le grand-duc, son
fils, et son frère étoient les seuls Médicis de la branche
ducale. Celle d'Ottaïano, leur aînée, mais séparée longtemps avant l'oppression des Florentins, étoit établie à Naples, toujours mal avec les grands-ducs. Le père et le fils,
hors d'espérance d'enfants, voulurent tenter que le cardinal
en eût qui n'avoit aucuns ordres, mais qui avoit cinquante
ans. Son mariage fut heureux mais stérile.

La duchesse de Créqui ne survécut pas longtemps le duc
de La Trémoille son gendre, si connue par sa beauté, par
sa vertu, par la fameuse affaire des Corses de la garde du
pape qui tirèrent sur elle et sur M. de Créqui, ambassadeur
à Rome, et par avoir été dame d'honneur de la reine. On
disoit d'elle que son mari la montoit à la cour tous les matins comme une horloge. Elle succéda à la duchesse de
Richelieu, que Mme de Maintenon fit passer par confiance à
Mme la Dauphine, à son mariage, et Mme de Créqui fut
dame d'honneur jusqu'à la mort de la reine. Depuis qu'elle
fut veuve, elle alla rarement à la cour, et mena une vie
très-pieuse et très-retirée. C'étoit une femme d'une grande
douceur, et qui conserva toujours beaucoup de considération. Elle étoit Saint-Gelais, comme je l'ai expliqué ailleurs.

Lamoignon, président à mortier, après avoir été longtemps avocat général, mourut en même temps. Il étoit fils
aîné du premier président Lamoignon, et frère du trop fameux Bâville, intendant de Languedoc. Mais Bâville étoit à
lui, où il avoit tant qu'il pouvoit force seigneurs de la cour,
quelques jours pendant les vacances, et toujours le célèbre
P. Bourdaloue. C'étoit un homme enivré de la cour, de la
faveur du grand et brillant monde, qui se vouloit mêler de

tous les mariages et de tous les testaments, et à qui, comme à tout Lamoignon, il ne se falloit fier que de bonne sorte. Il avoit cédé sa charge à son fils, que le fils de celui-là possède encore, qui, en tout, ont bien moins valu même que celui dont il s'agit ici.

Ricousse mourut aussi, qui avoit été envoyé en Bavière. C'étoit un homme d'esprit, de valeur, de ressource, estimé, et qui avoit beaucoup d'amis qui lui faisoient grand honneur, et Villeras, sous-introducteur des ambassadeurs, fort honnête homme et modeste, savant, qui leur plaisoit à tous, et dont on se servoit à toutes les commissions délicates à leur égard. Il s'étoit fait fort estimer, et voyoit gens fort au-dessus de son état, par un mérite digne d'être remarqué. Son père étoit secrétaire du président de Mesmes, et mort chez lui, où Villeras logea aussi toute sa vie.

Le duc d'Albe perdit son fils unique, qui avoit sept ou huit ans. Il le faisoit appeler le connétable de Navarre, dignité héréditaire dans sa maison, vaine et réduite au seul nom comme celles de connétable et d'amirante de Castille ; mais ces deux-ci ont la grandeur que l'autre prétendoit, et qu'elle n'a eue que de Philippe V, lorsqu'il envoya le duc d'Albe ambassadeur en France. Tous les vœux et les dévotions singulières que fit la duchesse d'Albe pour obtenir la guérison de son fils surprirent fort ici, jusqu'à lui faire prendre des reliques en poudre par la bouche et en lavement. Enfin il mourut, et son corps fut renvoyé en Espagne, en habit de cordelier, autre dévotion espagnole. Ils furent fort affligés, surtout la duchesse d'Albe, avec des éclats étranges. Le roi leur envoya faire compliment, et les fils de France et toute la cour y fut.

Mme de Mailly, qui n'avoit pas donné grand'chose à Mme de Listenois en mariage, fit en sorte, par Mme de Maintenon et Mme la duchesse de Bourgogne, de faire donner la Toison à Listenois son gendre, malgré la belle équipée dont j'ai parlé et dont elle avoit été la dupe. Son nom étoit Beaufremont, gens de qualité distingués de Bourgogne, dont plusieurs autrefois avoient eu ce même ordre. Leur père, dont j'ai parlé ailleurs, ne l'avoit point; et, bien qu'élevé auprès de Charles II, avoit suivi le sort de la Franche-Comté, où il avoit beaucoup de biens, et étoit mort en France, assez jeune, ayant un régiment de dragons. Cette Toison parut assez sauvage, non pour la naissance, mais par toutes autres raisons.

Je marquerai ici un changement qui se fit de quelques intendants, parce que quelques-uns de ceux-là ont fait parler d'eux depuis. Bouville, conseiller d'État, beau-frère de Desmarets, voulut revenir d'Orléans. Il avoit acquis à la porte de Vernon un petit lieu appelé Bisy-en-Bellevue, qu'il avoit bâti et accommodé en bourgeois qu'il étoit, et dont Belle-Île, depuis son échange dont il sera parlé en son lieu, a fait une habitation digne en tout d'un fils de France. Ribeyre, conseiller d'État estimé, obtint que La Bourdonnaie, son gendre, vînt de Bordeaux à Orléans; et on envoya à Bordeaux Courson, fils de Bâville, qui, dans le manége des blés dont j'ai parlé, se fit presque assommer à Rouen, et à diverses reprises, où il n'osoit plus se montrer, et où ce qu'il fit depuis à Bordeaux fait soupçonner qu'il ne s'oublia pas. Il avoit la dureté et la hauteur de son père, mais il n'en avoit que cela; ignorant, paresseux, brutal à l'excès. Il causa tant de désordres, qu'il fallut y envoyer M. de Luxembourg, gouverneur de la province, ami de Voysin, et l'y tenir longtemps, qui fit évader Courson, qui sans lui eût été assommé. Richebourg le releva à Rouen, où il réussit fort mal, et se fit enfin révoquer. Le fils de Mansart le fut aussi de Moulins. C'étoit un débauché qui ne savoit et ne faisoit rien, et qui pour vivre à l'abri de ses créanciers se fit gendarme. On envoya à sa place Turgot, gendre de Pelletier de Sousy, que son crédit avoit mis et soutenu longtemps à Metz, mais si lourde bête qu'il l'en fallut ôter, et pour contenter son beau-père, lui donner de petites intendances, d'où à la fin il fut révoqué. Son fils ne lui a pas ressemblé. Il est devenu conseiller d'État, après avoir montré onze ans son intégrité et sa capacité dans la place de prévôt des marchands, où il a fait de belles et de bonnes choses, et où il a été fort regretté. On rappela aussi de Caen le fils de Foucault, conseiller d'État, qui lui avoit succédé dans cette intendance, où il fit toutes les folies et toutes les sottises imaginables. Il s'appeloit Magny, et fit bien des sortes de personnages dans la suite, et un enfin qui le bannit du royaume, et dont il sera parlé en son temps. On voit ainsi un échantillon des intendants mis en place d'insulter et de ruiner les provinces, sans esprit, sans aucun sens, sans capacité, et moins encore d'expérience, mis et maintenus par crédit. Labriffe, fils du feu procureur général, alla réparer les désordres de Magny, et est mort longues années depuis conseiller d'État et intendant de Bourgogne, extrêmement considéré pour sa capacité, sa bonté et son intégrité. Phélypeaux, conseiller d'État et frère du chancelier, attaqué d'apoplexie, quitta l'intendance de Paris, que le chancelier fit donner à Bignon, intendant des finances, fils de sa sœur, avec parole de la première place de conseiller d'État, quoique ses deux frères le fussent déjà, et de vendre alors sa charge d'intendant des finances à Bercy, gendre de Desmarets. C'est ce Bignon dont la femme étoit l'amie la plus intime de Mlle Choin, et lui aussi.

Il faut ajouter ici que l'abbé Languet eut aussi une petite abbaye, premier pas de sa fortune, et bien bas et petit compagnon en ce temps-là, que j'ai vu, aumônier de Mme la duchesse de Bourgogne, attendre souvent et longtemps dans l'antichambre de ses dames, et y faire force courbettes. C'est cet archevêque de Sens qui a tant fait parler de lui depuis par ses violences, ses calomnies, ses fausses citations, ses tronquements de passages, et les gros ouvrages adoptés et donnés sous son nom en faveur de la bulle *Unigenitus*, qui a fait sa fortune, mais l'a laissé inconsolable que tant et de si étranges personnages qu'il a faits, même sa *Marie-Alacoque*, ne lui aient pas procuré le chapeau qu'il a brigué toute sa vie, et qu'il a cru tenir plus d'une fois. Ce personnage se retrouvera dans la suite.

Mme de Mantoue, ennuyée de son couvent de Pont-à-Mousson, peu amusée de quelques tours à Lunéville sous la tutelle de sa sœur de Vaudemont et la grandeur de la souveraine du pays, se flatta qu'il étoit temps de la venir faire elle-même sur le théâtre de Paris et de la cour, dont elle tiroit de grosses pensions. Sa mère ne le désiroit pas moins qu'elle. Elle comptoit sur son crédit auprès de Mme de Maintenon, sur l'amitié si marquée de Mme de Maintenon pour Mme de Dangeau, dont le fils avoit épousé la fille unique de Mme de Pompadour, sa sœur, depuis le mariage de sa fille, et qui, outre leur union, seroit intéressée à la relever, et sur la facilité si ordinaire en ce pays-ci pour les prétentions et les chimères. Elle ne comptoit pas moins sur l'appui de M. de Vaudemont et de ses nièces, par conséquent sur Monseigneur. Le retour fut donc résolu.

Sous prétexte du besoin de prendre l'air et du lait, Mme d'Elbœuf obtint que sa fille s'établît à Vincennes, et qu'on y meublât pour elle l'appartement qu'y occupoit autrefois Monsieur, quand la cour y étoit, et des chambres pour le domestique dont ce château, depuis tant d'années entièrement vide, ne manquoit pas. Ce début d'un si grand air nourrit leurs espérances.

Mme de Mantoue arriva à Vincennes avec le dessein de se former un rang pareil à celui des petites-filles de France, c'est-à-dire de ne donner la main ni de fauteuil à qui que ce fût, ni aucun pas de conduite. La maréchale de Bellefonds, depuis longues années retirée dans ce château, dont son mari et ses enfants avoient été et se trouvoient encore gouverneurs et capitaines, et qui vivoit dans une grande piété et une grande séparation du monde, y fut attrapée. Elle alla voir la duchesse de Mantoue, et fut si étourdie de se voir présenter un ployant, qu'elle se mit dessus, mais, quelques moments après, revenue à soi, elle s'en alla et n'y remit pas le pied davantage. Mme de Pompadour n'osa s'adresser à des femmes titrées, mais y en mena d'autres tant qu'elle put, dont le concours pourtant s'arrêta brusquement, et laissa Mme de Mantoue livrée à son domestique nombreux d'abord, mais qui se raccourcit bientôt faute de vivres.

Pendant tout cela, Mme d'Elbœuf négocioit le traitement de sa fille, et ne réussit à rien. Mme de Maintenon, comme je l'ai quelquefois remarqué, avoit des fantaisies et des hauts et bas pour ses mieux aimées. Mme d'Elbœuf ne se rencontra pas alors dans la bonne veine, et par une merveille, le roi, pour cette fois, ne se rendit pas facile aux prétentions. M. de Mantoue étoit mort et n'avoit point de successeur. Ses États étoient et demeurèrent occupés par l'empereur. Le souvenir du mariage fait malgré ses défenses étoit encore présent, et celui de toutes les tentatives et de tous les artificieux manéges de M. de Vaudemont pour les siennes. Il ne voulut donner aucun pied à Mme de Mantoue à la cour, pour éviter les importunités de ses prétentions, et il régla qu'elle viendroit vêtue comme pour Marly le voir chez Mme de Maintenon, où se trouveroit aussi Mme la duchesse de Bourgogne, et, la visite faite, s'en retourneroit tout court à Vincennes. Cela se passa de la sorte. Elle arriva à heure précise avec Mme d'Elbœuf à Versailles, entrèrent chez Mme de Maintenon, le roi y étant déjà; [elle] n'y demeura que fort peu de moments, le roi debout, et qui ne la baisa point, ce qui parut extraordinaire; se retira par le grand cabinet à la suite de Mme la duchesse de Bourgogne qui l'y embrassa, et où Mgr le duc de Bourgogne et M. le duc de Berry se trouvèrent. On ne s'assit point; et en moins d'un quart d'heure fut congédiée et s'en alla tout de suite avec sa mère à Vincennes, sans avoir pu voir Mme de Maintenon en particulier.

Quelques jours après, elles allèrent voir Monseigneur à Meudon, et arrivèrent comme il sortoit de dîner. Mgrs ses fils et Mme la duchesse de Bourgogne étoient dans sa petite galerie du château neuf avec lui. Il les y reçut sans les faire asseoir, sans leur rien proposer à manger ni à boire, ni aucun jeu, ni promenade; une demi-heure au plus termina une visite si sèche, et la mère et la fille, qui ne revit Meudon de sa vie, s'en retournèrent à Vincennes, fort déconcertées de ces deux réceptions.

La princesse de Montauban, qui s'étoit fort mise sous la protection de Mme d'Elbœuf, se laissa persuader ensuite d'aller à Vincennes. Ce fut la seule femme titrée qui y alla, apparemment pour y en exciter d'autres, et pour faciliter à Mme de Mantoue de baisser équivoquement d'un cran. Elle prit, comme par hasard, un ployant qui se trouva derrière elle, sans affecter de place, et en donna un à Mme de Montauban, mais cette gentillesse ne tenta personne.

Mme d'Elbœuf, difficile à rebuter, tenta après le siége à dos pour sa fille chez Mme la duchesse de Bourgogne. Les femmes et les veuves de vrais souverains réels et existants, dont les ministres sont reconnus et reçus dans les cours et les assemblées de l'Europe pour les négociations et les traités, ont eu constamment un siége à dos, une seule fois, au cercle de la reine, après quoi jamais qu'un tabouret, et parmi tous les autres sans distinction et sans différence des duchesses. La duchesse de Meckelbourg, sœur du maréchal de Luxembourg, et d'autres souveraines avoient eu ce traitement du règne du roi, et en dernier lieu Mme de Meckelbourg, qui, après cette unique fois de siége à dos, n'eut plus qu'un tabouret partout, alloit au souper du roi, et, à qui pas une duchesse ni princesse étrangère ne cédoit; néanmoins Mme de Mantoue n'y put atteindre, et Mme d'Elbœuf en fut refusée jusqu'à quatre différentes fois.

Elle et sa fille, outrées de se voir si loin de leurs projets, crurent pourtant qu'il ne falloit pas bouder, pour ne se fermer pas la porte à des retours favorables. La mère négocia pour sa fille une seconde visite chez Mme de Maintenon, le roi l'accorda. Elles l'y trouvèrent comme la première fois, et Mme la duchesse de Bourgogne. Le singulier fut que le roi et elle s'assirent et laissèrent la mère et la fille debout, sans qu'on leur donnât de ployants, sans que le roi leur proposât de s'asseoir en aucune façon; il lui dit quelques mots à diverses reprises et puis la congédia.

Elle passa dans le grand cabinet, où Mme la duchesse de Bourgogne la fut trouver aussitôt, et un moment après, l'y laissa et rentra dans la chambre. Mme de Mantoue trouva dans ce cabinet des dames du palais et quelques autres de celles qui avoient la liberté d'y entrer. Elle essaya de se les concilier par les politesses et les amitiés les plus excessives, et repartit de là pour son Vincennes.

Ces dégoûts étoient grands pour des projets si hauts. Mme d'Elbœuf avoit eu la folie de parler de M. le duc de Berry comme d'un parti sortable à peine pour sa fille, et je pense que cela eut quelque part au refus du siége à dos.

Éconduite à la cour, où Mme de Mantoue ne remit plus le pied de sa vie, elle voulut du moins dominer dans Paris, et s'y former un rang à son gré. Elle parut d'abord aux spectacles avec sa mère, toutes deux réduites à s'y faire suivre par Mme de Pompadour, qui que ce soit n'ayant voulu tâter de leur compagnie, où elles firent vider une loge à de petites bourgeoises, dont le petit état couvrit l'affront et empêcha le monde de crier.

La première aventure qui lui arriva, outre celles des fiacres, fut à la seconde porte du Palais-Royal, avec M. et Mme de Montbazon, qui étoient seuls ensemble dans leur carrosse à deux chevaux, que celui de Mme de Mantoue voulut faire reculer avec hauteur. Sur la résistance, Mme d'Elbœuf, qui étoit avec sa fille, envoya un gentilhomme dire à M. de Montbazon que c'étoit Mme de Mantoue qui le prioit de reculer. M. de Montbazon répondit que, s'il étoit seul, il le feroit avec grand plaisir, mais qu'il étoit avec Mme de Montbazon, et qu'il ne savoit pas que Mme de Mantoue eût aucun droit sur elle. Un moment après, le même gentilhomme revint lui dire que Mme de Mantoue ne cédoit qu'à l'électeur de Bavière qui étoit lors à Paris, car je raconte ceci tout de suite pour n'avoir plus à revenir là-dessus, et qu'il vît donc ce qu'il vouloit faire. M. de Montbazon répondit sagement que c'étoit à sa maîtresse à voir si elle vouloit livrer combat, parce qu'il n'étoit pas résolu à reculer, qu'il avoit beaucoup de respect pour Mmes d'Elbœuf et de Mantoue, mais nulle disposition à leur céder aucun rang. Làdessus, chamaillis entre les cochers et quelques injures; Mme d'Elbœuf, la tête à la portière, criant qu'on fît reculer, et M. de Montbazon qui alloit mettre pied à terre et donner cent coups à quiconque oseroit approcher. Enfin, à la faveur de la largeur de la route, et aux dépens des petites boutiques le long des murs, les deux carrosses passèrent en se frôlant, et finirent la ridicule aventure.

Au partir de là, M. et Mme de Montbazon allèrent se consulter à l'hôtel de Bouillon, qui, en pareil cas, avoit autrefois appris à vivre à Mme d'Hanovre, comme je l'ai raconté, et de là à Versailles, où M. de Bouillon rendit compte au roi le lendemain matin de ce qui étoit arrivé à son gendre et à sa fille. Plusieurs ducs l'appuyèrent. Tout Versailles et tout Paris se leva contre Mme de Mantoue et Mme d'Elbœuf, qui avoit fort crié qu'elle demanderoit justice au roi.

Comme on étoit dans l'attente de ce qui en arriveroit, Mme de Mantoue entra chez Mme de Lislebonne comme Mme la grande-duchesse en alloit sortir. Les gens de Mme de Mantoue voulurent faire ranger ceux de Mme la grande-duchesse, et parmi ce débat, Mme de Mantoue descendit de carrosse, trouva vis-à-vis d'elle Mme la grande-duchesse prête à monter dans le sien, qui se retiroit de la bagarre, et à qui Mme de Mantoue essaya de gagner le dessus. Cette insolence étoit complète. Jamais duc de Mantoue n'avoit rien disputé au grand-duc, et d'une petite-fille de France à Mme de Mantoue la distance étoit encore tout autre; aussi fut-elle bien relevée, et contribua-t-elle fort à la réduction de tant de folies à raison. Mme de Mantoue ne fit pas la moindre civilité à Mme la grande-duchesse sur ce qu'il se passoit; mais vingt-quatre heures après, elle eut ordre d'aller demander pardon à Mme la grande-duchesse, qui, amie de Mme de Lislebonne, passa la chose doucement.

Mme d'Elbœuf fit écrire sa fille sur l'aventure de M. de Montbazon à Torcy, comme ministre des affaires étrangères. Elle n'eut point de réponse. Elle écrivit une seconde fois longuement et fort hautement. Torcy en rendit compte une seconde fois, porta la lettre au conseil; elle y fut moquée et trouvée très-ridicule. Torcy eut ordre de lui conseiller d'abandonner cette affaire, dont elle ne tireroit aucune raison, et de ne se pas commettre à s'en faire de nouvelles. La mortification fut si publique et si sensible, qu'elle corrigea enfin Mme de Mantoue de tout hasarder, et la persuada enfin d'abandonner ses projets pour éviter de nouveaux dégoûts. Elle comprit qu'ils ne se pouvoient soutenir destitués des protections dont elle s'étoit flattée, et qu'elle et sa mère étoient trop foibles pour en faire réussir aucun.

Elle se résolut donc à renoncer à la cour, où on ne vouloit point d'elle, et à des prétentions qui la renfermoient chez elle dans la solitude et l'ennui. Elle prit maison à Paris, envoya complimenter toutes les dames un peu considérables, dans l'espérance de les engager à la première visite. Voyant que la tentative ne réussissoit pas, elle fit répandre tant qu'elle put qu'elle ne savoit sur quoi fonder qu'on lui croyoit des prétentions chimériques, qu'elle désiroit qu'on fût persuadé qu'elle ne vouloit pas vivre autrement que si elle étoit encore fille, qu'elle étoit offensée qu'on s'imaginât autre chose, qu'elle comptoit être si attentive à toutes sortes de devoirs et de politesse qu'on ne pourroit s'empêcher de l'aimer, et de vouloir vivre avec elle. Telle fut son amende honorable au public, après tant de tentatives inutiles de force ou d'adresse.

Les choses ainsi préparées, elle la fit en personne : elle se mit à faire des visites sans plus en attendre de premières, et dans un seul carrosse à deux chevaux comme tout le monde. Elle accabla de civilités et de caresses les dames qu'elle trouva, et redoubla même une seconde visite à quelques-unes avant d'en avoir reçu d'elles. La duchesse de Lauzun fut de ce dernier nombre, qui, bien sûre de son fait, la fut voir ensuite. Elle fut reçue avec des remercîments infinis, eut un fauteuil, la main sans équivoque; et en sortant fut conduite par Mme de Mantoue à travers trois pièces entières, sans qu'il fût possible de l'en empêcher, et au degré par sa sœur bâtarde qui lui servoit de dame d'honneur, et quelques demoiselles. Elle en usa ainsi avec toutes les femmes titrées; et pour les autres elle les reçut sans affectation sur rien, avec une grande politesse, leur laissant les fauteuils à l'abandon, et les conduisant honnêtement.

Une conduite si différente de ses premiers essais lui réconcilia bientôt le monde. Elle acheva de se l'attirer par un grand jeu de lansquenet fort à la mode alors, qu'elle tint avec beaucoup d'égards, et assez de dignité pour qu'il ne s'y passât rien de mal à propos. Ainsi fondit tout à coup en un brelan public ce grand rang de souveraine, dont le modèle le plus juste en avoit été choisi sur celui des petites-filles de France, et sans prétendre leur céder, comme on l'a vu, à l'égard de Mme la grande-duchesse; et à tous les projets de figurer grandement à la cour, succédèrent les soins de se faire une bonne maison dans Paris. La chute fut grande et amère, et de plus, souvent accompagnée d'embarras de subsistances dans un temps où celles des armées absorboient tout, et Desmarets, ne se mettant pas fort en peine de ses besoins depuis qu'elle lui eut dit, un peu imprudemment, qu'ils pouvoient juger qu'ils étoient grands, puisqu'elle venoit elle-même les lui demander.

La duchesse de Lesdiguières, à ce spectacle, se remercia de nouveau, et s'applaudit de plus en plus d'avoir résisté aux persécutions du duc de Mantoue, aux empressements extrêmes de M. le Prince, et [à] tout ce que le roi voulut bien faire de démarches pour la faire consentir à l'épouser, quoiqu'il soit à croire que, mariée de sa main et par obéissance, et n'ayant pas dans la tête les chimères que l'autre étala d'abord, elle eût été tout autrement traitée. Mme de Mantoue ne vit et n'ouït parler d'aucune princesse du sang, ni Madame, ni Mme la duchesse d'Orléans.

La cherté de toutes choses, et du pain sur toutes, avoit causé de fréquentes émotions dans toutes les différentes parties du royaume. Paris s'en étoit souvent senti; et quoiqu'on eût fait demeurer près d'une moitié plus que l'ordinaire du régiment des gardes, pour la garde des marchés et des lieux suspects, cette précaution n'avoit pas empêché force désordres, en plusieurs desquels Argenson courut risque de la vie.

Monseigneur, venant et retournant de l'Opéra, avoit été plus d'une fois assailli par la populace et par des femmes en grand nombre, criant *du pain!* jusque-là qu'il en avoit eu peur au milieu de ses gardes, qui ne les osoient dissiper de peur de pis. Il s'en étoit tiré en faisant jeter de l'argent et promettant merveilles; mais comme elles ne suivirent pas, il n'osoit plus venir à Paris.

Le roi en entendit lui-même d'assez fortes, de ses fenêtres, du peuple de Versailles qui crioit dans les rues. Les discours étoient hardis et fréquents, et les plaintes vives et fort peu mesurées contre le gouvernement, et même contre sa personne, par les rues et par les places, jusqu'à s'exhorter les uns les autres à n'être plus si endurants, et qu'il ne leur pouvoit arriver pis que ce qu'ils souffroient, et de mourir de faim.

Pour amuser ce peuple, on employa les fainéants et les pauvres à raser une assez grosse butte de terre qui étoit demeurée sur le boulevard entre les portes Saint-Denis et Saint-Martin; et on y distribuoit par ordre de mauvais pain aux travailleurs pour tout salaire, et en petite quantité à chacun.

Il arriva que le mardi matin, 20 août, le pain manqua sur un grand nombre. Une femme entre autres cria fort haut, ce qui en excita d'autres. Les archers préposés à cette distribution menacèrent la femme : elle n'en cria que plus fort; les archers la saisirent et la mirent indiscrètement à un carcan voisin. En un moment tout l'atelier accourut, arracha le carcan, courut les rues, pilla les boulangers et les pâtissiers. De main en main les boutiques se fermèrent. Le désordre grossit et gagna les rues de proche en proche sans faire mal à personne, mais criant *du pain!* et en prenant partout.

Le maréchal de Boufflers, qui ne pensoit à rien moins, étoit allé ce matin-là chez Bérenger son notaire, dans ce voisinage-là. Surpris de l'effroi qu'il y trouva, et en apprenant la cause, il voulut aller lui-même tâcher de l'apaiser, malgré tout ce que le duc de Grammont, qu'il trouva chez le même notaire, pût lui dire pour l'en détourner, et qui, l'y voyant résolu, alla avec lui. A cent pas de chez ce notaire, ils rencontrèrent le maréchal d'Huxelles dans son carrosse, qu'ils arrêtèrent pour lui demander des nouvelles, parce qu'il venoit du côté de l'émotion. Il leur dit que ce n'étoit plus rien, les voulut empêcher de passer outre, et pour lui gagna pays en homme qui n'aimoit pas le bruit et être fourré parmi ce désordre. Le maréchal et son beau-père continuèrent d'aller, trouvant à mesure qu'ils avançoient une grande épouvante, et qu'on leur crioit des fenêtres de retourner, et qu'ils se feroient assommer.

Arrivés au haut de la rue Saint-Denis, la foule et le tumulte firent juger au maréchal de Boufflers qu'il étoit temps de mettre pied à terre. Il s'avança ainsi à pied avec le duc de Grammont parmi ce peuple infini et furieux, à qui le maréchal demanda ce que c'étoit, pourquoi tout ce bruit, promettant du pain, et leur parlant de son mieux avec douceur et fermeté, leur remontrant que ce n'étoit pas là comme il en falloit demander. Il fut écouté, il y eut des cris à plusieurs reprises de *vive M. le maréchal de Boufflers*, qui s'avançoit toujours parmi la foule et lui parloit de son mieux. Il marcha ainsi avec le duc de Grammont le long de la rue aux Ours, et dans les rues voisines jusqu'au plus fort de cette espèce de sédition. Le peuple le pria de représenter au roi sa misère et de lui obtenir du pain. Il le promit, et sur sa parole, tout s'apaisa et se dissipa, avec des remercîments et de nouvelles acclamations de *vive M. le maréchal de Boufflers!* Ce fut un véritable service.

Argenson y marchoit avec des détachements des régiments des gardes françoises et suisses, et sans le maréchal il y auroit eu du sang répandu qui auroit peut-être porté les choses fort loin. On faisoit même déjà monter à cheval les mousquetaires.

A peine le maréchal étoit-il rentré chez lui à la place Royale avec son beau-père, qu'il fut averti que la sédition étoit encore bien plus grande au faubourg Saint-Antoine. Il y courut aussitôt avec le duc de Grammont, et l'apaisa comme il avoit fait l'autre. Il revint après chez lui manger un morceau, et s'en alla à Versailles. Il ne voulut que sa chaise de poste, un laquais derrière et personne avec lui à cheval jusqu'au cours, affectant de traverser tout Paris de la sorte. A peine fut-il sorti de la place Royale, que le peuple des rues et les gens de boutiques se mirent à crier qu'il eût pitié d'eux, qu'il leur fit donner du pain; et toujours : *Vive M. le maréchal de Boufflers!* Il fut conduit ainsi jusqu'au quai du Louvre.

En arrivant à Versailles, il alla droit chez Mme de Maintenon où il la trouva avec le roi, tous deux bien en peine. Il rendit compte de ce qui l'amenoit et reçut de grands remercîments. Le roi lui offrit le commandement de Paris, troupes, bourgeoisie, police, etc., et le pressa de l'accepter; mais le généreux maréchal préféra à cet honneur le rétablissement des choses dans leur ordre naturel. Il dit au roi que Paris avoit un gouverneur auquel il ne déroberoit pas les fonctions qui lui appartenoient, qu'il étoit honteux qu'il ne lui en restât pas une et que le lieutenant de police et le prévôt des marchands les eussent toutes emblées et partagées, jusque sur les troupes, et engagea le roi dans ces moments de crainte de les rendre au duc de Tresmes, qui les avoit si bien perdues, ainsi que ses derniers prédécesseurs, qu'il lui fallut expédier une patente nouvelle pour lui rendre son autorité.

Il fut donc enjoint aux troupes et aux bourgeois de ne recevoir d'ordres que du gouverneur, et de lui obéir en tout et partout; à d'Argenson, lieutenant de police, et à Bignon, prévôt des marchands, de lui rendre compte de tout et lui être soumis en tout, ainsi que tous les différents corps de la ville.

Le duc de Tresmes fut envoyé à Paris y exercer ce pouvoir, mais avec ordre de ne rien faire sans le maréchal de Boufflers, à l'obéissance duquel Argenson, Bignon, la bourgeoisie et les troupes furent aussi soumis, mais par des ordres verbaux; et le maréchal fut aussi renvoyé demeurer à Paris. Sa modestie lui donna une nouvelle gloire. Il renvoya tout au duc de Tresmes, au nom et par l'ordre duquel tout se fit, et chez qui il alloit pour les délibérations qu'il ne voulut presque jamais souffrir chez lui. Maître et tuteur en effet du duc de Tresmes, et le vrai commandant, il s'en disoit au plus l'aide de camp, et en usoit de même.

Aussitôt après on pourvut bien soigneusement au pain, Paris fut rempli de patrouilles, peut-être un peu trop, mais qui réussirent si bien qu'on n'entendit pas depuis le moindre bruit. Le duc de Tresmes et le maréchal de Boufflers qui lui laissoit jusqu'au scrupule l'honneur et l'apparence de tout, alloient de temps en temps rendre compte au roi eux-mêmes, mais sans découcher de Paris, puis rarement, jusqu'à ce qu'il ne fut plus question de rien.

La considération de Boufflers, rehaussée de la modestie la plus simple, étoit alors à son comble : maître dans Paris, modérateur des affaires de la guerre, influant sur toutes les affaires à la cour. Mais la durée de ce brillant ne fut pas longue et finit par ce qui le devoit rendre et plus solide et plus durable. On verra bientôt Voysin et Tresmes affranchis de sa tutelle, Voysin devenir le maître et l'instrument de tout, Argenson et Bignon reprendre toutes les usurpations de leurs places, et celle de gouverneur de Paris anéantie comme elle étoit auparavant ces mouvements de Paris.

CHAPITRE XXI.

Campagne d'Espagne. — Faute de Besons, à qui le roi ne permet pas d'accepter la Toison. — Campagne de Roussillon. — Campagne de Savoie. — Campagne de Flandre. — Artagnan s'empare de Warneton. — Tournai assiégé, Surville dedans. — La ville rendue. — Voyage bizarre de Ravignan à la cour. — Citadelle de Tournai rendue; la garnison prisonnière. — Mesgrigny se donne aux ennemis et en conserve le gouvernement. — Surville perdu pour toujours. — Calomnie sur Chamillart. — Digne conduite de Beauvau, évêque de Tournai. — Boufflers s'offre d'aller seconder Villars sans commandement; remercié, puis accepté. — Conduite des deux maréchaux ensemble. — Roi Jacques d'Angleterre. — Mons fort mal pourvu. — Électeur de Bavière à Compiègne. — Campagne d'Allemagne. — Projet sur la Franche-Comté. — Conspiration dans cette province découverte. — Mercy défait par du Bourg; sa cassette, etc., prise. — Du Bourg chevalier de l'ordre. — Cassette de

Mercy. — Voyage plus que suspect de Vaudemont et de Mlle de Lislebonne. — Procédures, etc., et suites. — Courte réflexion sur la conduite de nos rois et de la maison de Lorraine. — Pièce importante de la cassette de Mercy.

Besons, sorti enfin de ses quartiers, avoit reçu quatre différents contre-ordres. Ces incertitudes n'affermirent pas un homme naturellement timide, et qui mouroit toujours de peur de déplaire et de ne réussir pas ; aussi manqua-t-il la plus belle occasion du monde de défaire les ennemis au passage de la Sègre. Il fut pressé d'en profiter, il le voulut, puis il n'osa ; la fin de tout cela fut qu'il ramena ses troupes en France. L'armée de l'archiduc qui fut au moment d'être perdue, la Sègre à moitié passée par ces contre-temps, en sut profiter. Notre cour en blâma fort Besons d'avoir été si exact à ses ordres quoique très-précis. Celle d'Espagne, outrée sur le reçu de ses officiers généraux, prit un parti d'éclat. Philippe V partit brusquement pour son armée, mais il marcha à trop petites journées. La reine l'accompagna les trois premières, et retourna régente à Madrid. Besons paya de respects, d'obéissance et de raisons, laissant faire le roi, mais lui représentant les inconvénients qui se vérifièrent exactement tous par l'expérience.

Le roi d'Espagne, qui avoit été fort approuvé de notre cour d'avoir pris le commandement lui-même, s'adoucit sur Besons jusqu'à lui vouloir donner la Toison dans la vue des besoins ; mais le roi ne voulut pas lui permettre de l'accepter. De Bay qui la portoit valoit moins que lui, s'il se peut, pour la naissance, et on la vit donner depuis encore plus bassement.

Le roi d'Espagne, fâché de se voir hors de portée de rétablir les choses, et de réparer ce qui avoit été manqué, quitta l'armée au bout de trois semaines, et retourna à Madrid plus vite qu'il n'en étoit venu. Besons mit ordre à la subsistance et aux quartiers des vingt-six bataillons qu'il devoit laisser en Espagne sous Asfeld, et repassa les Pyrénées avec le reste de ses troupes.

Telle fut la dernière campagne des François en Espagne, puisque celles qui y étoient restées rentrèrent en France avant l'ouverture de la campagne suivante, et mirent ainsi d'accord les deux cabales après tant de bruit pour et contre retour. Il fut funeste à l'Espagne et peu utile à la France, fruit d'un genre de gouvernement tel que celui que nous éprouvions depuis plusieurs années, et qui, sans un miracle tout à fait étranger, eût perdu ce royaume sans aucunes ressources.

En Roussillon, l'objet est trop petit pour s'arrêter à des détails. Le duc de Noailles, avec le peu qu'il y avoit, eut affaire à moins encore. Il y battit deux fois les ennemis, qu'il surprit dans des quartiers, et ces légers succès retentirent fort à Versailles.

Berwick, sur la défensive, n'eut pas grand'chose à faire en Dauphiné. Le duc de Savoie s'y remua tard et mollement. Il étoit fort mécontent de l'empereur sur des fiefs de l'empire de son voisinage, que le feu empereur lui avoit promis, et que celui-ci ne voulut pas lui donner. D'autres discussions de quartiers et de subsistances de troupes achevèrent de les brouiller, tellement que M. de Savoie ne se soucia point de profiter des avantages solides qu'il s'étoit préparés dans la campagne précédente pour celle-ci. Elle se passa en bagatelles, qui auroient pu aisément devenir utiles, et avoir des suites heureuses, par l'adresse du duc de Berwick, si le manque de vivres ne l'eût arrêté tout court. Il ne laissa pas de battre Reybender, général des troupes de Savoie, qui, avec trois mille hommes, voulut, le 28 août, attaquer auprès de Briançon une maison appelée *la Vachette*, que Dillon avoit retranchée. Dillon les fit attaquer de droite et de gauche par des piquets et quelques compagnies de grenadiers, leur tua sept cents hommes et rechassa le reste dans la montagne.

La Flandre, dès l'ouverture de la campagne, fut l'objet principal, pour ne pas dire l'unique, de toute l'attention et de toutes les inquiétudes, et le fut jusqu'à la fin de la campagne. Le prince Eugène et le duc de Marlborough, joints ensemble, continuoient leurs vastes desseins et de dédaigner de les cacher. Leurs amas prodigieux annonçoient des siéges. Dirai-je que notre foiblesse les désiroit, et que nous ne comptions sur notre armée que pour les conserver?

Il est pourtant vrai qu'Artagnan, détaché avec huit bataillons de l'armée et quatre de la garnison d'Ypres, commandés pour le joindre au rendez-vous, enleva Warneton fort aisément, où les ennemis avoient mis seize cents hommes avec quelques munitions dans le dessein de le fortifier. Ces seize cents hommes se rendirent à discrétion, commandés par un brigadier et quarante-cinq officiers ; et que le maréchal de Villars eut encore un autre petit avantage à un fourrage ; mais c'étoient des bagatelles.

L'orage se forma sur Tournai, comme je l'ai déjà dit, et où Surville commandoit, et Mesgrigny aussi, lieutenant général et gouverneur particulier de la citadelle, avec les troupes dont j'ai fait mention. La tranchée fut ouverte la nuit du 7 au 8 août. Le maréchal de Villars laissa former ce siége et ne fit aucune contenance de s'y opposer, content de subsister et de tenir force propos. Il faut dire aussi que le pain lui étoit fourni plus régulièrement, que l'argent n'y arrivoit que peu à peu et par de très-petites sommes, et que tout y étoit à craindre de la désertion et du découragement. Surville [ne] tint que vingt jours et battit la chamade le 28 juillet au soir. Il envoya le chevalier de Rais au roi, qu'il trouva à Marly, et qui dit que la garnison n'étoit que de quatre mille cinq cents hommes, réduite alors à trois mille hommes pour entrer dans la citadelle, qu'il y avoit des brèches de trente toises aux trois attaques, que l'ouvrage à cornes des sept fontaines avoit été emporté avec le bastion voisin et le réduit de l'ouvrage, et que l'assaut s'alloit donner par les trois attaques à la fois. On attendoit mieux que cela d'un homme si fraîchement remis à flot par la générosité du maréchal de Boufflers, et qui avoit été témoin de si près de sa défense dans Lille.

Le chevalier de Rais apprit qu'ils avoient toujours attaqué la citadelle par un côté en même temps que la ville, que la capitulation portoit qu'ils ne la pourroient pas attaquer par la ville, et il assura qu'il y avoit dedans quantité de munitions de guerre, pour trois mois de farines, quelques vaches et cinq cents moutons. Il y avoit aussi six cents invalides, dont la moitié peu en état de bien servir.

Le chevalier de Rais étoit arrivé à Marly le jeudi 1er août. Le mardi 6, on y fut extrêmement surpris d'y voir Ravignan entrer, chez Mme de Maintenon où étoit le roi, mené par Voysin, où quelques moments après le maréchal de Boufflers fut appelé. Un envoi aussi bizarre excita une grande curiosité. Le désir et le besoin persuadoient qu'il pouvoit être question de paix, d'autant qu'il transpira assez promptement que, depuis la capitulation de la ville, Surville étoit festoyé par les vainqueurs, et qu'ils ne devoient faire aucune hostilité jusqu'au retour de Ravignan, fixé au 8 au soir. Enfin on sut le mystère.

Les ennemis proposoient une suspension d'armes limitée à un temps raisonnablement estimé que la citadelle pourroit se défendre, qui au bout de ce temps convenu se rendroit sans être attaquée, et que cependant les deux armées subsisteroient, à une certaine distance l'une de l'autre et de la place, sans aucun acte d'hostilité. La proposition parut aussi étrange que nouvelle; et on fut étonné que Ravignan, homme de sens et qui avoit acquis de l'honneur dans Lille, où il avoit été fait maréchal de camp, se fût chargé de la venir faire. Une suspension d'armes sans vues de paix, un temps marqué pour rendre une place sans qu'elle fût attaquée, parurent des choses inouïes, un désir des ennemis de ménager leur peine, leur argent, leurs fourrages, auquel on ne crut pas devoir consentir, avec le mépris de notre armée qui, par cette proposition, n'étoit pas estimée en état ni en volonté de rien tenter pour le secours. Surville fut fort blâmé de l'avoir écouté, et Ravignan de l'avoir apportée, qui fut renvoyé sur-le-champ avec le refus.

On crut que la réputation de la place avoit été le motif d'une proposition si extraordinaire. Mesgrigny, le premier ingénieur après Vauban, quoique inférieur en tout, avoit bâti cette citadelle à plaisir, et comme pour lui, parce qu'il en étoit gouverneur. C'étoit une des places de toutes celles que le roi a faites des meilleures et des plus régulièrement bâties, avec des souterrains excellents partout, et qui surprenoient par leur hauteur et leur étendue; contre-minée sous tous les ouvrages et jusque sous les courtines, ce qui bien manié allonge fort un siége, déconcerte les assaillants qui ne savent où asseoir le pied, et qui rebute fort le soldat. Rien n'étoit mieux fondé que la réputation de cette place, rien ne lui fut si inutile que toutes ces admirables précautions pour la conserver, ou pour la vendre du moins chèrement.

Elle capitula le 2 septembre, sans avoir essuyé aucun coup de main. Cela parut un prodige inconcevable. Un autre qui ne le fut pas moins, c'est que Mesgrigny, qui avoit quatre-vingts ans, et qui de tout le siége de la ville et de la citadelle ne sortit presque point de sa chambre, n'eut pas honte de déshonorer sa vieillesse en se donnant aux ennemis, qui donnèrent le gouvernement de la ville au comte d'Albemarle, et conservèrent celui de la citadelle à ce malheureux vieillard, qui avoit aidé le maréchal de Boufflers à la défense de Namur, et qui en avoit été fait lieutenant général.

Surville vint saluer le roi, et n'en fut pas mal reçu, autre surprise; mais ce qu'une si molle défense lui devoit coûter, et en un temps où il étoit si important d'amuser longtemps les ennemis devant la place, si on ne la pouvoit sauver, il le reçut de son indiscrétion qui l'avoit déjà coulé à fond une fois. Il avoit mangé plusieurs fois avec le prince Eugène et le duc de Marlborough, entre les deux siéges et après la dernière capitulation. On y parla du maréchal de Villars, qui prétendit y avoir été maltraité, et que Surville, ou complaisant ou en pointe de vin, ne l'avoit pas ménagé. Surville aussi étoit blessé contre le maréchal de n'avoir pas fait la moindre démonstration pour son secours, en sorte que les plaintes furent vives de part et d'autre. Surville pourtant, ne se sentant pas le plus fort, voulut capituler, mais il trouva un homme aisé à prendre le montant, et qui, plein de sa fortune, ne pardonnoit point.

Outre ce point de Villars, on répandit que les deux généraux ennemis parlèrent à Surville, et à table, des dernières conditions de paix qui firent rompre Torcy à la Haye, et qu'ils dirent qu'on n'auroit jamais osé proposer au roi de procurer lui-même, par la force, la destitution du roi d'Espagne, comme une chose qui étoit contre la nature et contre toute bienséance, si un de ses principaux ministres, désignant Chamillart, et dont le nom enfin leur échappa, ne leur en eût donné la hardiesse, en écrivant au duc de Marlborough, qui en avoit encore la lettre, que dès qu'il ne s'agiroit que du retour du roi d'Espagne, cet article n'arrêteroit pas la paix, et qu'il ne craignoit pas, en l'avançant de la sorte, d'être désavoué du roi.

Ce propos fit grand bruit et fut extrêmement relevé par les ennemis du malheureux ex-ministre. Je lui demandai depuis si cela avoit quelque fondement. Il m'assura que longtemps avant de sortir de place, il ne s'étoit plus mêlé de la paix, et que pour cette lettre rien n'étoit plus faux ni plus absurde. Cela ne laissa pas d'exciter contre lui des murmures désagréables. Pour Surville, il demeura perdu sans retour. Il s'enterra chez lui, en Picardie, fort mal à son aise d'ailleurs, et on ne le vit presque plus.

Beauvau, qui de Bayonne avoit passé à l'évêché de Tournai, fit merveille de sa personne pendant le siége, et de sa bourse autant et plus qu'elle se put étendre. Il offrit même à Surville de prendre l'argenterie des églises. Il n'imita pas M. de Fréjus, il refusa nettement de chanter le *Te Deum*, dont il fut pressé avec toutes les caresses possibles, encore plus de prêter serment, et partit le matin du jour du *Te Deum*, et avant l'heure de le chanter. Le roi le reçut très-bien, et l'entretint seul trois quarts d'heure. C'est le même qu'il fit archevêque de Toulouse, qui passa après à Narbonne, et qui eut l'ordre avec son frère à la grande promotion de M. le Duc, en 1724. Le rare est qu'il fut beaucoup mieux traité sur les choses de la religion par le duc de Marlborough que par le prince Eugène.

On avoit été surpris qu'ils eussent préféré de s'attacher à ce grand siége, à tâcher de pénétrer du côté de la mer. Villars, à la vérité, s'étoit avantageusement posté à l'ouverture de la campagne pour les en empêcher; mais il n'auroit pu parer les diverses façons de le tourner, et au pis aller, s'ils eussent voulu, le forcer à un combat. Les uns jugèrent que, plus soigneux de s'avancer solidement et commodément, par les facilités que leur apportoient ces grandes conquêtes, que de se hâter de pénétrer en se laissant des derrières contraignants, ils avoient préféré les grands siéges pour se porter plus sûrement et plus durablement en avant. D'autres, plus flatteurs et plus occupés de faire leur cour que des raisonnements justes, prétendoient que les Hollandois, qu'on s'opiniâtroit à se vouloir figurer désireux de la paix, s'étoient opposés aux desseins du côté de la mer, et [avoient] emporté celui de Tournai, pour amuser le temps de la campagne par quelque chose d'utile et de spécieux, mais moins dangereux pour la France, écouler ainsi l'été jusqu'au temps de remettre les négociations sur le tapis, que le poids des dépenses pourroit rendre plus faciles de la part de l'empereur et de l'Angleterre. On s'endormoit ainsi à la cour sur ces idées trompeuses; elle tâchoit de les inspirer aux différentes parties de l'État, moins soigneuse des affaires que de fermer les bouches par persuasion ou par terreur. Le roi s'expliquoit souvent sur ce qu'il appeloit les discoureurs; et on devenoit coupable d'un crime sensible, quelque bonne intention qu'on eût en parlant, sitôt qu'on s'écartoit un peu de la fadeur de la *Gazette de France*, et de celle des bas courtisans.

Sur la fin du siége de la citadelle de Tournay, Boufflers sentit l'étrange poids des affaires de Flandre; et s'inquiéta de ce qu'un seul homme en étoit chargé, qui, mis hors de combat par maladie ou par quelque autre accident, ne pourroit être remplacé à l'instant, et dans des circonstances si pressantes et si critiques. Pénétré de ce danger, il en parla au roi, lui dit qu'il voyoit que tout se disposoit à une bataille, lui représenta le péril de son armée, si par un accident arrivé à Villars elle tomboit dans une anarchie dans des moments si décisifs. Tout de suite, il s'offrit de l'aller seconder, d'oublier tout pour lui obéir, n'être que son soulagement, et rien dans l'armée que par lui, et à portée seulement de le suppléer en cas d'accident à sa personne.

Pour comprendre la grandeur de ce trait, digne de ces Romains les plus illustres des temps de la plus pure vertu de leur république, je m'arrêterai ici un moment. Boufflers, au comble des honneurs, de la gloire, de la confiance, n'avoit qu'à demeurer en repos, à jouir d'un état si radieux, avec une santé qui ne lui avoit pas permis de commander l'armée. Il étoit parvenu, avec réputation, à être chevalier de l'ordre et de la Toison d'or, colonel, puis capitaine des gardes, et avoit justement sur le cœur d'avoir été forcé de quitter la première charge pour l'autre. Maréchal de France, duc et pair, gouverneur de Flandre [avec] la survivance pour son fils, maître et modérateur de Paris, avec les entrées de premier gentilhomme de la chambre, la privance et la confiance du roi et de Mme de Maintenon, et la tutelle du ministre de la guerre, la gloire qu'il avoit acquise forçoit l'esprit à applaudir à une si grande fortune ; sa générosité, son désintéressement, sa modestie, engageoit les cœurs à s'y complaire. Très-bien avec Monseigneur et avec Mgr le duc de Bourgogne, il n'y avoit princes du sang, même bâtards ni ministres, ni seigneurs qui ne fussent obligés de compter avec lui ; et lui, au delà des grâces, des honneurs, des récompenses et de toute espèce de lustre, il s'offroit d'aller compter avec un homme avantageux, tout personnel, jaloux de tout, sans principes, accoutumé à tout gain, à usurper la réputation d'autrui, à faire siens les conseils et les actions heureuses, et à jeter aux autres tous mauvais succès et ses propres fautes. Le comble est que Boufflers ne l'ignoroit pas, qu'il connoissoit l'impudence de sa hardiesse, l'art de ses discours, le foible pour lui du roi et de Mme de Maintenon, et que c'étoit sous un tel homme, son cadet à la guerre de si loin, maréchal de France près de dix ans après lui, et dans son propre gouvernement où il venoit de défendre Lille, qu'il alloit se mettre à sa merci pour le bien de l'État, et exposer une réputation si grande, si pure, si justement acquise, à la certitude de l'envie, et à l'incertitude des succès, même dans la main d'un autre.

Boufflers vit tout cela, il le sentit dans toute son étendue, mais tout disparut devant lui à la lueur du bien de l'État. Il pressa le roi ; et le roi qui n'en voyoit pas tant, bien moins encore la magnanimité d'une pareille offre, le loua, le remercia, et ne crut pas en avoir besoin, sans en sentir le prix.

Dix ou douze jours après, Boufflers n'y pensant plus, le roi fit des réflexions, l'envoya chercher et le fit entrer par les derrières. Ce fut pour lui dire qu'il lui feroit plaisir d'aller en son armée de Flandre, en la manière qu'il le lui avoit offert. Le maréchal, qui pour la première fois de sa vie se trouvoit attaqué d'une goutte douloureuse, et qui avoit eu peine à se traîner jusque dans le cabinet du roi, lui réitéra tout ce qu'il lui avoit dit la première fois sur la conduite qu'il se proposoit de garder religieusement avec Villars, prit ses derniers ordres, s'en alla à Paris et partit le lendemain lundi, 2 septembre, pour aller trouver le maréchal de Villars, c'est-à-dire le jour même que la citadelle de Tournai se rendit. On fut vingt-quatre heures à le savoir parti sans en deviner la cause. L'affolement de la paix étoit à un point qu'on crut qu'il étoit allé moins pour la négocier que pour la conclure.

La surprise ne fut pas moins grande à l'armée, où il fut annoncé par un courrier, dépêché exprès douze ou quinze heures avant son arrivée. La même contagion saisit aussi l'armée, elle n'imagina que la paix.

Villars le reçut avec un air de joie et de respect, le pourvut de chevaux et de domestiques, et lui communiqua d'abord tous ses projets. Boufflers fut avec peine tiré de sa voiture, tant la goutte s'étoit augmentée, qui néanmoins ne le tint pas longtemps dans sa chambre. Villars voulut recevoir le mot de lui, au moins qu'il le donnât. Après bien des compliments, ils le firent donner par le lieutenant général de jour, à qui de concert ils expliquèrent l'ordre à donner à l'armée, et depuis Villars donna toujours le mot et l'ordre, et Boufflers ne fit plus la façon de vouloir les recevoir de lui. Le concert et l'intelligence fut parfait entre eux : l'un avec des manières de confiance et des égards toujours poussés au respect; l'autre sans cesse soigneux d'admirer, de tout faire valoir, de tout déférer, et, s'il avoit quelque avis à ajouter, ou quelque observation à présenter, c'étoit toujours avec les ménagements d'un subalterne honoré de la confiance de son supérieur ; du reste appliqué à éviter et à refuser les hommages de l'armée, qui se portoient tous vers lui, à ne se mêler immédiatement de rien, à ne se charger de quoi que ce fût, et à n'être rien qu'auprès du maréchal de Villars, et encore tête à tête, et avec toutes les mesures qui viennent d'être rapportées, dont il ne se départit jamais.

De cette conduite réciproque, personne ne put juger de ce que Villars pensa de se voir tomber tout à coup un tel second, qu'il n'avoit point demandé, s'il en fut peiné, s'il s'en trouva contraint, si dans l'angoisse des affaires il fut bien aise d'être doublé, si sa vanité satifaite de conserver le généralat dans son entier, en présence d'un maître à tous égards, la lui rendit agréable; en un mot rien ne s'en put démêler.

Quoi qu'il en fût, ces deux généraux n'en firent qu'un seul. Boufflers, fidèle à sa résolution, en garde contre l'air de censeur, donna dans tout ce que Villars voulut, sans y former la moindre résistance, et avec une bonne grâce qui dut l'élargir.

L'armée ennemie marcha vers Mons incontinent après la prise de la citadelle de Tournai. Villars rappela tous les corps qu'il avoit détachés; et le roi d'angleterre, qui sous l'incognito et le nom de chevalier de Saint-Georges, faisoit la campagne, volontaire comme l'année précédente, accourut avec un reste de fièvre et sans consulter ses forces. Il avoit été obligé de s'éloigner un peu de l'armée par une fièvre violente; mais il ne voulut pas consulter sa santé ni sa foiblesse en des moments si précieux à la guerre.

Il y avoit dans Mons peu de troupes et peu de vivres. L'électeur de Bavière en sortit, s'arrêta peu à Maubeuge, et s'en alla à Compiègne.

La garnison de la citadelle de Tournai, quoique prisonnière de guerre, fut conduite à Condé. Les ennemis lui laissèrent ses armes et son bagage, et firent à Surville la galanterie de deux pièces de canon. Elle étoit encore de trois mille hommes, et destinée pour échange de leurs prisonniers faits à Warneton et ailleurs. Surville et Ravignan eurent leur liberté, mais à condition que, si nous faisions des prisonniers de leur grade, on leur en rendroit deux sans échange.

Ce qui termina de bonne heure la campagne du Rhin est

trop important pour ne pas couper celle de Flandre, afin de rapporter cet événement dans son ordre.

Rien de plus insipide que cette campagne jusqu'à la mi-août. Les armées, séparées par le Rhin, se contentoient de subsister. Harcourt laissa Saint-Frémont à Haguenau garder nos lignes de Lauterbourg, et passa le Rhin, les premiers jours d'août, sur un pont qu'il dressa à Altenheim, pour faire subsister ses troupes aux dépens de l'ennemi, qui s'étoit toujours tenu tranquille jusqu'alors derrière ses lignes de Dourlach, et qui se contenta, sur le passage du duc d'Harcourt, de garnir les gorges des montagnes pour l'empêcher de pénétrer. Le duc d'Hanovre, celui qui fut fait électeur et qui a succédé à la reine Anne à la couronne d'Angleterre, père de celui qui règne aujourd'hui, devoit commander l'armée impériale. Il n'y arriva que vers le 15 août. Il fit aussitôt passer le Rhin à son armée qu'il mena camper auprès de Landau, sur quoi M. d'Harcourt passa le Rhin sur le pont de Strasbourg, et se mit derrière ses lignes.

Il se mûrissoit cependant un dessein vaste, conçu ou pour le moins nourri en Lorraine, comme la suite de la découverte ne permit pas d'en douter, qui n'alloit à rien moins qu'à porter l'État par terre par le côté le moins soupçonné.

Mme de Lislebonne avoit une belle et grande terre à l'extrémité de la Franche-Comté. Dans cette terre se tramoit par le bailli, par des curés et par les officiers de Mme de Lislebonne, une conspiration qui, sous ces chefs, se répandit dans la province, et y entraîna beaucoup de gens principaux des trois ordres, gagna des membres du parlement de Besançon, avoit pris ses mesures pour égorger la garnison de cette place, s'en rendre maître, en faire autant de quelques autres, et faire révolter la province en faveur de l'empereur, comme étant un fief et un domaine ancien de l'empire. Le voisinage si proche de la Suisse et du Rhin, qui se traversoit aisément en de petits bateaux qu'on appelle des *védelins*, facilitoit le commerce entre les Impériaux et les conspirateurs; et les gens de Mme de Lislebonne faisoient toutes les allées et venues.

Un perruquier, dont le grand-père avoit servi utilement à la seconde conquête de la Franche-Comté, fut sondé, puis admis dans le complot. Il en avertit Le Guerchois, qui de l'intendance d'Alençon avoit passé à celle de Besançon, mon ami très-particulier, comme on l'a vu ailleurs, et de qui j'ai su ce que je rapporte. Le Guerchois l'écouta, et lui ordonna de continuer avec les conspirateurs pour être en état de savoir et de l'avertir, ce qu'il exécuta avec beaucoup d'esprit, de sens et d'adresse.

Par cette voie, Le Guerchois sut qu'il y avoit dans la conspiration de trois sortes de gens : les uns, en petit nombre, voyoient les officiers principaux que l'empereur y employoit, venus exprès et cachés aux bords du Rhin, de l'autre côté, et ceux qui les voyoient par les védelins savoient tout et menoient véritablement l'affaire; les autres, instruits par les premiers, mais avec réserve et précaution, s'employoient à engager tout ce qu'ils pouvoient de gens dans cette affaire, distribuoient les libelles et les commissions de l'empereur, ils étoient l'âme de l'intrigue et les conducteurs dans l'intérieur de la province; les derniers enfin étoient des gens qui, par désespoir des impôts et de la domination françoise, s'étoient laissé gagner, et qui étoient en très-grand nombre.

Le Guerchois voulut encore davantage, et y fut également bien servi par le perruquier. Il s'insinua si avant auprès du bailli de Mme de Lislebonne et du curé de la paroisse où demeuroit ce bailli, qu'ils l'abouchèrent delà le Rhin avec un général de l'empereur, et de chez eux avec les principaux chefs de leur intelligence et de toute l'affaire dans la province. Il apprit d'eux qu'un gros corps de troupes de l'empereur devoit tenter, à force de diligence, d'entrer en Franche-Comté, et tout risquer pour y pénétrer s'il rencontroit des troupes françoises qui s'y opposassent.

Instruit de la sorte, Le Guerchois, qui en avoit déjà communiqué au comte de Grammont, lieutenant général, qui, quoique de la province, y commandoit et étoit fort fidèle, crut qu'il n'y avoit point de temps à perdre, et dépêchèrent un courrier au duc d'Harcourt et un autre au roi, sans qu'on s'en aperçût à Besançon, où ils prirent doucement et sagement leurs mesures.

Les choses en étaient là, lorsqu'un gros détachement de l'armée de l'empereur se mit à remonter le Rhin par l'autre côté, pour joindre un autre corps arrivé en même temps de Hongrie et mené par Mercy, qui donna jalousie au duc d'Harcourt qu'ils ne voulussent faire le siége d'Huningue, tandis que le gros de l'armée impériale, sous le duc d'Hanovre s'approchoit des lignes de Lauterbourg, et faisoit contenance de les vouloir attaquer.

Harcourt avoit laissé le comte du Bourg dans la haute Alsace, avec dix escadrons et quelques bataillons, qui cependant étoient inquiétés par le duc d'Hanovre, dont le grand projet étoit l'exécution du dessein sur la Franche-Comté, mais avec celui de tomber sur les lignes de Lauterbourg, si d'Harcourt les dégarnissoit trop en faveur du secours de la haute Alsace. Parmi ces manéges de guerre, Harcourt, profitant du long détour que les Impériaux détachés de leur armée ne pouvoient éviter pour tomber par le haut Rhin où ils en vouloient, et averti par le courrier de Franche-Comté, se tint en apparente inquiétude sur ses lignes ; et dès qu'il vit le détachement impérial déterminé, par ses marches forcées dout il étoit bien informé, il envoya huit escadrons et cinq ou six bataillons à du Bourg, avec ordre de combattre les ennemis, fort ou foible, sitôt qu'il pourroit les joindre.

Pendant ces mesures, Mercy, avec ce qu'il avoit amené de Hongrie, traversa le Rhin à Rhinfelds, et un coin du territoire des Suisses avec l'air de le violer, tandis que le détachement impérial se préparoit à jeter un pont à Neubourg, pour y passer aussi le Rhin, à peu près vis-à-vis d'Huningue, et Mercy parut près de Brisach, résolu de pénétrer, s'il pouvoit, même sans attendre le détachement de l'armée impériale qui le venoit joindre par ce pont de Neubourg.

Harcourt, exactement informé, détacha encore deux régiments de dragons pour joindre du Bourg à tire-d'aile, et lui réitérer l'ordre de combattre fort ou foible. Ces deux régiments de dragons arrivèrent tout à propos, le jour devenoit grand, et du Bourg faisoit ses dispositions pour attaquer Mercy, qu'il venoit d'atteindre. Avec ce petit renfort, il les attaqua vigoureusement, et quoique inférieur de quelque nombre, il les enfonça; et en une heure et demie, il les défit d'une manière si complète, que les Impériaux se sauvèrent de vitesse à grand'peine. Le combat fut sanglant. On leur prit leurs canons, leurs équipages, presque tous les bateaux de leur pont et beaucoup de drapeaux et d'étendards, le carrosse de Mercy et sa cassette, qui se sauva à Bâle, et qui dut son salut à la vitesse de son cheval, après avoir soutenu jusqu'au bout, quoique blessé dangereusement. C'est le même Mercy qui commanda en 1734 l'armée impériale en Italie, et qui y fut tué à la bataille de Parme. Le comte Brüner fut tué à ce combat d'Alsace, et quantité de leurs troupes, dont on fit deux mille cinq cents prisonniers. On crut qu'il y avoit eu quinze cents tués, et plus de mille noyés dans le Rhin.

Du Bourg n'envoya rien au roi, mais, aussitôt après le combat il fit partir d'Anlezy, de la maison de Damas, l'un des deux maréchaux de camp qu'il avoit avec lui, vers le duc d'Harcourt, qui, dans l'instant qu'il le reçut, le fit repartir pour en porter la nouvelle au roi. Il arriva à Versailles le soir du dernier août. Le roi l'avoit su la veille par Monseigneur, à qui Mme la Duchesse venoit de montrer une lettre de Dijon de M. le Duc, à qui du Bourg avoit écrit un mot par un officier du régiment de Charolois qui s'étoit trouvé à l'action, où Saint-Aulaire, colonel de ce régiment, avoit été tué, et qui venoit de la part du corps le demander à M. le Duc pour le major, le lieutenant-colonel ne s'y étant pas trouvé.

Deux heures après que Mercy fut entré dans Bâle, il envoya un trompette savoir ce qu'étoit devenu un officier lorrain, et prier, s'il étoit prisonnier, de le lui vouloir renvoyer sur sa parole. Il étoit prisonnier, et du Bourg, galamment, le lui renvoya sans réflexion sur cet empressement. Le lendemain, il reçut un courrier de Le Guerchois, qui lui mandoit de prendre garde sur toutes choses à ce Lorrain, s'il étoit pris, et le félicitoit de sa victoire, qui sauvoit la Franche-Comté, et par conséquent la France, d'un embarras auquel il seroit resté peu de remèdes. Il n'étoit plus temps. Le Lorrain étoit en sûreté; et la cassette de Mercy envoyée à Harcourt et par lui au roi, ne causa que plus de regrets à l'indiscrète générosité de du Bourg, qui demeura encore quelque temps sur le haut Rhin, qu'il n'eut pas de peine à nettoyer des restes échappés d'une défaite complète, qui avoient repassé ce fleuve comme ils avoient pu; et la campagne s'acheva avec la même tranquillité qu'elle avoit commencé.

M. d'Harcourt s'étoit avancé au fort Louis, sur ce que M. d'Hanovre avoit enfin fait repasser le Rhin à son armée, voyant qu'on n'avoit point pris le change qu'il avoit essayé de donner, et marchoit vers le haut pour envoyer des renforts à Mercy. Mais il rebroussa dès qu'il eut appris sa défaite; et M. d'Harcourt retourna vers ses lignes, où il ne fut plus question que de subsister de part et d'autre jusqu'à la séparation des armées.

Du Bourg fut aussitôt après sa victoire nommé chevalier de l'ordre; d'Anlezy eut un cordon rouge; Quoadt, l'autre maréchal de camp de ce petit corps de du Bourg, trois mille livres de pension; et Fontaine, qui avoit apporté les drapeaux et les étendards à Harcourt, qui l'avoit envoyé au roi, fut fait brigadier.

La cassette de Mercy découvrit bien moins de choses

qu'elle n'apprit qu'il y avoit bien des mystères cachés. Elle manifesta la conspiration dans la Franche-Comté, mais avec une grande réserve de noms, tout le dessein d'y pénétrer par ses troupes et de s'y établir; et sans fournir de preuves positives contre M. de Lorraine, elle ne laissa pas douter qu'il n'y fût entré bien avant, et qu'il n'eût fomenté ce projet de toutes ses forces. Sur quoi on peut voir dans les Pièces ce qui le regarde dans le voyage de Torcy à la Haye.

Dès les premiers jours de mai, M. de Vaudemont, sous prétexte des eaux de Plombières, étoit parti de Paris avec sa chère nièce, Mlle de Lislebonne, pour se rendre en Lorraine, et avoient été toujours depuis beaucoup plus assidus à Lunéville qu'à Plombières, ni même à Commercy. Ils y étoient encore lors de ce combat, et il falloit plus que de la grossièreté pour ne s'apercevoir pas, au moins après cela, de la cause d'un voyage d'une si singulière longueur fait si à propos et si fort en cadence. Ils séjournèrent encore un mois après en Lorraine; et pour que la chose fût complète, ils en partirent pour arriver à Marly dans le milieu d'un voyage. Ils en furent quittes pour l'étonnement de tout le monde, mais muet, tant ils s'étoient rendus redoutables. Il est vrai pourtant que le roi les reçut avec beaucoup de froid et de sérieux.

Cependant Le Guerchois commença des procédures juridiques. Le bailli, les officiers, quantité de fermiers de Mme de Lislebonne, et le curé de sa principale paroisse, s'enfuirent et n'ont pas reparu depuis; beaucoup de ses vassaux disparurent aussi. Les preuves contre tous ces gens-là se trouvèrent complètes; il furent contumacés et sentenciés. Un de ses meuniers, plus hardi, envoyé dans le pays par les autres aux nouvelles, y fut pris et pendu avec plusieurs autres. Quantité d'autres un peu distingués prirent le large à temps.

Tel fut le succès d'un complot si dangereux, parvenu jusqu'au point de l'exécution, sans qu'on osât parler des plus grands et des plus véritables coupables ; ce qui, faute de preuves parfaites, s'étendit jusqu'à des membres du parlement de Besançon, lequel on ne voulut pas effaroucher. On se souviendra ici de ce qui a été rapporté des trahisons de Vaudemont et de ses nièces, qui, au fait de tout à notre cour, ne laissoient rien ignorer à Vienne par le canal de M. de Lorraine ; beaucoup d'autres gens, et quelques-uns distingués, s'absentèrent aussi.

Tel fut le succès des pratiques si dangereuses que la maison de Lorraine n'a cessé de brasser contre la France et contre ses rois, depuis François Ier jusqu'à la fin de Louis XIV, qui n'ont tous cessé de leur prodiguer biens, honneurs, charges, faveur et rangs ; et qui se sont montrés sans cesse aussi infatigables à dissimuler, et à lui pardonner ses crimes, qu'elle à en commettre toutes les fois qu'elle l'a pu, et de montrer son éternel regret d'avoir manqué le grand coup de la Ligue, et de n'avoir pu exterminer les Bourbons et leur arracher la couronne pour se la mettre sur la tête : sentiment tellement inné en elle que les moins capables d'entreprise et les plus comblés ne peuvent s'empêcher de le laisser échapper, témoin ce qui est rapporté de M. le Grand (t. VI, p. 2).

Il se trouva dans la cassette de Mercy un mémoire instructif du prince Eugène à ce général, dont plusieurs endroits étoient d'une obscurité mystérieuse difficile à pénétrer. On y lut entre autres choses qu'il falloit tout tenter pour remettre la France hors d'état à jamais d'inquiéter l'Europe, et de plus sortir de ses limites, où il falloit la rappeler, et, si on n'y pouvoit enfin réussir par les armes, on seroit obligé d'avoir recours aux grands et derniers remèdes. Cela, avec d'autres choses qu'on tint fort secrètes, donna beaucoup à penser au roi et à ses ministres ; il parut même qu'ils étoient fort fâchés que ceci eût échappé à leur silence. Il étoit trop vrai pour courir après, mais on étouffa ce trait autant qu'on le put.

L'exécution a été si familière à la maison d'Autriche dans tous les temps jusqu'à ceux-ci, témoin la reine d'Espagne, fille de Monsieur, et le prince électoral de Bavière, désigné héritier de la monarchie d'Espagne du consentement de toute l'Europe, que je ne sais pourquoi on fut si secret sur cette cassette dont presque tous les mystères ne purent être bien développés.

CHAPITRE XXII.

Reprise de la campagne de Flandre. — Artificieux colloque des ennemis. — Bataille de Malplaquet. — Fautes et inutilité de la bataille. — Belle retraite du maréchal de Boufflers, fort inférieure à celle d'Altenheim. — Mons assiégé. — Misère de l'armée françoise. — Lettres pitoyables de Boufflers. — Nangis dépêché au roi. — Villars pair. — Harcourt pair. — Artagnan maréchal de France. — Famille, fortune et caractère d'Artagnan. — Artagnan prend le nom de sa maison. — Féroce éclat de M. le Duc. — Dégoûts et chute du maréchal de Boufflers. — Défaite et ruine du roi de Suède par le czar à Pultava.

Tournai pris, les ennemis repassèrent l'Escaut dans la nuit du 3 au 4 septembre, et la Haine le 5, au-dessus de Mons, gagnant la Trouille avec beaucoup de diligence pour le passer aussi. Notre [armée] avec les deux maréchaux marcha le 4 septembre; elle arriva le 6 au matin à Quiévrain, d'où Ravignan fut dépêché au roi pour lui rendre compte de l'état et de la disposition des choses. Les divers corps détachés y rejoignirent l'armée; elle quitta ce camp de Quiévrain la nuit du 8 au 9, précédée d'un gros détachement commandé par le chevalier de Luxembourg. La marche se passa sans inquiétude quoique par un terrain fort coupé, et [l'armée] prit à neuf heures du matin le camp de Malplaquet et de Tesnières, la droite et la gauche appuyées sur deux bois ; des haies et des bois assez étendus devant le centre, qui y laissoient deux plaines par leurs coupures. Villars en occupa les hauteurs, y établit son canon, mit son infanterie aux lisières des bois coupés par ces deux plaines à la demi-portée de son canon, et ordonna quelques retranchements pour la couvrir.

Marlborough et le prince Eugène marchoient de leur côté, et dans la crainte que Villars ne les gagnât de la main et ne les embarrassât pour le siége de Mons qu'ils avoient résolu, ils avoient fait un très-gros détachement avec lequel le prince héréditaire de Hesse, depuis roi de Suède, devança leur armée pour observer la nôtre. Il arriva à vue du camp de Malplaquet en même temps qu'elle y entroit, dont il fut averti plus tôt qu'il ne l'eût été par trois coups de canon que la fanfaronnade de Villars fit tirer comme pour un appel au prince Eugène et au duc de Marlborough dont il voyoit toute l'armée assez proche, et dont il douta encore moins lorsqu'il aperçut les colonnes du prince de Hesse qui détacha même quelques gens pour escarmoucher, pour mieux découvrir notre armée et le terrain qu'elle occupoit ; il fit presque en même temps avancer des colonnes d'infanterie vers notre droite, ce qui fit juger qu'il vouloit engager l'action ; mais il se contenta de faire avancer du canon pour contenir Villars en respect et en attention, et persuader que toute leur armée étoit là. Sa crainte cependant étoit extrême d'être lui-même attaqué, et il paya tellement d'effronterie par la hardiesse de sa contenance, qu'on n'osa le tâter. Le canon tira de part et d'autre avec un médiocre effet depuis deux heures après midi jusqu'à six que les ennemis se retirèrent un peu de portée, mais demeurant en présence : la nuit fut tranquille. Le lendemain 10, les escarmouches recommencèrent ; le canon tira presque tout le jour sans faire grand mal, sinon que Coetquen, allant d'un lieu à un autre, eut une jambe emportée ; ce fut par le courrier qui en vint à sa famille qu'on sut les armées en présence.

Marlborough et le prince Eugène, avertis de l'état périlleux où se trouvoit le prince de Hesse, qui étoit perdu s'il eût été attaqué, comme Villars en fut souvent pressé, qui ne le voulut jamais, forcèrent leur marche pour arriver à lui, et le joignirent dans le milieu de la matinée du même jour 10. Leur premier soin fut de venir examiner la position de notre armée, et celle que la leur pouvoit prendre pour le faire avec plus de loisir et de succès, et attendre leur arrière-garde ; ils se servirent d'une ruse qui leur réussit pleinement.

Ils firent approcher de nos retranchements, que notre infanterie perfectionnoit vers le centre, quelques officiers qui avoient l'air de subalternes, avec ordre de tâcher à lier quelque conversation avec nos gardes avancées, et de passer outre sur parole. Il y a lieu de croire qu'ils ne choisirent pas ces officiers au hasard par l'adresse dont ils s'en acquittèrent. Ils s'avancèrent à pied au bord de nos retranchements, excitèrent la curiosité de quelques-uns de nos subalternes, causèrent avec eux, demandèrent à parler à des capitaines et à des commandants de corps, firent sortir le commandant d'un bataillon de la brigade de Charost, lui dirent qu'un gros d'officiers qu'on voyoit un peu dans l'éloignement étoit Cadogan, qui voudroit bien dire un mot à un officier général, s'il y en avoit là quelqu'un qui voulût bien s'avancer un peu, et permettre qu'on se rapprochât de lui sur parole.

Ces colloques duroient déjà depuis assez longtemps, lorsque Albergotti passa par là, visitant les retranchements, qui demanda ce que c'étoit, comme le marquis de Charost, qui venoit d'en être averti, commençoit à faire retirer ces officiers ennemis et à remmener les nôtres. Albergotti ne fut pas si difficile. Il manda à Cadogan qu'il étoit là, lui marqua une certaine distance pour s'y avancer tous deux, et s'y achemina suivi de peu d'officiers. Cadogan vint : c'étoit le confident de Marlborough, et, au désintéressement près, le Puységur de leur armée; il prolongea les compliments et les verbiages, qui durèrent assez longtemps. Albergotti l'écouta avec sa glace accoutumée, lui dit que si le maréchal de Villars se fût rencontré là, il l'auroit volontiers entretenu sur la paix, et lui auroit témoigné qu'elle n'étoit pas si difficile à faire. Cela servit d'objet à la conversation demandée, et de prétexte à l'allonger. La troupe d'officiers grossit peu à peu autour d'eux. Le propos de paix courut en un moment par les retranchements, et dans peu d'autres par toute notre armée. Villars, à qui Albergotti n'avoit rien mandé, trouva fort mauvais cette espèce de conférence sans sa permission, s'avança vers où elle se tenoit et manda à Albergotti de la finir. Elle se termina de la sorte par des désirs respectifs de la paix, et des compliments qui ne signifioient rien. On se retira lentement. Les officiers ennemis s'opiniâtrèrent si longtemps à demeurer auprès des retranchements, sous prétexte d'embrassades et de compliments à ceux des nôtres dont ils s'étoient accostés sans les connoître, qu'il en fallut venir à diverses reprises aux menaces de tirer sur eux, et même à tirer quelques coups en l'air pour les faire retirer.

Pendant tous ces manéges, un très-petit nombre de ce qu'ils avoient d'officiers plus expérimentés, et de leurs meilleurs officiers généraux à cheval, petit pour ne rien montrer et ne donner point de soupçon, et un peu plus grand nombre d'ingénieurs et de dessinateurs à pied, profitoit de ces ridicules colloques pour bien examiner tout, jeter sur le papier de principaux traits du terrain, prendre tout ce qu'ils purent de remarquable, désigner les endroits à placer leur canon, se bien mettre dans la tête le plan de leur disposition, et considérer avec justesse tout ce qui pourroit leur être avantageux ou nuisible, dont ils ne surent que trop bien profiter. On sut après cet artifice par les prisonniers.

Albergotti s'excusa avec l'esprit et cet air de négligence qui ne lui manquoient jamais. Villars le craignoit à la cour, où il avoit de puissants appuis; Boufflers l'aimoit et ne se portoit point pour général de l'armée; ils en avoient besoin pour le lendemain, au delà duquel on voyoit bien que la bataille ne se pouvoit différer. Ainsi Villars se contenta de tomber vaguement sur la sottise des subalternes qui avoient donné la première occasion à ce parlementage, et on ne songea plus qu'à se disposer à bien recevoir l'ennemi.

La nuit se passa avec la même tranquillité que la précédente; un gros brouillard la continua jusque vers six heures du matin. Les députés des États généraux à l'armée avoient eu grand'peine à consentir à une action. Contents de leurs avantages, ils les vouloient pousser par les siéges, et s'avancer ainsi solidement sans rien mettre au hasard. Ce ne fut que le 10, veille de la bataille et jour de ces artificieux colloques, que le prince Eugène acheva de les persuader. Lui et Marlborough prirent toutes leurs mesures dans cette même journée, en sorte qu'ils se trouvèrent en état d'attaquer le 11 au matin l'armée du roi.

On a vu ci-devant qu'elle avoit sa droite et sa gauche appuyées à deux bois, qu'elle en avoit un au centre qui partageoit une plaine dont il faisoit deux petites, ou deux grandes trouées. Maintenant il faut remarquer que vis-à-vis ce centre et derrière le bois et les deux trouées, il y avoit une petite plaine et un bois au bout que nous ne tenions point, propre à dérober aux ennemis les mouvements de notre centre, mais bien plus à cacher dedans des troupes fort près de notre centre, et à les avoir très-brusquement sur les bras sans pouvoir s'en apercevoir. Villars ne mit pas ses lignes droites, mais un peu recourbées en croissant, c'est-à-dire les pointes des deux ailes bien plus avancées que le centre, par conséquent moins difficiles à envelopper et à enfoncer que dans la disposition droite et ordinaire. Le même maréchal, jugeant sa gauche plus jalouse que sa droite, voulut s'y mettre, et le maréchal de Boufflers se chargea de la droite.

Sur les sept heures du matin que le brouillard fut dissipé, on aperçut les colonnes des ennemis marcher et se déployer, et pendant quelque canonnade, les deux ailes de notre armée furent vigoureusement attaquées par l'infanterie des ennemis. Ils avoient eu la précaution de tenir leur cavalerie éloignée et presque en colonnes, pour ne la pas exposer à notre artillerie, tandis que la nôtre, qui barroit les deux trouées pour soutenir notre infanterie, étoit fouettée par leur canon à demi-portée, et y perdit beaucoup sans utilité six heures durant, avec cette inégalité que notre canon ne pouvoit tirer que sur de l'infanterie éloignée et qui fut bientôt aux prises avec la nôtre, ce qui fit cesser notre artillerie sur elle.

L'attaque cependant se poussoit vertement à notre gauche. Les ennemis profitèrent de tous les avantages d'avoir bien reconnu notre terrain, et ne se rebutèrent point des difficultés qu'ils y rencontrèrent à tâcher de rompre les pointes de nos ailes et d'en culbuter les courbures. Ils jugèrent bien que l'attaque faite à tous les deux à la fois attireroit toute l'attention du maréchal de Villars, et qu'ayant une plaine vis-à-vis de son centre, c'est-à-dire les deux trouées qui ont été expliquées, et la petite plaine au delà, il dégarniroit le centre au besoin, dans la pensée qu'il auroit toujours loisir d'y voir former l'orage, et d'y pourvoir à temps. C'est ce qui fit le malheur de la journée.

Les ennemis repoussés de notre gauche y portèrent leurs plus grandes forces d'infanterie et la percèrent. Alors Villars, voyant ses troupes ébranlées et du terrain perdu, envoya chercher presque toute l'infanterie du centre, où il ne laissa que les brigades des gardes françoises et suisses, et celle de Charost, sans qu'avec ce renfort il pût rétablir cette gauche sur laquelle les ennemis continuèrent de gagner force terrain.

Attentifs en même temps à ce qu'ils avoient compté qui arriveroit au centre, ils firent sortir de ce bois qui étoit au bout de la petite plaine, qui étoit vis-à-vis des deux trouées et de notre centre, beaucoup d'infanterie dont ils l'avoient farcie sans que nous l'eussions pu apercevoir, laquelle fondit sur ces brigades des gardes françoises et suisses, et sur celle de Charost où le marquis de Charost fut tué d'abord, de la résistance desquelles on ne parla pas bien, et qui furent culbutées presque aussitôt qu'attaquées par une grande supériorité de nombre.

Malgré le désordre de notre gauche on y combattoit toujours, et elle vendoit son terrain chèrement lorsque le maréchal de Villars y reçut une grande blessure au genou, Albergotti une autre qui les mirent hors de combat, et Chemerault tué, tout cela à cette gauche dont la défaite, déjà bien avancée alors, ne tint presque plus depuis, malgré les efforts et les exemples du roi Jacques d'Angleterre.

A la droite, le combat fut très-vif; le maréchal de Boufflers, après avoir vaillamment repoussé l'infanterie qui l'avoit attaqué, avoit renversé la cavalerie qui étoit venue la soutenir, et gagné un grand terrain; il traita de même d'autre cavalerie qui s'étoit présentée devant lui, et jusqu'à trois fois de suite avec le même succès, lorsque, tout occupé de pousser sa victoire, il apprit la défaite du centre et le désastre de la gauche, déjà toute ployée par la droite des ennemis, la retraite de la personne de Villars hors du combat par sa blessure, et que le poids de tout portant désormais sur lui seul, c'étoit à lui à tirer [l'armée] des précipices où Villars l'avoit engagée.

Outré alors de se voir la victoire, qu'il tenoit déjà, arrachée de la main, et par des mains françoises, frappé des affres du péril où se trouvoit l'État par celui où il voyoit l'armée, il se mit à inspirer l'audace aux divisions de son aile par de courts propos en passant; et, s'abandonnant à son courage, il leur donna l'exemple de cette témérité permise aux affaires désespérées, qui leur fait quelquefois changer de face, et il chargea en personne si démesurément à la tête de tant d'escadrons et de bataillons, que cela put passer pour incroyable. Ses troupes, animées par la vue des prodiges depuis si longtemps inconnus d'un général si prodigue de soi, l'imitèrent à l'envi ; mais parmi tant d'efforts, Boufflers, craignant de perdre inutilement ce qui lui restoit en gagnant un terrain qui ne lui serviroit qu'à le séparer de plus loin du reste de l'armée, chercha à le gagner en biaisant pour se rapprocher sur le centre, où il trouva les ennemis pris en flanc par un seul régiment sorti de ceux des autres, les avoit obligés à se rejeter dans le bois ; et que notre cavalerie, profitant de ce moment, avoit passé les retranchements pour les suivre et les pousser de plus en plus ; mais cette cavalerie rencontra un si grand feu d'artillerie de ce bois, qu'elle fut contrainte de se retirer où elle étoit auparavant, sous ce feu croisé qui fit un grand fracas dans ces troupes. Par ce feu les ennemis nous éloignèrent toujours, et entretenant toujours le combat de la droite à notre égard, profitèrent de ces mouvements pour achever d'enfoncer notre centre. Ce fut là qu'on dit encore plus de mal des régiments des gardes et de celui du roi qui s'y étoit porté, et qui en un instant laissèrent emporter les retranchements du centre.

Les ennemis s'en trouvant maîtres s'y arrêtèrent, n'osant exposer leur infanterie à cette cavalerie qui avoit soutenu un si furieux feu avec tant d'intrépidité ; mais ils envoyèrent chercher leur cavalerie qui n'avoit presque pas combattu, avec leur infanterie, contre notre droite, et avec cette cavalerie fraîche arrivée à toutes jambes, firent passer par les intervalles de nos lignes une vingtaine d'escadrons. La nôtre attendit trop à charger cette cavalerie qui grossissoit à tous moments, et la chargea enfin mollement et tourna aussitôt ; c'étoit la gendarmerie : la cavalerie qui la soutenoit ne fit pas mieux, tant la valeur et ses efforts ont leurs bornes. Quelques instants après parurent les mousquetaires et Coettenfao à la tête des troupes rouges de la maison du roi qui arrêtèrent cette cavalerie victorieuse et l'enfoncèrent, mais qui rencontrant plusieurs lignes formées les unes derrière les autres, à la faveur desquelles cette cavalerie poussée se rallia, il fallut s'arrêter; alors arrivèrent les quatre compagnies des gardes du corps qui enfoncèrent toutes ces lignes de cavalerie ennemie l'une après l'autre.

Le salut de celle-ci fut une chose bien bizarre : elle trouva derrière toutes ses lignes renversées l'une sur l'autre nos retranchements qu'elle avoit passés; cela la contint par la difficulté de les repasser, et donna le temps au prince de Hesse et au prince d'Auvergne de l'arrêter et de la rallier sous la protection du feu de leur infanterie, restée à nos retranchements qu'elle avoit gagnés. Alors les escadrons de la maison du roi se trouvèrent rompus par tant et de si vives charges, et sans être soutenus d'aucunes troupes, et perdirent du terrain dont la cavalerie ennemie, qui se rétablissoit et grossissoit à chaque instant, se saisit [de telle sorte], que de battue elle devint victorieuse. Cette reprise de combat dura longtemps et fut disputée têtes de chevaux contre têtes de chevaux, tant qu'à la fin il fallut céder au grand nombre et lui abandonner le champ de bataille.

Ce fut le dernier vrai combat de cette fatale journée; notre gauche étoit déjà retirée sous les ordres d'Artagnan qui en avoit rassemblé les débris, et qui les présenta si à propos et si fermement aux ennemis qu'il les empêcha de troubler le commencement de leur retraite.

Dans ce fâcheux état, Boufflers, ne pouvant plus rien exécuter avec une armée dispersée, une infanterie accablée, tout son terrain perdu, ne songea plus qu'à éviter le désordre et à faire une belle et honorable retraite. L'infanterie de la droite et de la gauche avoit eu le temps de s'y disposer pendant ce long combat de la cavalerie. A trois heures après midi, toute notre cavalerie passa les défilés en grand ordre, derrière lesquels elle se mit en bataille sans avoir été pressée ; à quatre heures le maréchal de Boufflers mit toute l'armée sur quatre colonnes, deux d'infanterie de chaque côté le long des bois, deux de cavalerie dans la plaine au milieu des deux autres. Elle se retira ainsi lentement, Boufflers, à l'arrière-garde de tout, sans que les ennemis donnassent la moindre inquiétude pendant toute la marche, qui dura jusqu'à la nuit, et sans perdre cent traîneurs ; tout le canon fut retiré, excepté quelques pièces ; et de bagage, il n'en put être question, parce qu'il avoit été renvoyé lorsqu'on s'étoit mis en marche pour aller chercher les ennemis. L'armée ainsi ensemble arriva au ruisseau de la Ronelle et campa derrière, entre Valenciennes et le Quesnoy, où elle séjourna longtemps. Les blessés se retirèrent en ces deux places et à Maubeuge et à Cambrai.

Les ennemis passèrent la nuit sur le champ de bataille et sur vingt-cinq mille morts, et marchèrent vers Mons le lendemain au soir. Ils avouèrent franchement qu'en hommes tués et blessés, en officiers généraux et particuliers, en drapeaux et en étendards, ils avoient plus perdu que nous. Il leur en coûta en effet sept lieutenants généraux, cinq autres généraux, environ dix-huit cents officiers tués ou blessés, et plus de quinze mille hommes tués ou hors de combat. Ils avouèrent aussi tout haut combien ils avoient été surpris de la valeur de la plupart de nos troupes, surtout de la cavalerie, et leurs chefs principaux ne dissimulèrent pas qu'elle les auroit battus si elle avoit été bien conduite. Ils n'avoient pas douté, à la seule disposition de notre armée, qu'elle la seroit mal, puisque du lieu où commença le combat de cavalerie, nos officiers virent leur camp tendu.

En effet, avec plus d'art et de mesure, on pouvoit soutenir nos retranchements ; mais le terrain coupé qui étoit au delà, et la hauteur que tenoient les ennemis, ne pouvoient laisser espérer de les déposter après les avoir repoussés. Ce fut sans doute ce qui leur persuada l'attaque, dans la pensée d'obtenir la victoire s'ils emportoient le champ de bataille; et, s'ils étoient repoussés, de n'y pouvoir perdre que des hommes et rien de plus, desquels ils ont bien plus que nous, et des recrues tant qu'ils veulent.

L'idée du maréchal de Villars est demeurée fort difficile à comprendre. Pourquoi de si loin marcher aux ennemis pour s'en laisser attaquer exprès, ayant pu aisément les attaquer lui-même deux jours durant avant d'être attaqué, au moins un grand jour et demi pour parler avec la précision la plus exacte? Si on oppose qu'il ignoroit que ce qu'il prit pour toute leur armée n'étoit qu'un gros corps avancé, on peut répondre qu'il falloit être mieux informé en chose si capitale, et qu'on l'est quand on veut s'y adonner et bien payer. D'ailleurs, s'avançant sur ce qu'il voyoit, quand l'armée y eût été tout entière, il n'auroit fait que ce pour quoi il avoit marché à elle, gagnoit la hauteur sur elle, et mettoit derrière lui ce bois funeste de vis-à-vis son centre qui acheva la perte de la bataille, et ce bois encore de son centre avec ses deux trouées, qui, en partageant en deux son champ de bataille, coupa son armée, donna lieu de la battre en détail, et rendit inutile la constante victoire de sa droite. Il paroît donc constant qu'il ne pouvoit jamais gagner la bataille dans un terrain si désavantageux.

Si on examine la disposition qu'il en fit, elle ne se trouvera pas plus savante que le choix de ce bizarre terrain. Une forme de croissant qui, comme on l'a dit, présente deux pointes difficiles à défendre, aisées à envelopper; un centre tout aussitôt dégarni qu'on ne peut sauver, faute énorme, et dont le souvenir d'Hochstedt eût au moins dû préserver; un grand corps de cavalerie posté sous le feu des batteries ennemies, sans aucun fruit à en pouvoir attendre; enfin nulle nécessité de combattre après avoir laissé tranquillement prendre Tournai; et pour Mons, en tenant d'abord les ennemis de plus près, on eût aisément choisi un lieu plus avantageux; mieux encore [eût valu] laisser former le siége, et se poster à temps, de manière à les attaquer affoiblis, tant par le siége même que par la garde de leurs tranchées et de leurs postes. Enfin il parut que de tous les moments et de tous les terrains à choisir pendant toute cette campagne, le temps et le terrain ne le pouvoient être plus mal pour combattre. Ce jugement fut celui des deux armées; on verra qu'il ne fut pas celui du roi et de Mme de Maintenon.

Les ennemis eurent en cette bataille cent soixante-deux bataillons, trois cents escadrons, cent vingt pièces de canon, c'est-à-dire quarante-deux bataillons, quarante escadrons, et quarante-deux pièces de canon plus que l'armée du roi, qui y perdit dix mille hommes tués et blessés, Chemerault et Pallavicin, lieutenants généraux, et le marquis de Charost. Il étoit fils aîné du duc de Charost, dans la plus haute piété et qui eût moins réussi à la cour qu'à la guerre. Il n'avoit point d'enfants de la fille de Brûlart, premier président du parlement de Bourgogne, qui longues années depuis est devenue seconde femme du duc de Luynes, aussi sans enfants, et dame d'honneur de la reine, après la maréchale de Boufflers.

Chemerault étoit excellent officier général, fort dans le grand monde, et honnête homme, quoique dans la liaison la plus intime de M. de Vendôme. Il ne laissa point d'enfants de la fille de Mme de Moreuil, qui avoit été longtemps dame d'honneur de Mme la Duchesse, dont le mari étoit un boiteux fort plaisant et fort singulier, bâtard de cette grande maison de Moreuil, éteinte il y a longtemps, et toute sa vie à M. le Prince et à M. le Duc, fort mêlé dans le monde.

Pallavicin, aussi très-bon officier général, étoit ce transfuge piémontois de foi très-douteuse, d'aventure fort ignorée, dont le maréchal de Villeroy avoit fait son favori, et le seul homme peut-être capable d'estimer et de se fier à celui-là. Il n'étoit point marié.

Il y périt bien d'autres gens, mais moins connus que ceux-là. Courcillon, fils unique de Dangeau, dont j'ai parlé ailleurs, y eut une jambe emportée. Le prince de Lambesc, fils unique du comte de Brionne, fils aîné de M. le Grand, y fut pris et renvoyé incontinent après sur parole.

Les deux armées furent aussi également persuadées que le sort des armes étoit décidé longtemps avant que le maréchal de Villars fût blessé, quoiqu'il n'ait rien oublié pour que [sa blessure] fût cause de tout le désastre. On soupçonna aussi que l'aile du maréchal de Boufflers, qui fut toujours victorieuse, eût peut-être rétabli l'affaire, s'il eût d'abord poussé sa pointe avec moins de précautions. Mais très-certainement on crut qu'il auroit remporté l'honneur de la journée, si le dégarnissement du centre, par la défaite de la gauche, ne l'eût forcé d'aller à leur secours.

Mais si la victoire lui fut arrachée des mains de la façon qui vient d'être racontée, personne ne lui put ôter l'honneur de la plus belle retraite qui ait été faite depuis celle d'Altenheim qui a immortalisé M. le maréchal de Lorges, et qui eut supérieurement à celle-ci le découragement de l'armée par la mort de M. de Turenne, la division des chefs, l'armée ennemie sans cesse sur les bras, et le Rhin à passer devant eux et malgré eux, et les équipages à sauver. Mais ces grandes différences ne sauroient ternir la gloire de celle-ci, qui, dans un genre à la vérité très-inférieur pour les difficultés, fut également sage, savante, ferme, et dans le meilleur et le plus grand ordre qu'il est possible.

L'armée conserva sous lui un air d'audace et un désir d'en revenir aux mains qui pensa être suivi de l'effet, mais qui se trouva arrêté court par misère. Les ennemis ouvrirent la tranchée le 23 septembre devant Mons; Boufflers et son armée petilloient de leur faire lever ce grand siége. Quand ce vint aux dispositions, point de pain et peu de paye; le prêt avoit manqué souvent et n'étoit pas mieux rétabli; les subalternes, réduits au pain de munition, s'éclaircissoient tous les jours; les officiers particuliers mouroient de faim avec leurs équipages; les officiers supérieurs et les officiers généraux étoient sans paye et sans appointements, dès la campagne précédente; le pain et la viande avoient manqué souvent des six et sept jours de suite; le soldat et le cavalier, réduit aux herbes et aux racines, n'en pouvoit plus; nulle espérance de mieux pour cette fin de campagne, nécessité par conséquent de laisser échapper les occasions de sauver Mons, et de ne penser plus qu'à la subsistance, la moins fâcheuse qu'on pourroit, jusqu'à la séparation des armées.

Aussitôt après la bataille, Boufflers dépêcha un courrier au roi pour lui en rendre compte. Sa lettre fut juste, nette, concise, modeste, mais pleine des louanges de Villars qui étoit au Quesnoy hors d'état de s'appliquer à rien. Le lendemain, Boufflers en écrivit une plus étendue, en laquelle tout ce qu'il avoit vu faire aux troupes et son attachement pour le roi l'égarèrent trop loin. Il songea tant à consoler le roi et à louer la nation, qu'on eût dit qu'il annonçoit une victoire et qu'il présageoit des conquêtes.

Nangis, duquel j'ai parlé plus d'une fois, étoit maréchal de camp dans cette armée; Villars l'aimoit, et le voulut avoir à la gauche sous sa main; il le choisit aussi pour aller rendre compte au roi du détail et du succès de la bataille. Le maréchal comptoit sur son amitié; il avoit fort contribué à l'avancer; il sentoit l'importance d'envoyer un homme affidé et qui avoit ses appuis à la cour. Nangis, avec moins d'esprit que le plus commun des hommes, mais rompu au monde et à la cour dès sa première jeunesse, eut assez de sens pour craindre de se trouver entre les deux maréchaux, malgré toute leur intelligence. Villars le pressa, il fut à Boufflers pour se faire décharger de la commission, mais il suffisoit à Boufflers que Nangis fût du choix de Villars pour vouloir qu'il se soumît à son désir; il le chargea d'une lettre par laquelle il marqua toute la répugnance du courrier qui ne partoit que par obéissance.

Le premier courrier avoit porté toute la disgrâce de la nouvelle dont il étoit chargé; on étoit d'ailleurs si malheureusement accoutumé aux déroutes et à leurs funestes suites, qu'une bataille perdue comme celle-ci la fut sembla une demi-victoire. Les charmes de l'heureux Nangis rassérénèrent l'horizon de la cour, où il ne faut pas croire qu'au nombre, au babil et à l'usurpation du pouvoir des dames, sa présence fût inutile à rendre le malheur plus supportable.

Nangis rendit bon compte, mais concis, ne se piqua point de parler de ce qu'il n'avoit point vu, évita par là force questions embarrassantes, et se tira d'affaires sans s'en être fait avec personne. Il exalta Villars tant qu'il put, et fit bouclier de sa blessure; c'étoit pour cela qu'il étoit venu, et il y fut appuyé par la lettre qu'il apporta du maréchal de Boufflers qui enchérit sur la première jusqu'à l'enthousiasme sur les louanges de Villars, sur la valeur de la nation, et sur les flatteries d'espérances pour consoler le roi.

Cette lettre, qui fut rendue publique, parut si outrée qu'elle fit un tort extrême au maréchal de Boufflers. D'Antin, ami intime de Villars, en saisit tout le ridicule pour l'obscurcir auprès du roi. Ses fines railleries prirent avec lui jusqu'aux airs de mépris, et le monde, indigné d'une lettre si démesurée, en oublia presque Lille, et ce sentiment héroïque qui l'avoit porté à l'aide de Villars. Tel fut l'écueil qui froissa ce colosse de vertu à l'aide des envieux et des fripons, et qui donna lieu à une raison plus cachée, qui se verra bientôt, de réduire cette espèce de dictateur à la condition commune des autres citoyens.

Le fortuné Villars, enrichi à la guerre où tous les autres se ruinent, maréchal de France pour une bataille qu'il crut perdue, lors même que d'autres que lui l'eurent gagnée; chevalier de l'ordre parce que le roi s'avisa de le donner à tous les maréchaux de France; duc vérifié pour un simple voyage en Languedoc où il se mit de niveau avec un brigand en traitant sans fruit d'égal avec lui, fut fait pair pour la bataille de Malplaquet dont on vient de voir les fautes et le triste succès ; le cri public sur sa naissance et sur la récompense durent le mortifier.

Harcourt en frémit de rage ; il sut des bords du Rhin crier si haut au roi et à Mme de Maintenon, qu'il emporta d'emblée la pairie, mais avec le dépit de l'occasion et de n'être pair qu'après Villars, qui, en naissance et en toutes choses, étoit si loin de lui, et fait duc vérifié si longtemps après lui.

Artagnan reçut en même temps le bâton de maréchal de France ; il avoit pour lui M. du Maine, Mme de Maintenon, surtout les valets intérieurs. Le public ni l'armée ne lui furent pas favorables, que ses airs d'aisance et de s'y être attendu depuis longtemps achevèrent de révolter. Le dépit et le murmure de cette prostitution de la première dignité de l'État, et du premier office militaire, éclata si haut malgré la politique et la crainte, que le roi en fut assez peiné pour s'arrêter tout court, en sorte que ces dernières récompenses au delà desquelles, chacune en leur genre, il n'est rien de plus, furent les seules qui suivirent la perte de la bataille, où tant de gens de tout grade s'étoient si fort signalés.

Artagnan avoit paru dans le monde sous ce nom, d'une terre qui étoit dans sa branche, mais dont il n'étoit pas l'aîné. Son père étoit lieutenant de roi de Bayonne, où il mourut. Il avoit épousé une sœur du maréchal de Gassion plus de dix ans avant qu'il fût maréchal de France, et que sa fortune n'étoit pas commencée. On ne connoissoit point alors l'ordre du tableau [1], et il se formoit de grands hommes qui alloient vite. Artagnan fut mis dans le régiment des gardes

---

1. *L'ordre du tableau*, établi par Louvois, réglait l'avancement d'après le temps de service. Saint-Simon revient plusieurs fois sur l'ordre du tableau, et spécialement quand il parle du gouvernement de Louis XIV après la mort de ce prince. « Au moyen de cette règle, dit-il, il fut établi que, quel qu'on

qu'avoit le maréchal de Grammont, gouverneur de Bayonne, Navarre, etc. Il passa par tous les grades de ce régiment, presque toujours dans l'état-major. Il en fut longtemps major, et ce fut par les détails de cet emploi qu'il sut plaire au roi. Lui et Artagnan mort capitaine de la première compagnie des mousquetaires et chevalier de l'ordre en 1724, étoient enfants des deux frères. Une sœur de leur père avoit épousé M. de Castelmore, dont le nom étoit Baatz, dont elle eut deux fils. L'aîné mourut, en 1712, à plus de cent ans, gouverneur de Navarreins; le cadet trouva le nom d'Artagnan plus à son gré et l'a porté toute sa vie. Il se fit estimer à la guerre et à la cour, où il entra si avant dans les bonnes grâces du roi, qu'il y a toute apparence qu'il eût fait une fortune considérable, s'il n'eût pas été tué devant Maestricht en 1673. Ce fut à cause de lui que celui dont il s'agit ici prit le nom d'Artagnan, que ce capitaine des mousquetaires avoit fait connoître, et que le roi aima toujours, jusqu'à avoir voulu qu'Artagnan, mort chevalier de l'ordre, passât de capitaine aux gardes qu'il avoit été longtemps à la sous-lieutenance des mousquetaires gris, dont il fut capitaine après Maupertuis.

Pour revenir au nôtre, il se poussa ténébreusement à la cour par l'intrigue, et rendoit compte de beaucoup de choses au roi par les derrières, par des lettres et par les valets intérieurs, de presque tous lesquels il se fit ami. Il sut gagner par les mêmes voies Mme de Maintenon et M. du Maine, en sorte que, souple sous ses colonels, ils ne laissoient pas de le ménager beaucoup. Il fut inspecteur, puis directeur d'infanterie, des détails de laquelle il sut amuser le roi, armures, habillements, exercices nouveaux, toutes ces choses qui firent sa fortune et ne le firent pas aimer dans le régiment des gardes, dans l'infanterie, ni même à la cour,

pût être, tout ce qui servoit demeuroit, quant au service et aux grades, dans une égalité entière. De là tous les seigneurs dans la foule des officiers de toute espèce ; de là cette confusion que le roi désiroit. »

où il vécut toujours assez obscurément. Toutefois bon officier et entendu, mais avec qui on ne vivoit pas en confiance. Devenu maréchal de France, il prit le nom de maréchal de Montesquiou, qui est le nom de leur maison.

Là-dessus M. le Duc entra en furie, vomit tout ce qu'il est possible de plus violent et de plus injurieux, dit qu'il étoit bien insolent de prendre le nom d'un traître qui avoit assassiné son cinquième aïeul, et publia que partout où il le rencontreroit, il lui feroit un affront et une insulte publique.

Antoine de Montesquiou et qui en portoit le nom, lieutenant des gens d'armes du duc d'Anjou depuis Henri III, tua, de sang-froid et par-derrière, le prince de Condé, chef des huguenots, et frère d'Antoine, roi de Navarre père d'Henri IV, à la bataille de Jarnac, en 1569, comme ce prince venoit d'être pris, la jambe cassée, assis à terre et appuyé contre un arbre. Cette branche, distinguée des autres Montesquiou par le nom de Sainte-Colombe, prétend avoir dans ses archives l'ordre du duc d'Anjou pour tuer le prince de Condé. Le crime n'en est ni moins honteux ni moins noir; mais ce prince de Condé étoit le cinquième aïeul de M. le Duc, et le Montesquiou qui le tua étoit issu de germain du grand-père du maréchal : c'étoit là porter le ressentiment bien loin.

M. le Duc crut se rendre par là redoutable : il n'avoit pas besoin pour cela d'une si étrange férocité; celle qu'il montroit chaque jour le faisoit fuir assez, sans qu'il prît soin de s'écarter encore plus tout le monde, qui en cria autant qu'il en eut peur. Quelque étrange abus qu'il fît de sa qualité de prince du sang, le maréchal de Montesquiou ne s'en émut pas, se contint en respect, mais garda le nom de Montesquiou, et dit que des insultes et des affronts, il n'en connoissoit que les faits et point les personnes dont ils venoient, et que des propos qu'il ne pouvoit croire vrais ne l'empêcheroient point d'aller et de se présenter partout sous le nom de sa maison. On peut juger dans quel redoublement de furie un propos si ferme et soutenu de ne point changer de nom mit M. le Duc, à qui le maréchal ne fit rien dire. Il vint à Paris et à la cour après la campagne, et il alla en effet librement partout. Il ne rencontra M. le Duc nulle part, qui avoit eu loisir de faire ses réflexions, ou peut-être plus grand que lui les lui avoit fait faire. Le maréchal demeura fort peu à la cour et à Paris, et fut renvoyé en Flandre. Pendant l'hiver M. le Duc mourut, et aucun prince de la maison de Condé n'embrassa cette querelle qui finit avec lui, et dont avec ce cœur si immense en rancune, il n'avoit pu éviter qu'on ne prît la liberté de se moquer.

Le siége de Mons se continuoit, et la misère extrême de l'armée du roi, qui manquoit de tout, la réduisoit à le laisser faire avec tranquillité. Boufflers ne pouvoit songer qu'à la subsistance de plus en plus difficile, et sentoit avec une indignation secrète un homme tel que Villars égalé à lui pour avoir perdu une importante bataille lorsqu'il n'avoit tenu qu'à lui de battre les ennemis en détail et de les mettre hors de portée de songer à Mons, ni à aucun autre siége, et que lui avoit sauvé l'État en sauvant l'armée des fautes de Villars.

Celui-ci, moins attentif à sa blessure, qui alloit bien, qu'au comble d'honneur où une faveur inespérable venoit de le porter des bords du précipice, et de voir au secours de sa blessure Maréchal, premier chirurgien du roi, et qui ne découchoit jamais des lieux où étoit le roi, dépêché vers lui avec ordre d'y demeurer jusqu'à ce qu'il pût être ramené en France, et à profiter d'un état si radieux, tomba par ses émissaires sur le maréchal de Boufflers qui, content d'avoir sauvé la France, se reposoit sur sa propre générosité, la vérité, la notoriété publique, et content de l'avoir fait aux dépens de tout, glissoit avec son accoutumée grandeur d'âme sur des bagatelles que Villars entreprit de censurer et de réformer, toujours avec l'air d'un blessé qui ne songe qu'à guérir.

Le grand nombre de ces contradictions fit sentir à Boufflers une conduite si différente de l'ordinaire, qu'il y soupçonna du dessein. Cela l'aigrit, mais non pas jusqu'à rien montrer, ni le porter à changer en rien à l'égard de l'autre qu'il avoit comblé d'éloges et d'égards, et les choses continuèrent quelque temps à se passer ainsi en entreprises d'une part, et à supporter de l'autre avec impatience, mais sans en rien témoigner. Son exactitude, qui lui faisoit mettre dans la balance jusqu'aux minuties, surtout quand il s'agissoit de préférence et de récompenses, lui fit perdre beaucoup de temps à proposer au roi les sujets qui méritoient d'avoir part aux vacances des emplois. Il en avoit promis la liste plus d'une fois qu'il remettoit toujours. Enfin il l'envoya par un courrier quinze jours après l'action ; mais il fut bien étonné que le soir même du départ de ce courrier, il en reçût un de Voysin qui lui apporta la disposition générale et entière de tout ce qui vaquoit, faite et expédiée, sans avoir eu le moindre avis que le roi songeât à la faire avant d'avoir reçu celle qu'il devoit proposer et qui ne faisoit que partir. Ce trait fut le premier salaire du service qu'il venoit de rendre, tel que le roi avoit dit plus d'une fois, même en public, que c'étoit Dieu assurément qui lui avoit inspiré de l'envoyer à l'armée, où tout étoit perdu sans lui. Il eut encore le dégoût que personne dans l'armée n'ignorât ce qui lui arrivoit, et qu'il étoit peut-être le premier général d'armée sur qui un mépris aussi marqué fût tombé.

La vérité qu'il faut observer avec exactitude m'engage à l'aveu des ténèbres où je suis demeuré, non sur l'occasion de la chute de Boufflers, qui ne s'en releva de sa vie, mais sur l'ordre des occasions. Il y en eut trois qui le perdirent, et, ce qui est étrange, par l'avantage qu'on saisit d'un aussi futile fondement que celui de ces lettres, dont le ridicule montroit à la vérité le peu d'esprit, mais le montroit par le côté le plus respectable de couvrir les fautes de Villars au lieu d'en profiter, de vouloir encourager contre l'abattement dont il avoit vu de si tristes effets, et surtout soutenir et consoler le roi par les motifs si purs d'attachement et de reconnoissance.

Villars et Voysin, d'accord sans se concerter à se délivrer d'un tuteur, l'un à la tête des armées, l'autre sur toutes les affaires de son département de la guerre, pesèrent sur tout ce qu'ils purent; l'un fournit, l'autre fit valoir; les fripons intérieurs ajoutèrent tout ce qu'ils purent contre une vertu qui avoit pénétré les cabinets, et qu'ils craignoient jusque dans leur asile. Plus que tout, la grandeur d'un service au-dessus de toute récompense a presque dans tous les temps et en tout pays porté par terre ceux qui l'ont rendu; l'envie se réunit contre un homme qui ne peut être égalé, et pour l'autorité sans contre-poids duquel tout crie, tout applaudit, tout en parle comme d'un droit justement acquis, et on a vu peu de monarques dont l'équité l'ait emporté sur l'amour-propre, et pour qui la vue d'un sujet, assez grand pour être arrivé au-dessus des effets de la reconnoissance qu'il a méritée par sa vertu, n'ait été pesante et même odieuse.

On souffre le poids des grandes actions, parce qu'on ose se flatter qu'on n'est pas au-dessous d'en faire de semblables; ainsi M. le Prince, M. de Turenne et d'autres pareils ont été supportés, ceux-là mêmes sans peine, parce qu'il sembloit que leurs exploits derniers n'étoient qu'une manière d'éponge passée sur ceux par lesquels ils avoient si puissamment travaillé à la ruine de l'État; que les uns n'étoient qu'une compensation des autres, et qu'il ne leur étoit dû que des lauriers; mais le poids des services les plus importants dont l'âme est la seule vertu, dont la grandeur passe toute récompense, quand celui qui les a rendus est si comblé, qu'en les rendant il n'a pu se proposer que l'honneur de les rendre, cette impuissance de retour devient un poids qui tourne, sinon à crime, comme il n'y en a que trop d'exemples, au moins à dégoût, à aversion, parce que rien ne blesse tant la superbe des rois par tous les endroits les plus sensibles, et c'est ce qui arriva au maréchal de Boufflers, et il n'en falloit pas davantage. Mais il est vrai qu'il y eut une autre cause qui lui fit encore plus de mal. Toutes sont certaines et je ne suis en obscurité que sur la date de cette dernière cause.

Il est certain que le dépit de se voir Villars et même Harcourt lui être égalés par la pairie, d'une si grande distance de la manière d'y être portés à celle dont lui-même y étoit arrivé, et dans la circonstance où cela se trouvoit, tourna la tête au maréchal, et y fit entrer ce qu'il n'avoit jamais imaginé jusqu'alors, et ce qu'il eût rejeté avec indignation si quelqu'un le lui avoit proposé comme un motif d'aller en Flandre. L'épée de connétable lui vint dans l'esprit; il ne se crut pas au-dessous d'elle après ce qu'il venoit de faire quand il vit Villars et Harcourt, pairs comme lui. La fonction qu'il avoit exercée à Paris jusqu'à son départ pour la Flandre, cette direction de Voysin et des affaires de la guerre qu'il avoit eue jusqu'à ce même départ lui parurent des détachements des fonctions de ce premier office de la couronne et des degrés pour y monter. Il ne vit point de maréchaux de France en situation de le lui disputer, ni même de lui être en moindre obstacle. De prince du sang que cela pût obscurcir, il n'y en avoit aucun; M. du Maine s'en étoit mis dès longtemps hors de portée; M. le duc d'Orléans, par la grandeur de sa naissance et par ce qu'il venoit d'éprouver, ne pouvoit oser même se montrer blessé de le voir à la main d'un autre. Comme on se flatte toujours, ce qu'il achevoit de faire lui paroissoit devoir pleinement rassurer sur le danger de faire revivre en sa faveur un si puissant office. L'abus qu'en avoient fait ceux qui en avoient été revêtus, et qui ne pouvoit même être reproché aux quatre derniers, ne pouvoit être craint en lui après les preuves qu'il avoit faites, et ces preuves mêmes jointes à la grande récompense que Villars venoit de recevoir pour avoir perdu l'État, si lui-même ne l'eût sauvé, étoient des motifs assez grands pour l'emporter sur ceux de rendre un sujet trop grand et trop puissant, qui avoient fait, depuis près de cent ans, disparoître les connétables. Cela, c'est ce qui est certain et moi-même je ne puis en douter; mais ce que j'ignore, c'est le temps qu'il hasarda cette insinuation : savoir si de l'armée et à la chaude il la fit à Mme de Maintenon ou au roi même; savoir s'il attendit son retour : c'est ce que je n'ai pu approfondir; mais pour l'avoir faite et appuyée, et je crois à plus d'une reprise, c'est ce qui n'est pas douteux, et c'est ce qui acheva de le couler à fond.

Mons rendu, les ennemis séparèrent leur armée; Boufflers en fit autant et revint à la cour; il y fut reçu moins bien qu'un général ordinaire sous qui il ne s'est rien passé. Nul particulier avec le roi, pas même un mot en passant de Flandre; silence, fuite, éloignement, quelques paroles indifférentes par-ci par-là et rien de plus. Le poids du dernier service, celui des derniers mécontentements, formèrent comme un mur entre le roi et lui, qui demeura impénétrable. Mme de Maintenon, avec qui il fut toujours aussi bien qu'il y avoit toujours été, essaya vainement de le consoler; Monseigneur même, et Mgr le duc de Bourgogne ne dédaignèrent pas d'y travailler; mais trop vertueux pour envisager l'âge et la mort du roi comme une ressource, puisqu'il étoit si plaint et si bien traité de ses deux nécessaires successeurs, et trop entêté pour revenir sur soi-même, il eut bien le courage de paroître le même à l'extérieur et de ne rien changer à sa vie ordinaire pour la cour, mais un ver rongeur le mina peu à peu, sans avoir pu se faire à la différence qu'il éprouvoit ni au refus de ce qu'il croyoit mériter. Souvent il s'en est ouvert à moi sans foiblesse et sans sortir des bornes étroites de sa vertu; mais le poignard dans le cœur, dont le temps ni les réflexions ne purent émousser la pointe. Il ne fit plus que languir depuis sans toutefois être arrêté au lit ou dans sa chambre, et ne passa pas deux ans.

Villars arriva triomphant; le roi voulut qu'il vînt et demeurât à Versailles pour que Maréchal ne perdît pas de vue sa blessure, et il lui prêta le bel appartement de M. le prince de Conti qui étoit dans la galerie basse de l'aile neuve, parce qu'il n'avoit qu'un fort petit logement tout au haut du château, où il eût été difficile de le porter. Quel contraste, quelle différence de services, de mérite, d'état, de vertu, de situation, entre ces deux hommes! quel fonds inépuisable de réflexions!

Cette année en fournit encore de plus grandes par le changement qui arriva dans le Nord, l'abaissement, pour ne pas dire l'anéantissement de la Suède qui avoit si souvent fait trembler le Nord, et plus d'une fois l'empire et la maison d'Autriche; et l'élévation formidable depuis d'une autre puissance jusqu'alors inconnue, excepté le nom, et qui n'avoit jamais influé hors de chez elle et de ses plus proches voisins. Ce fut l'effet de l'étrange parti que prit le roi de Suède, qui, enivré de ses exploits et du désir de détrôner le czar comme il avoit fait le roi de Pologne, séduit par les funestes conseils de Piper, son unique ministre, que l'argent des alliés contre la France avoit corrompu, pour se délivrer d'un prince qui s'étoit rendu si formidable, et avec lequel ils avoient tous été forcés plus d'une fois à compter, il s'engagea à poursuivre le czar, qui, en fuyant devant lui avec art, anima son courage et son espérance, l'engagea dans des pays qu'il avoit fait dévaster, ruina son armée par toutes sortes de besoins, de famine, de misères, le força ensuite de désespoir à un combat désavantageux, où toute son armée périt sans aucune retraite, et où lui-même, fort blessé, n'en trouva qu'à Bender, chez les Turcs, où il arriva à grand'peine et à travers mille périls, lui troisième ou quatrième.

CHAPITRE XXIII.

Électeur de Bavière à Paris, incognito, voit le roi et Monseigneur. — Ses prétentions de rang surprenantes. — Dire *l'électeur,* au lieu de *M. l'électeur.* — Courte réflexion. — Mort du cardinal Portocarrero ; son humble sépulture. — Mort, fortune et caractère de Godet, évêque de Chartres. — M. de Chartres se choisit un successeur ; son caractère et sa vertu. — Bissy, évêque de Meaux, et La Chétardie, curé de Saint-Sulpice, succèdent à M. de Chartres auprès de Mme de Maintenon. — Caractère de La Chétardie. — Mort de Crécy, frère de Verjus ; son caractère. — Mort, naissance et caractère de Marivaux. — Mort et caractère de Mme de Moussy. — Naissance de son mari. — Mort de la duchesse de Luxembourg. — Disputes sur la grâce. — Jésuites. — Molinisme. — Jansénisme. — Congrégation fameuse *de Auxiliis.* — Port-Royal. — Formulaire. — Affaire des quatre évêques. — Paix de Clément IX. — Casuistes. — *Lettres provinciales.* — Disputes sur les pratiques idolâtriques des Indes et les cérémonies de la Chine. — Beau jeu du P. Tellier. — Bulle *Vineam Domini Sabaoth.* — Projet du P. Tellier. — Port-Royal des Champs refuse de souscrire à l'acceptation de la bulle *Vineam Domini Sabaoth,* sans explication. — Port-Royal des Champs privé des sacrements. — Port-Royal des Champs innocent à Rome, criminel à Paris. — Destruction militaire de Port-Royal des Champs. — Cardinal de Noailles sans repos depuis cette époque jusqu'à sa mort.

L'électeur de Bavière, peu à peu exclu du commandement des armées, brouillé avec Villars à qui on avoit voulu le donner, languissant dans les places de Flandre qui se raccourcissoient tous les jours, et quelquefois à Compiègne où il étoit venu de Mons sur la fin du siége de Tournai, avoit jusqu'alors inutilement insisté pour obtenir la permission de venir saluer le roi sous le même incognito, et sans prétendre plus qu'avoit fait son frère l'électeur de Cologne.

Le roi n'aimoit point à avoir des compliments à faire, ni à se contraindre pour faire les honneurs de sa cour, quoiqu'il s'en acquittât avec une grâce et une majesté qui le relevoient encore. Peut-être craignoit-il encore plus les reproches tacites de la présence d'un prince qui avoit tout perdu par sa fidélité à ses engagements, et qui, n'ayant plus ni États ni subsistance, étoit encore assez mal payé, par les malheurs qui accabloient la France, de ce que le roi s'étoit obligé de lui donner. Néanmoins il pressa tant, et il assura si fort qu'il n'embarrasseroit en rien, à l'exemple de son frère, qu'il n'y eut pas moyen de le refuser.

Il vint donc sous un autre nom descendre chez Monasterol son envoyé, où tout ce qu'il avoit vu de gens de la cour à l'armée s'empressèrent de l'aller voir, et d'Antin eut ordre du roi de lui faire les honneurs avec une assiduité légère qui ne se préjudiciât point à l'entier incognito.

Il demeura quatre ou cinq jours à Paris, parmi le jeu, les spectacles, les curiosités de la ville, et les soupers avec des dames de compagnie facile et médiocre ; après quoi d'Antin le mena dîner chez Torcy, à Marly, où le roi étoit, et où le ministre des affaires étrangères lui donna un grand repas avec compagnie choisie, et le conduisit après dans le cabinet du roi. Torcy y demeura fort peu en tiers ; l'électeur resta seul avec le roi une heure et demie, ensuite le roi le mena dans le salon. Toutes les dames y étoient sous les armes ; il y avoit un grand lansquenet établi ; le roi le présenta, sous le nom qu'il avoit pris, à Monseigneur, à Mgr et à Mme la duchesse de Bourgogne, et aux dames : il ajouta que c'étoit un de ses amis qui l'étoit venu voir et à qui il vouloit montrer sa maison. Il se retira un moment après ; ces princes et les dames prirent soin d'entretenir l'électeur debout, qui parut gai et très-poli, mais avec un air de hauteur et de liberté de maître du salon, parlant aux uns, s'informant des autres, qui ne seyoit pas mal à un prince malheureux. Une demi-heure après le roi le vint prendre pour la promenade, monta dans un chariot à deux, traîné par quatre porteurs, et lui commanda d'y monter aussi, ce qu'il ne se fit pas répéter; entretint le roi et les courtisans qui marchoient autour du chariot, d'un air aisé et familier, pourtant respectueux avec le roi, et loua extrêmement les jardins. La promenade dura une heure et demie; le roi le remena dans le salon où se trouva la même compagnie qu'il y avoit laissée; le roi l'y laissa aussitôt, et lui, au bout d'un quart d'heure, prit congé, et s'en alla avec d'Antin et quelques courtisans à Paris, à l'Opéra, souper après et jouer chez d'Antin.

Il le mena deux jours après dîner chez lui à Versailles, lui fit voir le château et les jardins, lui donna à souper et à coucher, et le mena le lendemain au rendez-vous de chasse à Marly, où le roi et les dames l'attendoient, après laquelle il s'alla rafraîchir chez Torcy, fit un tour dans le salon, et s'en retourna à Paris. Deux jours après la même chose se répéta, et il acheva de voir à Versailles ce qu'il n'avoit pu voir la première fois.

Monseigneur, étant allé de Marly à Meudon, y voulut donner à dîner à l'électeur; mais la surprise fut grande de la prétention qu'il forma d'y avoir la main. Elle étoit en tout sens également nouvelle et insoutenable; jamais électeur n'en avoit imaginé une semblable sur l'héritier de la couronne, et celui-ci de plus étoit incognito, et hors d'état par là de pouvoir prétendre quoi que ce fût non-seulement avec Monseigneur, mais avec personne. Il avoit l'exemple de son frère auquel il cédoit partout comme plus ancien électeur que lui; il avoit proposé le premier de le suivre, et promis de ne faire aucun embarras, il n'étoit venu qu'à cette condition. Nonobstant tout cela, il y eut des pourparlers qui aboutirent à quelque chose de fort ridicule. Il fut à Meudon; Monseigneur le reçut en dehors, ils n'entrèrent point dans la maison à cause de la main; il se trouva une calèche dans laquelle ils montèrent tous deux en même temps par chacun un côté. Ils se promenèrent beaucoup; au sortir de la calèche, l'électeur prit congé et s'en alla à Paris, et de manière que Monseigneur ne le vit, ni en arrivant ni en partant, descendre ni monter en carrosse. De cette façon, quoique Monseigneur fût à droite dans la calèche, la main fut couverte par monter en même temps par différent côté, et par cette affectation de n'entrer pas dans la maison, et ne la voir que par les dehors.

Cette tolérance, colorée du prétexte des malheurs d'un allié si proche, parut une foiblesse qui scandalisa étrangement la cour. Une prétention si nouvelle, si fort inouïe, et quand elle auroit eu un fondement, qui lui manquoit par l'incognito et l'exemple de l'électeur de Cologne, fut le fruit du mépris où le roi laissa si volontiers tomber les premières dignités de son royaume, d'où sa couronne même se sentit, et reçut en cette occasion une flétrissure marquée. On se contente de renvoyer [à ce qui a déjà été dit plus haut], sans répéter ce qui s'y trouve là-dessus.

L'électeur ne vit personne autre que le roi chez lui; Torcy l'introduisit encore une fois dans son cabinet un matin, à Versailles, par le petit degré. La conversation fut courte et d'affaires; il retourna aussitôt à Paris, et peu de jours après à Compiègne. M. le duc d'Orléans lui avoit donné un grand souper à Saint-Cloud, dont il sera parlé ailleurs.

Il ne faut pas oublier, parmi les entreprises et les prétentions de l'électeur de Bavière, un changement de langage fort remarquable de Monasterol son envoyé, et de toute sa petite cour, en parlant de lui. Jusqu'alors ils avoient suivi l'usage de tous les temps dans notre langue de dire *M. l'électeur*, et je ne sais que le pape, l'empereur et les rois qu'on nomme de leur dignité, parce que *monseigneur* ni *monsieur* ne sont pour eux d'aucun usage. Ce fut apparemment pour y égaler leur maître en tant qu'il fut en eux, qu'ils supprimèrent le *monsieur*, et ne dirent plus que *l'électeur*; cette gangrène passa aisément aux François, se communiqua à la cour, et changea l'usage ancien. *M. l'électeur* fut une façon de parler vieillie et abolie, et, sans aucune réflexion, *l'électeur* tout court s'introduisit, tellement que depuis on ne dit plus que *l'électeur de Bavière*, *l'électeur de Saxe*, *l'électeur de Mayence*, ainsi des autres, comme on dit simplement *le roi d'Angleterre*, *le roi de Suède* et des autres rois.

Ainsi tout passe, tout s'élève, tout s'avilit, tout se détruit, tout devient chaos, et il se peut dire et prouver, [pour] qui voudroit descendre dans le détail, que le roi dans la plus grande prospérité de ses affaires, et plus encore depuis leur décadence, n'a été pour le rang et la supériorité pratique et reconnue de tous les autres rois et de tous les souverains non rois, qu'un fort petit roi, en comparaison de ce qu'ont été à leur égard à tous, et sans difficulté aucune, nos rois Philippe de Valois, Jean, Charles V, Charles VI, que je choisis parmi les autres, comme ayant régné dans les temps les plus malheureux et les plus affoiblis de la monarchie.

Le fameux cardinal Portocarrero, duquel j'ai parlé tant de fois, mourut en ce temps-ci, après s'être longtemps survécu, et laissa Mme des Ursins plus puissante que jamais, délivrée d'un fantôme qui depuis longtemps ne l'embarrassoit plus, mais qui intérieurement l'incommodoit toujours. Ce cardinal, depuis qu'il ne fut plus de rien, s'étoit tourné entièrement à la plus exacte piété, et mourut d'une manière grande et édifiante à Madrid, qui est du diocèse de Tolède. Il voulut être enterré dans le tournant d'un bas-côté de son église de Tolède, devant l'entrée de la chapelle appelée des Nouveaux-Rois, qui est elle-même une magnifique église, qui a son chapitre et son service particulier. Il défendit que sa sépulture fût élevée ni ornée en aucune sorte, mais qu'on pût passer et marcher dessus, et il ordonna pour toute épitaphe qu'on y gravât uniquement ces paroles : *Hic jacet cinis, pulvis et nihil.* Il a été exactement obéi. Je l'ai vu à Tolède, où il est en grande vénération. Il n'y a ni armes, ni quoi que ce soit sur sa tombe, toute plate et unie au pavé, que ces seules paroles. On a seulement mis à la muraille, auprès de la porte de cette chapelle des Nouveaux-Rois, ses armes, ses qualités, le jour de sa mort, le lieu de sa sépulture, et qu'on s'y est conformé à sa volonté.

L'évêque de Chartres mourut aussi consommé de travaux et d'étude, sans être encore vieux. C'étoit fort peu de chose pour la naissance, et néanmoins avec des alliances proches qui lui faisoient honneur. Il s'appeloit Godet, et il étoit frère de Françoise Godet, femme d'un riche partisan nommé J. Gravé, dont la fille épousa Ch. des Monstiers, comte de Mérinville, fils aîné du lieutenant général de Provence, reçu chevalier de l'ordre à la promotion de 1661, avec M. le prince de Conti et quelques autres, par le duc d'Arpajon, chargé de la commission du roi, et père de l'évêque de Chartres dont je parlerai bientôt.

Ce même Godet, évêque de Chartres, étoit cousin germain d'autre Françoise Godet, femme d'Antoine de Brouilly, marquis de Piennes, gouverneur de Pignerol et chevalier de l'ordre aussi en 1661, desquels la duchesse d'Aumont et la marquise de Châtillon étoient filles.

M. de Chartres, Godet, des premiers élèves de Saint-Sulpice, fut peut-être celui qui fit le plus d'honneur et de bien à ce séminaire, qui est depuis devenu une manière de congrégation et une pépinière d'évêques. C'étoit un grand homme de bien, d'honneur, de vertu, théologien profond, esprit sage, juste, net, savant d'ailleurs, et qui étoit propre aux affaires, sans pédanterie pour lui, et sachant vivre et se conduire avec le grand monde, sans s'y jeter et sans en être embarrassé. Ses talents et le crédit naissant de ce séminaire, ennemi du jansénisme, le fit connoître. Mme de Maintenon venoit d'établir à Noisy ce qu'elle transporta depuis à Saint-Cyr, qui est du diocèse de Chartres. L'abbé Godet avoit été porté à cet évêché après la mort du frère et de l'oncle des deux maréchaux de Villeroy, et y paroissoit déjà un grand évêque, tout appliqué à son ministère. L'établissement de Saint-Cyr lui donna une relation nécessaire avec Mme de Maintenon. Ce fut avec lui et par lui que tous les changements de forme en ces commencements, et les règlements ensuite se firent. Mme de Maintenon le goûta au point qu'elle le fit le supérieur et le directeur immédiat de Saint-Cyr, son directeur à elle-même, et pour en dire le vrai, le dépositaire de son cœur et de son âme, pour qui elle n'eut jamais depuis rien de caché; elle l'approcha du roi tant qu'elle put, pour contre-balancer le P. de La Chaise et les jésuites, qu'elle n'aimoit pas, dans la distribution des bénéfices, et elle l'avança jusqu'à ce point, qu'il devint le confident de leur mariage. Il en parloit et en écrivoit librement au roi, le félicitant souvent d'avoir une épouse si accomplie. Je n'en ai pas vu les lettres, mais son neveu et son successeur qui les a vues, et qui en a encore des copies, parce que dans quelques-unes il s'agissoit aussi d'affaires, me l'a dit bien des fois, longues années depuis leur mort à tous.

Un homme, parvenu à ce point de confiance et de familiarité devient un personnage. Aussi le fut-il toute sa vie, devant qui le clergé rampoit, et avec qui les ministres étoient à « plaît-il, maître? » et il en prit mal au chancelier de Pontchartrain d'avoir osé, quoiqu'il eût raison, lui tenir tête, dont il ne s'est jamais relevé, comme je l'ai rapporté ailleurs.

On a vu aussi en son lieu toute la part qu'il eut dans l'affaire de Mme Guyon et de l'archevêque de Cambrai, avec quelle adresse il s'y conduisit dans sa naissance, avec quelle force dans ses suites, et avec combien d'union avec M. de Meaux et le cardinal de Noailles.

Avec tant de crédit qu'il a eu toute sa vie sans lacune, jamais homme plus simple, plus modeste, moins précieux; qui le fît moins sentir à personne. Il logeoit à Paris dans un petit appartement fort court au séminaire de Saint-

Sulpice, où il étoit parmi eux comme l'un d'eux, et partout l'homme le plus doux et le plus accessible, quoique accablé d'occupations. Il n'étoit que peu à Paris, et jamais que par nécessité d'affaires, souvent à Saint-Cyr, et ne couchoit jamais à Versailles; il y faisoit rarement sa cour, mais voyoit le roi chez Mme de Maintenon ou chez lui par les derrières, jamais à Fontainebleau, et comme jamais à Marly, hors de quelque nécessité pressante, et pour le moment précis; assidu dans son diocèse, à ses visites tous les ans et à toutes ses fonctions, et au gouvernement de son diocèse, comme s'il n'eût pas eu d'autres soins, et celui-là passoit devant tous : il connoissoit aussi tous ses curés, tous ses prêtres et tout ce qui se passoit dans son diocèse si exactement et par lui-même, qu'il sembloit qu'il n'avoit que quelques paroisses à conduire, et son gouvernement entroit dans tous les détails avec une charité pleine d'égards, de douceur et de sagesse. Sa dépense, ses meubles, sa table, tout étoit frugal, et tout le reste pour les pauvres.

Parmi tant d'affaires particulières du diocèse, et générales de tout ce qui arrivoit dans l'Église de France sur la doctrine et la discipline, les lettres longues et journalières qu'il recevoit et qu'il répondoit à Mme de Maintenon quand il n'étoit pas à Saint-Cyr, et quelquefois au roi, il ne laissoit pas d'écrire des ouvrages de doctrine, et ce surcroît de travail le consuma.

L'impression lui coûtoit, les voyages, ses visites; il n'avoit ni le temps ni le goût de songer à ses affaires temporelles. Elles se trouvèrent si courtes qu'il demanda au roi une abbaye, et lui dit franchement ses besoins. Ce détail, qui n'a jamais été su, son neveu me l'a conté bien des années après. L'abbaye ne venoit point; il en reparla à Mme de Maintenon. Enfin le roi lui dit que, dans la réputation où il étoit, une abbaye la terniroit et feroit parler le monde; qu'après y avoir bien pensé, il aimoit mieux lui donner une pension de vingt mille livres qui ne se sauroit point, qui n'auroit point de bulles, et qui le soulageroit davantage. Il la lui fit expédier et payer en secret jusqu'à sa mort, en sorte qu'elle a toujours été ignorée. Cette petite anecdote montre combien il lui étoit cher.

Avec tant de qualités, ce prélat n'a pas laissé de ruiner le clergé de France, et d'ouvrir par là une large porte à tout ce qui a coulé d'une source si empoisonnée. Sa petite naissance, ou plutôt vile et obscure, l'éloigna de la bonne comme par nature, et comme par une seconde nature puisée à Saint-Sulpice, non-seulement il prit en haine le jansénisme, mais tout ce qui en put être soupçonné, particuliers, corps, écoles; et avec une intention droite, mais aveuglée, il ne fut pas moins ardent, ni moins aisément prévenu, ni moins capable de revenir là-dessus par zèle, que les jésuites, par intérêt et par ambition, quoiqu'il les connût et qu'il ne les aimât pas. Je me suis étendu (t. II, p. 422) sur la plaie qu'il fit à l'Église de France par l'introduction dans l'épiscopat de gens de rien, ignorants, ardents, sans éducation, dont l'abus a si fort grossi depuis par le P. Tellier, et que la même raison de naissance et d'autres qui se retrouveront peut-être ailleurs ont plus que jamais suivi sous le règne du cardinal Fleury.

M. de Chartres, dont les infirmités augmentoient tous les jours, mais qui n'en relâchoit rien de ses travaux, se résolut à se donner un coadjuteur qui, élevé de sa main et dans son esprit, fût un autre lui-même pour le gouvernement de son diocèse. Il choisit l'abbé de Mérinville, son petit-neveu, dans l'élection duquel il crut que la chair et le sang cédoient toute la part à l'esprit. Il n'avoit pourtant pas encore vingt-six ans, et il en faut vingt-sept pour être sacré; le proposer et le faire agréer fut pour lui la même chose, mais s'il n'eut pas la satisfaction de le sacrer, il eut au moins celle de pouvoir compter ne s'être pas trompé.

Son petit-neveu, le voyant au lit de la mort, lui témoigna ce qu'il pensoit de la différence d'être longtemps formé sous lui, ou de se voir évêque en plein à son âge, et le pria instamment et avec larmes de le décharger de ce fardeau ; l'oncle l'écouta, ne répondit point, et demeura longtemps recueilli ; il le rappela ensuite, et lui dit qu'après y avoir bien pensé devant Dieu, il persistoit à croire qu'il feroit bien et que c'étoit sa volonté qu'il fût évêque de Chartres.

Il mourut fort peu de temps après dans Chartres, fort saintement, laissant un regret universel dans son diocèse. Le coadjuteur pressa Mme de Maintenon, et par lettres, et dès qu'il put la voir, de faire nommer un autre évêque. Sa jeunesse et ses instances ne purent la persuader. Il fallut malgré lui demeurer évêque, et il fut sacré dès qu'il eut vingt-sept ans avec la même supériorité et direction de Saint-Cyr, qu'avoit son oncle. Il a paru que Dieu a béni ce choix ; il en a fait un des plus saints et des plus sages évêques de France, des plus assidus et appliqués en son diocèse, d'où il ne sort presque jamais, et qui, sans avoir la science ni le monde de son oncle, fait aimer et respecter la vertu et craindre le vice sans le poursuivre, sinon dans les cas de nécessité et avec charité. Il fait craindre aussi la cour par sa liberté à dire la vérité, et avec toute l'apparente saleté et grossièreté des séminaires, il ne laisse pas d'avoir de l'adresse et de la délicatesse dans le gouvernement ; il vit austèrement, tout à ses fonctions et ses visites, est à peine nourri et vêtu, donne tout aux pauvres, et n'a jamais voulu demander d'abbayes ni recevoir celles qui lui ont été données.

La mort de M. de Chartres mit deux hommes sur le chandelier qu'il avoit fort recommandés à Mme de Maintenon : Bissy, évêque de Meaux, auparavant de Toul, bientôt après cardinal, qui succéda à toute sa confiance pour les affaires de l'Église, dont il sut faire sa fortune et bien pis, et La Chétardie, curé de Saint-Sulpice, fort saint prêtre, mais le plus imbécile et le plus ignorant des hommes.

Ce dernier succéda à la confiance personnelle de Mme de

Maintenon, il fut son confesseur, son directeur, et par là le fut un peu aussi de Saint-Cyr. Ce qui est étonnant à n'en pas revenir à qui a connu le personnage, c'est que fort tôt après, Mme de Maintenon avec tout son esprit n'eut plus de secret pour lui comme elle n'en avoit point pour feu M. de Chartres, et qu'elle lui écrivoit sans cesse pour le consulter, même sur les affaires, ou pour les lui mander; et, ce qui n'est pas moins inconcevable, c'est que ce bonhomme qui, non content des soins de sa vaste cure, étoit encore supérieur de la Visitation-Sainte-Marie de Chaillot, y portoit très-souvent les lettres de Mme de Maintenon, et les lisoit à la grille, même devant de jeunes religieuses. Une sœur de Mme de Saint-Simon, religieuse en cette maison, dont elle a été depuis souvent supérieure, et qui a infiniment d'esprit, et d'esprit de gouvernement, avec toute la sainteté de son état, et toutes les grâces du monde, pâmoit quelquefois de stupeur des secrets qu'elle entendoit là avec d'autres religieuses, par lesquelles après mille choses se savoient, sans que personne pût comprendre par où ces mystères avoient pu transpirer, et sans que, tant que ce curé a vécu, ce qui fut encore quelques années, Mme de Maintenon l'ait su et s'en soit pu déprendre.

Il influoit très-gauchement à tout, gâtoit force affaires, en protégeoit de fort misérables, n'avoit pas les premières notions de rien, et tout simplement se targuoit de son crédit et se faisoit une petite cour. Pour le Bissy, on lui verra incontinent prendre le plus grand vol.

Crécy mourut fort vieux; il étoit frère du P. Verjus, jésuite, ami intime du P. de La Chaise, qui avoit fort contribué à sa fortune. C'étoit un petit homme accort, doux, poli, respectueux, adroit, qui avoit passé sa vie dans les emplois étrangers, et qui en avoit pris toutes les manières, jusqu'au langage. Très-longtemps à Ratisbonne, puis dans plusieurs petites cours d'Allemagne; enfin, second ambassadeur plénipotentiaire au traité de paix de Ryswick. Il avoit beaucoup d'insinuation, l'art de redire cent fois la même chose, toujours en différentes façons, et une patience qui, à force de ne se rebuter point, réussissoit très-souvent. Personne ne savoit plus à fond que lui les usages, les lois et le droit de l'empire et de l'Allemagne, et [savoit] fort bien l'histoire; il étoit estimé et considéré dans les pays étrangers, et y avoit fort bien servi. Il étoit fort vieux, et homme de très-peu.

Marivaux, lieutenant général, mourut aussi. Son nom étoit de L'Ile, de la seigneurie de l'Ile, qu'ils possédoient en la châtellenie de Pontoise, dès l'an 1069, qu'Adam Ier, seigneur de l'Ile, signa avec les officiers de la couronne, en cette année, la charte de confirmation que Philippe Ier fit à Pontoise de la fondation de Saint-Martin, lors Saint-Germain de Pontoise. Ce même Adam de L'Ile fit bâtir la forteresse et le bourg appelé de son nom l'Ile-Adam, qu'Isabelle, héritière de l'aîné, et femme de Jean, seigneur de Luzarches, de Jouy, etc., laissa à sa fille, veuve du seigneur de Joigny, laquelle vendit l'Ile-Adam en 1364, à Pierre de Villiers, seigneur de Macy, souverain maître d'hôtel, c'est-à-dire grand maître de France, bisaïeul du célèbre Philippe de Villiers, dernier grand maître de Rhodes et premier grand maître de Malte, où il mourut en 1534.

Marivaux dont je parle descendoit en droite ligne de cet Adam Ier qui bâtit l'Ile-Adam, qui des Villiers passa aux Montmorency, de là tomba dans la branche de Condé de la maison royale, enfin à M. le prince de Conti. Le grand-père de Marivaux étoit frère cadet du capitaine des gardes d'Henri III, si connu par son duel derrière les Chartreux, contre le seigneur de Marolles, ligueur; et de celui qui fut chevalier du Saint-Esprit en...., qui n'eurent point de postérité masculine. Ce grand-père de Marivaux avoit épousé une Balzac; tua de sa main, à la bataille d'Ivry (1590), le général de la cavalerie espagnole, fut gouverneur de Corbeil, la Bassée, la Capelle, et d'Amiens. Son fils se maria mal et ne figura point. Celui dont je parle, sans protection et avec peu de bien, épousa une fille de Guénégaud, trésorier de l'épargne, et servit toute sa vie avec réputation de valeur et de capacité.

Il savoit et avoit beaucoup d'esprit, une fort belle figure, de la finesse et de la plaisanterie dans l'esprit, et la langue fort libre, qui le faisoit craindre. Il me prit en amitié à l'armée, et je m'accommodois fort de lui; personne n'étoit de meilleure compagnie; les secrétaires d'État de la guerre ni leurs commis ne l'aimoient pas, et lui ne s'en contraignoit guère.

Il pensa se noyer à un retour d'armée en traversant la Marne; le bac enfonça; cette aventure fit du bruit; le roi lui demanda comment il s'étoit sauvé : il avoit été en effet longtemps rejeté par des bords escarpés, sur lesquels il s'étoit trouvé des gens peu empressés de le secourir. Il dit au roi que, désespérant de leur charité, il s'étoit avisé de s'écrier qu'il étoit le neveu de M. l'intendant, et qu'à ce nom il avoit été secouru sur-le-champ et là-dessus fit une parenthèse au roi sur le pouvoir des intendants, qui divertit extrêmement l'assistance, mais qui ne plut pas tant au roi, et qui ne servit pas à son avancement.

Il mourut vieux, et a laissé un fils capitaine de gendarmerie qu'on dit aussi avoir beaucoup d'esprit. Marivaux eut des amis et conserva toute sa vie beaucoup de considération. Sa sœur, qui avoit aussi beaucoup d'esprit, et qui étoit la femme du monde la plus haute, avoit épousé Cauvisson, un des lieutenants généraux de Languedoc. Mme de Nogaret, dame du palais de Mme la duchesse de Bourgogne, étoit veuve sans enfants de son fils, de laquelle j'ai parlé plus d'une fois; le nom des Cauvisson est Louvet, gens nouveaux et de fort peu de chose.

Mme de Moussy, sœur du feu premier président Harlay, grande dévote de profession, avec tous les apanages de ce métier, et tout aussi composée que lui, mourut sans enfants. Elle avoit toujours vécu avec son frère et son neveu dans une grande amitié, et presque toujours logée avec eux. Elle déshérita pourtant son neveu sans cause aucune de brouillerie, qui fut bien étonné de trouver un testament qui donnoit tout aux hôpitaux. Elle étoit veuve du dernier Bouteiller; c'est du dernier de cette grande maison dans laquelle le comté de Senlis avoit été longtemps, et à qui le nom de Bouteiller, ou de Bouteiller de Senlis, étoit demeuré pour avoir eu plusieurs fois ce grand office alors de grand bouteiller de France, dont on trouve la signature, c'est-à-dire le sceau et la présence citée dans les anciennes chartes de nos rois avec le dapifer, qui est le grand maître, ou comme ils disoient, le souverain maître d'hôtel, le grand chambellan, le connétable, qui n'étoit dans les premiers temps que le grand écuyer, et le chancelier le dernier de tous; plus anciennement encore le premier étoit le sénéchal[1], monté en maire du palais, et descendu en grand maître, car le plus ou le moins de puissance fit ces trois noms du même office.

M. de Luxembourg, pendant son séjour à Rouen, y perdit sa femme. J'ai dit ailleurs qui elle étoit, et quelle aussi, par l'éclat que cela fit, qui fut toujours caché pour le seul mari avec qui elle avoit l'art et le soin de vivre comme la femme la plus tendrement attachée à tous ses devoirs. Il en fut aussi tellement affligé, que ce contraste avec la vie qu'elle n'avoit point cessé de mener fit le plus scandaleux ridicule. Abeille, qui avoit été secrétaire du maréchal de Luxembourg; et que son esprit et son petit collet avoit mêlé dans les meilleures et les plus brillantes compagnies, et mis dans les académies, étoit un homme d'honneur et de vertu, qui par reconnoissance et par attachement étoit demeuré chez M. de Luxembourg. Il ne put souffrir une scène si pu-

---

1. Le sénéchal fut jusqu'en 1191 le premier des grands officiers de la couronne. Philippe Auguste supprima cette charge comme donnant trop de puissance à celui qui en était revêtu.

blique, et il apprit à M. de Luxembourg tout ce que lui-même avoit été jusqu'alors le premier à lui cacher. Le pauvre homme fut étrangement surpris et très-subitement consolé.

Cet automne fut la dernière saison qui vit debout le fameux monastère de Port-Royal des Champs, en butte depuis si longtemps aux jésuites, et leur victime à la fin. Je ne m'étendrai point sur l'origine, les progrès, les suites, les événements d'une dispute et d'une querelle si connue, ainsi que les deux partis moliniste et janséniste, dont les écrits dogmatiques et historiques feroient seuls une bibliothèque nombreuse, et dont les ressorts se sont déployés pendant tant d'années à Rome et en notre cour. Je me contenterai d'un précis fort court, qui suffira pour l'intelligence du puissant intérêt qui a tant remué de prodigieuses machines, parce qu'on n'en peut supprimer les faits qui doivent tenir place dans ce qui s'est passé de ce temps.

L'ineffable et l'incompréhensible mystère de la grâce, aussi peu à portée de notre intelligence et de notre explication que celui de la Trinité, est devenu une pierre d'achoppement dans l'Église, depuis que le système de saint Augustin sur ce mystère a trouvé presque aussitôt qu'il a paru des contradicteurs dans les prêtres de Marseille. Saint Thomas l'a soutenu ainsi que les plus éclairés personnages; l'Église l'a adopté dans ses conciles généraux, et en particulier l'Église de Rome et les papes.

De si vénérables décisions et si conformes à la condamnation faite et réitérée par les mêmes autorités, de la doctrine des pélagiens et des demi-pélagiens, n'a pu empêcher une continuité de sectateurs de la doctrine opposée qui, n'osant se présenter de front, ont pris diverses sortes de formes, pour se cacher à la manière des demi-ariens autrefois.

Dans les derniers temps, les jésuites, maîtres des cours par le confessionnal de presque tous les rois et de tous les souverains catholiques, de presque tout le public par l'instruction de la jeunesse, par leurs talents et leur art; nécessaires à Rome pour en insinuer les prétentions sur le temporel des souverains, et la monarchie sur le spirituel, à l'anéantissement de l'épiscopat et des conciles généraux ; devenus redoutables par leur puissance et par leurs richesses toutes employées à leurs desseins, autorisés par leur savoir de tout genre, et par une insinuation de toute espèce, aimables par une facilité et un tour qui ne s'étoit point encore rencontré dans le tribunal de la pénitence, et protégés par Rome, comme des gens dévoués par un quatrième vœu au pape, particulier à leur société, et plus propres que nuls autres à étendre son suprême domaine, recommandables d'ailleurs par la dureté d'une vie toute consacrée à l'étude, à la défense de l'Église contre les hérétiques, et la sainteté de leur établissement et de leurs premiers pères ; terribles enfin par la politique la plus raffinée, la plus profonde, la plus supérieure à toute autre considération que leur domination, soutenue par un gouvernement dont la monarchie, l'autorité, les degrés, les ressorts, le secret, l'uniformité dans les vues, et la multiplicité dans les moyens sont l'âme ; les jésuites, dis-je, après divers essais, et surtout après avoir subjugué les écoles de delà les monts, et tant qu'ils avoient pu, énervé celles de deçà partout, hasardèrent, par un livre de leur P. Molina, une doctrine sur la grâce tout à fait opposée au système de saint Augustin, de saint Thomas, de tous les Pères, des conciles généraux, des papes et de l'Église de Rome, qui, prête plusieurs fois à l'anathématiser, a toujours différé à le faire. L'Église de France surtout se souleva contre ces agréables nouveautés qui faisoient tant de conquêtes par la facilité du salut et l'orgueil de l'esprit humain.

Les jésuites, embarrassés d'une défensive difficile, trouvèrent moyen de semer la discorde dans les écoles de France, et par mille tours de souplesse, de politique et de force ouverte, enfin par l'appui de la cour, de changer la face des choses, d'inventer une hérésie qui n'avoit ni auteur ni sectateur, de l'attribuer à un livre de Cornelius Jansenius, évêque d'Ypres, mort dans le sein de l'Église et en vénération; de se rendre accusateurs de défendeurs qu'ils étoient, et leurs adversaires d'accusateurs, défendeurs. De là est venu le nom de moliniste et de janséniste, qui distingue les deux partis.

Grands et longs débats à Rome sur cette idéale hérésie, enfantée ou plutôt inventée par les jésuites, pour faire perdre terre aux adversaires de Molina ; discussion devant une congrégation formée exprès sous le nom De auxiliis, tenu un grand nombre de séances devant Clément VIII (Aldobrandin), et Paul V (Borghèse) qui, ayant enfin formé un décret d'anathème contre la doctrine de Molina, n'osa le publier, et se contenta de ne pas condamner cette doctrine sans oser l'approuver, en les consolant par tout ce qui les put flatter sur cette hérésie idéale, soutenue de personne, et dont ils surent si bien profiter.

Plusieurs saints et savants personnages s'étoient les uns après les autres retirés à l'abbaye de Port-Royal des Champs. Les uns y écrivirent, les autres y rassemblèrent de la jeunesse qu'ils instruisirent aux sciences et à la piété. Les plus beaux ouvrages de morale, et qui ont le plus éclairé dans la science et la pratique de la religion, sont sortis de leurs mains, et ont été trouvés tels par tout le monde.

Ces messieurs eurent des amis et des liaisons; ils entrèrent dans la querelle contre le molinisme. C'en fut assez pour ajouter à la jalousie. que les jésuites avoient conçue de cette école naissante, une haine irréconciliable, d'où naquit la persécution des jansénistes, de la Sorbonne, de M. Arnauld, considéré comme le maître de tous, et la dissipation des solitaires de Port-Royal; de là l'introduction d'un formulaire, chose si souvent fatale et si souvent proscrite dans l'Église, par lequel la nouvelle hérésie, inventée et soutenue de personne, fut non-seulement proscrite, ce qui auroit été accepté de tout le monde sans difficulté, mais fut déclarée contenue dans le livre intitulé *Augustinus* composé par Cornelius Jansenius, évêque d'Ypres, et ce formulaire [1] proposé à jurer pour la croyance intérieure et littérale de son contenu.

Le droit, c'est-à-dire la proscription des cinq propositions hérétiques, que personne ne soutenoit, ne fit aucune difficulté : le fait, c'est-à-dire qu'elles étoient contenues dans ce livre de Jansenius, en fit beaucoup. Jamais on ne put en extraire aucune : on se sauva par soutenir qu'elles s'y trouvoient éparses, sans pouvoir encore citer où ni comment. Jurer sur son Dieu et sur son âme de croire ce qu'on ne croit point fondé en chose de fait, qu'on ne peut montrer ce qu'on propose de croire, parut un crime à tout ce qu'il y avoit de gens droits. Un très-grand soulèvement éclata donc dès que ce formulaire parut.

Mais ce qui en sembla encore plus insupportable, c'est que, pour détruire Port-Royal, qu'on jugeoit bien qui ne se résoudroit jamais à ce serment, on le proposa à signer aux religieuses par tout le royaume. Or proposer de jurer qu'un fait est contenu dans un livre qu'on n'a point lu, dans un livre même qu'on n'a pu lire, parce qu'il est en latin et qu'on ignore cette langue, c'est une violence qui n'eut jamais d'exemple, et qui remplit les provinces d'exilés, et les prisons et les monastères de captifs.

La cour ne ménagea rien en faveur des jésuites, qui lui firent oublier la ligue et ses suites, et accroire que les jansénistes étoient une secte d'indépendants, qui n'en vouloient

1. Le formulaire, ou déclaration par laquelle on condamnait les cinq propositions en affirmant qu'elles étaient contenues dans le livre de Cornelius Jansenius, avait été rédigé dès 1656. Mais les résistances que la signature du formulaire avait rencontrées décidèrent Louis XIV à venir au parlement le 29 avril 1664 pour faire enregistrer une déclaration qui imposait cette signature à tous les ecclésiastiques et aux membres des communautés religieuses d'hommes et de femmes.

pas moins à l'autorité royale, qu'ils se montroient réfractaires à celle du pape, que les jésuites appeloient l'Église, qui avoit approuvé, puis prescrit la signature du formulaire. La distinction du fait d'avec le droit, soufferte quelque temps, fut enfin proscrite, comme une rébellion contre l'Église, encore que non-seulement elle n'eût point parlé, mais qu'elle n'ait jamais exigé la croyance des faits qu'elle a décidés par ses conciles généraux et les plus reconnus pour œcuméniques, de plusieurs desquels, décidés de la sorte, on doute et on dispute encore sans être, pour cela, ni répréhensible ni repris. Les bénéfices attachés à la protection des jésuites, dont le confesseur du roi étoit distributeur; le crédit ou l'inconsidération, et pis encore, qu'éprouvoient les prélats à proportion que la cour et les jésuites étoient contents ou mécontents, échauffèrent la persécution jusqu'à la privation des sacrements, même à la mort.

De tels excès réveillèrent enfin quelques évêques, qui écrivirent au pape, et qui s'exposèrent à la déposition à laquelle on commençoit à travailler lorsqu'un plus grand nombre de leurs confrères vinrent à leur secours, et soutinrent la même cause.

Alors Rome et la cour craignirent un schisme. D'autres évêques s'interposèrent, et avec eux le cardinal d'Estrées, évêque-duc de Laon alors, et cardinal quatre ou cinq ans après. La négociation réussit par ce que l'on nomma *la paix de Clément IX* (Rospigliosi)[1], qui déclara authentiquement que le saint-siége ne prétendoit et n'avoit jamais prétendu que la signature du formulaire obligeât à croire que les cinq propositions condamnées fussent implicitement ni explicitement dans le livre de Jansenius, mais seulement de les tenir et de les condamner comme hérétiques en quelque livre et en quelque endroit qu'elles se pussent trouver. Cette paix

---

1. *La paix* de Clément IX est de l'année 1668. Elle suspendit pour quelque temps les querelles du jansénisme.

rendit la liberté et les sacrements aux personnes qui en avoient été privées, et les places aux docteurs et autres qui en avoient été chassés.

Je n'en dirai pas davantage, parce que ce peu que j'ai expliqué suffira pour faire entendre ce qui doit être rapporté présentement et dans la suite, et je continuerai à me servir des mots jansénisme et de jansénistes, de molinisme et de molinistes pour abréger.

Les jésuites et leurs plus affidés furent outrés de cette paix que tous leurs efforts ici et à Rome n'avoient pu empêcher. Ils avoient su habilement donner le change [sur le jansénisme] et sur le molinisme, et de défendeurs devenir agresseurs. Les jansénistes, tout en se défendant sur les cinq propositions qu'ils condamnoient et que personne n'avoit jamais soutenues, et sur le formulaire quant au fait, n'avoient point quitté prise sur la doctrine de Molina, ni sur les excès qui s'ensuivoient de cette morale, que le fameux Pascal rendit également palpables, existants dans la doctrine et la pratique des casuistes jésuites, et ridicules, dans ces ingénieuses lettres au provincial, si connues sous le nom de *Lettres provinciales*. L'aigreur et la haine continuèrent, et la guerre se perpétua par les écrits, et les jésuites se fortifièrent de plus en plus dans les cours pour accabler et pour écarter leurs adversaires ou les suspects de toutes les places de l'Église et des écoles.

Vinrent longtemps après les disputes des jésuites avec les autres missionnaires des Indes, surtout à la Chine, sur les cérémonies que les uns prétendoient purement politiques, les autres idolâtriques, dont j'ai parlé (t. II, p. 417) à l'occasion du changement de confesseur de Mme la duchesse de Bourgogne, et depuis encore à l'occasion du choix du P. Tellier pour confesseur du roi, engagé fort avant dans cette dispute, qui en écrivit, dont le livre fut mis à l'index, sauvé de pis à toute peine, et lui contraint de sortir de Rome et de se retirer en France.

La querelle s'échauffoit et bâtoit mal pour les jésuites; le P. Tellier y prenoit une double part. C'étoit, comme je l'ai dit, un homme ardent et dont la divinité étoit son molinisme et l'autorité de sa compagnie. Il se vit beau jeu : un roi très-ignorant en ces matières, et qui n'avoit jamais écouté là-dessus que les jésuites et les leurs, suprêmement; plein de son autorité, et qui s'étoit laissé persuader que les jansénistes en étoient ennemis, qui vouloit se sauver, et qui, ne sachant point la religion, s'étoit flatté toute sa vie de faire pénitence sur le dos d'autrui, et se repaissoit de la faire sur celui des huguenots et des jansénistes qu'il croyoit peu différents, et presque également hérétiques; un roi environné de gens aussi ignorants que lui et dans les mêmes préjugés, comme Mme de Maintenon et MM. de Beauvilliers et de Chevreuse par Saint-Sulpice et feu M. de Chartres, ou par des courtisans et des valets principaux qui n'en savoient pas davantage, ou qui ne pensoient qu'à leur fortune; un clergé détruit de longue main, en dernier lieu par M. de Chartres, qui avoit farci l'épiscopat d'ignorants, de gens inconnus et de bas lieu qui tenoient le pape une divinité, et qui avoient horreur des maximes de l'Église de France, parce que toute antiquité leur étoit inconnue, et qu'étant gens de rien, ils ne savoient ce que c'étoit que l'État; un parlement débellé et tremblant, de longue main accoutumé à la servitude, et le peu de ceux qui par leurs places ou leur capacité auroient pu parler, dévoués comme le premier président Pelletier, ou affamés de grâces.

Il restoit encore quelques personnes à craindre pour les jésuites, c'est-à-dire pour leurs entreprises, comme les cardinaux d'Estrées, Janson et Noailles, et le chancelier : ce dernier étoit, comme je l'ai dit ailleurs, éreinté, et le P. Tellier ne l'ignoroit pas; Estrées étoit vieux et courtisan, Janson aussi, et de plus fort tombé de santé; Noailles n'avoit rien de tout cela, il étoit de plus dans la liaison la plus grande avec Mme de Maintenon, puissant à la cour par le goût du roi, par sa famille, par sa réputation soutenue de sa vie et de sa conduite, archevêque de Paris, et en vénération dans son diocèse et dans le clergé, à la tête duquel il se trouvoit par tout le royaume ; celui-là étoit capitalement en butte aux jésuites par sa doctrine, non suspecte, mais qui n'étoit pas la leur, et pour avoir été mis à Châlons, puis à Paris, sans leur participation, et promu de même à la pourpre ; ils savoient que les jansénistes n'étoient pas contents de lui, parce qu'il n'avoit pas voulu s'en laisser dominer ni donner dans toutes leurs vues, et que lui étoit encore moins content d'eux depuis la découverte du véritable auteur du fameux *cas de conscience* dont j'ai parlé. Le P. Tellier, bien ancré auprès du roi, résolut de commettre le cardinal de Noailles avec le roi d'un côté, avec les jansénistes de l'autre, et d'achever en même temps l'ouvrage auquel ils travailloient depuis tant d'années, par la destruction entière de Port-Royal des Champs.

Le P. de La Chaise s'étoit contenté, depuis que la paix de Clément IX avoit rétabli ces religieuses, de les empêcher de recevoir aucune fille à profession, pour faire périr la maison par extinction, sans y commettre d'autre violence ; on a vu (t. IV, p. 122), par ce qui a été rapporté que le roi dit à Maréchal, sur le voyage qu'il lui avoit permis et même ordonné d'y faire, qu'il se repentoit de les avoir laissé pousser trop loin, et qu'au fond il les regardoit comme de très-saintes filles. Le nouveau confesseur vint à bout en peu de temps de changer ces idées.

Il réveilla ensuite une constitution faite à Rome, depuis trois ou quatre ans, à la poursuite des molinistes toujours attentifs à revenir, à donner le change, et ardents à chercher les moyens de troubler la paix de Clément IX. Rome, qui les ménageoit comme les athlètes des prétentions ultramontaines, auxquelles elle a tant sacrifié de nations, n'osa tout refuser, mais ne voulut pas aussi aller de front contre l'autorité de Clément IX ; elle donna donc une constitution ambiguë contre le jansénisme, mais en effleurant, et faite avec assez d'adresse pour que ceux qui étoient attachés à cette paix pussent, sans la blesser, recevoir cette constitution, d'ailleurs parfaitement inutile; les molinistes furent affligés de n'avoir pu obtenir qu'un si faible instrument, qui en effet ne faisoit que condamner les cinq propositions déjà proscrites et dont personne n'avoit jamais pris la défense, et qui d'ailleurs ne prescrivoit rien de nouveau ; mais comme dans les disputes longues, et dans lesquelles la puissance séculière prend parti jusqu'à la persécution, les esprits s'échauffent, et de part et d'autre passent les bornes, il étoit arrivé que quelques jansénistes avoient soutenu secrètement une, plusieurs, et même les cinq propositions hérétiques, mais en grand secret ; ce mystère avoit été révélé dans les papiers saisis dans l'abbaye de Saint-Thierry, dont il a été parlé à propos de l'affaire que cette recherche fit à l'archevêque de Reims ; tout le parti janséniste se récria contre, renouvela sa soumission de cœur et d'esprit à la condamnation de toutes les cinq propositions, que sans ménagement il dit être cinq hérésies, et contre l'injustice de lui attribuer celle de quelques têtes brûlées qu'il désavouoit entièrement, et avec qui il rompoit de tout commerce et de société. Ces particuliers mêmes, qui soutenoient l'erreur condamnée, étoient on ne peut pas ni plus rares ni en plus petit nombre, et là-dessus, les uns criant à l'injustice, les autres au péril de l'Église, le bruit se renouvela, qui donna lieu à la constitution dont il vient d'être parlé.

Faute de mieux, le P. Tellier résolut d'en faire usage, dans l'espérance d'en tirer parti au moins contre Port-Royal, plus délicat là-dessus que personne d'entre les jansénistes, et d'y embarrasser le cardinal de Noailles, à qui le roi ordonna de faire signer cette constitution; comme elle n'altéroit point dans le fond la paix de Clément IX, il n'osa contredire, et se mit à faire signer les plus faciles à conduire, et des uns aux autres gagner les moins aisés.

Cette conduite lui réussit si bien que Gif même signa. C'est une abbaye de filles à cinq ou six lieues de Versailles qui a toujours été considérée comme la sœur cadette de Port-Royal des Champs, en tout genre, par amis et ennemis, et deux maisons qui en tout temps avoient conservé l'union entre elles la plus intime.

Avec cette signature, le cardinal de Noailles se crut fort, et se persuada que Port-Royal ne feroit point de difficultés. Il y fut trompé. Ces filles, tant de fois et si cruellement traitées, en garde contre des signatures captieuses qu'on leur avoit si souvent présentées, dans une solitude qui étoit sans cesse épiée, et qu'on ne pouvoit aborder sans péril d'exil et quelquefois de prison, par conséquent destituées de conseils de confiance, ne purent être amenées à une nouvelle signature. Aucune de celles qu'on leur montra ne les toucha, non pas même celle de Gif. En vain le cardinal les exhorta, leur expliqua ce qu'on leur demandoit, qui ne blessoit en rien la paix de Clément IX, ni les vérités auxquelles elles étoient attachées ; rien ne put rassurer la frayeur de ces âmes saintes et timorées. Elles ne purent comprendre qu'une signature nouvelle ne renfermât pas quelque venin et quelque surprise, et leur courage ne put être ébranlé par la considération de tout ce dont leur refus les menaçoit.

C'étoit là ce qu'avoient espéré les jésuites, d'engager le cardinal de Noailles et de parvenir enfin à détruire une maison qu'ils détestoient, et dont ils n'avoient cessé depuis tant d'années de machiner la dernière ruine. Ils mouroient de peur que les religieuses qui restoient ne survécussent le roi, qu'après lui ils ne pussent continuer d'avoir le crédit de les empêcher de recevoir des filles à profession, et que cette maison ennemie subsistât, et se relevât, qui étoit toujours regardée comme le centre, le chef-lieu et le ralliement du parti janséniste, dès qu'on oseroit y aborder.

Le cardinal, qui prévit un orage, mais non le destructif

qui ne se pouvoit imaginer, pressa ces filles à plusieurs reprises, par d'autres et par lui-même; il y alla plusieurs fois, toujours inutilement. Le roi le pressoit vivement, poussé de même par son confesseur, tant qu'enfin le cardinal lâcha pied, procéda et leur ôta les sacrements.

Alors le P. Tellier les noircit auprès du roi de toutes les anciennes couleurs qu'il renouvela, les fit passer dans son esprit pour des révoltées, qui seules dans l'Église refusoient une signature trouvée partout orthodoxe, et lui persuada qu'il ne seroit jamais en repos sur ces questions tant que ce monastère, fameux par ses rébellions contre les deux puissances, subsisteroit; enfin que sa conscience étoit pour le moins aussi engagée que son autorité à une destruction si nécessaire, et qui n'avoit tardé que trop d'années. Le bon père piqua et tourna si bien le roi que les fers furent mis au feu pour la destruction.

Port-Royal de Paris n'étoit qu'un hospice de celui des Champs. Celui-ci fut en entier transporté à Paris pendant plusieurs années, pendant lesquelles on entretint les bâtiments du monastère des Champs, lequel ne fut plus qu'une ferme. Ensuite, les religieuses, qu'on avoit pris soin de diviser dans les diverses persécutions qui leur furent suscitées, furent séparées en deux monastères. Celles qui firent tout ce qu'on voulut formèrent la maison de Paris, les autres celle des Champs, qui n'eurent pas de plus grandes ennemies que celles de Paris, à qui tous les biens presque furent adjugés dans l'espérance de faire tomber les Champs par famine, mais qui se soutint par le travail, l'économie et les aumônes.

Lorsqu'il fut question de la destruction, Voysin, encore conseiller d'État, mais homme sûr et à tout faire pour la fortune, fut commis pour les prétentions sur les Champs, où on peut juger de l'équité qui y fut gardée.

Mais ce qui surprit étrangement, c'est que les religieuses des Champs se mirent en règle et se pourvurent à Rome, où elles furent écoutées. Comme la bulle ou la constitution *Vineam Domini Sabaoth* n'y avoit jamais été accordée pour détruire la paix de Clément IX, on n'y trouva point mauvais les difficultés de ces filles à la signer sans l'explication qu'elles offroient d'ajouter en signant : sans préjudice de la paix de Clément IX à laquelle elles adhéroient. Ce qui étoit leur crime en France, digne d'éradication et des dernières peines personnelles, parut fort innocent à Rome. Elles se soumettoient à la bulle, et dans le même esprit qu'elle avoit été donnée; on n'y en vouloit pas d'avantage.

Cela fit changer de batterie aux jésuites, parce que cela affichoit le criminel usage qu'ils vouloient faire de cette bulle; et qu'ils ne savoient comment réussir dès que Rome, sur qui ils avoient compté, leur devenoit plus que suspecte. Ils craignirent encore les longueurs des procédures à Paris, à Lyon, à Rome, des commissaires *in partibus*. C'étoit un nœud gordien qu'il leur parut plus facile de couper que de dénouer.

On agit donc sur le principe qu'il n'y avoit qu'un Port-Royal, que ce n'étoit que par tolérance qu'on en avoit fait deux de la même abbaye; qu'il convenoit remettre les choses sur l'ancien pied; qu'entre les deux il convenoit mieux de conserver celui de Paris que l'autre, qui avoit à peine de quoi subsister, situé en lieu malsain, uniquement peuplé de quelques vieilles opiniâtres, qui depuis tant d'années avoient défense de recevoir personne à profession.

Il fut donc rendu un arrêt du conseil, en vertu duquel la nuit du 28 au 29 octobre, l'abbaye de Port-Royal des Champs se trouva secrètement investie par les détachements des régiments des gardes françoises et suisses, et vers le milieu de la matinée du 29, d'Argenson arriva dans l'abbaye avec des escouades du guet et d'archers. Il se fit ouvrir les portes, fit assembler toute la communauté au chapitre, montra une lettre de cachet; et sans leur donner plus d'un quart d'heure, l'enleva tout entière. Il avoit amené force carrosses attelés, avec une femme d'âge dans chacun; il y distribua les religieuses suivant les lieux de leur destination, qui étoient différents monastères à dix, à vingt, à trente, à quarante, et jusqu'à cinquante lieues du leur, et les fit partir de la sorte, chaque carrosse accompagné de quelques archers à cheval, comme on enlève des créatures publiques d'un mauvais lieu. Je passe sous silence tout ce qui accompagna une scène si touchante et si étrangement nouvelle. Il y en a des livres entiers.

Après leur départ, Argenson visita la maison des greniers jusqu'aux caves, se saisit de tout ce qu'il jugea à propos, qu'il emporta; mit à part tout ce qu'il crut devoir appartenir à Port-Royal de Paris, et le peu qu'il ne crut pas pouvoir refuser aux religieuses enlevées, et s'en retourna rendre compte au roi et au P. Tellier de son heureuse expédition.

Les divers traitements que ces religieuses reçurent dans leurs diverses prisons pour les forcer à signer sans restriction, est la matière d'autres ouvrages, qui, malgré la vigilance des oppresseurs, furent bientôt entre les mains de tout le monde, dont l'indignation publique éclata à tel point que la cour et les jésuites même en furent embarrassés.

Mais le P. Tellier n'étoit pas homme à s'arrêter en si beau chemin. Il faut achever cette matière de suite, quoique le reste en appartienne aux premiers mois de l'année suivante. Ce ne furent qu'arrêts sur arrêts du conseil, et lettres de cachet sur lettres de cachet. Il fut enjoint aux familles qui avoient des parents enterrés à Port-Royal des Champs de les faire exhumer et porter ailleurs; et on jeta dans le cimetière d'une paroisse voisine tous les autres comme on put, avec l'indécence qui se peut imaginer. Ensuite on procéda à raser la maison, l'église et tous les bâtiments comme on fait les maisons des assassins des rois, en sorte qu'enfin il n'y resta pas pierre sur pierre. Tous les matériaux furent vendus, et on laboura et sema la place; à la vérité ce ne fut pas de sel, c'est toute la grâce qu'elle reçut. Le scandale en fut grand jusque dans Rome. Je me borne à ce simple et court récit d'une expédition si militaire et si odieuse.

Le cardinal de Noailles en sentit l'énormité après qu'il se fut mis hors d'état de parer un coup qui avoit passé sa prévoyance, et qui en effet ne se pouvoit imaginer. Il n'en fut pas mieux avec les molinistes, mais beaucoup plus mal avec les jansénistes, ainsi que les jésuites se l'étoient bien proposé; et depuis cette funeste époque, il ne porta quasi plus santé, je veux dire qu'il fut presque incontinent attaqué, et peu à peu poussé sans relâche aux dernières extrémités jusqu'à la fin de sa vie.

CHAPITRE XXIV.

Chamillart et ses filles à la Ferté. — Chamillart achète Courcelles, où je mène la duchesse de Lorges. — Voyage à la Flèche; aventure. — Étrange sermon de la Toussaint. — Résolution et raisons de retraite. — Considérations contraires à la retraite. — Retour à Paris. — Sage piége dressé à Pontchartrain. — Triste situation de M. le duc d'Orléans. — Passage à Versailles, où le chancelier me force d'accepter une chambre chez lui au château. — Concours et conspiration d'amis. — Bontés et désirs de Mgr [le duc] et de Mme la duchesse de Bourgogne sur Mme de Saint-Simon pour succéder à la duchesse du Lude. — Parti que je prends seul, et ses motifs, de faire demander par Maréchal une audience au roi. — Maréchale de Villars; son accortise. — Visite du roi au maréchal, puis à la maréchale de Villars. — Contre-temps de Vendôme. — Je me propose de faire rompre M. le duc d'Orléans avec Mme d'Argenton, et au maréchal de Besons de m'y aider. — Caractère de Besons. — Maréchal m'obtient une audience du roi.

Les différentes choses que j'ai racontées avoient retardé mon départ jusque dans les commencements de septembre.

Les filles de Chamillart vinrent à [la Ferté], lui-même aussi au retour de ses courses pour aller voir des terres à acheter, voyage où, pour être hors de Paris, les avis et les propos menaçants de Mme de Maintenon l'avoient forcé, qui le vouloit tenir au loin, dans le dépit de la nombreuse et bonne compagnie qui ne l'abandonnoit point, et plus encore dans l'appréhension que lui donnoit le goût du roi pour lui. J'essayai de l'amuser par tout ce que la campagne me put fournir, et de le recevoir bien mieux que s'il eût été encore en place et en faveur. Après dix ou douze jours il s'en alla à Paris conclure le marché de Courcelles. Ses filles le suivirent bientôt après, excepté la duchesse de Lorges qui demeura avec nous et d'autre compagnie. Son père et sa famille ne tardèrent pas à s'en aller à Courcelles, et bientôt après j'y menai ma belle-sœur. Ce n'est pas qu'on ne fît tout ce que l'on put pour me dissuader ce voyage, qui en effet étoit peu politique, mais je ne crus pas y devoir asservir l'amitié.

Je demeurai trois semaines; j'y passois les matinées avec Chamillart, qui m'y parla à cœur ouvert de bien des choses, et qui m'y en montra de bien curieuses du temps de son ministère. Quand j'aurois ignoré jusqu'alors les variations si fréquentes de l'esprit, de l'estime, de l'amitié de Mme de Maintenon, sans autre cause que son naturel changeant, je l'aurois vu là à découvert, ainsi que les événements produits de cette cause qui ont si souvent gâté les meilleures affaires, et perdu tant d'autres par le peu de suite et la succession des différentes fantaisies. Le reste du jour s'y passoit en amusements et en promenades; Chamillart toujours doux, serein, sans humeur, sans distraction, mais presque jamais seul, comme un homme qui se craint et qui cherche à remplir le vide où il se trouve; la conversation bonne, mais réservée sur les nouvelles, et changeant alors la conversation adroitement; le voisinage assidu chez lui et bien reçu, et sa famille cherchant à l'amuser et à se dissiper elle-même.

J'y fus témoin de deux aventures que je ne puis m'empêcher de rapporter. Ce magnifique collége de la Flèche n'est qu'à deux lieues de Courcelles; nous l'allâmes voir. Les jésuites firent de leur mieux pour faire la meilleure réception qu'ils purent. Chauvelin, intendant de la province, s'y trouva pour y ajouter tout ce qu'il put. C'est celui qui devint après conseiller d'État, cousin de Chauvelin, qui longtemps depuis eut les sceaux et bien mieux encore. Tessé avoit donné pour rien une de ses filles à La Varenne, qui étoit seigneur de la Flèche; elle étoit veuve et y demeuroit. Chamillart crut de la politesse de l'aller voir et me le proposa; je crus lui devoir dire qu'elle étoit fille de Tessé, parce que ce maréchal avoit contribué à sa chute, et qu'il n'avoit pas gardé de mesures avec lui dans les derniers temps. Cela n'arrêta pas Chamillart; je ne lui en dis pas aussi davantage; nous y allâmes. La maison se trouva si dégarnie de domestiques et si peu en ordre, que nous demeurâmes tous deux seuls près d'un quart d'heure, dans une antichambre. Il y avoit une grande et vieille cheminée, sur laquelle on lisoit en fort grosses lettres ces deux vers latins :

« Quum fueris felix, multos numerabis amicos[1];
   Tempora si fuerint nubila, solus eris. »

Je l'aperçus, et me gardai bien d'en faire aucun semblant; mais le long temps que nous restâmes là donna loisir à Chamillart de tout considérer et de la lire. Je le vis faire, et je m'écartai pour ne lui pas montrer que je m'en apercevois, ni donner lieu de parler sur cette morale.

L'autre aventure fut plus pesante. La paroisse de Courcelles est petite, éloignée, et par un fort mauvais chemin. Contents d'y avoir été à la grand'messe le jour de la Tous-

---

1. Saint-Simon, citant de mémoire, a altéré le premier vers du distique si connu :

   Donec eris felix, multos numerabis amicos....

saint, nous allâmes à vêpres à une abbaye de filles qui n'est qu'à demi-lieue, qui s'appelle la Fontaine-Saint-Martin. Nous vîmes l'abbesse à la grille, les dames entrèrent dans la maison. Chamillart et moi avions envie d'éviter un mauvais sermon, mais l'abbesse nous dit que l'évêque du Mans, qui avoit su que nous devions aller ce jour-là chez elle, avoit prié les jésuites d'y envoyer leur meilleur prédicateur, qui seroit mortifié, et ces pères, si nous ne l'entendions point. Il fallut donc s'y résoudre.

Dès les premières périodes je frémis. Le sujet fut de la différence de la béatitude des saints d'avec le bonheur le plus complet dont on puisse jouir ici-bas; de l'éternelle solidité de l'une, de l'instabilité continuelle de l'autre; des peines inséparables des plus grandes fortunes; des dangers de la jouissance de la prospérité, des regrets et des douleurs de sa perte. Le jésuite s'étendit sur cette peinture qu'il rendit vive et démonstrative. S'il s'en fût tenu aux termes généraux, cette indiscrétion eût pu passer à la faveur du jour qu'on solennisoit; mais après avoir bien déployé son sujet, il en vint à une description particulière si propre à Chamillart qu'il n'y eut personne de l'auditoire qui n'en perdît toute contenance. Il ne parla jamais d'autre fortune, ni d'autre bonheur que celui de la faveur et de la confiance d'un grand roi, que du maniement de ses affaires, que du gouvernement de son État; il entra dans le détail des fautes qui s'y peuvent faire ou qu'on impute aux malheureux succès, il ne ménagea aucun trait parlant. Il vint après à la disgrâce, au dénûment, au vide, au déchaînement. Il débita qu'un prince comptoit au ministre chassé, comme une grâce sans prix, la bonté de ne lui pas faire rendre un compte rigoureux de son administration. Enfin il termina son discours par une exhortation, à ceux qui se trouvoient réduits en cet état, d'en faire un saint usage pour acquérir dans le ciel une plus haute fortune qui ne doit jamais finir. S'il avoit adressé la parole à Chamillart, il n'auroit pas été plus manifeste qu'il avoit entrepris de le prêcher tout seul ; rien de tout son discours n'étoit propre qu'à lui. Il n'y eut personne qui n'en sortît confondu.

Chamillart seul ne parut point embarrassé. Après vêpres nous retournâmes à la grille. Il loua le prédicateur, lui fit accueil après lorsqu'il vint saluer la compagnie, le félicita du sermon ; une collation vint fort à propos pour donner lieu de parler d'autre chose. Nous retournâmes à Courcelles, où nous nous déchargeâmes le cœur les uns aux autres de cette scandaleuse indiscrétion où le jésuite apparemment avoit cru faire merveilles. Peu de jours après je retournai à la Ferté, après un mois d'absence.

La compagnie en étoit partie, et nous eûmes alors le temps, Mme de Saint-Simon et moi, de raisonner sur le parti que je voulois prendre. Je trouvois que l'abandon de la cour étoit le seul qui me convînt. On ne me reprochoit quoi que ce soit, je ne me sentois en faute sur rien, je n'avois donc pas matière à aucune justification, ni à aucune excuse, ni à espérer en y réussissant de me remettre à flot : on me trouvoit trop d'esprit et d'instruction, détour que la connoissance de la foiblesse du roi à cet égard avoit fait prendre pour me perdre auprès de lui, lors de l'ambassade de Rome, et dont on s'étoit si longtemps bien trouvé, qu'on le renouveloit plus que jamais. Les amis considérables que j'avois à la cour, en seigneurs principaux, en ministres, en dames considérables, étoit une autre matière qui me tournoit à mal. On craignoit qu'ils ne me portassent, que je susse en faire usage pour arriver ; on ne vouloit pas que j'eusse des ailes, et pour la première fois que pareille chose soit arrivée dans une cour, on me fit un crime auprès du roi de l'estime, de l'amitié, de la confiance des personnes pour lesquelles il en avoit lui-même, et qu'à ce titre il avoit élevées. Comment se disculper d'avoir de l'esprit et des connoissances, puisqu'on en avoit persuadé le roi à mauvais dessein et avec succès ? Comment lui faire entendre une ruse dont l'explication ne pouvoit lui être faite, parce qu'elle ne rouloit que sur sa foiblesse ? Comment s'excuser sur l'usage de tant d'esprit prétendu, puisque jamais je n'avois été ni attaqué là-dessus, ni eu occasion d'en profiter ? Enfin, comment se laver d'avoir des amis qui me faisoient honneur par leur réputation, leur mérite, leurs places, et la part qu'ils avoient dans les affaires, et dans l'estime et la confiance du roi, et dont l'amitié eût tenu lieu de mérite auprès de lui, à tout autre qu'à moi ?

Le rare est qu'on ne relevoit point celle qui étoit entre M. le duc d'Orléans et moi, quoique si publique et si peu ménagée, et lui si mal auprès du roi. Rien ne montroit davantage le ressort qui faisoit agir. On ne craignoit pas l'usage que je pourrois faire de celle-ci, on redoutoit celui que je pourrois tirer des autres. Mais de tout cela nul moyen d'en revenir auprès du roi, qu'on avoit prévenu là-dessus comme sur des choses très-dangereuses, et sur lesquelles il ne se pouvoit rien alléguer.

C'étoit l'effet de la jalousie d'une part, du dépit de l'autre, de ceux que je n'avois pas ménagés pendant la campagne de Lille, et qui s'étoient aperçus que j'avois vu trop clair dans leurs desseins. Ils en craignoient les retours dans un temps ou dans un autre, et ils n'avoient rien épargné pour me mettre hors de combat pour toujours.

Les affaires de rang que j'avois soutenues, l'impatience des usurpations sur lesquelles je ne m'étois pas contraint, les fripons de toute espèce sur lesquels je m'étois quelquefois expliqué un peu librement, peu de commerce toute ma vie avec la jeunesse, dont la dissipation, le futile, la débauche de quelques-uns, ne m'alloient point, tout cela ensemble faisoit un groupe et un cri sous lequel je succombois, et dont ces amis qu'on relevoit si fort étoient trop foibles pour me défendre.

Le pari de Lille fut un autre sujet qui avoit mis à mon égard le doigt sur la lettre, à la cabale de Vendôme, qui en prit occasion de répandre et de persuader au roi que je blâmois le gouvernement, que j'en étois ennemi, et tout ce qui se put broder là-dessus pour l'aigrir. Comment encore s'aller excuser sur cet article, et quoique Vendôme fût en disgrâce, comment aller montrer au roi ce projet contre son petit-fils, où trempoient tant de gens si considérables, et lors encore si considérés et si bien traités, et dont il s'en trouvoit qui, en tout genre, lui tenoient de si près?

Je trouvois donc le mal sans remède, par cela même qu'il étoit sans consistance sur laquelle les remèdes pussent agir, et je ne me trouvois pas disposé à avaler continuellement des dégoûts, en demeurant à la cour, et à une basse servitude que je n'avois jamais pratiquée, et pour laquelle je ne me sentois point fait, pour arriver à quoi que ce fût de mieux, à plus forte raison, à pure perte.

Mme de Saint-Simon, sans se compter elle-même pour rien, me représentoit doucement les suites dangereuses du parti que je voulois prendre : l'amortissement du dépit, l'ennui d'une vie désoccupée, la stérilité de la promenade et des livres pour un homme de mon état, dont l'esprit avoit besoin de pâture, et étoit de tout temps accoutumé à penser et à faire, les regrets que leur inutilité appesantiroit, le long temps qu'ils pouvoient durer à mon âge, l'embarras et le chagrin qui accompagneroient l'entrée de mes enfants dans le monde et dans le service, les besoins continuels de la cour pour la conservation de son propre patrimoine, et les inconvénients ruineux d'en être maltraité ; enfin la considération des changements qui pouvoient arriver et que devoit amener la disproportion des âges.

Nous en étions là-dessus, toutefois mon parti pris de passer quatre mois d'hiver à Paris et huit à la Ferté, sans voir la cour qu'en passant ou par pure nécessité d'affaires, et de laisser liberté à Mme de Saint-Simon sur moins de séjour à la campagne, lorsque nous apprîmes la mort de celui qui, depuis plus de trente ans, conduisoit toutes nos affaires avec toute l'affection, la capacité et la réputation qui se pouvoit désirer, laquelle arriva en trois jours à Ruffec, où il étoit allé pour les affaires de cette terre en revenant de celles de Guyenne. Ce malheur pressa notre retour; Mme de Saint-Simon me proposa d'aller de la Ferté coucher à Pontchartrain. Elle avoit ajusté le voyage pendant un Marly, et aux jours que le chancelier étoit chez lui, qu'elle avoit instruit de ce qui se passoit entre nous, et qui m'attendoit. Je donnai dans le piége sans m'en douter, et nous arrivâmes à Pontchartrain le 19 décembre.

. Dès le lendemain, le chancelier me prit dans le cabinet de sa femme avec elle et la mienne, où, porte bien fermée, il me demanda où j'en étois depuis que nous ne nous étions vus, et si les réflexions n'étoient point venues à mon secours. Je m'expliquai au long avec lui sur ce que je viens de rapporter. Il me laissa tout dire; ensuite il reprit toutes mes raisons, et avec l'esprit et l'adresse qui lui étoient si naturels, il essaya de retourner toutes mes raisons. Il vint ensuite à la censure, mais avec une grâce et une amitié touchante. Il me montra que les ennemis dont je me plaignois étoient bien payés pour l'être; et pour m'éloigner de bonne heure d'arriver en état de leur faire du mal, puisque, dans une situation commune à mon âge, je les ménageois si peu et publiquement peu; qu'il étoit vrai que je parlois peu et souvent point du tout, mais que l'énergie de mes expressions, même ordinaires, faisoit peur, et que mon silence encore n'étoit guère moins éloquent en beaucoup de rencontres; qu'il ne s'agissoit de rien de marqué ni de grossier à faire, mais de montrer à l'avenir, par une circonspection exacte, que je n'étois pas incapable de réfléchir et de me corriger. Il me soutint que, n'y ayant rien de marqué que ce pari de Lille, qui vieilliroit et s'oublieroit enfin, c'étoit une erreur de me croire sans ressource, et une autre encore qu'un homme de ma sorte pût en manquer avec de la patience et de l'application. Il appuya sur les mêmes raisons que Mme de Saint-Simon n'avoit fait que me présenter. Il s'étendit en exemples vivants sur ce qu'aucun de ceux dont la fortune pouvoit avoir fait et faire encore envie, n'y étoit parvenu sans avoir passé par des situations plus fâcheuses que celle où je me croyois ; qu'il ne s'agissoit point de bassesses, pour s'en relever, mais de conduite et de sagesse. De là il vint aux dégoûts présents par lesquels il falloit passer, qu'il compara à ceux que je me préparois par une retraite. Il me maintint qu'il y avoit moins d'honneur et de courage à réjouir mes ennemis en leur quittant la partie, et me mettant de leur côté pour accomplir sur moi leurs désirs, qu'à leur résister et à faire ce que je devois pour ramener la fortune ; et il finit par la considération de mon âge et de celui de ceux à qui j'avois affaire.

La chancelière se mit de la partie ; je répondis, ils répliquèrent. J'omets ce qu'ils alléguèrent sur ce que je pouvois faire et devenir, que l'amitié et l'estime grossissoient. Enfin ils me dirent que ce que j'aurois de plus journellement incommode à essuyer étoit de loger à la ville, parce que, outre l'incommodité, cela entraînoit mille contre-temps, et rompoit le commerce et la société dont on tire imperceptiblement tant d'avantages. Que de cela je ne pouvois m'en prendre qu'à la disgrâce d'autrui, non à la mienne ; que le roi avoit compté que le logement de M. le maréchal de Lorges me demeureroit ; que je l'avois si bien cru moi-même que, depuis sept ans que je l'occupois, je n'avois demandé aucun de ceux qui avoient vaqué ; que ce n'étoit la faute de personne si mon beau-frère, délogé de chez son beau-père, reprenoit le logement de son père, qui lui avoit été donné à sa mort, qu'il n'avoit point habité par la promptitude de son mariage ; qu'ainsi ce n'étoit point là ce que je devois prendre comme un dégoût ; puis, revenant sur l'incommodité, ils m'offrirent ce qu'ils pouvoient, qui étoit une grande et belle chambre et une garde-robe chez eux au château, qui étoit le logement de leur frère, qui, par ses apoplexies, ne sortoit plus de sa maison de Paris. Ils me dirent que je pourrois me tenir là dans la journée, si je n'y voulois pas coucher, Mme de Saint-Simon avoir où s'habiller, et tous deux y voir nos amis. L'un et l'autre m'en pressèrent jusqu'à m'embarrasser, et toujours Mme de Saint-Simon en silence pendant toute cette conversation, qui dura près de trois heures. Le chancelier la finit par me prier de ne plus rien dire; mais de faire mes réflexions au moins pour l'amour de lui, et que nous verrions après l'impression qu'elles m'auroient faites.

Ils me parlèrent le lendemain sur Mme de Saint-Simon, sans elle, pour me battre par la considération de la triste vie que ma retraite lui feroit mener, et par celle de tous les usages dont elle me pouvoit être à la cour, où elle étoit indistinctement et unanimement aimée, estimée, considérée, à commencer par le roi. Il étoit vrai encore que Mme la duchesse de Bourgogne s'étoit plainte à Mme de Lauzun, plusieurs fois, de sa longue absence avec beaucoup d'amitié et d'intérêt, et que M. le duc d'Orléans l'avoit entretenue de la mienne souvent, à Marly, avec amertume, et cherchant les moyens de me ramener, jusqu'à me faire presser par elle de prendre le petit logement au château qu'avoit d'Effiat, comme étant son premier écuyer, et dont il pouvoit disposer à ce titre, d'Effiat surtout n'y venant presque jamais. Je n'avois pas la plus légère connoissance avec Effiat, et je me gardai bien d'accepter ainsi son logement d'un air de supériorité.

Tous ces entretiens me flattoient par l'amitié, m'importunoient par le combat, mais ne vainquirent ni mon dégoût ni ma résolution. Ils me jetèrent seulement dans un tiraillement qui, sans qu'il y parût, me mit extrêmement mal à mon aise.

Je fus trois nuits à Pontchartrain; je m'y informai de la situation de M. le duc d'Orléans. Le chancelier m'apprit qu'elle ne pouvoit être plus triste, dans un éloignement du roi fort marqué, celui de Monseigneur incomparablement davantage, un embarras, un malaise qui se montroit à découvert, une solitude entière, et jusque dans les lieux publics, où personne ne s'approchoit de lui, et où rarement il s'approchoit de personne sans demeurer seul bientôt après; un abandon entier à Mme d'Argenton et à la mauvaise compagnie de Paris, où il étoit fort souvent; qu'elle avoit fait les honneurs d'un repas qu'il avoit donné, depuis peu de jours, à Saint-Cloud, à l'électeur de Bavière, qui avoit fait grand bruit et fort irrité le roi; en un mot, que jamais prince de ce rang [ne fut] si étrangement anéanti. Je m'étois bien attendu à une partie de ces choses, mais non à un si cruel état. Il augmenta encore mes réflexions.

Il fallut passer et s'arrêter à Versailles. Nous y fûmes tous dîner chez le chancelier, le samedi 21 décembre, jour que le roi revenoit de Marly. La chancelière nous mena voir le logement qu'elle nous destinoit. Les empressements avoient été poussés là-dessus avec adresse, jusqu'à faire sentir qu'ils se tiendroient offensés et méprisés du refus. Ils y avoient ajouté l'offre tout aussi poussée de nous y faire servir un morceau pour nous et pour nos amis. En un mot, tant fut procédé qu'ils me forcèrent comme on force un cerf. Il fallut accepter; mais je capitulai sur le manger, que je ne voulus pas souffrir. Il est impossible d'exprimer l'amitié et la grâce avec laquelle tout cela se passa de leur part. Leur fils étoit à Marly, que nous ne vîmes que le soir à Versailles.

J'étois peu persuadé, touché néanmoins des raisons et plus encore de l'amitié, mais froncé de nouveau, en me revoyant dans Versailles, relégué au fond de la ville, avec cet asile au château, peu capable de soutenir le dégoût et la messéance d'une situation que je ne voyois aucun moyen sensible de changer.

Sur le soir, au retour de la cour, je me trouvai environné d'amis, qui, comme de concert, accoururent autour de moi, hommes et femmes, Chevreuse, Beauvilliers, Lévi, Saint-

Géran, Nogaret, Boufflers, Villeroy et d'autres encore, qui me représentèrent toutes les mêmes considérations en diverses façons qui m'avoient été faites, et qui formèrent comme une conjuration contre ce que j'avois résolu, dont quelques-uns étoient informés, et dont les autres s'étoient doutés par la longueur de mon absence. Ils se relayoient [les uns] les autres, comme s'ils s'étoient entendus pour ne me laisser aucun repos.

Mme la duchesse de Bourgogne envoya chercher Mme de Saint-Simon sitôt qu'elle fut arrivée, qui l'accabla de bontés, dont aussi Mgr le duc de Bourgogne me combla. Outre ce qu'elle avoit dit sur la place de dame d'honneur, après la duchesse du Lude, je sus par Cheverny, ce même soir, que Mgr le duc de Bourgogne s'en étoit ouvert à lui.

Surpris d'une réception si vive, et touché d'une amitié si constante de tant de gens considérables dans un état de disgrâce, et de ne pouvoir encore, en revenant à flot, devenir utile à pas un d'eux, les réflexions, tout ensemble me terrassa. Je résolus, ce même soir, à l'insu de qui que ce fût, de tenter chose qui me décidât pour toujours, soit en me raccrochant à la cour avec quelque succès, soit en l'abandonnant, qui me délivrât de la sorte de persécution que je souffrois là-dessus.

Quelque peu susceptibles que les choses vagues et sans fondement fussent d'un éclaircissement avec le roi, dont les plus dangereuses, comme l'esprit, ne se pouvoient traiter, et les plus aisées à détruire étoient d'une périlleuse délicatesse, comme le pari de Lille et ses suites, ce fut néanmoins la dernière ressource que j'embrassai, fondé sur ce que cette voie m'avoit si bien réussi plus d'une fois, et dans la vérité encore sur ce qu'il y avoit à croire que le roi ne voudroit pas m'entendre, ou que m'écoutant, et cela court et sec, deux choses qui favorisoient le parti que je voulois prendre, et qui mettroient fin aux obstacles de raison et d'amitié que j'y rencontrois.

J'allai chez Maréchal, dont on a vu ailleurs l'attachement pour moi, et quel il étoit d'ailleurs. Il étoit un de ceux qui me pressoient le plus de ne point quitter la partie, et il m'en avoit écrit fortement à la Ferté pour hâter mon retour. Je le trouvai. La conversation ne tarda pas à se tourner sur ma situation, et sur l'embarras que, ne portant sur rien de particulier, mais sur un amas de bagatelles vraies et fausses, [elles] étoient grossies et empoisonnées de manière qu'elles me couloient à fond plus sûrement que des fautes réelles et bien marquées. Après quelques raisonnements là-dessus, je lui dis tout d'un coup que tout le malheur étoit d'avoir affaire à un maître inabordable, auquel, si je pouvois lui parler à mon aise, j'étois sûr de faire évanouir toutes les friponneries dont on s'étoit servi pour lui rendre ma conduite désagréable, et tout de suite j'ajoutai qu'il me venoit en pensée de lui faire une proposition, sans toutefois lui rien demander au-dessus de ses forces, parce que j'avois tout lieu de compter sur son amitié; que la volonté ne lui manqueroit pas, et que dans cette persuasion, je désirois qu'il demeurât en sa liberté de me répondre et de ne rien faire que ce qui lui conviendroit; que ma proposition étoit qu'il prît son temps de dire au roi qu'il m'avoit vu affligé au dernier point de me sentir mal auprès de lui sans l'avoir en rien mérité; que cette seule raison m'avoit tenu quatre mois à la campagne, où je serois encore sans la mort d'un homme très-principal dans mes affaires, pour lesquelles j'avois été forcé à revenir; que je ne pouvois avoir de repos qu'en lui parlant avec franchise et loisir, et que je le suppliois de vouloir m'écouter avec bonté et loisir quand il lui plairoit. J'ajoutai que, par le refus de l'audience, je verrois bien que je n'avois plus à songer à rien; que si je l'obtenois, le succès me découvriroit ce qui me pourroit rester d'espérance.

Maréchal pensa un moment, puis me regardant : « Je le ferai, me dit-il avec feu; et en effet il n'y a que cela à faire. Vous lui avez déjà parlé plusieurs fois, il en a toujours été content; il ne craindra point ce que vous aurez à lui dire, par l'expérience qu'il en a déjà eue. Je ne réponds pourtant pas qu'il le veuille s'il est bien déterminé contre vous; mais laissez-moi faire et bien prendre mon temps. » Nous convînmes qu'il m'écriroit à Paris par un exprès sitôt qu'il auroit parlé.

En le quittant, je fus dire au chancelier et à Mme de Saint-Simon le dessein que j'avois conçu et entrepris, et leur déclarer en même temps que c'étoit le fruit de leurs persécutions et de celles de tous mes amis, duquel dépendroit le parti que je prendrois; mais que, poussé à bout pour demeurer à la cour, je voulois tâcher de pénétrer, par cette dernière tentative, ce que j'y pouvois raisonnablement espérer, et par le succès de cette épreuve, m'y attacher ou l'abandonner pour toujours. Tous deux goûtèrent fort ce que j'avois imaginé, sans pouvoir s'opposer à ma résolution, en conséquence. Le chancelier craignit que le roi, n'ayant rien de marqué contre moi, ne voulût point m'entendre, dégoûté par un amas de choses sans corps, adroitement empoisonnées et portées jusqu'à lui; Mme de Saint-Simon [craignit] bien davantage, persuadée qu'elle étoit par l'éloignement profond du roi pour moi, qu'elle avoit appris de Mme la duchesse de Bourgogne, qu'elle m'avoit judicieusement caché. Cependant la conclusion fut d'attendre, d'espérer; que rien n'étoit mieux que ce que j'avois fait, par l'obscurité dans laquelle cette audience seroit demandée; que ce seroit bon signe si elle étoit accordée; qu'en tout événement, on seroit sur ses pieds pour voir et consulter, ne voulant pas consentir à la retraite, quand même l'audience seroit refusée.

Ce soir même, tout tard, je montai chez Mme de Saint-Géran, qui sortoit de la grande opération de la fistule, et qui m'avoit envoyé prier, en arrivant, de ne pas me retirer sans l'aller voir. La maréchale de Villars y vint. Jusqu'à la disgrâce de Chamillart, nous avions logé porte à porte.

C'étoit une femme qui, à travers les galanteries, s'étoit mise en considération personnelle par les grâces et l'application avec lesquelles elle tâchoit d'émousser la jalousie de la fortune de son mari. Elle n'avoit rien oublié, ni lui aussi, pour se mettre bien avec Mme de Saint-Simon et avec moi dans le temps le plus radieux de leur vie, et où nous ne pouvions leur être de nul usage. Ils avoient passé légèrement sur ma douleur peu contrainte de leur énorme duché, dont jamais je ne leur avois fait le moindre compliment. Sur la pairie, je m'étois aussi bien gardé de leur en faire faire, encore moins de leur en écrire. L'accueil, au bout de quatre mois d'absence, fut comme si nous ne nous étions pas quittés. Elle me pria à dîner avec Mme de Saint-Simon pour le lendemain, et m'en pressa de manière à ne m'en pouvoir défendre. Ils étoient lors en l'apogée de la plus brillante faveur. Elle savoit que le roi devoit aller voir son mari le lendemain, mais elle n'eut garde de me le dire. Elle me l'avoua depuis, et son intention fut de nous donner occasion de lui faire notre cour.

Je fus voir le lendemain matin la duchesse de Villeroy. Elle [et] son mari me demandèrent où je dînois, et m'avertirent de la visite du roi, de peur que, dans la surprise, il m'échappât quelque chose. Le duc de Villeroy m'avoit écrit la pairie de Villars à la Ferté, sans me mander autre chose dans la même lettre. Ma réponse fut laconique : je lui mandai que je le remerciois de sa nouvelle, que je le priois de s'aller…. en propres termes, et de me croire, etc. Ils en rirent beaucoup ; mais cette disposition qu'ils me connoissoient les engagea à me donner l'avis.

Nous dînâmes en compagnie assez courte, et que nous reconnûmes aisément avoir été choisie pour nous. Vers le fruit, on vint poster les gardes, et le roi vint au sortir du sermon. La compagnie s'étoit grossie depuis le dîner. Le roi la salua, puis vint au lit de repos sur lequel étoit le maréchal de Villars, l'embrassa par deux fois avec des propos obligeants, congédia le monde, et demeura deux heures là tête à tête. Comme il sortoit, le maréchal lui dit qu'il se méprenoit de porte. Le roi l'assura qu'il avoit bien remarqué le chemin, et qu'il alloit rendre une visite à la maréchale dans son appartement. Il l'y trouva avec quelques dames. Il y fut peu, mais avec cette galanterie majestueuse qui lui étoit si naturelle. Il s'en alla de là chez lui. Cette visite excita un renouvellement d'envie et fit grand bruit dans le monde. Le maréchal de Grammont, mort à Bayonne en 1678, est le dernier seigneur qu'il ait visité dans une maladie, ce qui n'étoit pas rare autrefois. En allant chez Villars, il dit, comme par manière d'excuse, que puisque le maréchal de Villars ne pouvoit venir chez lui, il falloit bien qu'il l'allât trouver.

Le maréchal de Boufflers ne fut pas celui à qui cette visite fut la moins sensible. Il se tint fort chez lui pendant qu'elle dura, et tout le jour. Mais le hasard donna une rude mortification à un autre illustre disgracié. Le duc de Vendôme, qui, depuis son exclusion de Marly et de Meudon, faisoit des courses rares d'Anet à Versailles, y arriva justement dans ce temps-là. Il en usa en courtisan : il vint dans la galerie où donnoit l'appartement qu'occupoit Villars attendre que le roi en sortît, et y demeura une bonne heure confondu avec tout le monde. Le roi, qui le vit en sortant, lui demanda à quelle heure il étoit parti d'Anet. C'est tout ce qu'il en eut en tout le temps qu'il demeura à Versailles, qui fut jusqu'au premier jour de l'an. Ce spectacle de Vendôme ne laissa pas d'amuser assez de gens.

Tandis que je mettois les fers au feu pour moi-même, je ne perdois point de vue la triste situation de M. le duc d'Orléans. Il étoit allé de Marly à Paris, ainsi je ne l'avois point vu, et à Paris je ne le voyois jamais. Frappé de la profondeur de sa chute, il ne se présenta à moi qu'un seul moyen de le relever, terrible à la vérité, et même dangereux à lui proposer vainement, très-difficile à espérer de lui faire prendre, mais qui, tel qu'il étoit, ne fut pas capable de m'épouvanter : c'étoit de le séparer d'avec sa maîtresse pour ne la revoir jamais. J'en sentis tout le poids et le péril, mais j'en sentis tellement la nécessité et le fruit, que je résolus de l'entreprendre; mais je n'osai me charger seul d'une entreprise si pleine d'écueils.

Je jetai les yeux sur Besons, le seul homme qui fût en état et qui pût être en volonté de m'y aider, encore qu'il fût à peine de ma connoissance. On a vu en plus d'un endroit ici quel il étoit, et ses raisons de liaison et d'attachement pour M. le duc d'Orléans, qui avoit beaucoup de confiance en lui, et qui avoit fort contribué à son élévation.

Besons étoit un rustre, volontiers brutal, avec peu d'esprit, mais tout tourné à son fait et à cheminer; avec assez de sens, mais une tête faite pour un Rembrandt et un Van Dyck, avec de gros sourcils et une grosse perruque qui lui en faisoient attribuer bien davantage; excellent officier général, surtout de cavalerie, médiocre général d'armée, qui, avec une valeur personnelle fine et tranquille, craignoit tous les dangers pour la besogne dont il étoit chargé. Il étoit droit, franc, honnête homme, avoit de la vertu, austère pour autrui, adoucie pour soi, en homme qui sentoit son peu de bien, d'alliance, de naissance, qui avoit beaucoup de famille qu'il aimoit, et qu'il désiroit passionnément avancer et établir, à qui l'amitié de M. le duc d'Orléans avoit été fort utile, à qui, par toutes ces raisons, il ne pouvoit être que fort sensible que ce prince fût en état ou hors d'état d'en tirer protection et parti, et à qui sûrement il eût fort pesé d'avoir la honte de se retirer de chez lui, ou l'embarras d'y demeurer attaché, dans l'état fâcheux où M. le duc d'Orléans s'alloit précipitant sans ressource.

Voilà ce qui me détermina à m'associer de lui, outre qu'il étoit le seul dans la confiance de ce prince dont je pusse faire cet usage; ainsi, sans consulter ni m'ouvrir de mon dessein à personne, trouvant Besons dans le grand appartement pendant la messe du roi, le lendemain de la visite de Sa Majesté au maréchal de Villars, je l'abordai, et, sans autre façon, je le pris à part, et je lui parlai de l'état terrible auquel M. le duc d'Orléans s'étoit mis. Le maréchal, qui n'ignoroit pas mon intimité avec ce prince, s'ouvrit d'abord avec moi, et me peignit sa situation avec des couleurs plus vives et plus fâcheuses que n'avoit fait le chancelier. Il me dit que sa solitude étoit telle que ses gens lui avoient avoué que, depuis un mois, il étoit le seul homme qui fût entré chez lui, non-seulement de gens de marque, mais le seul absolument qui ne fût pas son domestique; qu'à Marly on le fuyoit dans le salon sans détour; que, s'il y abordoit une compagnie, chacun désertoit d'autour de lui, en sorte qu'il demeuroit seul un moment après, et avoit encore le dégoût de voir les mêmes gens se rassembler dans un autre coin tout de suite; qu'à Meudon c'étoit encore pis, qu'à peine Monseigneur y pouvoit souffrir sa présence, et, contre sa manière, ne se contraignoit pas de le marquer; que chacun craignoit d'être vu avec M. le duc d'Orléans, et se faisoit un mérite et un devoir de lui répondre à peine; que pour lui, il étoit au désespoir de voir une chose si funeste et si fort inouïe, et plus outré encore d'y voir si peu de remède.

Alors je le regardai entre deux yeux, et lui dis que j'en savois bien un, moi, et prompt et certain, mais unique, difficile, et hasardeux à tenter; que ce que j'avois appris depuis peu de jours, après une longue absence, m'avoit tellement pénétré de douleur là-dessus que j'avois conçu ce remède et le dessein de le tenter, mais que, ne l'osant seul, j'avois cru pouvoir oser le lui proposer, comme au seul homme capable de m'y donner conseil et aide; qu'en un mot, s'il vouloit me seconder, lui et moi parlerions net au prince, et lui ferions ensemble la proposition de quitter Mme d'Argenton, la source de ses fautes et de ses malheurs dont il pourroit faire celle de son rétablissement auprès du roi, outré de son désordre, et avec le monde, scandalisé à l'excès; qu'avec elle disparoîtroient tous ses torts aux yeux d'un maître qui savoit, par une longue et funeste expérience, jusqu'où pouvoit conduire l'aveuglement d'une forte passion; d'un père sensible pour sa fille, d'un oncle qui avoit eu de l'inclination pour son neveu, d'un bienfaiteur qui seroit ravi de trouver qu'il ne s'étoit pas mépris; que le public suivroit la même impulsion, ainsi que les personnes royales, tous si dépendants des mouvements du roi; qu'il n'y avoit que cette porte pour sortir et pour rentrer, qu'un plus long délai confirmeroit de plus en plus un éloignement, peut-être une aversion; qu'en un mot, il examinât bien la chose, et qu'il vît s'il savoit mieux, ou s'il voudroit y concourir avec moi.

Le maréchal fut moins surpris de l'ouverture que saisi que c'étoit l'unique ressource de M. le duc d'Orléans. Il l'approuva sur-le-champ, quoiqu'il en sentît bien les difficultés, me promit d'être mon second; mais comme il entroit en matière, nous vîmes passer d'Antin près de nous. Nous nous regardâmes pensant tous deux la même chose, et nous convînmes de nous quitter sur-le-champ, et de nous trouver tête à tête chez moi, à Paris, l'après-dînée du jour de Noël, pour conférer de toutes choses, et les mieux digérer ensemble, pour les conduire à une prompte exécution.

Rempli de tant de pensées importantes, je m'en allai l'après-dînée à Paris avec Mme de Saint-Simon, où je lui contai, et à ma mère, le dessein que j'avois conçu sur M. le duc d'Orléans. Il leur fit peur à toutes deux. Elles m'en dissuadèrent; elles me dirent que jamais ce prince n'auroit la force de renvoyer sa maîtresse, ni celle de lui cacher nos efforts; qu'elle étoit méchante, insolente, hardie au dernier point, intimement liée à la duchesse de Ventadour, à la princesse de Rohan, à toute cette dangereuse séquelle qui déjà me haïssoit à cause des Soubise et des Lislebonne, liée encore aux plus méchantes femmes de Paris, et à un grand nombre de gens qui la regardant, les uns comme leur gagne-pain, les autres comme une amie commode, deviendroient furieux contre moi, me susciteroient de nouvelles affaires par de nouvelles noirceurs, me brouilleroient avec M. le duc d'Orléans; qu'en un mot, ce n'étoient point là mes affaires, ni de bonnes affaires; que les miennes n'avoient pas besoin de supplément de tracasseries, de méchancetés, d'ennemis, et que je ferois beaucoup mieux de me tenir en repos, en évitant même avec sagesse un commerce trop étroit avec M. le duc d'Orléans, de même que ce qui pourroit aussi sentir l'abandon, dont ses courses continuelles me donneroient le moyen, si je voulois bien m'en aider. Ce conseil me parut fort sage et me tenta fort de le suivre.

Besons vint au rendez-vous chez moi le jour de Noël. D'entrée de discours, je le trouvai refroidi, et comme je l'étois aussi beaucoup, au lieu de l'échauffer et de le fortifier, je lui présentai les doutes et les difficultés, que je lui avouai m'avoir touché, par les réflexions que j'avois faites depuis que je ne l'avois vu. Il douta pareillement que M. le duc d'Orléans pût être déterminé à quitter Mme d'Argenton; que, ne la quittant pas, il pût nous garder le secret avec elle; et me parut aussi persuadé de la fureur de cette fille et de tout ce qui l'environnoit, qui ne seroit pas sans danger. Ainsi, sans nous départir de nos vues, mais sans nous y tenir entièrement attachés, nous convînmes de ne point parler expressément à M. le duc d'Orléans de quitter sa maîtresse; mais que, s'il le donnoit beau dans la conversation à l'un de nous deux, celui de nous deux qui trouveroit jour le saisiroit pour pousser l'ouverture mesurément, selon qu'il le jugeroit à propos, et auroit pouvoir de citer l'autre, même de découvrir au prince la résolution formée entre eux deux, pour en tirer ce qu'il seroit possible, mais avec une sage discrétion. Nous raisonnâmes longtemps sur l'état auquel il s'étoit laissé tomber, nous parlâmes des diableries et de l'affaire d'Espagne, dont le maréchal ne savoit pas plus que moi, et nous nous séparâmes de la sorte après être convenus de nos faits.

Le pénultième jour de cette année, soupant seul avec Mme de Saint-Simon, je reçus par un exprès un billet de Maréchal, qui me mandoit qu'il s'étoit acquitté de mes ordres, qu'il n'avoit pas été mal reçu, et que je parlerois quand je voudrois; néanmoins qu'il étoit à propos que je le visse avant personne. Ce billet nous donna une joie sensible à Mme de Saint-Simon et à moi. Nous jugeâmes que c'étoit un grand pas fait que la sûreté d'une audience; que la question seroit de voir si elle ne seroit ni forlongée ni étranglée; le succès qu'on s'en pourroit promettre, que je verrois bien dans l'audience même.

Nous résolûmes d'aller le lendemain à Versailles, pour marquer au roi de l'impatience, et y demeurer sans le presser, en attendant qu'il voulût m'écouter. Je voulus que Mme de Saint-Simon vînt avec moi, pour avoir son conseil dans une conjoncture d'où dépendoit entièrement le genre de vie que nous devions embrasser désormais, chose si critique pour nous et pour notre famille.

Arrivant à Versailles le dernier jour de l'an, j'allai chez Maréchal, qui me dit qu'ayant trouvé la veille le roi plus seul et de meilleure humeur qu'à l'ordinaire, il avoit tourné pour lui parler, afin de faire retirer d'auprès de son lit le peu de petits domestiques qui sont de cette entrée, qui précède celle du grand chambellan et des premiers gentilshommes de la chambre; que resté seul auprès du roi, il l'avoit voulu sonder, en lui parlant d'abord d'une petite affaire qui le regardoit; que le roi lui ayant favorablement répondu, il lui avoit dit que ce n'étoit pas tout, et qu'il en avoit une autre à lui dire qui lui tenoit bien autrement au cœur; que le roi lui avoit demandé d'un air fort ouvert ce que c'étoit, et qu'il lui avoit dit qu'il m'avoit vu profondément peiné de me croire mal avec lui; sur quoi il avoit pris occasion de me louer, et de lui vanter mon attachement pour lui, et mon assiduité à la cour; que le roi, sans se refrogner, s'étoit cependant refroidi, et avoit répondu qu'il n'avoit rien contre moi, et qu'il ne savoit pas pourquoi je me persuadois le contraire; que là-dessus, lui Maréchal redoubla et demanda mon audience comme la chose du monde que je désirois le plus, et qui lui feroit à lui le plaisir le plus sensible; que le roi, pressé de la sorte, sans répondre sur l'audience, avoit reparti : « Mais que me veut-il dire? Il n'y a rien. Il est bien vrai qu'il m'est revenu plusieurs bagatelles de lui, mais rien de marqué. Dites-lui de demeurer en repos, et que je n'ai rien contre lui. » Que là-dessus, lui Maréchal avoit insisté de nouveau pour l'audience, le priant de me donner cette satisfaction, sans laquelle je n'en pouvois avoir, mais à son loisir, et point un jour plutôt qu'un autre, pourvu que ce fût seul dans son cabinet; à quoi le roi avoit enfin répondu avec assez d'indifférence : « Eh bien, je le veux bien; quand il voudra. » Maréchal m'assura qu'il avoit bien senti de l'éloignement dans le roi, mais nulle colère, et me dit qu'il espéroit que j'aurois une audience particulière et tranquille; que je lui expliquasse bien tous mes faits une bonne fois, et que je ne craignisse point d'être trop long, puisqu'il étoit question d'un éclaircissement sur des bagatelles grossies, dont le dépouillement demandoit du détail; qu'il me conseilloit de lui parler avec franchise et liberté, et de mêler une sorte d'amitié dans mes respects; que du reste je me présentasse devant lui avec assiduité, pour lui donner lieu de choisir son temps de me parler.

La conversation finit par des remercîments proportionnés au service qu'il me rendoit, dont l'importance se devoit mesurer sur ce que nul autre de mes amis, ministres, seigneurs, personnages, gens en place, n'étoit à portée de me rendre, chose bien étonnante, et néanmoins très-vraie, et qui marquoit bien la défiance du roi pour tout le monde, dont ses valets seuls étoient exceptés.

Maréchal me demanda un secret inviolable, excepté pour

Mme de Saint-Simon et le chancelier, que je lui tins fidèlement. Il ne craignoit pas qu'on sût que j'avois eu une audience, puisque après l'avoir eue, ce seroit une nouvelle qui ne se pourroit cacher, mais bien qu'il me l'eût obtenue. Ainsi finit l'année 1709.

FIN DU SEPTIÈME VOLUME.

NOTES.

I. CARDINAL DE LA ROCHEFOUCAULD.

Page 195.

Saint-Simon (p. 195 de ce volume) parle du cardinal de La Rochefoucauld, qui avait laissé un grand souvenir à Sainte-Geneviève. Je trouve dans les Mémoires inédits d'un contemporain, André d'Ormesson (fol. 234, v°), quelques détails sur ce personnage :

« François, cardinal de La Rochefoucauld, fut, à treize ans, abbé de Tournus, puis évêque de Clermont, maître de la chapelle du roi sous Henri III, cardinal en 1607, sous Henri IV, grand aumônier de France sous Louis XIII, en 1618, par la mort du cardinal du Perron ; premier ministre et chef du conseil en 1622, par la mort du cardinal de Retz ; se retira des affaires vers 1628, laissant l'autorité entière au cardinal de Richelieu ; fut fait abbé de Sainte-Geneviève par le décès de l'évêque de Laon (Brichanteau-Nangis). Il y alla faire sa demeure, fit les réformations presque dans tous les ordres religieux, qui étoient fort dépravés, assisté de conseillers d'État propres à son dessein, qu'il avoit choisis, le tout en vertu de brefs du pape et lettres patentes du roi ; remit en règle l'abbaye de Sainte-Geneviève, qui étoit auparavant à la nomination du roi ; transféra les Haudriettes[1] au faubourg Saint-Honoré, et en fit le monastère de l'Assomption, près les Capucins ; a fait bâtir la maison des Incurables, et ne voulut pas qu'on le sût. Il donnoit tout son revenu aux pauvres et aux hôpitaux. Il fit la réconciliation de l'année 1619, entre le roi Louis XIII et la reine sa mère, du temps du duc de Luynes, favori ; méprisa les grandeurs du monde, foula aux pieds les richesses, les distribuant en œuvres pies et nourriture des pauvres. Il vécut dans une telle pureté, tout le temps de sa vie, que dans Rome il étoit appelé le cardinal vierge, et sa sainteté et dévotion tellement louées et estimées que,

---

1. Ces religieuses tiraient leur nom d'Étienne Haudri qui leur avait donné, au XIIIe siècle, la maison où ils s'établirent, et le revenu nécessaire pour leur communauté.

nonobstant qu'il fût François, il fut nommé par Robert, cardinal, Bellarmin, jésuite, et dix autres cardinaux, pour être pape. Il vécut toujours très-sobrement, sans ornements, sans magnificence. Il étoit commandeur de l'ordre du Saint-Esprit, et en portoit la croix et le cordon bleu. Ayant vécu saintement, il mourut encore plus saintement, ayant gagné le jubilé, reçu tous les sacrements, l'esprit sain et entier, et a fait une très-belle fin, telle que promettoit une très-belle et très-sainte vie. » Le cardinal de La Rochefoucauld mourut le 14 février 1645.

II. ORIGINE DU MARQUIS DE SAUMERY.

Pages 204 et suiv.

M. le marquis de Saumery a adressé à M. le duc de Saint-Simon une nouvelle note, avec prière de la faire insérer en réponse aux allégations de Saint-Simon sur l'origine du marquis de Saumery, p. 204 de ce volume.

« Le marquis de Saumery, dont M. le duc de Saint-Simon a attaqué l'origine, descendait de Gérault de Johanne et de Pausato, devenu seigneur de Mauléon vers 1275, époque à laquelle les vicomtes héréditaires de Soule cédèrent leur souveraineté au roi d'Angleterre. Dès ce temps, cette famille tenait un rang distingué parmi la noblesse de Béarn. Son arrière-grand-père (le prétendu jardinier de Chambord), Arnault de Johanne de La Carre, seigneur de Saumery, était fils de François Arnault de Johanne, seigneur de Mauléon, capitaine d'une compagnie d'arquebusiers à cheval, et de Gratiane Henriques de Lacarre, de l'illustre maison navarraise de ce nom. Son grand-père, don Henriques, baron de La Carre, était, comme ses ancêtres, maréchal héréditaire de Navarre; il avait épousé doña Maria de Luna. Son père, Pierre Henriques, baron de La Carre, s'était allié à Mlle de Belsunce, dont il n'eut que deux filles.

« Arnault fut appelé dans le Blaisois par son grand-oncle Bernard de Ruthie, grand aumônier de France, et par son oncle maternel, Menault Henriques de La Carre, aumônier du roi, lequel lui légua, en 1533, sa seigneurie de Saumery. Il servit d'abord sous les ordres de son père, et le suivit durant les guerres que le roi de Navarre, depuis Henri IV, eut à soutenir. Ce prince le prit en qualité de secrétaire de la chambre, puis le nomma premier président de la chambre des comptes de Blois. Il mourut conseiller d'État, et ne fut jamais rien à Chambord, dont le gouvernement n'a été établi qu'au commencement du règne de Louis XIII, et donné à son fils, François de Johanne de

La Carre, seigneur de Saumery, premier gentilhomme de la chambre de Gaston de France, frère du roi, capitaine des chasses du comté de Blois, etc., etc.

« Enfin le frère du marquis de Saumery, si cruellement traité, Jacques de Johanne de La Carre, marquis de Saumery, commença à servir dans les mousquetaires; il devint mestre de camp du régiment d'Orléans, puis maréchal de camp, grand bailli de Blois le 15 février 1650, et conseiller d'État. Il avait épousé Catherine Charron de Nozieux, sœur de Mme Colbert.

« Quant à la familiarité dont M. de Saumery aurait usé envers MM. de Chevreuse et de Beauvilliers, elle semble parfaitement justifiée, puisque ces deux seigneurs étaient ses cousins germains.

« Des documents de famille, l'estime dont fut toujours entourée Marguerite de Montlezun, marquise de Saumery, ses liaisons avec les femmes de la cour les plus vertueuses, attestent que l'auteur des *Mémoires* était aussi mal renseigné sur sa conduite que sur la naissance de MM. de Saumery[1]. »

III. ÉTAT DE L'ESPAGNE EN 1709.

Page 210.

Saint-Simon parle (p. 210 de ce volume) de l'effet que produisit en Espagne la nouvelle qu'on y avait répandue du rappel prochain des troupes françaises. Plusieurs lettres d'Amelot, ambassadeur de France, donnent des détails importants sur ce fait, et en général sur la situation de l'Espagne en 1709.

§ 1. AMELOT A LOUIS XIV[2].

« A Madrid, le 6 mai 1709.

« Sire,

« J'ai reçu la dépêche dont Votre Majesté m'a honoré le 22 du mois passé. Le roi d'Espagne a entendu avec plaisir le compte que je lui

---

1. Archives du château de Saumery, registres de l'état civil de Huillier, archives de Pampelune, lettres patentes d'Henri IV du 4 novembre 1598, histoire de Navarre, histoire des grands officiers, etc., etc.

2. Bibl. imp. du Louvre, F 325, papiers de la famille de Noailles, t. XXVI, pièce 2, copie du temps.

ai rendu de ce que Votre Majesté me mande au sujet de la sortie du nonce. Il est certain, Sire, bien loin que les Espagnols aient désapprouvé la résolution de Sa Majesté Catholique, qu'il a paru, au contraire, qu'elle étoit applaudie, même par la plupart des religieux, que la juridiction du nonce fatigue en bien des choses, et dont elle tire beaucoup d'argent, par les petites grâces ou exemptions qu'ils sollicitent auprès du ministre de Sa Sainteté, et par les procès qu'ils ont continuellement les uns contre les autres. On a vu, même pendant le voyage du nonce depuis Madrid jusqu'à la frontière de France, que fort peu de prêtres et de moines se sont empressés à le voir dans les lieux de son passage.

« Votre Majesté, Sire, aura entendu bien au long, par ma dernière lettre, ce qui s'est passé ici pendant les trois derniers jours qui l'ont précédée. La déclaration que le roi d'Espagne a faite à plusieurs de ses ministres, s'étant répandue dans le public, a causé beaucoup de rumeur, et a donné lieu à des discours fort extraordinaires parmi les gens de toute espèce qui composent cette grande ville. On a rapporté ce que Sa Majesté Catholique avoit dit d'une manière bien différente de la vérité, comme il arrive ordinairement lorsque les choses passent par plusieurs bouches, et sont redites par des gens ou ignorants ou malintentionnés. On a publié non-seulement que Votre Majesté abandonnoit l'Espagne, mais encore que le roi votre petit-fils étoit sur le point d'en sortir, et qu'il n'avoit appelé ses principaux ministres que pour leur en faire part. Il a cependant paru en général de l'attachement pour le roi d'Espagne, et de l'amour pour Mgr le prince des Asturies, que les Espagnols regardent comme Espagnol, et comme devant les gouverner un jour à leur manière.

« L'ancienne haine contre la nation françoise s'est réveillée en cette occasion, et on ne parloit pas moins que de couper la gorge aux François qui sont à Madrid, et de saccager leurs maisons. Les gens sensés ont connu l'injustice de ces emportements, sachant les prodigieux efforts que la France fait depuis huit ans pour conserver la monarchie d'Espagne en son entier, et conserver Sa Majesté sur le trône ; mais cela ne peut empêcher le premier effet que fait dans le public une nouveauté de cette nature.

« Le roi d'Espagne a cru, Sire, après la démarche qu'il a faite, qu'il convenoit de nommer des ministres pour les conférences de la paix. Quoique Votre Majesté ne lui ait pas encore mandé qu'il en fût temps, je n'ai pas jugé qu'il fût du bien de votre service de m'y opposer, outre que mes représentations auroient peut-être été inutiles. Il m'a paru, au contraire, que cette nomination pourroit peut-être calmer les esprits, en faisant voir qu'il n'y avoit encore rien de conclu, puisque Sa Majesté Catholique nommoit des ministres pour traiter la paix. Après avoir cherché des sujets propres pour une pareille négociation, on a trouvé tant de difficultés et d'inconvénients dans deux qu'on avoit pu envoyer de Madrid, que le roi d'Espagne s'est déterminé au duc d'Albe et au comte de Bergheyck.

« Je crois, Sire, que ce choix sera plus agréable à Votre Majesté qu'aucun autre, puisque ces deux ministres ont l'honneur d'être connus de Votre Majesté; qu'ils se trouvent actuellement sur les lieux (ce qui épargne de la dépense, de l'embarras et du temps, s'il étoit question d'une prompte négociation), et que d'ailleurs Votre Majesté prendra plus aisément les mesures qu'elle jugera convenables avec ces deux ministres, qui sont au fait des affaires, et qui sont déjà occupés par d'autres emplois, qu'avec deux qui viendroient d'Espagne remplis d'idées et de maximes très-opposées aux nôtres.

« Cette nomination de plénipotentiaires, que le roi a communiquée aussitôt aux ministres du Despacho et au conseil d'État, a été très-approuvée; elle a même fort apaisé les bruits qui couroient et les mauvais discours qui se tenoient dans les conversations et dans les places. Sa Majesté Catholique fait travailler aux instructions par le marquis de Mejorada, et elle en donnera une secrète de sa main, qui, je crois, se réduira à ne jamais céder l'Espagne et les Indes, et à se rapporter du reste à tout ce que Votre Majesté jugera de plus convenable.

« Pour ce qui regarde, Sire, la nouvelle forme à donner au gouvernement, l'idée qu'on a toujours eue quand on en a parlé d'avance, même avec les Espagnols, et qui se renouvelle aujourd'hui, est de charger plusieurs ministres de différents départements d'affaires, indépendants les uns des autres, pour en rendre compte au roi d'Espagne séparément ou dans un Despacho, selon qu'il sera jugé plus à propos. La grande difficulté est de trouver des sujets dont ce prince puisse espérer d'être bien servi, et c'est ce qui s'agite tous les jours entre Leurs Majestés Catholiques, Mme la princesse des Ursins et votre ambassadeur, sans avoir pu encore se fixer sur aucun des nouveaux ministres, qu'il faut pourtant tirer du nombre de ceux qu'il y a présentement. Les Espagnols de confiance auxquels on en parle n'y sont pas moins embarrassés eux-mêmes.

« Je me confirme, au reste, Sire, de plus en plus dans l'opinion que ce changement est nécessaire, de quelque manière que les choses tournent. Si le roi d'Espagne demeure sur le trône, on a toujours dit, et il convient qu'il établisse un gouvernement certain, composé de ministres espagnols, et qu'on connoisse que Votre Majesté n'est entrée par son ambassadeur dans le détail et la direction des affaires que par la nécessité indispensable d'une guerre dont Votre Majesté supportoit presque tout le poids. Si, au contraire, Sa Majesté Catholique est forcée d'abandonner l'Espagne, et qu'elle exécute la résolution qu'elle a prise de se défendre jusqu'à l'extrémité avec ses seules forces, en cas que Votre Majesté retire ses troupes, il y a beaucoup de raison encore de mettre le ministère dès à présent sur un autre pied, ainsi que Votre Majesté le jugera aisément, sans que je m'étende davantage pour le prouver. Lorsque Votre Majesté jugera à propos de m'instruire du progrès des négociations de M. Rouillé, je serai plus en état de représenter à Votre Majesté ce que j'estimerai du bien de son service en ce pays-ci, et d'agir en conformité.

« Sur l'article de mon congé, j'espère, Sire, que Votre Majesté ne désapprouvera pas ce que j'ai eu l'honneur de lui proposer, et qu'elle connoîtra que le système présent des affaires d'Espagne le demande ainsi beaucoup plus que mes convenances particulières, tant par rapport à ma santé que pour le reste. »

§ II. EXTRAIT D'UNE LETTRE D'AMELOT, AMBASSADEUR DE FRANCE EN ESPAGNE, AU ROI LOUIS XIV[1].

« Madrid, 27 mai 1709.

« Les choses, Sire, sont ici au même état que j'ai eu l'honneur de l'expliquer à Votre Majesté par mes dernières lettres. Le roi d'Espagne paroît plus résolu que jamais à ne point abandonner sa couronne, et à se défendre avec ses seules forces jusqu'à l'extrémité, si Votre Majesté retire ses troupes. Il songe en ce cas à M. l'électeur de Bavière pour commander son armée sur la frontière de Catalogne, et il écrit à Votre Majesté pour la prier de permettre qu'il prenne à son service les quatre bataillons irlandois de Votre Majesté qui servent en ce pays-ci; savoir : les deux de Berwick, un de Dillon et un de Bourck, et le bataillon allemand de Reding, dont le colonel est Suisse. Comme je ne sais point sur quel pied la paix se traite, ni quelles seront les intentions de Votre Majesté sur le dessein du roi son petit-fils de se maintenir en Espagne tant qu'il pourra, je ne puis ni ne dois lui déconseiller des choses qui vont à son but; et quand je le ferois, ce seroit fort inutilement. Il me paroît donc absolument nécessaire que Votre Majesté ait agréable de m'instruire au plus tôt, et plus particulièrement de la conduite que je dois tenir, afin que je m'y conforme sans abuser de la confiance que le roi d'Espagne a encore en moi, ce que je sais bien que Votre Majesté ne m'ordonnera jamais.

« Plus je réfléchis sur l'état des choses, Sire, plus je suis persuadé qu'il est du service de Votre Majesté de m'accorder le congé que je lui ai demandé, sans attendre que Votre Majesté déclare au roi son

---

1. Bibl. imp. du Louvre, F 325, t. XXVI, pièce 12.

petit-fils les articles dont elle sera convenue pour la conclusion de la paix. Il est certain que, dès le moment de cette déclaration faite, le roi d'Espagne, persistant dans sa résolution, sera forcé de se mettre entièrement entre les mains de ses ministres espagnols. Ceux-ci ne manqueront pas de demander l'éloignement de votre ambassadeur, ne croyant pas ou ne voulant pas croire qu'il puisse demeurer ici sans avoir part à la confiance du roi leur maître, ce qui leur serviroit de motif et d'excuse pour ne pas s'efforcer de bien servir, et pour dire qu'on feroit échouer leurs desseins par des avis et des insinuations secrètes.

« Il faut cependant, Sire, que Votre Majesté ait, dans tous les cas, un ministre à Madrid. Celui que vous honorez du caractère de votre ambassadeur ne seroit pas ici, dans une pareille conjoncture, aussi agréablement qu'il convient à un représentant du premier ordre. Il ne seroit aussi nullement à propos qu'un homme tout neuf, qui ne connoîtroit pas le terrain, et qui ne trouveroit pas les mêmes accès que ses prédécesseurs, fût choisi pour un emploi de cette nature. Ces deux réflexions me font prendre la liberté de dire à Votre Majesté que personne, à mon sens, ne seroit plus propre à être chargé des ordres de Votre Majesté en Espagne, dans cette conjoncture, que M. de Blécourt, qui a été revêtu de la qualité de votre envoyé extraordinaire pendant quelque temps, sans compter le séjour qu'il a fait avec M. le maréchal d'Harcourt. Je ne connois point M. de Blécourt, mais je sais qu'il a ici la réputation d'un honnête homme, que les Espagnols se sont bien accommodés de lui, et que comme il connoît et le pays et les sujets, il peut servir Votre Majesté plus utilement qu'un autre, sans donner trop d'inquiétude à ceux qui auront le plus de part au gouvernement. Je conçois, du reste, que l'envoi de M. de Blécourt ne seroit que pour un temps, et jusqu'à ce que le changement des affaires et le système de cette cour donnassent lieu à Votre Majesté d'envoyer un ambassadeur. »

IV. MÉMOIRE POUR LE MARQUIS DE BLÉCOURT, ENVOYÉ EXTRAORDINAIRE DU ROI EN ESPAGNE [1].

Page 280.

Le successeur d'Amelot, Blécourt, étant arrivé à Madrid le 23 août 1709, Amelot, avant son départ, rédigea pour lui un mémoire impor-

[1]. Bibl. imp. du Louvre, F 325, t. XXVI, pièce 74.

tant sur les relations de la France et de l'Espagne, et sur la conduite que devait tenir l'ambassadeur français à Madrid. Voici ce mémoire, qui se trouve dans les papiers du maréchal de Noailles :

« Le roi ayant jugé à propos, dès le mois de juin dernier, de faire revenir son ambassadeur de Madrid, et lui ayant ordonné en même temps de se retirer du maniement des affaires du roi d'Espagne, à moins que Sa Majesté Catholique ne le désirât autrement pour le bien de son service, il semble que, dans la situation présente, M. de Blécourt doit donner uniquement ses soins à entretenir la correspondance entre les deux cours, à maintenir le roi et la reine d'Espagne dans les sentiments de reconnoissance et d'attachement pour le roi leur grand-père, dont ils ne se sont jamais écartés; à protéger la nation et le commerce de France, et à faire payer régulièrement les troupes du roi pour y servir à la solde de Sa Majesté Catholique.

« Il n'est pas besoin de s'étendre sur ces deux derniers points; il suffit de remettre à M. de Blécourt, comme je le fais, les différents décrets du roi d'Espagne qui ont été obtenus sur les matières qui se sont [présentées], et qui établissent en bien des choses de nouvelles règles plus avantageuses à la marine de France, au commerce et aux priviléges de la nation. Je remets en même temps à M. de Blécourt des états bien détaillés de toutes les troupes françoises qui restent en Espagne, de ce qu'il faut leur payer par mois, y compris les états-majors, l'artillerie et tout le reste de ce qui en dépend, et j'y joins un mémoire de ce qui a été payé à compte à Sa Majesté Catholique.

« Le premier point demande plus de réflexions. Leurs Majestés Catholiques sont certainement très-bien disposées; elles pensent sur ce qui regarde la France comme il convient à leur sang et à leur élévation; elles connoissent parfaitement l'intérêt qu'elles ont de conserver l'union entre les deux couronnes; elles sentent les obligations infinies qu'elles ont au roi leur grand-père; mais comme le système qui a duré pendant toute la guerre est sur le point de changer, par la retraite des troupes de France, qui apparemment ne demeureront pas encore longtemps en Espagne, et peut-être par la conclusion prochaine d'une paix particulière de la France avec les alliés, il y aura en ce cas plus de mesures à prendre qu'auparavant pour détourner tout ce qui pourroit altérer la bonne intelligence, pour dissiper et comme pour prévenir les impressions sinistres et dangereuses que bien des gens s'efforceront de donner à Leurs Majestés Catholiques dans des conjonctures aussi délicates et aussi épineuses. C'est l'objet, ce me semble, de la principale application de M. de Blécourt. Il n'y a rien pour cela de plus convenable que de s'ouvrir avec franchise au roi et à la reine d'Espagne, de les informer de tout ce qu'il apprendra des vues et des intrigues des seigneurs et des ministres espagnols, et de leur en faire voir les inconvénients.

« Si Mme la princesse des Ursins demeure à Madrid, il n'y aura rien de mieux que d'agir de concert avec elle; de commencer par lui donner part de tout, et de profiter de ses conseils et de l'extrême confiance que Leurs Majestés Catholiques ont justement en elle. Si M. de Blécourt ne connoît pas à fond Mme des Ursins, il s'apercevra bientôt que rien n'est plus éloigné de la vérité que les idées qu'on a voulu donner du génie et de la conduite de cette dame. Il trouvera qu'on ne peut penser plus noblement qu'elle fait, agir avec plus de désintéressement, ni se conduire en tout avec plus de zèle pour le service du roi et plus d'attachement pour Leurs Majestés Catholiques qu'elle a toujours fait.

« Si Mme la princesse des Ursins se retire, M. de Blécourt sera certainement privé d'un grand secours et d'une grande consolation. Il faudra en ce cas, comme je l'ai marqué ci-dessus, non-seulement qu'il s'explique avec franchise au roi et à la reine d'Espagne, mais qu'il les supplie de lui prescrire les règles de sa conduite, pour la leur rendre agréable; qu'il leur demande quelles sont les personnes de leur cour avec qui il doit former ses liaisons, et qui sont celles qu'il doit éviter; les consulter sur la manière dont il devra parler sur des matières de l'importance de celles qui peuvent se présenter tous les jours dans des temps aussi difficiles que ceux-ci, et leur dire que c'est l'ordre qu'il a reçu du roi. Rien, à mon sens, n'est plus propre à plaire à Leurs Majestés Catholiques, à gagner leur confiance, et à les entretenir dans les sentiments qu'ils doivent au roi leur grand-père. Je n'ai pas besoin de dire en cet endroit, à un homme comme M. de Blécourt, que tout ceci ne s'entend qu'autant qu'il n'y aura rien de contraire aux intentions du roi notre maître.

« J'ai dit en particulier mon sentiment à M. de Blécourt sur la plupart des ministres et des seigneurs de cette cour; mais je ne puis m'empêcher de remarquer ici que le duc de Veragua est un de ceux qui est le plus dévoué au roi d'Espagne, sur qui l'on peut le plus compter et avec qui on peut plus sûrement avoir des liaisons[1]. Le marquis de La Jamaïque son fils[2] a beaucoup d'esprit et est du même génie que son père. Ils sont haïs des autres grands, parce qu'ils ont constamment été attachés au gouvernement.

« Le duc de Popoli est homme de bon sens, de bon esprit, d'un zèle à toute épreuve, et Leurs Majestés Catholiques ont pour lui plus d'estime et de confiance que pour aucun autre homme de son rang. M. de Blécourt ne sauroit mieux faire que de rechercher son amitié.

---

1. Voy. Mémoires de Saint-Simon, t. III, p. 5.
2. *Ibidem*, t. VI, p. 305.

« Comme M. de Blécourt n'a pas connu sans doute les deux secrétaires du Despacho[1], qui n'étoient pas en place de son temps, il est bon de les peindre ici en peu de mots.

« Le marquis de Mejorada est homme d'esprit, de mérite et attaché au roi son maître, mais il est entêté des anciens usages; il est opiniâtre, abonde dans son sens, et n'approuve presque jamais rien lorsqu'il ne l'a point pensé. Le roi et la reine d'Espagne le connoissent tel qu'il est et ils ne laissent pas d'en faire cas, parce qu'il a effectivement de très-bonnes choses. Son département se réduit aux affaires politiques et ecclésiastiques, et à celles de justice; ce qui ne lui donne pas infiniment de travail dans un temps comme celui-ci.

« Don Joseph Grimaldo a du bon sens et de l'activité pour le travail. Il est modeste et désintéressé. Il a été mis en place de mon temps et il est plus au fait que personne de la nouvelle forme que l'on donne aux affaires de guerre et de finance, qui avec le commerce forment son département. La multiplicité des affaires dont il est chargé lui donne des occasions plus fréquentes d'approcher du roi. Sa Majesté Catholique s'est fort accoutumée à lui et fait passer par son canal presque toutes les affaires secrètes et extraordinaires, qui seroient naturellement du département de son collègue. Don Joseph de Grimaldo est fort aimé et a des manières polies; il n'a jamais abusé de tout ce qu'on lui a confié ni de l'estime qu'on lui a témoignée. C'est un homme à conserver. Il sait qu'il m'a obligation de son avancement, et j'ai lieu de croire qu'il ne changera pas de style et qu'il ne s'éloignera pas des bons sentiments où je l'ai toujours vu pour maintenir une étroite union entre les deux couronnes.

« J'ai informé en particulier M. de Blécourt des gens qui ont eu le malheur de déplaire à Sa Majesté Catholique, et avec qui par conséquent il ne convient pas d'avoir des liaisons. Il seroit inutile de le répéter ici.

« Il y a, au reste, trois idées dont il me semble qu'il est bon d'être prévenu, pour s'en expliquer dans les occasions qui se présenteront de s'entretenir avec les grands et les ministres d'Espagne. La première regarde l'intérêt que les principaux seigneurs peuvent avoir à faire en sorte que la monarchie soit réunie en son entier en la personne de l'archiduc, supposant qu'elle ne pourroit se conserver entre les mains de Philippe V qu'avec des démembrements très-considérables. Outre que la vanité de la nation seroit flattée par cette réunion prétendue, les grands y croiroient trouver en particulier leur avantage, par les vice-royautés et les grands gouvernements de Naples, de Sicile, de Flandre et de Milan, auxquels ils auroient espérance de

---

1. Secrétaires d'État.

parvenir. Il est important de détruire le fondement d'une pareille tentation, qui pourroit être dangereuse. Il n'y a pour cela qu'à leur faire faire attention sur les articles préliminaires que les alliés ont proposés en dernier lieu à la Haye, et qu'ils ont fait imprimer dans toutes les langues. On voit dans ces articles qu'il y a des démembrements promis aux Hollandois, au roi de Portugal et au duc de Savoie, et qu'on se réserve encore le pouvoir de régler d'autres conventions entre l'archiduc et les alliés; ce qu'on ne peut presque douter qui ne regarde les États d'Italie, qu'on sait que l'empereur veut s'approprier. Si l'on prend soin de faire faire là-dessus de sérieuses réflexions aux Espagnols, ceux qui sont de bonne foi et non prévenus de passion ne pourront s'empêcher de convenir qu'ils ne trouveront aucun avantage particulier à avoir l'archiduc pour maître.

« La seconde idée, dont on peut faire usage avec gens de toute condition, surtout avec les ecclésiastiques, c'est qu'il est visible que la religion souffriroit beaucoup par un changement de domination. On ne peut douter que les Anglois et les Hollandois, qui ne font la guerre que pour leur commerce, ne se rendissent maîtres absolus de celui des Indes et par conséquent des principaux ports de ces vastes royaumes, où ils ne manqueroient pas d'introduire leur religion. Il faut s'attendre en même temps qu'ils s'établiroient de la même manière à Cadix, à Bilbao, à Mahon et peut-être dans d'autres ports d'Espagne, et que la cour de Madrid ne pourroit plus s'y faire obéir que sous leur bon plaisir. On sait ce qu'ils ont fait en Aragon et en Valence, pendant qu'ils en ont été les maîtres; que la doctrine catholique y a été corrompue en bien des endroits, et que l'on a trouvé sur un vaisseau anglois qui a été pris, quatorze mille exemplaires du catéchisme de la liturgie anglicane, que la reine Anne envoyoit pour faire distribuer dans ces deux royaumes.

« La troisième idée consiste à faire connoître aux Espagnols qu'il leur convient beaucoup plus par rapport à leur repos et à leur sûreté que le roi Philippe V demeure sur le trône que d'y laisser monter l'archiduc. On ne peut disconvenir, dans ce dernier cas, que, malgré l'usurpation violente du prince autrichien, les droits du roi d'Espagne et du prince des Asturies, juré et reconnu par les états, ne demeurent en leur entier, surtout ceux du prince des Asturies, qui n'est pas en âge de faire une renonciation. La France rétablira ses affaires après quelques années de paix, commes les alliés le publient eux-mêmes; elle sera en état de remettre sur pied de nouvelles et nombreuses armées, et dix ans ne se passeront pas que Philippe V, ou en son nom ou en celui du prince des Asturies, ne rentre en Espagne et n'en fasse la conquête. Ce royaume deviendra alors le théâtre de la guerre, et Dieu sait à combien de désolations et de nouveaux malheurs il se trouvera exposé, au lieu que conservant leur roi légitime sur le trône, tout demeure tranquille, sans trouble et sans fondement légitime de craindre de nouvelles révolutions. Il semble que ce raisonnement peut frapper les Espagnols. »

V. ARRESTATION DE FLOTTE ET DE RENAUT.

Page 308.

Saint-Simon parle (p. 300 et suiv. de ce volume) de l'accusation que l'on porta contre le duc d'Orléans à l'occasion des affaires d'Espagne, ainsi que de l'arrestation de ses agents Flotte et Renaut. On trouve dans la correspondance d'Amelot quelques passages relatifs à cette accusation. Voici les principaux :

LETTRE D'AMELOT A LOUIS XIV[1].

« 29 juillet 1709.

« Sire,

« Je n'ai point été honoré des ordres de Votre Majesté par le dernier ordinaire. J'ai rendu compte, il y a huit jours[2], à Votre Majesté de tout ce qui regarde la détention du sieur Flotte. Il a été conduit au château de Ségovie et a dit, sans être pressé, aux officiers qui l'ont approché, le sujet de sa négociation avec le sieur Stanhope avec des circonstances qu'il a crues propres à rendre sa conduite moins odieuse, ajoutant qu'il faudroit faire une alliance entre le roi d'Espagne et Mgr le duc d'Orléans, auquel Sa Majesté Catholique pourroit céder quelque partie de sa monarchie. Je ne crois pas, Sire, devoir entrer dans de plus grands détails à cet égard, sachant que le roi d'Espagne envoie des extraits à Votre Majesté des déclarations volontaires du sieur Flotte.

« Don Bonifacio Manrique, gentilhomme biscaïen, lieutenant général des armées de Sa Majesté Catholique, dont la conduite a été désagréable au roi son maître, et qui ne servoit plus depuis trois ans, a été arrêté à Madrid, sur un grand mémoire écrit de sa main, qui a été trouvé dans les papiers du sieur Flotte. Il promet par ce mémoire

---

1. Papiers des Noailles, Bibl. imp. du Louvre, ms. F 325, lettre 41°. Copie du temps.
2. Cette lettre ne se trouve pas dans les papiers des Noailles.

d'engager plusieurs gens de distinction dans le projet et d'aller catéchiser (ce sont ses termes) dans les provinces d'Andalousie et d'Estrémadure, où il a beaucoup de connoissances. »

Amelot revient sur ce sujet dans une lettre adressée à Louis XIV le 19 août 1709[1] : « Votre Majesté me marque, par rapport à l'affaire du sieur Flotte, que les circonstances en sont si fâcheuses de quelque côté qu'on les regarde, que le seul parti qu'il y ait à prendre est celui de l'assoupir au plus tôt et de finir les recherches dont la découverte ne peut produire que de mauvais effets; que Votre Majesté demande au roi, votre petit-fils, d'observer un secret que vous souhaiteriez pour ses propres intérêts qu'il n'eût jamais laissé pénétrer; qu'il ne faut plus songer qu'à faire cesser l'éclat que la résolution du roi d'Espagne a causé et que j'y dois travailler pendant le temps qu'il me reste à demeurer à Madrid.

« J'ai commencé à m'acquitter, Sire, des ordres de Votre Majesté en informant le roi d'Espagne que je les avois reçus et en le pressant, autant qu'il m'a été possible, de finir les recherches dont il s'agit, remettant les sieurs Flotte et Renaut à la disposition de Votre Majesté. Je lui ai représenté les raisons expliquées dans la dépêche de Votre Majesté et celles que la connoissance de l'affaire offre naturellement à l'esprit. Sa Majesté Catholique m'a répondu qu'elle souhaitoit montrer en tout sa déférence aux sentiments de Votre Majesté; qu'elle avoit envoyé ordre à Ségovie d'interroger encore une fois les sieurs Flotte et Renaut, surtout le premier qui s'étoit contredit dans ses déclarations sur plusieurs articles importants, et qu'aussitôt après qu'elle auroit vu leurs réponses elle prendroit sa résolution, dont elle me feroit part. Ce prince m'a dit que, pour ce qui est du secret, il avoit été gardé de sa part avec la dernière exactitude, et que, si le sieur Flotte n'avoit pas tenu les discours que l'on sait à un grand nombre d'officiers et d'autres personnes, le véritable motif de sa prison n'auroit jamais été pénétré. Je continuerai, Sire, à presser Sa Majesté Catholique d'assoupir entièrement cette affaire, ainsi que Votre Majesté me l'ordonne. »

La lettre d'Amelot à Louis XIV, en date du 26 août 1709, parle encore de Flotte et de Renaut : « Le roi d'Espagne a reçu avant-hier les dernières interrogations des sieurs Flotte et de Renaut; elles sont différentes des premières en bien des choses et presque conformes entre elles; ainsi il y a lieu de croire qu'elles contiennent les faits dans leurs véritables circonstances. Je presse Sa Majesté Catholique de finir au plus tôt cette affaire, suivant l'avis de Votre Majesté. J'espère que cela n'ira pas loin, et je pourrai peut-être en savoir quelque chose de plus positif avant le départ de l'ordinaire. »

---

1. Papiers des Noailles, *ibidem*, lettre 50.

VI. PROCESSION DE LA CHÂSSE DE SAINTE GENEVIÈVE.

Page 220.

Saint-Simon rappelle (p. 220 de ce volume) que la procession de sainte Geneviève se faisait *dans les plus pressantes nécessités;* mais il ne donne pas de détails sur cette solennité. Les *Mémoires d'André d'Ormesson* (fol. 327 r° et v°) contiennent le récit d'une de ces processions :

« *L'ordre de la procession de madame sainte Geneviève, qui fut faite le jour Saint-Barnabé* (13 *juin* 1652).

« La France étant en si piteux état, et menacée d'une ruine entière par l'animosité des princes, qui demandoient l'éloignement du cardinal Mazarin de la cour, et la reine y résistant de toute sa force, croyant y aller de son honneur et de son autorité de le maintenir, lesdits princes, pour l'y forcer, firent entrer les Espagnols, les ennemis du roi, dans le royaume. Le duc de Nemours les alla querir. Le duc de Lorraine y entra avec son armée, ruina et fourragea tous les lieux par où il passoit, amena son armée dans la Brie, et, lui, entra et fut bien reçu à Paris des princes, et encore du peuple ennemi du cardinal. Les François se combattant ensemble dans le cœur du royaume, les Espagnols prirent Gravelines, qui ne put être secouru, et ils étoient en train de prendre encore Dunkerque. Le parlement donnoit des arrêts contre Mazarin, lequel empêchoit le roi de rentrer dans Paris.

« Dans ce désordre, auquel il étoit difficile de remédier, le prévôt des marchands demanda à messieurs de Notre-Dame, et ensuite aux religieux et abbé de Sainte-Geneviève, la descente de sa châsse, pour obtenir, par son intercession, la fin des ruines et misères de la guerre civile, [puis] se présenta au parlement, qui donna le jour de la cérémonie au 13 juin, fête de Saint-Barnabé. Voici l'ordre qui y fut tenu :

« Les religieux de Sainte-Geneviève, ayant jeûné trois jours et fait les prières ordonnées, descendirent la châsse ledit jour du mardi 13 juin, à une heure après minuit. Le lieutenant civil d'Aubray, le lieutenant criminel, le lieutenant particulier et le procureur du roi la prirent en leur garde. Les quatre mendiants[1] marchoient les premiers,

1. Les quatre ordres de religieux qui faisaient vœu de ne vivre que d'aumônes. Les noms de ces ordres sont indiqués dans la suite du récit.

savoir : les cordeliers, les jacobins, les augustins et les carmes, et puis les sept paroisses filles de Notre-Dame, avec leurs bannières; puis furent portées les châsses de saint Papan, saint Magloire, saint Médéric, saint Landry, sainte Avoie, sainte Opportune et autres reliquaires; puis la châsse de saint Marcel, évêque de Paris, qui fut portée par les orfévres. Celle de sainte Geneviève fut portée par des bourgeois de Paris, auquel cet honneur appartient.

« A l'entour et à la suite d'icelle, étoient les officiers du Châtelet, qui l'avoient en garde. Le clergé de Notre-Dame marchoit à gauche, et l'abbé de Sainte-Geneviève avoit la droite, marchoit les pieds nus, comme tous les religieux de Sainte-Geneviève. Ceux qui portoient la châsse de Sainte-Geneviève étoient aussi pieds nus. M. l'archevêque de Paris étoit assis dans une chaire à cause de son indisposition, avoit à côté de lui ledit sieur abbé, et donnoient tous deux des bénédictions au peuple. Le parlement suivoit après, où étoient les présidents Le Bailleul, de Nesmond, de Maisons, d'Irval et Le Coigneux. Le maréchal de L'Hôpital, gouverneur de Paris, marchoit entre les deux premiers présidents; MM. de Vertamont, Villarceaux-Mangot, Laffemas et Montmort, maîtres des requêtes, et puis les conseillers de la cour en grand nombre; les gens du roi, MM. Talon, Fouquet et du Bignon, après eux; la chambre des comptes à côté du parlement, en sorte que deux présidents des comptes étoient à côté de deux présidents de la cour, et ensuite tous de même.

« Par après marchoit la cour des aides, au côté droit, MM. Amelot et Dorieux présidents; le prévôt des marchands, M. Le Feron, conseiller de la cour, avec sa robe mi-partie, avec les échevins et conseil de ville, au côté gauche.

« L'on me dit que M. le duc d'Orléans[1] et M. le Prince[2] étoient ensemble vers le petit Châtelet. L'on ne vit jamais tant de peuple; les fenêtres remplies de gens d'honneur; et cette procession fut faite en grande dévotion et grand respect. La châsse de monsieur saint Marcel étoit très-belle et très-riche; celle de sainte Geneviève l'étoit encore plus, y ayant de grosses perles, rubis et émeraudes en grande quantité, qui avoient été donnés par la feue reine Marie de Médicis.

« Fait et écrit à Paris, l'après-dînée dudit jour Saint-Barnabé (13 juin 1652). »

1. Gaston d'Orléans; frère de Louis XIII.
2. Louis de Bourbon, dit le grand Condé.

FIN DES NOTES DU SEPTIÈME VOLUME.

TABLE DES CHAPITRES

DU SEPTIÈME VOLUME.

Chapitre premier. — Chamillart renvoyé en Flandre. — Récompenses de la défense de Lille. — Retour de Chamillart à la cour. — Tranchée ouverte devant la citadelle de Lille (29 octobre). — L'Artois désolé et délivré. — Chamillart juge des avis des généraux; sa partialité. — Audace de Vendôme. — Berwick retourne de sa personne sur le Rhin, où l'armée se sépare. — Incroyable hardiesse de Vendôme. — Marlborough passe l'Escaut sans opposition. — Mensonge prodigieux de Vendôme. — Fautes personnelles de Mgr le duc de Bourgogne, dont avantages pris contre lui avec éclat. — Belle mais difficile retraite de plusieurs détachements de l'armée, où Hautefort se distingue sans combat, et Nangis en combattant. — Étrange ignorance du roi, à qui le duc de La Trémoille apprend cette action à son dîner. — Sousternon perdu. — Saint-Guillain perdu et repris par Hautefort et Albergotti. — Position des armées. — État de la citadelle de Lille. — Boufflers reçoit un ordre de la main du roi de capituler. — Ordre au prince de revenir, et à Vendôme de séparer l'armée, et, malgré ses adroites instances, de revenir aussi.......... 1

Chapitre II. — Retour des princes à la cour. — Mécanique de chez Mme de Maintenon et de son appartement. — Réception du roi et de Monseigneur à Mgr le duc de Bourgogne et à M. le duc de Berry, à qui ensuite Mgr le duc de Bourgogne parle longtemps et bien. — Apophthegmes peu discrets de Gamaches. — Citadelle de Lille rendue. — Honneurs infinis faits au maréchal de Boufflers. — Retour et réception du duc de Vendôme à la cour. — Retour et réception triomphante du maréchal de Boufflers à la cour; fait pair, etc. — Extrême honneur que je reçois de Mgr le duc de Bourgogne. — Retour du duc de Berwick à la cour. — Beau projet de reprendre Lille. — Boufflers renvoyé en Flandre. — Tranchée ouverte à Gand; La Mothe dedans. — Soirée du roi singulière............... 11

Chapitre III. — 1709. — La Mothe rend Gand et est exilé. — La Boulaye, gouverneur d'Exilles, à la Bastille, pour l'avoir rendu. — La Junquière dégradé et prisonnier pour avoir rendu le Port-Mahon. — Mort de Mme de Villetaneuse. — Mort des deux neveux du maréchal de Boufflers. — Mort du président Molé. — Mort, fortune et caractère de la maréchale de La Mothe et de son mari. — Mort de la duchesse d'Holstein; sa postérité et ses prétentions. — Mort du prince Georges de Danemark. — Voyage oublié du prince royal de Danemark en France, qui pensa perdre Broglio, qui lors commandoit en Languedoc, et est mort maréchal de France. — Projet de la reprise de Lille avorté. — Froid extrême et ruineux. — Vendôme exclu de servir. — Deux cent mille livres de brevet de retenue au duc d'Harcourt sur sa charge de Normandie. — Pensions de la duchesse de Ventadour. — Grâces pécuniaires à Mlle de Mailly. — Accidents de La Châtre; son caractère. — Prié plénipotentiaire, puis ambassadeur de l'empereur à Rome; sa fortune, son caractère. — Embarras et conduite de Tessé à Rome. — Mort de Quiros; sa fortune; sa défection...... 29

CHAPITRE IV. — Mort et caractère du P. de La Chaise. — Surprenant aveu du roi. — Énorme avis donné au roi par le P. de La Chaise. — P. Tellier confesseur; manière dont ce choix fut fait. — Caractère du P. Tellier. — Pronostic de Fagon sur le P. Tellier. — Avances du P. Tellier vers moi. — Mort de Mme d'Heudicourt; son caractère, et de son mari, et de son fils. — Mort du chevalier d'Elbœuf; d'où dit le Trembleur. — M. d'Elbœuf ne passe point la qualité de prince aux Bouillon, en son contrat de mariage avec Mlle de Bouillon, en 1656. — Mort du comte de Benavente. — Sa charge de sommelier du corps donnée au duc d'Albe. — Fin et mort de Mme de Soubise. — Entreprise de M. de Soubise rendue vaine.... 45

CHAPITRE V. — Étrange histoire du duc de Mortemart avec moi. — Mort, maison, famille et caractère de Mme de Maubuisson. — Mort, emplois et caractère de d'Avaux. — Étrange et singulier motif de Louvois, qui causa la guerre de 1688. — Mort et caractère de Mme de Vivonne. — Mort et caractère de Boisseuil. — Retraite sainte de Janson......... 63

CHAPITRE VI. — Mort et caractère de M. le prince de Conti. — Pensions à la princesse et au prince de Conti. — Deuil du roi et ses visites. — Eau bénite du prince de Conti. — Friponnerie débitée sur moi, bien démentie. — Adresse trop orgueilleuse de M. le Duc, découverte et vaine. — Entreprises inutiles de M. le Duc, forcé d'avouer et de donner des fauteuils aux ducs pareils au sien, au service du prince de Conti, où les évêques n'en purent obtenir.................. 82

CHAPITRE VII. — Rencontre en même pensée fort singulière entre le duc de Chevreuse et moi; origine des conseils mal imités à la mort de Louis XIV. — Péril secret du duc de Beauvilliers. — Harcourt manque à coup près d'entrer au conseil. — Mort et deuil d'un enfant de l'électeur de Bavière. — Mariage du marquis de Nesle avec la fille du duc Mazarin. — Mariage du marquis d'Ancenis avec la fille de Georges d'Entragues. — Retour de Flandre du maréchal de Boufflers, hors d'état de servir. — Villars, sous Monseigneur, général en Flandre. — Harcourt, sous Mgr le duc de Bourgogne, général sur le Rhin. — Berwick en Dauphiné; le duc de Noailles en Roussillon; M. le duc d'Orléans en Espagne. — Les princes ne sortent point de la cour. — Comte d'Évreux ne sert plus, que Mme la duchesse de Bourgogne empêche de se rapprocher de Mgr le duc de Bourgogne. — Roucy admis, La Feuillade refusé de suivre Monseigneur [comme] volontaires. — Rouillé en Hollande. — Caractère de Rouillé. — Conduite de Chamillart à l'égard des autres ministres, dont il embloit le ministère. — Il s'en désiste à l'égard de Torcy, et en signe un écrit. — Affaire fort poussée entre Chamillart et Desmarets, dont le dernier eut l'avantage.. 98

CHAPITRE VIII. — Hiver terrible; effroyable misère. — Cruel manége sur les blés. — Courage de Maréchal à parler au roi, inutile. — Grande mortification au parlement de Paris sur les blés, et pareillement au parlement de Bourgogne. — Étranges inventions perpétuées. — Manége des blés imité plus d'une fois depuis. — Refonte et rehaussement de la monnoie. — Banqueroute de Samuel Bernard. — Ma liaison intime avec le maréchal de Boufflers. — Sa réception au parlement. — Belsunce évêque de Marseille... 121

CHAPITRE IX. — Mort de M. le Prince; son caractère. — Mlle de Tours chassée de chez Mme la princesse de Conti, fille de M. le Prince, par ordre du roi, obtenu par le P. Tellier. — Ducs et princes et leurs femmes font leurs visites sur la mort de M. le Prince en manteaux et en mantes, par ordre du roi, et l'exécutent d'une manière ridicule. — Eau bénite de M. le Prince. — Époque de l'entrée des domestiques des princes du sang dans le carrosse du roi. — Suite de cette usurpation. — Autre entreprise. — Autre nouveauté. — Grand dégoût au duc de Bouillon. — Le corps de M. le Prince conduit à Valery par M. de Fréjus, depuis cardinal de Fleury, et reçu par l'archevêque de Sens, en présence de M. le Duc et de ses seuls domestiques. — Service à Notre-Dame en présence des cours supérieures. — Ducs parents invités. — Cardinal de Noailles officiant, se retire à la sacristie après l'évangile, parce que la parole fut adressée à M. le Duc à l'oraison funèbre. — Méchanceté atroce de M. le Duc sur moi absent. — Le roi ni les fils de France ne visitent Mme la princesse de Conti ni Mme la Princesse qu'à Versailles. — Progression des biens de la maison de Condé. — M. le Duc ne change point de nom.. 138

CHAPITRE X. — Digression sur les noms singuliers, leur origine, etc.: M. le Prince, M. le Comte, M. le Duc. — Succession dernière du comté de Soissons. — Comte de Toulouse. — Extinction du nom tout court de M. le Prince. — Chimère avortée d'arrière-petit-fils de France. — Extinctions du nom de M. le Duc tout court. — Enfants d'Henri II. — Monsieur. — Filles de France de tout temps tout court Madame, et pourquoi. — Mademoiselle. — Brevet accordé à Mlle de Charolois pour être appelée tout court Mademoiselle. — Monseigneur. — Adroit et insensible établissement de l'usage de dire Monseigneur aux princes du sang et bâtards, puis de ne plus dire autrement parlant à eux. — M. de Vendôme se fait appeler Monseigneur à l'armée, et le maréchal de Montrevel en Guyenne. — Altesse simple, sérénissime............................. 159

CHAPITRE XI. — Disgrâce de M. de Vendôme. — Éclat entre le duc de Vendôme et Puységur, qui le perd radicalement auprès du roi. — Affront reçu à Marly, de Mme la duchesse de Bourgogne, par le duc de Vendôme. — [Il] est exclu de Marly. — Vendôme exclu de Meudon. — Vendôme refusé d'aller en Espagne. — Fortune, caractère et retraite du duc de La Rochefoucauld.. 177

CHAPITRE XII. — Torcy en Hollande. — Cent cinquante mille livres de brevet de retenue à La Vallière sur son gouvernement de Bourbonnois. — Mariage du prince de Lambesc avec Mlle de Duras. — Digne et rare procédé de M. le Grand. — Mariage du marquis de Gesvres avec Mlle Mascrani. — Mariage de Montendre avec Mlle de Jarnac. — Mariage de Donzi avec Mlle Spinola. — Mariage de Polignac avec Mlle de Mailly. — Mort de Saumery; sa fortune; celle de son fils; leur caractère. — Fortune d'Avaray. — Belle-Ile mestre de camp général des dragons; sa fortune. — Mort, famille, singularité étonnante et deuil du prince de Carignan. — Mort, caractère et dépouille du duc de La Trémoille. — Mort, fortune et caractère de La Reynie et de son fils. — Mort du duc de Brissac. — Prince des Asturies juré par les cortès ou états généraux d'Espagne. — Château d'Alicante rendu à Philippe V. — Bataille gagnée par les Espagnols contre les Portugais entièrement défaits. — Chamarande demandé et accordé à Toulon.................................... 196

CHAPITRE XIII. — Villars et ses fanfaronnades. — Modeste habileté d'Harcourt. — Chamillart ébranlé, puis apparemment raffermi. — Chamillart rudement attaqué. — Sarcasme d'Harcourt sur Chamillart. — Conseil de guerre devant le roi fort orageux, et l'unique de sa vie à la cour. — Petits désordres à Paris. — Billets fous. — Placards insolents. — Procession de Sainte-Geneviève. — Harcourt bien pourvu à Strasbourg. — Dangereuses audiences pour Chamillart. — Surville dans Tournai avec dix-huit bataillons. — Manquement de tout en Flandre. — Retour de Hollande de Torcy. — Princes ne vont point aux armées qu'ils devoient commander. — Besons maréchal de France. — Duchesse de Grammont. — Vaisselles portées à l'orfèvre du roi et à la Monnoie. — Le roi et la famille royale en vermeil et en argent; les princes et les princesses du sang en faïence. — Inondations de la Loire. — Rouillé de retour de Hollande. — Les armées assemblées. — Cardinal de Bouillon rapproché à trente lieues. — Superbe du roi... 212

CHAPITRE XIV. — Fautes de Chamillart à l'égard de Monseigneur. — Énormes procédés de Mlle de Lislebonne à l'égard de Chamillart. — Vues et menées de d'Antin contre Chamillart. — Réunion contre Chamillart de Mme de Maintenon avec Monseigneur et Mlle Choin, qui refuse pension, Versailles et Marly. — Bruits fâcheux sur Chamillart. — Bon mot de Cavoye. — Grands sentiments et admirable réponse de Chamillart. — Durs propos de Monseigneur à Chamillart, qui achève de le perdre. — Cusani, nonce du pape, comble la mesure contre Chamillart............. 228

CHAPITRE XV. — Disgrâce de Chamillart. — Magnanimité de Chamillart. — Caractère de Chamillart et de sa famille. — Voysin secrétaire d'État; sa femme; leur fortune; leur caractère. — Spectacle de l'Étang. — Procédé infâme de La Feuillade. — Accueil du roi à Cani. — Beau procédé de Le Guerchois.. 245

CHAPITRE XVI. — Voysin ministre. — Voysin rudement réprimandé par le roi. — Boufflers évangéliste de Voysin. — Chamillart poursuivi par Boufflers. — Louable mais grande faute de Chamillart. — Chamillart chassé de Paris par Mme de Maintenon. — Raisons qui me persuadent la retraite. — Trois espèces de cabales à la cour : des seigneurs, des ministres, de Meudon. — Crayon de la cour.................................. 262

CHAPITRE XVII. — Blécourt relève Amelot en Espagne, mais avec caractère d'envoyé. — Tournai investi, bien muni; Surville et Mesgrigny dedans. — Affaire du rappel des troupes d'Espagne. — Éclat à Marly sur le rappel des troupes d'Espagne. — Boufflers aigri contre Chevreuee. — Conversation sur les deux cabales, et en particulier sur le maréchal de Boufflers, avec le duc de Beauvilliers, puis avec le duc de Chevreuse, et ma situation entre les cabales................................. 279

CHAPITRE XVIII. — Affaire d'Espagne de M. le duc d'Orléans. — Flotte arrêté en Espagne et Renaut aussi. — Déchaînement contre M. le duc d'Orléans. — Villaroël et Manriquez, lieutenants généraux, arrêtés en Espagne. — Terrible orage contre M. le duc d'Orléans, à qui on veut faire juridiquement le procès. — Le chancelier m'oblige à lui dire mon avis juridique sur le crime imputé à M. le duc d'Orléans, en est frappé, et tout tombe là-dessus, desseins et bruits incontinent après. — Triste état du duc d'Orléans après l'avortement de l'orage................... 299

CHAPITRE XIX. — Mérite et capacité d'Amelot. — Tous les ministres menacés. — Singulière consultation du chancelier et de la chancelière avec moi. — Mesures de retraite à la Ferté. — Conversation particulière et curieuse sur ma situation de Mme de Saint-Simon avec Mme la duchesse de Bourgogne. — Causes de l'éloignement du roi pour moi. — Folle ambition d'O et de sa femme qui me tourne à danger. — Changements en Espagne. — Amelot, refusé d'une grandesse pour sa fille, arrive à Paris, perdu... 322

CHAPITRE XX. — Cardinal de Médicis rend son chapeau; épouse une Gonzague-Guastalla. — Mort de la duchesse de Créqui. — Mort et caractère de Lamoignon, président à mortier. — Mort de Ricousse et de Villeras. — Mort du fils unique du duc d'Albe. — Listenois chevalier de la Toison d'or. — Changements parmi les intendants. — Mme de Mantoue à Vincennes; ses prétentions; ses tentatives; voit le roi et Monseigneur en particulier; réduite à l'état de simple particulière. — Désordres de cherté et de pain. — Boufflers apaise deux tumultes et devient dépositaire de l'autorité du roi à Paris. — Sa rare modestie..................... 337

CHAPITRE XXI. — Campagne d'Espagne. — Faute de Besons, à qui le roi ne permet pas d'accepter la Toison. — Campagne de Roussillon. — Campagne de Savoie. — Campagne de Flandre. — Artagnan s'empare de Warneton. — Tournai assiégé, Surville dedans. — La ville rendue. — Voyage bizarre de Ravignan à la cour. — Citadelle de Tournai rendue; la garnison prisonnière. — Mesgrigny se donne aux ennemis et en conserve le gouvernement. — Surville perdu pour toujours. — Calomnie sur Chamillart. — Digne conduite de Beauvau, évêque de Tournai. — Boufflers s'offre d'aller seconder Villars sans commandement; remercié, puis accepté. — Conduite des deux maréchaux ensemble. — Roi Jacques d'Angleterre. — Mons fort mal pourvu. — Électeur de Bavière à Compiègne.

— Campagne d'Allemagne. — Projet sur la Franche-Comté. — Conspiration dans cette province découverte. — Mercy défait par du Bourg; sa cassette, etc., prise. — Du Bourg chevalier de l'ordre. — Cassette de Mercy. — Voyage plus que suspect de Vaudemont et de Mlle de Lislebonne. — Procédures, etc., et suites. — Courte réflexion sur la conduite de nos rois et de la maison de Lorraine. — Pièce importante de la cassette de Mercy.. 353

Chapitre XXII. — Reprise de la campagne de Flandre. — Artificieux colloque des ennemis. — Bataille de Malplaquet. — Fautes et inutilité de la bataille. — Belle retraite du maréchal de Boufflers, fort inférieure à celle d'Altenhein. — Mons assiégé. — Misère de l'armée françoise. — Lettres pitoyables de Boufflers. — Nangis dépêché au roi. — Villars pair. — Harcourt pair. — Artagnan maréchal de France. — Famille, fortune et caractère d'Artagnan. — Artagnan prend le nom de sa maison. — Féroce éclat de M. le Duc. — Dégoûts et chute du maréchal de Boufflers. — Défaite et ruine du roi de Suède par le czar à Pultava............ 372

Chapitre XXIII. — Électeur de Bavière à Paris, incognito, voit le roi et Monseigneur. — Ses prétentions de rang surprenantes. — Dire l'électeur au lieu de M. l'électeur. — Courte réflexion. — Mort du cardinal Portocarrero; son humble sépulture. — Mort, fortune et caractère de Godet, évêque de Chartres. — M. de Chartres se choisit un successeur; son caractère et sa vertu. — Bissy, évêque de Meaux, et La Chétardie, curé de Saint-Sulpice, succèdent à M. de Chartres auprès de Mme de Maintenon. —Caractère de La Chétardie. —Mort de Crécy, frère de Verjus; son caractère. — Mort, naissance et caractère de Marivaux. — Mort et caractère de Mme de Moussy. — Naissance de son mari. — Mort de la duchesse de Luxembourg. — Disputes sur la grâce. — Jésuites — Molinisme. — Jansénisme. — Congrégation fameuse *de Auxiliis*. — Port-Royal. — Formulaire. — Affaire des quatre évêques. — Paix de Clément IX. — Casuistes. — *Lettres provinciales*. — Disputes sur les pratiques idolâtriques des Indes et les cérémonies de la Chine. — Beau jeu du P. Tellier. — Bulle *Vineam Domini Sabaoth*. — Projet du P. Tellier. — Port-Royal des Champs refuse de souscrire à l'acceptation de la bulle *Vineam Domini Sabaoth*, sans explication. — Port-Royal des Champs privé des sacrements. — Port-Royal des Champs innocent à Rome, criminel à Paris. — Destruction militaire de Port-Royal des Champs. — Cardinal de Noailles sans repos depuis cette époque jusqu'à sa mort................. 396

Chapitre XXIV. — Chamillart et ses filles à la Ferté. — Chamillart achète Courcelles, où je mène la duchesse de Lorges. — Voyage à la Flèche: aventure. — Étrange sermon de la Toussaint. — Résolution et raisons de retraite. — Retour à Paris. — Sage piége dressé à Pontchartrain. — Triste situation de M. le duc d'Orléans. — Passage à Versailles, où le chancelier me force d'accepter une chambre chez lui au château. — Concours et conspirations d'amis. — Bontés et désirs de Mgr le [duc] et de Mme la duchesse de Bourgogne sur Mme de Saint-Simon pour succéder à la duchesse du Lude. — Parti que je prends seul, et ses motifs, de faire demander par Maréchal une audience au roi. — Maréchale de Villars; son accortise. — Visite du roi du maréchal, puis à la maréchale de Villars.

— Contre-temps de Vendôme. — Je me propose de faire rompre M. le duc d'Orléans avec Mme d'Argenton, et au maréchal de Besons de m'y aider. — Caractère de Besons. — Maréchal m'obtient une audience du roi.......... 423

NOTES.

I. Cardinal de La Rochefoucauld........................... 447

II. Origine du marquis de Saumery............................... 448

III. État de l'Espagne en 1709................................. 449

IV. Mémoire pour le marquis de Blécourt, envoyé extraordinaire du roi en Espagne... 453

V. Arrestation de Flotte et de Renaut........................... 458

VI. Procession de la châsse de sainte Geneviève.................. 460

FIN DE LA TABLE DES CHAPITRES.

Ch. Lahure, imprimeur du Sénat et de la Cour de Cassation, rue de Vaugirard, 9, à Paris.

www.ingramcontent.com/pod-product-compliance
Lightning Source LLC
Chambersburg PA
CBHW070202240426
43671CB00007B/525